上海助力打赢脱贫攻坚战口述系列丛书

嘉定的责任

中共上海市嘉定区委党史研究室 编

上海人民出版社　　学林出版社

编委会

目录

CONTENTS

▲ 2019 年 7 月，嘉定区举行欢送仪式，区领导与援建干部合影

嘉定区对口支援干部选派工作情况

嘉定区委组织部

选派干部援建、开展对口支援工作是党中央促进东西部协调发展、维护地区稳定而作出的一项重要战略决策。嘉定区委、区政府历来高度重视援建工作，自觉从服务党的工作大局出发，将对口支援作为嘉定主动服务全局、加快自身发展的一项重要工作抓实抓好。自 1994 年以来，累计选派 64 名优秀干部支援对口地区建设（其中 1 名干部先后 2 次参与对口支援工作），其中，1994年至 1995 年，选派 1 批次 1 名干部援晋；1994 年至 1997 年，选派 3 批次 3 名干部援三峡；1995 年至 2013 年，选派 6 批次 12 名干部援藏；2002 年至 2004年，选派 1 批次 2 名干部援赣；2002 年至 2012 年，选派 4 批次 7 名干部援疆；2008 年至 2010 年，选派 1 批次 1 名干部援川；2010 年至今，选派 4 批次 10

名干部援青；2005 年至今，选派 7 批次 29 名干部援滇。各批次对口支援干部勇于担当、主动作为，为推进对口支援地区经济、社会、文化等各项事业发展，全力打赢脱贫攻坚战做出了积极贡献。

多年援建选派工作中，嘉定区委始终高度重视，在组织领导上明确责任，在工作措施上狠抓落实，圆满完成历次选派任务，确保对口支援工作顺利开展。特别是在干部选派、干部保障、干部培养等方面积累了"嘉定经验"，形成了"嘉定做法"，各项工作呈现出全方面推进、多点开花、抓实见效的显著特点。

坚持标准、择优遴选，推动援建工作顺利开展

一是坚持"一个标准"，思想高度重视。区委坚持将援建作为加强干部和人才队伍建设的一条有效途径，严把质量关，挑选思想政治素质好、身体健康、有丰富工作经验和较强领导管理能力的干部参加援建工作，让干部在艰苦环境中经受锻炼、激发潜能、增长才干。二是做好"两项准备"，前期组织有力。在组织领导方面，区委组织部牵头抓总，区人力资源社会保障局、区政府合作交流办等相关部门密切配合，形成合力，协同推进。在宣传动员方面，根据选派地区和岗位不同，通过召开专题会议、全区适龄干部会议等方式层层动员，采取组织推荐和个人报名相结合的方式广泛发动，对部分专业性较强的岗位，在与有关单位积极沟通的基础上进行组织推荐。三是把握"三个环节"，提升选派实效。在具体选派工作中，着重把握好分析排摸、征求意见和全面考察三个环节。在自愿报名和组织推荐的同时，对全区适龄干部从政治素质、工作经历、健康状况、家庭情况等多方面进行分析排摸，认真筛选，确定预备人选名单。对初定的预备人选逐一谈心、逐一家访，深入了解家属态度和家庭情况，全方位掌握预备人选信息。根据"三派"和"三不派"原则，按比例排出选送梯次名单报市委组织部，接受上级组织部门挑选，真正把政治上靠得住、工作上有本事、作风上过得硬的干部派出去、选用好。

多方联动、合力保障，确保援建干部全情投入

一是织密网络，推动管理服务"聚合力"。为更好地关心援建干部及家属，解决干部们的后顾之忧，由区委组织部牵头，与区人力资源社会保障局、区教育局、区卫生健康委、区住房保障房屋管理局、区科委、区妇联、团区委、各选派单位及援建干部居住地所在街镇等单位建立嘉定区援边干部及家属服务网络，共同为援建干部及家属提供快捷、周到、优质的服务。二是完善机制，实现常态关怀"零疏漏"。区委始终把关心关怀援建干部作为重要内容，不断盘活服务资源，拓宽服务领域，丰富服务内容，逐步建立了优质、高效、有力且符合援建干部工作需求、个人需求、家庭需求的管理服务保障机制。针对援建干部，区委坚持精神激励与解决实际问题相结合，在严格执行"四个定期"联系机制（定期听取援建干部思想汇报、定期组织慰问活动、定期研究对口支援工作、定期了解援建专项资金落实情况）的基础上，通过设立援边工作专项经费、为援建干部制作 CA 身份认证棒、组织干部在春节返沪期间开展健康体检等多元举措，确保日常服务到位。针对援建干部家属，坚持做到"四个必访"（援建干部家属生病住院必访、直系亲属丧事必访、遇有突出困难必访、逢年

◄ 2018 年云南来沪挂职干部考察乡悦华亭项目

过节必访），为每户援建干部家庭安装红外线报警装置，着力帮助援建干部家属协调处置日常生活中遇到的各种困难，切实消除援建干部的后顾之忧。三是提前谋划，构建返沪安置"多通道"。区委高度重视援建干部返沪安置工作，综合考虑各种因素，予以妥善安置。对处级干部的返沪使用，坚决贯彻落实市委组织部有关要求，坚持早酝酿、早考虑、早部署，根据干部工作实绩、专业特长和过往经历，结合嘉定区领导班子和干部队伍建设需要，充分考虑，精心安置；对科级干部的安置，区委组织部和有关单位积极沟通，充分协商，基本建立起了渠道畅通、进出有序的工作机制。本区援建干部返沪后都得到了妥善安排，多数干部被安排到重要岗位任职。2019 年、2020 年公务员职级晋升过程中，在援建工作中表现突出的几名同志优先得到了晋级，充分体现了区委的重视与关心。

双向交流、注重培养，促进干部能力素质全面提升

一是请送结合促交流。坚持"请进来，送出去"的工作思路，在把本区优秀干部"送出去"参与对口地区建设的同时，每年安排对口地区干部到区内街镇、委办局挂职锻炼。2004 年以来，共计接收受援地 194 名干部人才来嘉定挂职。其间，积极组织挂职干部进行区内、市内考察参观见学和开展座谈交流等，多维度、多形式增强干部交流实效。二是集中培训增能力。联合区政府合作交流办、区委党校、上海国际汽车城人才培训学院等单位，聚焦产业发展、社会治理、城市建设、教育医疗、基层党建等重点领域，开办各类区域合作干部培训班，选派专家学者赴对口支援地区开展脱贫攻坚专题培训，邀请优秀的对口地区中青年干部参与嘉定区中青年干部培训班学习，不断提升援建干部和对口支援地区干部精准扶贫、精准脱贫的能力。三是典型宣传强引领。坚持把学习援建干部先进事迹作为加强领导干部和党员思想作风建设的重要载体，通过邀请援建干部为区中青年干部培训班学员亲述援建故事、分享心得体会，充分发挥典型引路和正面激励作用。同时，在嘉定电视台、《嘉定报》开设专栏，大力宣传援建干部在艰苦环境下开拓创新、坚韧不拔、奋发有为的精神风貌和感人事迹，也带动了更多优秀青年自愿投身援建工作中去。

深化对口支援　推动两地发展

陆祖芳，1972年2月生。现任嘉定区委常委、区委统战部部长，区政协党组副书记。2015年7月至2020年3月，任嘉定区副区长、区政府党组成员。

口述：陆祖芳

采访：潘展平　汪　波

整理：汪　波

时间：2020 年 5 月 6 日

　　党的十八大以来，以习近平同志为核心的党中央从实现"两个一百年"奋斗目标的全局和战略高度出发，将脱贫攻坚摆在治国理政的突出位置，全面打响脱贫攻坚战。嘉定区深入学习贯彻习近平总书记关于扶贫工作的重要论述，认真贯彻落实习近平总书记在解决"两不愁三保障"突出问题座谈会上的重要讲话精神，坚持问题导向，强化精准施策，聚焦难点突破，形成合力攻坚，以钉钉子精神抓好中央决策部署的落地落实，全力以赴助力对口地区打赢脱贫攻坚战。

坚决服从大局　全力以赴打赢脱贫攻坚战

　　2015 年 11 月 23 日，中共中央政治局审议通过《关于打赢脱贫攻坚战的决定》，向全党全社会发出了坚决打赢脱贫攻坚战的动员令。打赢脱贫攻坚战，是全面建成小康社会的底线任务和标志性指标，是必须完成的重大任务。助力对口地区打赢脱贫攻坚战，既是党中央和上海市委、市政府交给嘉定的一项重要政治任务，也是我们发自内心的一项自觉行动。自与云南省楚雄州、迪庆州和青海省果洛州的 9 个县开展结对帮扶工作以来，嘉定区全面落实各项要求和决策部署，谋对口地区所需、尽嘉定所能，在产业发展、人才培养、教育帮扶、医疗帮扶、劳务协作等领域开展形式多样的帮扶工作，全面助力对口地区打赢打好脱贫攻坚战。

2015 年，我刚分管合作交流工作时，嘉定区仅对口支援两个县，分别是云南省迪庆州德钦县、青海省果洛州久治县。我们先与德钦县建立结对帮扶关系。2004 年 4 月，上海市决定新增云南省迪庆藏族自治州为上海重点帮扶地区，安排嘉定区对口支援迪庆州的香格里拉县和德钦县。2011 年，根据上海市部署，嘉定由原对口帮扶香格里拉县、德钦县调整为单一对口帮扶德钦县，到 2020 年我们与德钦县已经结对帮扶 16 年了，两地产生了深厚的友谊。我们与久治县建立结对帮扶关系的时间晚一些。2010 年 1 月，按照中央第五次西藏工作座谈会精神和中央有关文件要求，上海市与青海省果洛藏族自治州结为对口支援关系。2012 年，市委、市政府正式明确由嘉定区对口支援久治县。自对口支援工作开展以来，我区各项帮扶举措不断实施并落实，不仅大幅降低了当地的贫困发生率，还有力促进了德钦县、久治县经济社会的全方位发展。德钦县建档立卡贫困人口从 2015 年的 2611 户 11515 人减少到 2019 年底的 7 户 29 人，全县贫困发生率从 23.23% 下降到 0.06%；久治县贫困发生率从 2015 年的 10.13% 下降到 2019 年底的 0%，1528 户 6423 名贫困人口全部实现精准脱贫。

2016 年 11 月 9 日至 10 日，上海市党政代表团到云南省楚雄州、德宏州等地考察指导，在昆明市召开了沪滇扶贫协作工作座谈会，双方签订了《上海市人民政府、云南省人民政府关于进一步加强扶贫协作的协议》，按照东西部扶贫协作座谈会精神，沪滇对口帮扶关系调整为东西部扶贫协作关系，根据工作部署，重点扶贫协作中嘉定区与楚雄州永仁县、双柏县结对，携手奔小康行动中嘉定区与楚雄州武定县结对。2017 年 12 月，上海市又将原由杨浦区结对的楚雄州牟定县、姚安县、南华县、大姚县划分给我区进行结对帮扶。2017 年以来，嘉定区共为楚雄州 7 县投入财政帮扶资金 5.63 亿元，实施产业合作、劳务协作、农村建设、社会事业等项目 356 个，使楚雄州建档立卡贫困人口从 2014 年的 92504 户 343609 人减少到 2018 年底的 13675 户 45165 人，贫困发生率从 12.25% 下降到 2.5%。

截至目前，在嘉定区与"三州九县"的共同努力下，9 个贫困县接连脱贫摘帽，脱贫攻坚战取得了阶段性胜利。2017 年 12 月，牟定县、姚安县顺利脱贫摘帽。2019 年 4 月，德钦县、双柏县、南华县、大姚县、永仁县顺利脱贫摘帽。2020 年 4 月，深度贫困县久治县顺利脱贫摘帽。5 月，仅剩的深度贫困县武定县也顺利脱贫摘帽。我认为，取得这样的成绩非常不容易，主要得益于嘉定区始终坚持全面统筹领导，真心实意结对帮扶；始终坚持实施七大精准扶贫行动，发动整合各方资源。

全面统筹领导　真心实意结对帮扶

近年来，嘉定区坚持全区统筹、真心帮扶，充分发挥各街镇和区各相关部门以及企事业单位结对帮扶、合作互补的作用，逐步形成了政府、社会、企业、市民群策群力、共同参与的工作格局，稳步推进我区对口帮扶工作。

我们转变了帮扶理念。很长时间以来，我们把对口支援的重心放在如何做好对口帮扶项目，如何管好帮扶资金，如何完成市里交给我们的任务上。但是，自党的十八大以来，以习近平同志为核心的党中央高度重视脱贫攻坚工作，举全党全社会之力，深入推进脱贫攻坚，把脱贫攻坚作为全面建成小康社会的底线任务和标志性指标。党的十九大后，党中央又把打好精准脱贫攻坚战作为全面建成小康社会的三大攻坚战之一。我们从思想上深刻认识到打赢脱贫攻坚战的重要意义，在扶贫帮困的理念上也有了特别大的转变。现在，我们除了要完成帮助对口帮扶地区脱贫摘帽这项基本任务之外，还积极探索可造血、可复制、可持续的长效扶贫机制。我们不仅通过资金支持对口地区基础设施建设，还通过智力帮扶，转变当地人的思想观念，让他们自己有意愿去就业；通过开展技能培训，让他们具备能力去就业；通过提供就业的机会，提供满足他们基本生活所需的各项保障，让当地的贫困人口能够真正地、长期地脱贫。

我们完善了体制机制，更加注重统一领导。区委成立了以区委书记为组长的区对口支援与合作交流工作领导小组，加强区委和区政府对东西部扶贫协作和对口支援工作的集中统一领导；年内定期召开对口支援与合作交流工作会议、区领导小组全体会议、援建工作会议、工作例会等，研究部署全年重点工作任务。为加强东西部扶贫协作和对口支援工作的力量，2018 年将区领导小组成员单位从原来的 52 家调整至 55 家；将东西部扶贫协作和对口支援工作列入区委、区政府重点工作，加大考核力度。区主要领导亲自主持召开区委常委会、区政府常务会议、书记办公会审议年度嘉定区对口帮扶项目及资金计划安排，并作部署安排；区主要领导每年都要率区党政代表团赴结对县开展调研对接工作，既要与当地共同召开高层联席会议，签订扶贫协作战略协议，还要实地考察帮扶项目，深入贫困村及建档立卡贫困户家中开展慰问，听取意见和建议，并实地检查指导对口帮扶工作。

我们紧抓责任落实。一是科学制定工作计划，精准部署。我们紧紧围绕精准帮扶的要求，科学分析对口地区的真实需求，与援建干部、区各委办局和街镇反复排摸商议，科学制定下发《嘉定区东西部扶贫协作和对口支援工作任务安排》，年度工作计划做到扶贫精准，职责明确，任务清晰，目标量化，让责任单位对工作任务的理解无歧义，又容易考量执行情况。二是项目化管理帮扶资金落实，实施精准监督。每年在确定帮扶资金的时候，首先确定帮扶项目，帮扶资金与帮扶项目是一一对应的。帮扶项目能否按照年度计划按时推进是资

◀ 2019 年 8 月，陪同嘉定区区长陆方舟到云南省姚安县官屯镇考察蔬菜产业园

金是否发挥作用的首要标志。为了精准地掌握项目的进度情况，我们专门设计了项目进度表，明确了项目建设内容、重要进度时间节点和前方干部责任人，每月召开进度会，通报项目进展情况以及遇到的问题，针对前方干部提出的问题和情况，通过借鉴嘉定的工作方法和工作经验、协调对口地区高层领导给予支持等方法，及时解决问题，确保各项目按时保质保量完成。三是开展精准考核。以往各委办局和街镇对对口帮扶工作不够重视，因此区里把这项工作纳入考核。如何做好考核是区领导小组及其办公室需要面对的一道难题。如果只是凭印象打分，既不公平，又起不到激励的作用。因此我们决定凭所开展工作的实际情况和结果数据进行量化打分考核。这种方法使对口支援地区和嘉定区结对帮扶各单位都养成了项目化管理的方法，促进了帮扶项目按计划开展并按时完成，同时能够做好各项帮扶措施的记录台账。这种方法让工作更有计划、总结更方便、考核更公平，还激发了各委办局和街镇对对口帮扶工作的重视。

我们发动全区参与。对口帮扶工作不仅是区委、区政府和合作交流办的工作，更需要全区各委办局、各街镇和社会各界共同参与。如何鼓励各方共同参与，是我们面对的又一道难题。为了解决这道难题，我们紧紧围绕有效帮扶、精准结对，采取了以下三个方面的措施。一是精准了解对口地区最急需解决的问题。贫困地区资源匮乏，需要解决的问题很多，需要的帮扶内容也很多，每年前方干部要实地了解当地的情况，找出当地最急需解决的问题，根据问题的性质，在嘉定区内找到最适合结对帮扶的对象，提高帮扶的效果。例如，青海久治县白内障患者特别多，我们发动区卫健委把久治作为重点帮扶地区，每年组织区医疗队伍到当地开展诊治。二是精准挖掘两地资源。对口帮扶地区具有自然条件等方面的优势，适合发展种植业和养殖业。我们发动区农委和街镇挖掘嘉定区的种植业和养殖业资源，让这些专业机构到当地去参与种植和养殖。对口帮扶地区有很多上海所没有的特色农副产品，我们发动区商务委、国资委和街镇在嘉定区内找到对应的市场主体负责采购和销售。三是精准找出帮扶行动难落地的关键原因。我们有七大精准扶贫行动，有些举措设想很好，但效果不理想，我们就要深入分析产生问题的根本原因，找出是哪些细节、哪些环节没有采取准确的方法、匹配有效的资源，进而找到有效的解决方案。例如，很多来沪就业人员很难坚持在沪工作，其中一个重要的原因就是就业的企业没有宿舍和食堂的保障。区人社局在发动企业招聘时，对企业的要求之一就是必须具备宿舍和食堂。采取这条措施后，应聘来沪就业的对口地区人员，就能安心在企业工作了。

我们不仅加大财政投入，更加强为对口地区提供人才支持。财政投入支持始终是嘉定对口帮扶的主导力量。嘉定区委、区政府以高度的政治责任感和使命感，把助推云南、青海脱贫攻坚放在心上、扛在肩上，逐年加大财政帮扶力度。2018年，嘉定区共计投入市、区财政帮扶资金3.24亿元，是2017年的3.5倍。2019年，嘉定区克服经济下行的压力，进一步加大帮扶力度，为结对县统筹安排市、区财政帮扶资金3.42亿元。智力帮扶、人才支持始终是嘉定对口帮扶的重要内容和根本之举。我们一方面选派嘉定区优秀干部赴对口地区工作，全力推进对口支援工作落实；另一方面根据当地急需和嘉定所能，调动本区各单位、部门的培训力量，帮助对口地区开展人力资源开发培训，采取来沪办班、组织专家赴当地讲学和安排来沪进修等方式为对口地区提供长期智力帮扶。

实施七大精准扶贫行动　发动整合各方资源

2013年，习近平总书记在湖南十八洞村考察时首次提出"精准扶贫"的概念，随后多次发表重要讲话具体阐述精准扶贫理念。坚持精准扶贫、精准脱贫，就是要坚持扶持对象精准、项目安排精准、资金使用精准、措施到户精准、因村派人（第一书记）精准、脱贫成效精准等"六个精准"。嘉定区紧紧围绕精准脱贫要求，联系工作实际，持续改进帮扶工作方法，组织实施产业扶贫行动、就业扶贫行动、健康扶贫行动、社会公益扶贫行动、教育扶贫行动、贫困乡村提升行动、携手奔小康行动等七大精准扶贫行动，下好"精准"这盘棋，切实解决"两不愁三保障"突出问题，助力对口地区打赢打好脱贫攻坚战。

围绕精准脱贫要求，我们发现遴选适合当地的援助项目，实施并监管好项目，确保项目按时完工，对于整个对口支援工作来说是非常重要的，因此，非常有必要改进以往帮扶工作方法，确保嘉定区援助项目安排、资金使用、脱贫成效精准。在确保项目安排精准上，首先由结对县从产业发展、农村建设、人才支持、社会事业等方面考虑设立每年想要实施的项目，对项目实施内容、资金投入量和带动建档立卡贫困户数量进行精准估算，形成各县对口支援项目资金安排表，其中，市级援助项目资金安排表将提交给上海市合作交流办公室进行审核，审核通过后，再报上海市对口支援与合作交流工作领导小组审议后才能正式实施；区级援助项目资金安排表将提交给嘉定区合作交流办公室进行审核，审核通过后，再报嘉定区对口支援与合作交流工作领导小组审议，然后才能正式实施。审核过程如发现不符合精准扶贫要求的项目予以退回修改。在确保资金使用精准上，嘉定区严格按照上海市项目资金管理办法等文件规定，管好用好援助项目资金。一方面严格援助资金使用，当援助项目提出拨款申请后，只有经结对县分管扶贫副县长和嘉定区挂职结对县副县长共同会签后，才能拨付至项目实施方；另一方面实行严格公告公示、审计和资金使用绩效评价制度，确保扶贫项目安排和资金使用情况接受群众和舆论监督。在确保脱贫成效精准上，嘉定区紧抓市、区两级援助项目落地落实，一是加快市级与区级资金拨付，保证援助资金在每年 3 月底之前拨付至前方，确保援助项目早日立

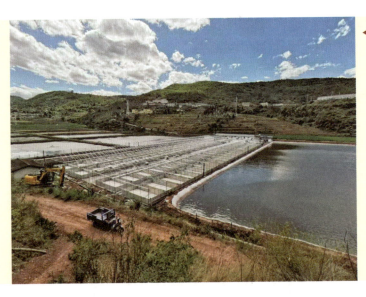

◀ 云南省双柏县大庄镇高原高端水产养殖项目基地

◀ 云南省姚安县官屯镇蔬菜产业园内，村民正在采摘新鲜生菜

项、早日开工建设；二是成立项目推进领导小组，形成双方分管领导亲自抓、援助项目稳步推进的工作制度，确保援助项目按时保质保量完工；三是在全市首创项目化管理方式，加强对援助项目进度、资金使用等情况的跟踪管理，要求对口县每月5日前上报项目进度和资金使用情况，确保援助项目建设整体进度可控；四是建立并完善了台账管理制度，通过注重日常工作的记录、整理和定期数据汇总，既动态掌握工作进展情况，及时发现问题，解决问题，又保证扶贫工作更加精准，确保了工作开展更加有序有效。

在产业扶贫行动上，把因地制宜发展产业当作实现脱贫的根本之策。之所以这么说，是因为我们看到有些产业项目虽然出发点很好，但是最后都失败了，经分析是没有因地制宜，导致项目做不下去。这引起了大家的反思：做产业项目的目的是什么？我认为做产业项目就是为了解决就业。解决了一个人就业，一家人就都能脱贫；不仅要解决就业，而且要长期解决就业，不能一次性解决，不然企业在的时候能就业，企业不在了就又返贫了。产业扶贫的好处在于能够长期解决就业，要想长期解决就业就要让企业长期活下去，要长期活下去就要让企业能够盈利，要想企业盈利就要因地制宜选择适合当地的产业项目，不然企业生存不下去，没办法解决就业，"双胜利"也就变成了"双失败"。总体来讲，嘉定区这几年挑选的产业项目都是比较成功的，比如双柏县的高原高端水产养殖产业项目和姚安县的百蒂凯蔬菜产业园项目。当时为了落实姚安县的蔬菜产业园项目，考虑到当地生态环境和水质、光照条件很好，我们专门组织了区里的农业种植公司赴当地实地考察。百蒂凯农业科技有限公司宋胜利董事长参加了考察，认为当地环境非常适合种植蔬菜，产品很适合上海这样的大市场，很快决定了产业项目投资。百蒂凯在落户姚安的时候遇到了很多问题，如水不通、路不通、电力不足、温室大棚质量不够好等，我们做了很多协调工作，联系解决遇到的问题，在当地政府的帮助下，这些问题都得到很好的解决，还带动了周边农户种植，对产品统一包销。截至目前，该产业园投产后，已有价值 5000 余万元的特色蔬菜销往上海，解决了当地 751 户 2268 人就业，还成功让 8 名建档立卡贫困户来嘉定就业。

在就业扶贫行动上，坚持就地就近就业为主、异地转移就业为补充的帮扶政策。嘉定区从实际出发，一方面通过资金资助为当地开展贫困劳动力技能培训，帮助大部分贫困劳动力实现就地就近就业；另一方面通过组织区内企业赴当地开展专场招聘，有序引导一部分贫困劳动力来沪就业。引导贫困劳动力来沪就业的最大问题是留不住人。由于饮食生活习惯不同、工作压力大、工作强度大、工作时间不自由等，很多贫困劳动力不愿意留在上海。有一年嘉定区从云南楚雄州招聘了 100 多人来嘉定做家政工作，但没多长时间，她们就陆陆续续都回去了，这对我触动很大。从 2018 年开始，嘉定区改变工作方法，一方面积极梳理区内企业用工需求，按照规模较大、社会责任感强、能保障食宿、优质企业等四方面要求，为对口地区筛选用工企业，采取"打包"形式向贫困户推荐岗位，让同一地区择业人员"抱团"来沪就业，让他们能一起生活，一起工作，在心理上有助于缓解思乡之苦，在生活上能互相帮助；另一方面帮助当地人社局等在嘉定设置服务站，派员驻点，随时跟踪、掌握和关心在嘉务工人员的思想、工作和生活状况，协调解决问题，帮助尽快适应工作环境。企业主动关心来沪就业人员工作状况，及时发现员工不适应情况，对于无法适应岗位的务工人员及时调整岗位，最大程度上做到人岗相适、稳岗稳心。区合作交流办、区人社局、企业和对口地区服务站四方联动，做好日常跟踪和关心，组织在嘉务工人员参加丰富多样的社区活动，让他们能适应上海的节奏，留在上海。

在健康扶贫行动上，开展组团式医疗帮扶，为当地打造一支"带不走"的人才队伍。一是整合瑞金医院北院、东方肝胆医院等高端医疗资源，派出专家组成巡回医疗队，到对口地区送医送药，解决当地一批急需解决的健康医疗问题。青海省果洛州久治县由于海拔较高，不少藏族同胞患有眼疾，但受限于医疗条件，不少眼疾无法在当地得到有效医治，"青海久治光明行"医疗队为2500多公里外的藏族同胞送去了健康、光明和希望。2015年8月，嘉定区委书记马春雷率党政代表团赴久治县考察，专程来到久治县人民医院看望和慰问嘉定医疗队，正好碰到刚做完白内障手术、重见光明的牧民。牧民紧紧握住马书记的手说："感谢中国共产党，感谢我们国家的好政策，感谢嘉定区的帮扶，我已经40多年没看到儿子，终于可以看到儿子了。"听完这句话，我们都感动得流泪了。从2014年开始，嘉定区已累计派出6期12批约180余人次医务人员，为久治县开展白内障筛查2200余人次，完成了200余例白内障手术。二是针对当地医疗卫生人才急缺现状，邀请对口地区医务人员来沪参加培训进修，通过临床教学、门诊带教、手术示教等形式，提高当地医务人员技术能力和水平。三是探索"远程会诊"模式，为对口地区提供高端诊疗设备，建立嘉定区远程影像诊断和远程医疗会诊中心，通过"互联网＋"模式对接当地医院，实现医疗资源共享。

在社会公益扶贫行动上，广泛宣传动员，发动整合各方资源，积极引导社会力量参与扶贫工作。开展社会公益扶贫，可以让大家了解到全国还有很多深度贫困的地区需要给予帮扶，不仅有利于提高广大老百姓的社会责任意识和节约意识，还有利于各级政府、企事业单位、社会团体等养成承担社会责任的意识。为了让嘉定区社会帮扶能取得更大成效，我们一方面全面统筹政府资源，结合各单位自身资源优势来发动社会力量参与帮扶。如区总工会发动全区工会成员采购对口帮扶地区的特色农产品；区残联发动区内助残社会组织与结对县残联签订帮扶协议，为结对县困难残疾学生捐赠助学金；区教育局与上海享物公益基金会发动区内120所学校，向对口帮扶的云南8县学校图书馆捐赠爱心图书 10.8 万册；团区委发动青年创业企业家在"南翔生活网"平台销售对口帮扶地区的特色产品；区妇联发动女企业家到对口帮扶地区开展彝绣非遗传承人培训；区工商联发动区内 15 家民营企业向南华县深度贫困村捐款 460 万元。另一方面，我们加大宣传力度，用好"上海嘉定"App、《嘉定报》、电视台等各类媒体资源，发动更多社会力量参与。如各类媒体加大对消费扶贫宣传报道后，2019 年嘉定对口帮扶地区特色商品展销会当天，很多特色农产品就被市民抢购一空；党政代表团赴结对县调研时，区电视台随行拍摄当地特色农产品和优美的自然风景，在电视中反复播放，吸引更多人观看；通过上海汽车文化节、上海旅游购物节等平台面向国际国内游客展示对口地区民俗文化资源和旅游资源，吸引更多游客旅游消费；面向全区机关企事业单位推介楚雄州疗休养线路，已有 5800 余人报名参加；在嘉定区闽商投资企业协会换届大会上，面向 800 多家企业对结对县的各类特色产品、产业项目和当地环境进行重点推介，还特别宣传扶贫帮扶的社会意义，引起了大家的广泛关注和积极参与。

在教育扶贫行动上，充分发挥嘉定教育强区的优势，以促进义务教育和职业教育为重点，帮助对口地区稳步提升教育质量。在为结对学校提供软硬件资源之外，更加专注于改变当地教师的教育理念和教学方法，把教育力量、教育资源放到对口学校最需要、配置最有效的地方，切实做到教育扶贫"行得远"。同时，紧紧围绕对口支援工作目标与任务，坚持以人才培养、成果辐射为重点，选派部分优秀教师开展长期支教，组织优秀教师团队赴对口地区学校开展帮扶指导活动。

在贫困乡村提升行动上，按照对口地区农村人居环境整治三年行动计划及贫困村摘帽标准，帮助对口地区改善贫困群众的人居环境。我们因地制宜建成一批小微基础设施、公共服务设施、生产性基础设施等，继续帮助推进新纲要示范村、小康示范村、农牧民定居点和"四在农家、美丽乡村"建设，改善当地生产生活条件；结合村企结对"双一百"工程，选择部分贫困村，集中进行基层党建领路人、创业致富带头人培育，开展"产业＋就业＋公益圆梦"等综合帮扶，帮助建成一批依山傍水、景色秀美、民风淳朴、民族文化元素鲜明、村庄基础条件改善、特色产业形成规模、贫困群众精神面貌为之一新的示范样板。

在携手奔小康行动上，嘉定区积极发动各街镇、村居、社会组织等与贫困乡镇、贫困村开展结对帮扶，实现深度贫困乡镇结对全覆盖、深度贫困村结对全覆盖。目前，我区与对口帮扶地区贫困乡镇结对数为 27 个，与对口帮扶地区贫困村结对数为 161 个。结对镇村还按照"有协议、有规划、有资金、有项目、有干部、有人才、有互访、有联席会议、有措施、有成效"的要求建立推进机制，加强交流往来，有效促进了双方文化、旅游、教育、卫生等多方面交流。

持续深化对口支援　推动两地共同发展

"我住长江头，君住长江尾。日日思君不见君，共饮长江水。"一条长江把千里彝山、藏区与嘉定紧紧相连，长江奔流不息，嘉定与云南、青海情深谊长。历年来，嘉定区和对口地区党委、政府同心合力扎实推进精准扶贫、精准脱贫，脱贫攻坚工作取得阶段性明显成效。如今，对口支援工作已经实现从单向帮扶到双向合作的转变，两地正努力实现共同发展。

这些年，嘉定区选派了很多政治站位高、综合素质好、工作能力强、发展潜力大的优秀干部赴"三州九县"挂职帮扶。他们秉持着"人在哪里，故乡就在哪里"的扎根精神，把云南、青海当成自己的"第二故乡"，坚守初心，勇于担当作为，在当地任劳任怨，服务当地贫困群众，树立了上海干部的良好形象，得到了当地党委、政府和人民群众的高度认可。在他们的努力下，当地建档立卡贫困户数量不断锐减，经济社会发展速度不断提高，贫困户的生活环境得到极大改善。在我看来，对口帮扶工作不仅促进了当地的发展，更为嘉定区未来发展培养了一批批特别能吃苦、特别能战斗、特别能团结、特别能奉献的干部队伍，这对嘉定来说是一笔最宝贵的财富。

通过楚雄—嘉定旅游扶贫合作招商推介、上海汽车文化节、嘉定旅游购物节等活动，我们向嘉定市民、上海市民、国外游客重点推介对口地区的民俗文化资源和旅游资源，云南楚雄州 7 县、云南德钦县和青海久治县的知名度和影响力显著提升。为感恩回馈嘉定的对口帮扶，对口地区多次为嘉定带来一场场美轮美奂的原生态演出，更为嘉定市民带来一轮轮旅游优惠福利。2018年，楚雄州旅游发展委员会出台旅游优惠政策，明确在春节长假期间，嘉定区市民可凭身份证享受楚雄州所有国家A级以上旅游景区免票优惠。通过举办"云品入社区，万家帮万户""上海对口帮扶地区特色商品展销会"等消费扶贫活动，云南、青海等地的优质特色农产品送进了嘉定，既丰富了嘉定市民的菜篮子，还助推当地企业扩展市场，带动当地贫困户收入增加，又帮助了嘉定企业增加采购渠道、拓展货源、增加收入。

接下来，两地将继续深化对口支援内涵，加强双方在旅游、文化、产业等领域的合作力度，推动两地共同发展。

我很高兴曾有机会分管这项工作，并曾用心地投入这项工作，切实地从中感觉到我们的努力，帮助当地老百姓改善了生活，帮助当地农村改善了基础设施乃至整个生活环境。每次看到当地老百姓充满感激的眼神，我总是非常感动。看到对口地区还有很多很好的资源，今后还能够得到更大的发展，我就觉得对口支援这项工作非常有意义、有价值。我相信，我们一代代人通过持续努力，帮助对口地区更好、更快发展，帮助当地老百姓的生活得到更好的改善，共同富裕的"中国梦"终将早日实现。

用心用情用力　助力脱贫攻坚

许红兵，1967年4月生。现任嘉定区华亭镇人大主席。2016年1月，任嘉定区政府合作交流办公室主任、区政府办公室副主任（兼）；2019年3月至2020年1月，任嘉定区政府办公室副主任（正处）、区政府合作交流办公室主任。

口述：许红兵
采访：徐光华　汪　波
整理：汪　波
时间：2020 年 4 月 29 日

　　从 2016 年起，我从部队副师长岗位转业到地方，担任嘉定区政府合作交流办公室主任，兼任区政府办公室副主任。刚到区合作交流办的时候，我对东西部扶贫协作和对口支援这项工作了解甚少。我以前是东海舰队航空兵的一名战斗机飞行员，主要执行的是战备训练任务，考虑较多的是如何带领部队，保卫国家领海、领空安全；现在转业到地方，虽然工作的环境、工作的内容都发生了变化，但我想做任何工作，只要用心、用情、用力，没有做不好的。我上任不久，2016 年 7 月，习近平总书记在银川主持召开东西部扶贫协作座谈会，强调东西部扶贫协作和对口支援工作是全面打赢脱贫攻坚战的重要举措。从那时起，上海各个区合作交流工作的重心由国内的区域合作转到东西部扶贫协作和对口支援工作上来了。在我任职期间，嘉定区和云南省迪庆州德钦县和青海省果洛州久治县是结对帮扶关系；2016 年底，按照上海市部署，嘉定区与云南省楚雄州双柏县、永仁县、武定县建立结对帮扶关系；2017 年底，上海市又把杨浦区结对的云南省楚雄州牟定县、南华县、姚安县、大姚县四个县转交给了嘉定区进行结对帮扶，这样嘉定区担负的对口帮扶工作从"两州两县"增加为"三州九县"。2020 年，我离开时，已经做了整整四年的合作交流工作，感慨万千。

畅通对接机制

　　开展东西部扶贫协作和对口支援，是中央"两个大局"共同富裕战略思想的一项重大战略部署。我通过四年的对口帮扶工作，认识到对口帮扶工作并不是简单的给钱给物，而是一个系统工程，关键的是畅通援受双方各项对接机制，抓好高层对接、人才对接、产业对接、劳务对接、乡（镇）村结对、村企结对，全面统筹各方面工作，使各项帮扶措施精准发力。

　　自开展东西部扶贫协作和对口支援以来，嘉定区委、区政府主要领导每年带队分别到结对县开展调研对接。在我任职期间，原区委书记马春雷，原区长吴云，原区委书记章曦，现区委副书记、区长陆方舟，区人大常委会主任许谋赛和区政协主席刘海涛等每年分别率区党政代表团赴结对县开展调研对接工作，考察扶贫协作项目，深入贫困村及建档立卡贫困户家中听取意见，并实地检查指导对口帮扶工作，为嘉定区的东西部扶贫协作发挥了重要引领与带动作用。除了调研走访，另一项重要工作就是召开两地高层联席会议，通过高层联席会议，双方领导面对面地交流，签订对口帮扶协议，有力地推进了市、区援建项目和对口支援工作的顺利完成，推动了对口帮扶地区脱贫工作更高质量的

◀ 到武定县实地走访调研贫困户脱贫增收情况

开展。

　　选派政治站位高、综合素质好、工作能力强、发展潜力大的优秀干部到结对县挂职帮扶，是按照中组部、国务院扶贫办文件精神和全市统一部署的要求，也是东西部扶贫协作和对口支援工作的重要举措。当时嘉定结对的"三州九县"，按照每个县至少一名处级干部，深度贫困久治县和德钦县、武定县另配一名科级干部，迪庆州、楚雄州和果洛州三个州里要派一名处级干部的要求，嘉定区向云南派遣18名处级干部和8名科级干部。但是根据当地的情况和实际工作的需要，我们还要增派4名干部。我深知我区干部选派任务艰巨，向区委组织部汇报了这个情况。组织部没有犹豫，拟定好计划向区委汇报。区委领导非常重视，要求不折不扣，认真挑选，坚决完成任务。到2019年底嘉定区先后有30名干部战斗在青海、云南脱贫攻坚第一线。嘉定区对口的地区都是高海拔的贫困地区，条件非常艰苦，高原缺氧但我们的援建干部缺氧不缺精神，各位援建干部都是从区各行各业中精挑细选出来的优秀干部，他们积极响应党的号召，接受组织挑选，服从组织安排，参加光荣而艰巨的援建工作。他们到当地后，主动融入当地，虚心请教，适应得很快；传承援建精神，积极进取，在工作中遵从当地风俗，树立了上海干部的良好形象，得到了当地党委、政府高度认可，也获得了当地老百姓的高度称赞。有许多关于嘉定区援建干部的感人事迹，相关媒体做了宣传，我印象比较深的是，有一年，云南双柏县的党政代表团来嘉定区，双方召开高层联席会议，双柏县委书记李长平在会上讲起了嘉定区援建干部，双柏县委常委、副县长陈剑，当地老百姓为了感谢他，还编了一段赞美他的顺口溜，但当我问起陈剑时，他只是淡淡一笑："没什么，都是应该做的。"是的，我们的援建干部就是这样低调和踏实！每年为了当地的教育卫生发展，嘉定区积极选派教师、医生和专业技术人才到结对县帮助工作，保证每个结对县至少1名教师和1名医生开展为期一年以上的帮扶。我记得2018年11月我们选派了嘉区中心医院骨科副主任医师李慧章，他告别出生仅7个月的女儿奔赴云南省楚雄彝族自治州武定县人民医院开始为期一年的医疗支援工作。李慧章注重传授技术，悉心带教，经常手把手指导当地医生手术。他一年内专家门诊人次达到1400余人次，为武定县医院开展骨

云南省楚雄州永仁县猛虎乡笋牛循环养殖基地

科新技术 5 项，手术 200 多台，骨科疑难病例会诊 90 余次。李慧章的倾情支医，成绩显著，《楚雄日报》2019 年 5 月 30 日和 6 月 13 日分两期报道了李慧章健康扶贫的优秀事迹。像李慧章一样的援建专业技术人才的优秀事迹，不胜枚举。是的，嘉定区援建干部和专技人才充分发挥两地沟通的桥梁和纽带作用，紧密结合当地实际需求，切实为当地办了一些实事、办了一批好事。

产业发展是贫困地区实现脱贫的根本之策。当时我们通过帮助结对县建设一批规模化、品牌化、现代化农业示范园，支持贫困乡镇、贫困村成立村社合一的农村合作社，扶持当地新型合作组织和扶贫龙头企业等方式，带动当地产业发展。我们重点围绕对口地区的土地和农业做文章，用好上海市场优势，搭建商贸、电商、社区、批发四大平台，拓展农产品产销对接渠道，破解贫困户农产品上行难题。2018 年 10 月，通过招商引资，嘉定区为双柏县引进上海牧粮集团，并在当地成立楚雄天盛农业发展有限公司，开发大庄虾蟹产业园建设项目，发展规模化的高端水产养殖。按照"政府搭台、企业带动、发展农户"的帮扶模式，将企业发展与贫困村农户脱贫致富相结合，以产业基地为基础，以科技技术为依托，以社会化服务为纽带，打造产业扶贫创新模式，有力促进了双柏县的经济发展。2019 年，我们组织上海企业和相关部门参加楚雄州在我区召开招商引资推介会及科技入楚专场活动、产业园区共建等方式，并且组织协调区内、区外企业赴对口地区考察对接，成功引导 32 家企业在当地进行产业投资，实际投资额高达 1.74 亿元。

稳定就业是贫困人口实现稳定脱贫的基础前提。嘉定是制造业大区，我觉得在解决对口地区贫困户来沪就业工作上要发挥优势。当时，我主要通过区人社局和各个街镇做工作，区人社局娄庆梅局长高度重视，除安排了一名分管领导外，还亲自组织制定相关激励政策；每年区人社局牵头、各街镇配合，组织区内企业赴楚雄州、德钦县、久治县开展扶贫专场招聘活动，现场针对性提供贫困劳动力岗位；通过帮助开展贫困劳动力就业技能培训，提高贫困劳动力就业技能和就业意愿；精准对接本区制造业、家政、养老等行业用工需求，有序组织有意愿且符合条件的贫困劳动力来沪就业；支持当地创设部分公共服务岗位，重点安置"无法离乡、无业可扶、无力脱贫"的贫困劳动力。

2018 年，为落实中央"携手奔小康"和"万企帮万村"行动要求，上海在市、区两级开展"村企结对行动"，以"三带两转"（带人、带物、带产业和转观念、转村貌）为内涵，动员全市各类国企、民企、外企广泛参与云南、贵州遵义贫困村结对行动。为了使"村企结对"精准对接，我组织办公室制定印

◀ 嘉定区对口支援南华县就业扶贫暨"转移就业百日行动"专场招聘会成功举办

发了《嘉定区关于深化携手奔小康行动的工作意见》，明确了我区各镇、嘉定工业区、菊园新区与结对县的深度贫困乡镇、深度贫困村开展结对帮扶，优先向深度贫困地区倾斜，重点是加强工作对接，瞄准建档立卡贫困户精准发力，加强党建联建、社会帮扶、智力支持等，促进基层间交流交往交融。同时，组织区内各类所有制企业与结对县的深度贫困村开展结对帮扶，帮助培育基层党组织领路人、农村创业致富带头人，组织劳务转移就业，销售农特产品，培育"一村一品"、产业强村以及转变思想观念、转变村容村貌，改善人居环境，解决群众急难愁问题。2019 年，嘉定区与对口帮扶地区贫困乡镇结对数达到 27 个，贫困村结对数达到 161 个，达到了深度贫困乡镇结对全覆盖、深度贫困村结对全覆盖。

抓项目落地落实

上海市作为援助方，主要通过实施项目的形式为对口地区实施帮扶。如何遴选好援助项目，实施并监管好项目，是我们区合作交流办的一项重要工作。

选好选准援助项目就是要确保项目安排精准，这是实施精准扶贫的重要环节。上海市每年为对口地区安排市级援助项目，由市统一组织实施，援助资金由市、区两级财政统一安排。每年底，市里会给各区下发《上海市对口支援云南省、青海省项目资金安排表》（征求意见稿），征求区里关于结对县援助项目的相关意见，等征求意见结束后，由市里根据征求意见重新完善后正式印发实施。嘉定还每年主动安排一些区级援助项目，援助资金由区、镇两级财政统一安排。援助项目安排由援受双方充分协商，按照对口帮扶规划，实施项目储备，编制年度规划。为了援助资金使用得精准有效，当时我要求援助资金必须全部落实到具体项目上，如果没用项目，资金就不能拨付，这项规定，有效地防止了资金使用上的安全漏洞；对于援助项目，区合作交流办主动和前方援建干部沟通，根据平时考察时掌握的情况，认真把关。要想援建项目有用、管用、实用，必须遵循援助项目和资金向基层倾斜、向农牧区倾斜，重点用于改善项目区贫困群众基本生产生活条件、增强公共服务能力和水平、加强智力支持、促进特色产业发展、帮助群众就业等方面。嘉定区委常委、统战部长陆祖芳（时任嘉定区副区长，分管合作交流工作）常常告诉我，任何项目要严格把好关，把关的依据就是项目是否符合精准扶贫、精准脱贫的要求。通过严格把关，项目实施起来也顺畅了，并真正地起到精准扶贫作用。

紧抓援助项目实施和督查监管就是要确保资金使用精准和脱贫成效精准，这是实施精准脱贫的重中之重。当时我们有三项措施：一是抓紧市级与区级资金拨付。2018年前，市、区两级的资金拨付一般在6月，导致项目开展较晚，年底完不成项目。从2019年开始，我们认识到这个问题，都于3月底之前将市、区级财政援助资金拨付至结对县。我们也完善了资金使用流程，当援建项目提出拨款申请后，经结对县分管扶贫副县长和嘉定区挂职结对县副县长共同会签后，拨付至项目实施方。二是加强对项目进度、资金使用等情况的跟踪管理。我们采取月报告制度，要求对口县每月5日前上报项目进度和资金使用情况，确保项目进度可控；双方协商成立项目推进领导小组，形成双方分管领导亲自抓的工作制度。三是加强项目督查监管。2018年底我亲自带队，组织区纪委监委、区财政局、区审计局等单位前往结对县检查年度援建项目进展，监督项目资金规范使用，查找资金使用不规范问题，助力对口地区援建项目高效落实。这次检查由区合作交流办牵头，组织区相关职能部门对结对县进行督查，当时在上海市还是第一次，得到了市合作交流办的表扬和推广。

因地制宜发展产业

我们从事扶贫工作的同志都知道，要攻克对口地区深度贫困难题，实现稳定脱贫，必须高度重视产业扶贫，激活脱贫致富内生动力，如果没有产业，没有经济上的稳定收入，就没有真正意义上的脱贫。

我们知道产业发展的最终目的是带动当地贫困户增收，因此，要在产业扶贫中构建精准利益联结机制。要做到导向精准，既要避免再走片面、机械、简单地分钱发物到户"输血式"扶贫老路，也要防止扶持企业、合作社、大户而不辐射带动贫困农户的"垒大户"行为；既要遵循市场规律，以项目成功论成败，也要注重带动贫困农户的数量和效果，确保产业扶贫项目真正惠及贫困人口。我多次强调要通过机制设计，形成有效的产业扶贫项目利益联结机制，把贫困户纳入现代产业链生产的体系中，提高现代产业发展对生产要素投入的组织化和规模化程度，有效降低贫困户的市场风险。2018年，我们组织区内企业家考察楚雄州，其中一家由区农委推荐的优质农业企业百蒂凯农业有限公司在姚安县发现了商机，决定投建姚安高原特色农业示范基地，发展绿色有机蔬菜。在投建过程中，企业和当地出现了对接不畅、配合不到位的情况，导致产业园项目建设进程滞后，但通过我们积极沟通协调，把双方的需求妥善解决后，产业园项目顺利建成生产。在土地等资产为村集体所有的前提下，通过"企业＋合作社＋贫困户＋基地"模式带动当地贫困户就业和村集体经济发展，当年带动751户2268人稳定脱贫。同时，百蒂凯安排农业技术员指导当地农民进行生产，带动周边2000亩以上规模的蔬菜产业发展。

　　"橘生淮南则为橘，生于淮北则为枳"，各地有各地的风土人情，同一产业在此处发展顺利，在彼处则发展滞后，究其原因，很大可能是当地环境不适宜发展该产业。因此，我们在帮扶过程中，牢牢记住因地制宜、因人施策的大方针，针对当地优势资源和特色环境规划发展有使用市场、能持久发展的特色产业，提升特色产业的优势空间，使其融入现代市场，尽快转化为脱贫增收的支柱性产业。云南楚雄彝族自治州具有美丽的自然风光和独特的彝乡文化，文化旅游资源十分丰富。为助力楚雄彝乡文化传承发展，通过组织沪滇两地文旅、宣传等相关部门对接，利用上海文化产业优势和当地丝路云裳·七彩云南民族赛装文化节平台，帮助楚雄州深入挖掘彝乡文化资源，联袂打造文化影视精品《彝乡之恋》宣传片和《云绣彝裳》彝族服饰音乐舞剧，展示了楚雄绚丽多彩的人文和自然景色，推动了当地文化旅游产业发展。我们通过"非遗"传承人和骨干企业牵引带动，安排沪滇帮扶资金发展当地民族服装服饰产业，采用"公司＋合作社＋绣娘＋订单"的模式，建立彝绣合作社57个、经营户400余户，带动7万名绣娘实现"家门口"就业增收，形成年产值突破1.5亿元的彝绣产业链。利用上海企业行业龙头优势，我们协助楚雄彝族服装专题展示先后登上了上海时装周和纽约时装周大舞台。组织上海社会科学院、复旦大学等围绕彝族文化保护传承开展专项课题研究，打造"中国彝乡"品牌。云南省楚雄州双柏县光照资源丰富，冬无严寒，夏无酷暑，雨热同季，干湿季分明，境内最高海拔 2946 米，森林覆盖率高，是"中国天然氧吧"。正是看中双柏县得天独厚的温差、湿度、含氧量等高原特色环境，上海的一家企业在双柏县发展高原高端水产养殖产业，2018 年底在双柏县大庄镇投资建成生态虾蟹产业园，带动当地 111 户 473 人脱贫增收。该建设项目总投资规模 2 亿元，计划用地 2400 亩，目前正处于二期建设，最终将建成集水产养殖、观光农业、旅游度假农庄为一体的区域特色生态农业庄园。同时，该项目通过在高原养殖加州鲈鱼、澳洲龙虾、大闸蟹以及反季节培育澳洲小龙虾虾苗、加州鲈鱼鱼苗，填补了云南高原地区高标准淡水水产品养殖和培育种苗的空白，掀开了云南高原地区养殖业的新篇章。嘉定区委副书记、区长陆方舟在双柏考察这家企业后感慨地说："这个项目将逐步改变楚雄周边县市乃至云、贵、川对水产品的消费结构和饮食习惯，提高人民的生活质量。"这家楚雄天盛农业发展有限公司董事长李迎春是我们从上海引进的企业家，他为了这项高原水产养殖开创性的事业，扎根贫困地区双柏县，大胆尝试，在工地上住，在工地上吃，非常有爱心和韧性。双柏县委书记李长平曾经和我交流时说，这位上海企业家是位有情怀的企业家。正是有许许多多有情怀的企业家，我们贫困地区的产业才得到了前所未有的发展。

做好消费扶贫文章

2018 年 12 月，国务院办公厅印发《关于深入开展消费扶贫助力打赢脱贫攻坚战的指导意见》，2019 年 5 月，上海市政府办公厅印发《关于本市深入开展消费扶贫助力打赢脱贫攻坚战的实施意见》，明确要求各地区深入开展消费扶贫。我们认识到消费扶贫是社会各界通过消费来自贫困地区和贫困人口的产品与服务，帮助贫困人口增收脱贫的一种扶贫方式，是社会力量参与脱贫攻坚的重要途径，有利于社会各界扩大贫困地区产品和服务消费，调动贫困人口依靠自身努力实现脱贫致富的积极性，促进贫困人口稳定脱贫和贫困地区产业持续发展。嘉定区帮扶的云南德钦县有鲜松茸、藏香猪，青海久治县有牦牛肉、藏贝母、黑枸杞，云南楚雄州有大姚核桃、牟定腐乳、武定壮鸡等，都是各具特色的农产品。但是由于产量有限、宣传不力，往往都是"养在深闺人未识"。

东西都是好东西，怎么让好东西既丰富我们的餐桌，又帮助当地贫困户脱贫是我们考虑的问题。我们召集区各街镇、商务委、文旅局和国资委等，通过利用上海大市场、大流通优势，探索构建"人人皆可为、人人皆愿为"的消费扶贫模式，整合区内资源，全方位立体式开展消费扶贫工作。一是建立产销对接长效机制，多方位打造展销平台。通过组织布局对口地区特色商品销售网点 119 个，其中实体销售网点 114 个（社区店 103 家，标准化菜场 11 个），电商平台 5 个，把消费扶贫融入嘉定 15 分钟社区生活圈，居民可以足不出户享受对口地区的特色美食。在打造展销会、商超专卖等传统活动的同时，结合文旅新时尚，打造一批美食节、文旅集市、汽车文化节等独具特色的新颖活动。"展"与"销"提高了市民对于对口地区特色产品的认识度、感受度，提升了对口地区特色商品的市场化程度和知晓度、美誉度。二是广泛动员社会力量共同参与消费，采取"以购代捐""以买代帮"等方式，扩大贫困地区产品和服务消费。我们联合区总工会发布《关于开展"爱心扶贫、云品进嘉"活动采购对口帮扶地区特色商品的倡议书》，倡导区各级机关、企事业单位、金融机构、区医疗及养老服务机构，在同等条件下优先采购对口地区特色产品，此项活动得到全区各方力量的大力支持，比如 2019 年底区总工会组织动员区内各级工会和 188 家企业，集中采购对口地区特色产品，一次采购额就达 600 万元。三是把好质量关，提升农产品品质。我们组织区市场监管局赴对口地区考察蔬菜种植基地，指导当地对接上海标准，建立可追溯系统；优化产销两地布局，发展规模化经营；提升产地源头供给能力，鼓励区内龙头企业、农产品批发市场、电商企业、大型超市等市场主体到对口地区建立生产基地；针对对口地区特色产品物流仓储成本高、产品销售周期长等问题，创新帮扶方式，在南华县建立对口地区产品冷链仓库，让他们无后顾之忧。

做优援建干部管理和服务

智力帮扶、人才支持始终是嘉定对口帮扶的重要内容。近年来，一批又一批嘉定援建干部、教师、医生和青年志愿者们接力不息、真心实意、自觉奉献，主动融入当地，加强团结协作，积极干事创业，为助力对口地区打赢脱贫攻坚战做出了积极贡献。针对嘉定区的援建干部管理和服务工作，我们的原则是政治上充分信任，工作中大胆使用，生活上热情关心，组织上加强管理，努力为他们创造良好的工作、生活和学习条件。我们建立了一套干部管理机制。一是成立援建干部联络组。为了加强援建干部的思想、作风建设，切实做到严格管理、严格教育、严格监督，充分发挥全体成员的积极性、创造性，全面完成援建任务，我们在楚雄州成立楚雄州上海援滇干部联络小组，同时还建立了临时党支部。这个联络组既加强了对每一个援建干部的日常管理，还加强了援建干部之间的工作联系，使他们能够经常组织工作交流和学习。实践证明，联络小组的设置十分必要，它使援建干部拉近了彼此的距离，让大家愈加团结，工作愈加有方向。二是定期召开援建干部座谈会。及时了解援建干部工作情况，有利于把握脱贫攻坚的整体动态，进而推进各项帮扶工作顺利开展。每年区委、区政府主要领导，区委常委、组织部长，分管副区长等领导都会以各种方式和援建干部亲切座谈，了解援建干部在外的工作情况，既听取了援建干部的相关工作情况和工作体会，也对他们继续做好各项帮扶工作提出了要求。三是定期召开年度总结会议。每年春节过后，在援建干部临行前的一段时间里，我们都会召开援建干部行前工作务虚会。这个会议的目的主要是对上一年度东西部扶贫协作与对口支援工作进行总结，对考核中存在的不足进行分析和讲评，对下阶段工作进行部署，同时为援建干部鼓鼓劲、加加油。这样做可以把援建干部的心收一收，让他们带着更明确的工作目标投入新一年的工作中，继续做好嘉定区对口帮扶工作，帮助对口地区打赢脱贫攻坚战。我们还有一套干部服务标准。一是完善了短期选派人员的工作补贴标准。针对短期选派教师、医生等专业技术人才赴对口地区工作补贴标准不明确的情况，我组织区合作交流办、区委组织部、区财政局和区人社局就短期选派人员赴对口地区工作期间补贴标准等问题予以讨论，形成了《关于短期选派人员赴对口地区工作期间补贴标准等问题的会议纪要》，明确了短期选派人员生活补贴和通信费、差旅费、保险费补贴标准，使每位选派人员感受到组织的关心和温暖。二是完善援建工作经费报销制度。我们结合援建干部的工作实际，发现援建干部工作经费使用存在一定问题，比如很多需要采购的必备工作物品因无法报销，援建干部只能自掏腰包。我们联合区委组织部、区财政局等单位，讨论研究援建干部经费报销事宜，最后形成一致意见，制定援建干部经费报销管理办法，明确了各项报销的流程和需要准备的材料，经联络组组长审核签字后，送给合作交流办，合作交流办经审查合格后再送给财务进行报销，这样使援建干部不用担心合理使用的工作经费没法报销，让他们没有后顾之忧。三是定期家访慰问制度。每年中秋和春节，我都带着合作交流办的同志，去援建干部家里走访慰问，了解家庭困难和需求。我们虽然不能直接解决问题，但会尽最大努力协调相关部门解决。因为我觉得，区合作交流办就是援建干部的"娘家"。

我在合作交流办工作了四年，非常有幸参与了打赢脱贫攻坚战的关键时期，经历了很多很多，和同志们一起做了许多有益的工作，也结识了许多少数民族朋友。由于篇幅有限，不能一一道来。我作为曾经战斗在脱贫战线的一员，深感这项工作责任重大、使命光荣。值得高兴的是，在我任职期间，嘉定区的东西部扶贫协作和对口支援工作在区委、区政府的坚强领导下，在各部门和援建干部的共同努力下，连续两年在全市 16 个区名列前茅；截至目前，嘉定区对口帮扶的 9 个贫困县均已成功脱帽，脱贫攻坚战取得了阶段性胜利。2020 年，是脱贫攻坚决战决胜之年，虽然我已离开合作交流办工作岗位，但我会继续关注和支持这项让我终生难忘的事业。我满怀深情而又充满希望：打赢脱贫攻坚战，实现全面小康一定能够如期实现。

对口援藏的岁月

　　葛方浩，1953 年 10 月生。曾任嘉定区教育局党委书记、区水务局党委书记等职。1995 年 5 月至 1998 年 5 月，为上海市第一批援藏干部联络组副组长、拉孜小组组长，任日喀则地区拉孜县委常务副书记、县长。

口述：葛方浩
采访：章毅俊
整理：葛方浩
时间：2020 年 7 月 8 日

1995 年中央第三次西藏工作座谈会之后，我们是首批对口支援西藏的。上海嘉定、奉贤、闸北、杨浦四区县对口支援日喀则拉孜县。

拉孜县位于日喀则地区中部，1994 年时土地面积约 4300 平方公里，人口约 4.4 万人，平均海拔 4010 米。

我们四区县共派出 7 位同志，我担任县委常务副书记、县长，并任拉孜县援藏联络组组长。对口支援的形式是首次，因此区委对选派工作十分重视。记得我们出发前，5 月 16 日下午，区委专门召开了由各街镇和委办局党政一把手参加的欢送大会。组织的重视，西藏情况的特殊，当地条件的艰苦，都令我深感任务的艰巨、担子的重大。

5 月 17 日，我们离沪，在成都休整两天后，于 5 月 20 日进藏。在贡嘎机场，一下飞机，我们一下子感到十分凉爽，这里的温度比成都低了十几度。刚开始我们还没有什么感觉，待到车队往日喀则途中休息时，就有同志因缺氧而晕倒了。这时，我们才真正体会到高原气候的特殊性。

来到拉孜，我们首先要过好"三关"：高原反应关、生活关、政治关。

从平均海拔 4 米的上海，到海拔 4000 多米的拉孜，高原反应关是我们必须要过的。记得我们到拉孜时，县里干部群众齐集拉孜县城一里长的街道两旁，给我们献哈达，夹道鼓掌欢迎。我们在欢迎的队伍中才走了1000米左右，7位同志都脸色发紫，气喘不已，口干舌燥。最难受的是晚上睡觉，一般睡一个小时就会因缺氧头痛而醒来。我们中有位同志因高原缺氧，硬是坐着睡了两个多月。还有位同志因高原气压低，眼底出血，过了三个月眼睛里的红色才逐渐消退。在当地干部群众的关心帮助下，特别是老进藏干部的悉心指导、关怀、照顾下，我们全体同志较快地度过了高原反应关。

生活关的难度就更大了。我们到拉孜时，县城没有一家理发店，没有一家卖蔬菜的商店。一里长的街道，两边的商铺，尽是一人一手高的土坯房。县里因为我们的到来，做了精心的准备，为我们新造了每人一个带院子的土坯房宿舍。没有卫生间，晚上上厕所，要去100米外的土茅房，晚上黑灯瞎火，常会踩到狗屎。在我们到后一个月，一场大雨，土茅房塌了，我们就每人自备一把铁锹，每天在院子里挖一个小坑解决如厕问题。我们南方人每天少不了蔬菜，而拉孜最缺的就是蔬菜。记得我们从日喀则到拉孜时，特地买了一些蔬菜，刚开始两天，按老习惯择菜时把老叶去掉，到第三天，菜没有了，就只能把扔掉的老叶子捡回来。用水也紧张，当时县城没有自来水，县里的深井水每两天抽一个小时的水，通信员每次给我们打两桶水，用两天。因此，我们发明了一水三用：一盆水先洗脸，再洗脚，然后把洗脚水浇在宿舍的泥地上，以增加空气的湿度。当时拉孜仅有的一门卫星电话在邮电局长家里，如果要打电话，就要来到局长家里，不停地拨号，半个小时也许可以接通一个。县里为照顾我们的生活，想了不少办法，专门派了一位老员工为我们做饭，但由于条件所限，总是土豆、萝卜、西葫芦，且味辣而咸。因此，一个月下来，每位同志都瘦了十多斤。但大家没有一句怨言，精神饱满。

我们进藏时，政治形势十分紧张和严峻。我们一方面提高警惕，加强自身的安全防卫工作，一方面加强学习宗教知识，注意工作方法，通过藏族干部多方面做好社会稳定工作。

要做好对口支援工作，必须全面摸清和掌握拉孜的实际情况。所以，我们在高原反应仍然较强烈的情况下，就广泛地开展调查研究，用半个月的时间，

◀ 实地了解青稞的收成

走遍了全县全部的乡镇。拉孜没有乡间公路，下乡的山路不能说是路，就是山坡、田野、沟壑，近的一天走一个乡，坐越野车时，必须全程双手牢牢地抓住吊把，否则一个颠簸，脑袋就会撞个大包。

在调查研究的基础上，我们提出了拉孜县对口支援的 5 个原则：立足长远、树立形象，多做实事，发展经济，促进团结。

一是立足长远。中央的政策是"对口支援，定期轮换"。我们是首批，所以必须立足长远。立足长远，首先是从援助的效果上考虑长远。从拉孜的实际情况看，地广人稀，交通不便，经济落后，教育基础十分薄弱，人口素质成为制约一切发展的根本问题。所以，我们认为，发展教育、提高人口的素质，对于西藏，对于拉孜是最长远、最根本的任务。

其次是对于援助的项目选择要立足长远。拉孜是日喀则西部七县到日喀则的必经之路，因此，把拉孜县城建设好，不仅对于发展拉孜的社会经济来说是十分迫切的，而且对于日喀则西部七县的发展也有互相促进作用。所以，我们把拉孜县城的建设作为援助工作开展的着力点。

再次是围绕立足长远做基础工作。拉孜县城原在老拉孜镇，后搬迁到 318 国道旁，基础建设虽薄弱，但便于规划。我在进藏两个月后，即联系嘉定区规划部门，请他们援助编制拉孜县城的建设规划，规划部门即派了两位技术人员赴拉孜实地考察测量，并以最快的速度编制了规划。记得我们将规划的详图在会议室展出时，当地的干部群众无不交口称赞。20 年以后我重回拉孜，看到拉孜县城经过 20 年的建设，原来 1 平方公里不到的县城面积，已发展到近 10 平方公里。原拉孜教育局干部、现在已是地区发改委主任的拉巴感慨地说：拉孜县城的规划为以后的各个项目立项提供了十分有利的条件，现在的拉孜县城建设水平，在日喀则的县城中已首屈一指。

最后是在援藏机制的建立上立足长远。对口支援，最后必然要落实在具体的项目上。我们是首批援藏的，肩负着探索援助项目落实机制的任务。我们刚到时，县城的街道是沙石路，每天下午，大风一刮，满街尘土飞扬，因此，我们首先确定将县城的三条街道铺上黑色路面。为解决资金问题，我回沪分别向嘉定、奉贤、闸北、杨浦区委、区政府汇报，争取和落实资金 88 万元。其他项目也是分别争取和落实。三年间我们共争取各类援助援建项目资金 700 多万元。这些资金的争取，十分不易。针对这样的情况，我们一方面向地区联络组长徐麟书记汇报，希望建立援助资金统筹机制；另一方面在上海市各级各类代表团来藏视察、慰问时，向各级领导呼吁。到第三年，市上海政府正式建立了

▲ 向上海市党政代表团介绍拉孜县城建设规划

对口支援援助资金的全市统筹机制。

二是树立形象。我们进藏时有两个榜样：一是学习孔繁森，全心全意为西藏人民服务；二是学习"老西藏精神"，即"特别能吃苦，特别能战斗，特别能忍耐，特别能奉献"。这是我们学习的标杆和榜样。

1995 年 7 月，拉孜县普降大雨，全县多个乡山洪暴发。那时我们进藏才两个月，而主要领导正在外面开会。灾情就是命令，我们义不容辞地承担起全县的抗洪救灾工作。我们援藏干部分别带领三支队伍奔赴抗灾一线，山路崎岖，暴雨如注，冒着不时发生的泥石流，组织干部群众抗灾自救。我带领的车队被一条洪水带挡住了前进的道路，怎么办？当地群众牵来了牦牛，我们拉着牦牛的尾巴，蹚过了洪水带，继续前行。

是年冬天，日喀则西部遭遇严重雪灾，地区来电报（当时我们同上级部门联系主要靠电报），要求拉孜马上组织一批物资支援聂拉木县。当时大雪封山，行路艰难，常务副县长姚林章和县委副书记陆振海两位援藏干部带领车队，不畏险阻，冒严寒，翻雪山，有的道路两边是两米多高的雪墙，车行期间，随时有雪崩的风险。经过四天四夜艰难跋涉，任务圆满地完成了。

三是多做实事。全心全意为西藏人民服务，必须落实在多干实事、多办好事上。中央作出对口支援的决策，立足点也必须通过支援的实事来体现。

制订规划，改建县城道路，是我们办实事的起点。我们真正花力气办的实事之一，就是扎扎实实地发展拉孜的基础教育。

我们首先对拉孜基础教育现状进行了调查。当时拉孜有一所初级中学，共4 个班级，一所 12 个班的完全小学；其余每个乡仅有一所办到四年级的初小，零零星星的一、二年级教学点分布在各个村落。拉孜的基础教育不仅规模小，层次低，且条件十分薄弱。乡级初小是几间土坯房，村里的教学点仅一间土坯房，开两个一尺见方的口子作为窗口，没有窗框，没有玻璃，黑幽幽的，仅有一块黑板，就连这块黑板也是在泥墙上涂了一层黑漆。没有课桌椅，孩子们上课席泥地而坐，在膝盖上翻书写字。

在这样的基础上打翻身仗，难度是可想而知的！

我想，首先要提高和统一全县干部的思想认识。于是我主持召开了拉孜县

◀ 在希望小学建设
工地上

历史上第一次全县教育工作会议，请全县的村级以上干部到县里来开会。在西藏开一个全县的三级干部大会，是很不简单的。县里根本提供不了那么多人的食宿，因此，各乡的乡村干部都是自带帐篷、铺盖、干粮，骑着马，驾着拖拉机来到县里。会议统一思想，明确目标，落实任务，为打响基础教育翻身仗开了一个好头。20年后我重回拉孜，一个当地的干部对我说："我还记得你在那次教育工作会议上引用了列宁的一句话：'文盲是站在政治之外的。'还说因此一个民族，如果没有在文化上翻身，那么政治上的翻身也是不巩固的。"

其次，建立乡级中心校体制。各乡设立完小，由乡完小管理各村的教学点。我们多方联系，争取支援，共筹措了230多万元资金，为每个乡建设一所完全小学。同时争取西藏自治区、日喀则地区教委的支持，配齐了课桌椅。

师资问题，也是个突出的问题。我们一方面争取地区的支持，多分配新的师范生，一方面筹资建造了西藏第一个县级教师培训中心。我们自办了初师职业班，招收全县的初中毕业生，培训一年，充实各村级教学点。

1997年，拉孜县被西藏自治区教委评为普及义务教育先进县。

拉孜原有个小水电站，引查务沟的水，通过半山腰3公里长的水渠发电。由于冬季气温低于零下20度，水电站不能发电了，在我们到拉孜的第二年夏天，一场山洪，将水渠冲垮了，县城就没有电了。我们一方面多方协调争取上级部门立项解决拉孜用电问题，一方面争取援助资金购买了柴油发电机确保县城每天两小时的生活用电。

我们还通过回沪探亲时积极宣传，争取援助资金，解决了县城各委办局和委办局负责同志的区域程控电话配置问题，在全县仅有 1 门电话的基础上增加到 170 多门；为每个乡配送了一台拖拉机，以解决乡政府交通问题；争取援助提升拉孜县人民医院的设施设备，为拉孜县人民医院争创一级甲等医院创造条件。

四是发展经济。发展县域经济是我们对口支援的主要任务之一。拉孜以农牧业生产为主，1994 年全县财政收入为 36 万元。我们在充分调查研究的基础上，因地制宜地制定了拉孜经济发展的思路：农业以立足开发、扩大耕种面积为重点，乡镇工业以建筑服务业、旅游服务业、小手工业为重点。

拉孜缺电缺水，工业发展是一张白纸，负责这方面工作的援藏干部博凤祥副县长和乡镇工业局局长张天荣同志殚精竭虑，不辞辛劳，多方协调争取，筹建开办了拉孜建筑工程公司、洗衣粉厂，自筹资金建设了乡镇工业局办公楼，修缮了锡钦温泉。

拉孜县城北部加龙岗有一块约 5 平方公里的旱地，由于没有水利条件，因此农作物收成很低，我们积极争取自治区"一江两河"农业开发办将其列入农业开发项目，将 1 万多亩旱地改造成可灌溉的良田。

起始于上海的 318 国道贯通拉孜，距上海人民广场 5000 公里处恰在拉孜柳乡和热沙乡的交界处。上海援藏干部倪建平敏锐地意识到这是一个可以开发的旅游点。于是，他请县供销合作社占都主任制作了一块 2 平方米大小的路牌，标明此处"距上海人民广场 5000 公里"。自此，一般过往车辆都会在此停车拍照留念。2013 年我重回拉孜，此地经后面几批援藏干部的扩建，已成一个停车休憩、餐饮购物的旅游景点。

拉孜完小紧靠 318 国道，原北围墙有 10 多间土坯商业用房，地处拉孜县城商业主线上。我们计划在此改建成 2000 平方米的商业用房。我两次拜访当时的自治区财政厅长争取贷款。我们候在他在拉萨西部的宿舍，记得他下班回宿舍后，一边自己做饭，一边和我交谈，对我们改建商业用房的项目十分支持。他说："待我去西部出差路过拉孜时实地考察一下。"临走，他还将一包麦乳精、一个午餐肉罐头让我们带上。他说："你们在基层，比我艰苦。"我空手而去，带着他的厚意而回，内心十分过意不去。第二次去时，他说："我路过时看过了，项目不错，可以贷60万元。"他何时路过拉孜？为什么不让我们接待一下？他是上海的老进藏干部，已在藏工作了20多年，他的平易近人、工作细致，给我留下了十分深刻的印象。

我们还积极联系争取地处县城商业街单位的上级主管部门按县城规划改造沿街商业设施，先后建起了气象商业楼、经贸楼、财政综合楼、乡镇企业楼、教育局商贸楼等，使县城500多米长的商业街彻底改变了面貌。

到1997年，拉孜的财政收入达到124万元，三年中翻了两番。

五是促进团结。对口支援，是民族大团结的体现。我们时刻牢记民族团结的宗旨，在工作、生活的每时每刻，恪守民族团结的要求。有利民族团结的事，我们多做，不利民族团结的事，我们坚决不做；有利民族团结的话，我们多说，不利民族团结的话，坚决杜绝！

我们利用工余晚上，利用节假日，尽可能多去藏族干部、老进藏干部家里串门走访，谈家常，交朋友，访贫问苦。三年中，我们7位同志将自己的高原津贴用于访贫问苦，慰问金超过了2万元。西藏地区民族节日多，一到节日，大家扶老携幼，带上帐篷、氆氇（毛毯）来到林卡，载歌载舞，骑马射箭，喝酒娱乐。我们必定积极参与，他们十分友好，又敬酒，又叫你尝他们的风干生羊肉。我参加这些活动，留下了大量的照片，回来后有次搬家，一大包照片放在车库里，一场大雨浸泡尽毁，非常可惜。

桑珠，拉孜县纪委书记，日喀则人，高个子，精瘦，虽是藏族人，但讲着一口标准的普通话，诙谐幽默，能歌善舞。刘克贵，拉孜县委副书记，山东人，老进藏干部，白净如江南人，文质彬彬，有时豪爽大笑，有时狡黠一笑。他们的宿舍就在我们宿舍的前面。因此，他们对我们的关心和帮助也就最早最多。一清早，他们把热腾腾的奶茶水壶放在我们宿舍门口；他们把难得的、在日喀则买来的蔬菜烧好后端给我们；他们带我们一家家地拜访当地的干部；他们带我们"过林卡";他们给我们介绍当地的风土人情。他们对我们的关心说不尽。

1997年夏天,拉孜遭遇霜灾。8月青稞抽穗扬花时节,一连3天的霜冻,严重影响了青稞的灌浆,来年的种子缺口很大,需要到外县去组织并调运。加上加龙岗农业开发项目的实施,2000多名民工在工地上兴修水利工程,我是工程总指挥。因此,那年冬天,我没有回沪休假,在拉孜过了新年。每天,我都会被拉到当地干部家中作客,轮不上的会把牛羊肉、血肠、酥油饼、奶茶送到我宿舍,让我感到无比温暖。

令人难忘的情景还有我们回沪送别的场面。1998年5月底,我们即将回沪的前几天,宿舍总是围满了当地的干部。琼拉,拉孜县教育局局长,一个憨厚的藏族汉子,默默地坐在我的床沿,没有一句话,只是不停地抹眼泪,到最后竟如小孩般地失声痛哭。我知道,这号啕中迸发的是多么浓烈的情感,这号啕中凝结的是千言万语。真正告别的那一天,县府广场上更是聚集了上千名干部群众,热泪相拥,哈达围满了我们脖子,卸掉了一批,一会儿又围满了脖子。那份情,那份不舍,我们怎能忘怀!

三年的援藏任务是艰苦和光荣的,三年的援藏岁月是短暂的,我们做了我们应该做的。当地组织也给了我们充分的肯定,给予我西藏自治区优秀共产党员的荣誉。其实,这是对我们拉孜小组7位同志的肯定,我只是代表。县里的干部给我起了个"洛桑旺堆"的藏名,意思是"好心肠的干部",我很喜欢这个名字。西藏是祖国的宝地,那里天高云不淡——西藏的云白得成团,白得耀眼;那里的山低插云霄——西藏的山看似不高,但因为山脚就是海拔4000多米,所以山头白云缭绕,终年积雪;那里有独特的自然景观和人文景观。有次暴雨过后,我们去拉萨,盘山公路就在雅江旁边,汹涌的江水在狭窄的山峡间奔腾,声如雷鸣,势如山崩,震人心魄。待到江面开阔处,远处雪山背景,近处雾霭缥缈,宛若仙境。我们开车外出,常常会情不自禁地赞叹祖国的壮美河山。在我们援藏期间,家乡的组织和干部群众给了我们极大的关心、支持和帮助。为我们捐助援藏资金,为我们家属排忧解难,使我们能安心地在藏工作。

　　20多年过去了，回首援藏岁月，我们无怨无悔。我们牢记组织的嘱托，不辱使命，为西藏建设发展、为民族大团结贡献自己的一点力量，这是应该的。西藏各方面的基础薄弱，在西藏工作，作为一个县级基层干部，既要做决策者，又要做组织者，也要做操作者，因此，对自己也是一种锻炼。援藏工作三年，是非常值得的。

雪域高原的信风使者

倪建平，1957年3月生。曾任嘉定区人大常委会党组成员、办公室主任，徐行镇党委副书记、镇长，菊园新区区人大代表工委主任，菊园新区人大代表联络室主任，区人大常委会财政经济工委主任、农业与农村工委主任等职。1995年5月至1998年5月，为上海市第一批援藏干部，先后任日喀则地区拉孜县委办公室副主任，县委办公室主任、县委常委。

口述：倪建平
采访：沈卫杰
整理：沈卫杰
时间：2020 年 3 月 30 日

1994 年 7 月，中央召开第三次西藏工作座谈会，确定了每三年轮换一批援藏干部的工作方针。作为第一批援藏干部中的一员，20 多年来，我一直密切关注着援藏工作。我深深觉得，我们这一批批的援藏干部，就好比是"信风"的使者，定期将党和国家的关爱、民族大团结的温馨、东部发达地区的友谊，带上雪域高原，如春风化雨，温暖、滋润着这片高寒之地，引领这里的藏族同胞奔向富足小康生活。

直面"风口"

拉孜，藏语意为"神山顶，光明最先照耀之金顶"，海拔 4000 多米，位于西藏自治区西南部、念青唐古拉山最西部。

拉孜最出名的要数拉孜藏刀了。拉孜藏刀具有鲜明的民族特色和独特的传统工艺，钢质优良，造型简洁，坚韧实用，既可作生活用具，又可以防身及装饰，是盛开在西藏民族手工业百花园中的一朵不可多得的奇葩。

拉孜还是有名的"堆谐之乡"。堆谐又称"踢踏舞"，是一种集说唱、歌舞、弹奏为一体的民间歌舞艺术形式，以扎木念琴为主要伴奏乐器，表演时，演员又唱又弹又跳。当地的男女老少皆能歌善舞，每逢重大节庆活动时都要进行堆谐表演，通过表演表达人们对现实生活的赞美之情。

知道自己将要工作三年的地方是拉孜以后，出发之前我也算是做了功课，通过各种途径对拉孜的自然环境和人文历史有了初步了解，所以，尽管在思想上做好了去艰苦地区奋斗的准备，但一路上，我同样对那里的蓝天白云、物华天宝充满了期待。

直到真正踏上这片土地之后，我才切身领教到了什么叫艰难困苦，至于原先的那份美好的期待，很快就抛之脑后了。

首先遇到的自然是高原反应带来的不适。

我这人外表虽然比较瘦弱，但其实体质并不差，平时也没有什么不良生活嗜好，以前抽过的烟也戒了。所以，起先我对高原反应并不怎么放在心上，到了目的地后看到同行的几个同志一副小心翼翼的样子，不免觉得好笑。直到两三天以后，胸闷、头疼、四肢无力等症状开始出现在我身上，我才明白这高原反应还真不是我们这些生活在平原上的人能够幸免的。好在对付高原反应的经验也是现成的，无非就是放慢生活节奏、多注意休息等。几天后，身体渐渐开始适应了。

◀ 在平旺书记家的合影

然而，随着工作的展开，我才明白高原反应的事并没那么容易过去。缺氧对躯体的影响好对付，对脑神经、精神的影响则远要比我们想象的严重得多。

我到拉孜后首先在县委办分管文秘工作，由于当地干部中懂汉文的很少，所以，一开始我直接承担了大多数汉文文稿的起草工作。上了高原，大脑一缺氧，写文章还真是件让人痛苦的事。主要是反应迟钝，连一些常用的字都想不起来，一篇几百字的短文，本来用不了一个小时，在那里却往往需要两三个小时甚至大半个晚上才完成。这样的情况一直持续了半年多，我才基本适应。

除了高原反应，让我们这些自小生活在东海之滨的平原地区的人尤感不适应的便是高原之地干燥的气候，而且又没有蔬菜吃，那种干到连心头都觉得在冒火的滋味，实在是折磨人。无奈之下，我们便学当地人喝奶茶或者酥油茶，那味道起初喝不惯，但口舌之苦能解心头之苦，也就渐渐习惯了。

还有就是当时的拉孜，电力供应不足，特别是冬季，只能维持半天，到了晚上，别说看电视，取暖都成问题，我们从上海带去的取暖器，只能成了摆设。为了取暖，我们就学当地的同志烧牛粪。牛粪不仅热量少，而且燃烧时烟多灰多。我经常要在晚上写文章，有时需要通宵达旦，常常被熏得泪水涟涟、看东西一片模糊也就算了，驱之不尽的寒气，让我的颈椎、腰椎都落下了毛病，至今未愈。

其实，对西藏条件的艰苦，大家感同身受，都差不多。除了上述以外，尤其要提的，那就是拉孜的"风"。

拉孜这个地方，正好处于喜马拉雅山下的风口上，"孜"在藏语里就是"风口"的意思。这里常年大风不停，年平均风速为每秒 3.1 米，最大风速可达每秒 20 米。几乎每天从下午 3 时一直到半夜，飞沙走石，鲜有间断。

在初到拉孜的一段时间里，每当伏案工作到半夜，面对这仿佛能刮走一切的呼呼大风，我常常会想：如此艰苦，甚至可以说是恶劣的条件下，人们为什么还要生活在这里？他们又是如何生活的呢？很快，我就找到了答案：这里有飞沙走石，也有蓝天白云；有冰川荒漠，也有牦牛青稞。一方水土养育一方人家，这里的人们不仅艰难又顽强地生活着，还炼制出了精美绝伦的拉孜藏刀，还能跳出欢快优美的堆谐之舞，意味着他们同样对美好的生活充满了向往、追求和赞美。而我们既然来到了这"风口"上，除了锤炼自身外，说什么也得与这山口的风较量一下，让这里的风少一些干燥、寒冷，多一些和煦、温润，因为我们这阵"风"来自东方、来自平原、来自大海，源自祖国这个大家庭。

和风阵阵

到拉孜投入工作后，我们才发现除了要面对艰苦的自然环境外，还要面对不仅陌生而且极为复杂的工作环境和对象。

一方面，我们是中央确定三年一轮援藏方针后第一批进藏的干部，与以前的援藏干部相比，我们更像是过客，别说是当地的老百姓，就是部分干部也都在一开始难以在理智与情感上完全接受我们。另一方面，拉孜地处西藏西南部，我们面临的反分裂斗争工作环境不容乐观。

责任在肩，我们以极大的热情，化作阵阵和风，洗涤那隐隐的雾霾。

我们先从自身做起，踊跃为贫困家庭、为希望工程捐款。当时我们的工资是上海发的，到那边有补差，每月300元左右，基本上全捐了。我在两年多时间里前后捐了7000多元，数目并不大，但主要是一份心意。

还有就是与当地的干部赤诚相待，在共同的工作与生活中结下深厚的友谊。

我们做得最多的自然是帮助带动拉孜全县的发展。

到拉孜后不久，我们就着手编制了嘉定区对口支援拉孜县县域规划。从资金落实到嘉定规划设计院具体人员的确定，再到安排实地的考察、研讨、初步方案的确定，我几乎参与了联系落实编制工作的全过程。其间先后联络安排了两批次的人员进藏落实该项目。在第二批评审人员进藏后，我发现县域规划总体布局的沙盘没能与人员同行，而地区评审会的通知、人员、地点、会务的各种安排已经到位，第二天就要评审。唯一的办法就是尽可能地将沙盘按时运达。然而西藏拉萨贡嘎机场每天只有早上两班飞机，机场到日喀则还有300多里路，要确保在当天中午前运到难度很大。且当时的通信条件差，说实话谁也保证不了。好在我赶到机场找到了上海虹桥机场赴贡嘎机场对口支援的朋友，经过努力，总算顺利，在当天早上第一班飞机落地后不久沙盘终于出来了。我

▶ 在宿舍接待嘉定区党
政代表团潘志纯等

和驾驶员马上装车火速赶往日喀则，终于在上午 10 点半左右赶到了会场，确保了评审会按时召开。县委旺堆书记当即拍着我的肩，兴奋地说："倪主任，多亏了你，又立了一功。"

其间，还有一件事我觉得值得说一下。

到拉孜后不久，我从一个宾馆的负责人那里了解到当地洗衣粉很难买，而整个日喀则地区没有一家生产洗衣粉的厂家。当时我们都在绞尽脑汁设法为当地经济发展助力，我也是心切，便牵线搭桥，从嘉定引进了有关厂家的资金和技术，办起了上海白鹅洗涤剂厂拉孜联营厂，成了拉孜县的一个"第一"。但是后来由于当地地广人稀，产量不大，但运输距离远，成本过高，厂家很难经营，这为我们在如何为当地输血或造血上减少盲目性积累了宝贵的经验——必须立足因地制宜、科学论证。

在积极参与助力拉孜发展的同时，我也在千方百计地努力拉近着与当地藏族同胞的距离。

我是个摄影爱好者。在与藏族同胞的日常交往中，我发现他们对摄影既陌生又有兴趣。在藏族同胞家走访时，我又发现很少有拍有"全家福"相片的。于是，我便萌生了利用业余时间为藏族同胞拍"全家福"的想法。

　　这件看似简单的事真正实施起来，我才发觉远比我想象的困难得多。藏族同胞居住分散，距离远自不必说，主要是他们白天很少有全家人都在家的习惯。一般情况下，给一家拍齐拍好完整的"全家福"照片至少要上门两到三次，最多的一家去了五次。

　　然而，藏族同胞对这件事表现出来的热情特别是他们拿到照片后表现出来的喜悦，让我心生满足，欲罢不能，两年多时间里，我先后为55家藏族同胞拍摄了"全家福"，尤为重要的是，我以此为纽带，走进了藏族同胞的家中，更走进了他们的心中。

　　20多年后的今天，回忆在拉孜的三年，自己当初带去的那阵和风，也许并不算得了什么，但其间牵动的那份挂念，却已铭刻于心。记得结束援藏工作回沪的那天，无数的藏族同胞从四面八方前来送别，给我们每个人胸前挂满洁白的哈达，那画面在我的脑海里至今清晰。

风润万物

　　到拉孜后，我最初的工作是县委办副主任，主要从事文秘工作。

　　当时，拉孜县以汉语为基础的文秘工作很薄弱。藏族学生一般从小学四年

◀ 拜访当地干部县委副书记桑珠

级开始学习汉语，全县只有一个初中班级，大多数学生只读完小学，小学毕业的汉语水平也只相当于内地小学三年级的水平。因此，全县藏族干部汉语基础差，县里长期缺少文秘人员，各部门的文书工作很不规范。

文秘工作单调而细致。接手这项工作后，我全身心地投入，不停地写、不停地编，力求把这项工作做实做好。然而，很快我就发觉，虽然通过自己的努力可以暂时弥补县委汉语公文写作的不足，但真要把这项工作做到规范完整，光凭自己一人之力是做不到的，何况自己毕竟是轮换干部，三年后走了怎么办？输血不如造血，援藏工作不仅要做好眼前事、自己事，更要从长远着手，一句话，必须得花力气培养藏族干部的汉语公文写作能力。

正好，当时有一名来自山东的援藏语文老师就住在我隔壁，我和他一合计，萌生了举办汉语文秘培训班的计划。很快，这项工作得到了县委、县政府的大力支持，来自全县各部门各单位的近40名藏族干部报名参加了首届文秘培训班。我们利用周六、周日两天的时间，给学员上课，教授公文格式、公文内容等文秘知识和技能。接着，在我的提议和主持下，县委办又办起了《拉孜信息报》，既为全县的信息传递开辟了一个新的渠道，又为学员们提供了一片练习、提高写作能力的园地。记得当初只有一台老式的手动油印机，印刷得慢，质量也不好，后来我们设法从上海带去了一台有小马达的电动油印机，印刷条件和印刷质量才稍稍有所改善。

办起《拉孜信息报》之后，我趁热打铁，建议建立拉孜县委办综合信息科，重点培养文秘人员。我从学员中挑选了6名素质好、能力强的干部担任科里的具体工作，平时结合实际悉心带教，这6名干部的汉语写作能力很快有了明显的提高。更值得高兴的是，通过对全县综合信息的全面了解，这6名干部的眼界和思路得到了拓展，掌控全局的能力得到了提升，如今，其中的5名干部都已走上了领导岗位。

后来，我担任县委常委、县委办主任主持全面工作，仍然把文秘工作作为县委办的一项重点工作，把培养当地干部作为自己援藏工作的重中之重。

1996年5月，中共中央办公厅发布了《中国共产党机关公文处理条例》，我当即以贯彻落实《条例》为契机，一是组织大家学习领会，二是对照《条例》找差距，三是全面着手规范公文处理工作。从每一个流程到每一处细节，一件一件改，一样一样落实。经过一段时间的努力，功夫不负有心人，在1997 年中办、国办联合检查《条例》贯彻情况时，拉孜县委办公室的机关公文处理工作获得了充分的肯定。后来在自治区办公厅通报中办、国办检查情况时专门表扬了拉孜县委办公室机关公文处理工作，这是县级机关唯一的一家。这是开办秘书班等一系列努力的结果，更反映了当地干部自强不息、刻苦努力、不断进步的精神品质。

和煦的春风能够滋润万物，令大地充满生机，让人心充满希望。20 多年来，一批批的援藏干部正如那信风的使者，给雪域高原带去了和煦的春风，让这片古老的大地焕发青春。

我为自己曾是其中的一员而自豪。

带着真情去援藏

　　宋伟民，1959年7月生。曾任嘉定区朱家桥镇党委书记，江桥镇党委副书记、镇长，区委统战部副部长、区政府台湾事务办公室主任、区委台湾工作办公室主任、区政府民族宗教办公室主任等职。1998年5月至2001年5月，为上海市第二批援藏干部联络组拉孜小组组长，先后任日喀则地区拉孜县委副书记、县长，县委书记。

口述：宋伟民
采访：汤　澄　沈　洁　陆琴华
整理：陆琴华
时间：2020 年 3 月 23 日

1998 年 5 月，我作为上海市第二批对口支援西藏的干部，前往西藏日喀则地区拉孜县担任县长。这次援藏可以说是命运的机缘和巧合，也是前后两批援藏干部的传承和信念。

一次慰问，结下援藏真情

1997 年 7 月，嘉定区委、区政府组织援藏干部所在单位，派代表走访慰问第一批援藏干部。当时我在朱家桥镇担任分管农业和建设的副镇长，区里派我去慰问倪建平同志，他是我们第一批的援藏干部，去了日喀则拉孜县工作。这次慰问工作让我有生以来第一次来到了高天厚土的雪域高原西藏。

刚去西藏的时候第一感觉就是高寒缺氧，那边援藏干部的工作生活条件都十分艰苦，农牧业生产也相对落后，经济发展严重受制于自然条件，老百姓人均一年可支配的现金收入才 100 元左右，很多还是以物易物的交换，吃不饱，穿不好，有些偏远地区的人民一辈子都没有到过县城，这让我非常震惊。第一次慰问所看到的西藏的这一切都给我留下了深刻的印象。

我记得临走的时候，当时的拉孜县委书记旺堆紧紧握着我的手，深情地说："小伙子啊，你这次来了西藏感觉怎么样？要不要下次也来支援西藏啊？"

听到旺堆书记的邀约，我当时就回复说："好啊，明年一定报名前来援藏。"其实这次慰问时与倪建平同志的交谈，以及所目睹的西藏的人民、环境和农牧业情况，让我开始思索：这里种地方式原始落后，如果换我来种，粮食产量应该不至于像现在这样，我至少能把产量给提高一些。

想不到一年以后，我真的到了西藏。1998年招募第二批援藏干部时我主动报了名，当时的市委罗世谦副书记找我谈话，问我："如果你去了西藏，打算干点什么？"我说我去搞农业，搞粮食，这是我的特长。当时我还是很有把握的，我认为农业是西藏的大头，我把西藏的地种好一点，提高粮食产量，让农民能少吃些苦，解决了温饱才能再谈其他。

实践证明就是这三年，我们第二批援藏干部在农业的粮食生产领域的工作，对拉孜县的发展起到了比较大的作用。

拉孜县是一个高海拔地区，平均海拔4010米，风特别大，全年七八个月都在刮大风。拉孜县地多人少，总面积4505平方公里，有差不多10个嘉定这么大，但人口只有不到5万人。当地的经济相对落后，1998年全县的财政总收入才67万元。老百姓的生活水平相比内地来说有很大的差距。我们去了之后，第一个想搞的就是农业，我觉得农业大有可为。这是我第一次看到西藏后的想法，也是市委领导找我谈话后的回答。

农业援藏"大有可为"

我为什么对农业有极大的兴趣呢？实际上有两个原因。第一，在援藏之前，我一直从事农业工作，在朱家桥镇分管农业，以前学校学的也是农业，专业对口，我对农业非常有感情。第二，我认为西藏的农牧民群众要脱贫致富，农业应该要有大的突破，一个地区如果连最基本的粮食问题都不能解决的话，这个地区的经济发展和人民生活就会是一个很大的问题。

在我看来，西藏的农业，特别是拉孜县的农业要突破，是很有潜力的。西藏土地面积很大，可耕地面积有11.7万亩，但土壤非常贫瘠，开垦出来的土地都是零散分布的，大面积的很少，因此粮食的产量也就比较低。我查询了一下资料，1997 年，整个拉孜县粮油总产量才 4500 万斤，每亩地只有 400 斤的产量，要满足当地近 5 万人民日常温饱，还是不足的。西藏是一个农牧业大区，除了农业，畜牧业也是很大的产业，每当过年过冬的时候，牛、马、羊、毛驴等要消耗很多粮食，所以当地粮食的自给率非常低，基本做不到自给自足。

但如果我们能把产量从每亩 400 斤，提升到 500 斤、600 斤，甚至 700 斤、800 斤呢？那就不一样了。我们相信经过努力，因地制宜、结合实际，应该是可以实现的。所以我们把农业援藏作为援藏工作的一个大事来抓，确定了工作的方向，我们就开始考虑如何提高粮食产量的具体问题了。

第一，我们必须解决土地贫瘠的问题。拉孜县的土地比较贫瘠，这是制约粮食产量的一个很大的因素，要解决这个问题，无非就是使用有机肥或化肥。西藏的有机肥本身来说是不错的，每年都有很多牛马羊粪便，但当地人民基本上都用来过冬取暖了，留下的很少。而化肥，按照现在科学的方法计算，在西藏施一斤化肥，一般情况下可以增产 3.5 斤粮食，多的甚至可以增产到四五斤。尽管施化肥的增产效果非常明显，但西藏实际使用化肥很少，为什么呢？一是资金问题，没有购买化肥的资金来源。于是，我们在财政上想了一些办法进行补贴，上海援藏的资金做了倾斜，要不然老百姓还不一定买得起化肥。二是农业技术问题。什么时候施肥？施多少肥？怎么施？这些都有一套科学严格的规定，但拉孜县的老百姓普遍不会施化肥。1998 年我们刚去的时候，在 11.7 万亩的耕地上，全县的化肥使用量不到 800 吨，仅仅在农科站干部蹲点的几个乡镇使用。当时我就下了很大的决心，要在三年里推广化肥，增加化肥的使用量。化肥的推广使用刚开始遇到了些阻力，我们把化肥分发下去，很多偏僻山区的农牧民群众不懂如何使用，还有的小孩以为是吃的，导致中毒了。他们从没有看到过那么多的化肥施到地里。我们的 100 多位农业科技人员，分片包干，挨家挨户去宣传、指导，慢慢地改变了大家的想法和观念。从当年不到 800 吨的化肥，到离开西藏之前，就是 2001 年时的 2600 吨，可以说是在原来的基础上增长到 3 倍，我们种地的人有一句话是这么说的："庄稼一枝花，全靠肥当家。"没有肥料，产量提不高，2600 吨化肥平均到每亩耕地的话，施用量不是很多，也不会破坏土壤环境，但增产的效果明显。

第二，解决种子问题。化肥的问题解决后，种子也是一个大问题，包括种子的质量、品种、包衣技术等。当地农牧民群众有一个传统的观念，每年到了10月底11月初，粮食打上来后，他们会将比较饱满的粮食优先供应到庙里。剩下的一部分留作种子，一部分留作口粮。但从农业生产的角度来说，要保证明年的产量就需要把饱满的种子留下来，这里有个观念转变的问题。

另一方面，当地的种子种类数量不够，需要引进，我们在这方面也下了很大的力气。我们采用了财政补贴的办法，从四川等地把内地好的品种的种子调回西藏，最多的一年从内地调过来11万斤种子。我们把好的种子引进来以后，就分配到每个村民小组、每家每户。

刚开始推广粮种，就碰到了问题。有的群众家的粮食比较紧张，就把分配下来的种子吃掉了，导致第二年没有种子，不能下地播种，穷上加穷。看到这个情况后，从第二年开始，我们就把种子分到各个村委会村民小组，由他们先进行保管，来年到了播种的季节，我们派科技人员去为他们播种，确保种子能够顺利地播到地里去。

再比如说种子包衣技术的问题。因为西藏地理条件特殊，气候比较干燥，每年9月到来年5月基本是不下雨的。种子撒下去后，没有水，发不了芽。灌溉是不行的，当地没有条件。我们刚过去的时候，种子发芽率就很低，包衣率不到10%。当时已经在推广种子包衣了，但很多老百姓不了解，他们认为把种子撒下去就好了。要改变这种观念，只能是我们的干部和技术人员广泛宣传，不停指导。种子包衣技术推广之后，2001年包衣率已经达到了90%，对粮食生产起到了非常明显的推动作用。

第三，在粮食生产方面进行技术攻关。拉孜县有100多名科技人员，都是农科人员，我们就实行机关干部分片包干，到每一个乡镇去指导，将新技术给老百姓带去，既要服务好当地，也要辅导好老百姓。

从县级层面来说，我们100多名干部下去包干，包了拉孜县11个乡镇，对农业科技下沉的考核是非常严格的。农科技术人员平时是不回机关的，礼拜六、礼拜天回县城一般情况下是不可能的事情，路途太遥远，又没有交通工具；一般都是一个季一个季待在乡镇，从粮食播种开始到收割完结束全流程以

▲ 嘉定区赠送的 11 台大拖拉机整装待发

后，才可以回到机关里来，我们再进行考评。也就是说播种收割的一整季，我们的干部和农科人员都要在乡镇里做农业指导。在这么艰苦的条件下，科技人员、机关干部都非常尽心尽责，也非常艰辛。通过制定考核办法，强有力地推进技术攻关，粮食的产量提高得非常快。

　　第四，提高农业机械化水平。因为西藏劳动力很少，面积又大，推广农业机械化是一个很大的问题。这也是非常值得我们总结的一条经验。当时在拉孜县还谈不上农业机械化，为什么呢？全县 11.7 万亩耕地，整个县农机站只有两台大型拖拉机，想搞农业机械化是不可能的。为了这个事情，我们援藏干部也是千方百计地想办法。1998 年底我回了一次上海，给领导做了汇报，谈了我们的想法。区委、区政府非常支持，当时分管农业的沈永泉副区长马上召集嘉定区 11 个乡镇的农业分管镇长开会，我说要 11 台东方红 50 型马力的拖拉机，各个乡镇都慷慨解囊，筹集了 11 台大型拖拉机，从嘉定一路开到青海格尔木，当时还没有火车，只能从格尔木用大卡车拉，一辆大卡车装两台拖拉机，全程 5000 多公里路，用了近 20 天的时间，才把这些拖拉机拉到了拉孜县，刚到的时候引起了非常大的轰动，当地群众载歌载舞，迎接这些拖拉机的到来。比如说"打场"，就是在收割后，把麦穗连梗一起铺在地上，用牛拉着石头在上面滚，把麦子碾下来。拖拉机到后，几个来回一压，麦子就全部下来了，以前是"二牛抬杠"，一天大概能耕两三亩地，现在拖拉机代替了牦牛，一天可以耕80亩地，耕地的效率提高了很多。为了提高收割质量，我们还专门从嘉定区农委调配了两台联合收割机过去，一天可以收割80—100亩地。当地还从来没有见过这样的机器，他们感叹这个机器怎么割麦子会这么快！后来通过援藏资金的配套，全县还买了200台小拖拉机，主要为了运输和耕地创造条件，政府出钱，农户自己也出点钱，大家凑份子，一起来提高农业的机械化水平。

通过这些途径，我们解放了一部分劳动力，老百姓可以去干点别的事情，比如去阿里打工，一天可以赚60元，在1998年的时候，这个数字应该说是很高了。

通过这些农业方面的改变，我们第二批援藏干部在拉孜县的成绩之一就是提高了粮食总产量，1997年全县总产量是4500万斤，到2000年秋收的时候，粮油总产量已经超过了8000万斤，基本翻了一番。而青稞毛产量从每亩400—500斤提高到了800多斤，这是一件非常了不起的事情。

当时西藏自治区农业厅厅长王仁杰在考察拉孜县后，十分感慨地说，真想

▲ 拉孜县获日喀则地区农业一等奖

不到拉孜县的援藏干部能这么重视农业，而且这么会种地。援藏结束前，也就是 2001 年，拉孜县全县粮食总产量达 8000 万斤，人均粮食非常宽裕，算上牛、马、羊等牲畜过冬时候的消耗，粮食已基本能够做到自给自足。

从我本人的角度来看，农业援藏是非常有潜力的。我们在短短的三年时间里，从种子、化肥、农业技术到科技机械化多方面发力，把粮食产量从 4500 万斤提升到 8000 万斤，解决了拉孜县农牧民群众的温饱问题。粮食问题解决了，我想其他问题也就都好解决了。

援藏"六大工程"

除了农业援藏，我们还在拉孜县原有基础上，继续主抓"六大工程"。第一是"形象工程"，我们在拉孜县建设维护、改造方面下了很多功夫，用援藏资金建设了政法大楼、邮政大楼、农牧大楼等。这些大楼的体量虽然和上海的不能比，但在经济不发达的当地搞这个工程，能让老百姓看得到、摸得到，在拉孜县树立了上海援藏的良好形象。第二是"希望工程"，拉孜县的教育实际上是非常落后的，除了只有几个班级的初中以外，没有其他的学校，我们就造学校，如希望小学，同时还搞教师培训，我们援藏的三年里，选派了三批西藏的老师到上海、到嘉定进行培训和交流。第三是"培训工程"，就是我们内地和拉孜县联手，把医生、技术骨干等带到嘉定参加培训，通过培训提高了拉孜县人才资源水平。第四是"健康工程"，我们分别在扎西岗和扎西宗两个乡镇通过援藏资金建立了中心卫生院，方便西藏农牧民群众就近就医。解决了硬件问题，我们还要考虑药品的问题。我们对接了内地的力量，通过嘉定区卫生局联合各个乡镇卫生院，捐赠了大量的药品，专门送到拉孜，最多的一次有价值几十万元的药品，解决了农牧民群众常见病的用药问题。第五是"造血工程"，就是给当地"输血"。所谓的造血，就是要增加经济收入和来源。1997 年全县财政收入才 67 万元，基本上算是没有什么收入，我们到后就开始实施财政包干，平衡整个财政资金，三年结束后，拉孜县的财政终于有了结余。第六是"实事工程"，办学校、办医院、建大楼、改善医疗等都是我们的实事工程。我们还在当地建立了农贸市场，当年整个日喀则地区 19 个县都没有农贸市场，街上只有卖菜的小商贩，开一些小商铺。我们第一个在拉孜县建立了农贸市场，在农贸市场里交易，摊位费等都没有，赶一群羊过来就可以交易，农副产品都可以放在这边，非常受老百姓欢迎。

在拉孜工作了三年，我们第二批援藏干部紧紧围绕农业增产和六大工程，可以说是兢兢业业，任劳任怨。

援藏于我，终生难忘，无怨无悔

援藏对我而言是一件终生难忘的事情，尽管已经过去了 20 年，但对我个人而言还是刻骨铭心。援藏的意义非常深远，1994 年中央第三次西藏工作座谈会做出了中央关心西藏、全国支援西藏的决定，现在回头来看是非常英明的，把西藏的稳定发展纳入整个中国改革开放的大框架里，对于整个西藏经济、文化以及社会各项事业的全面推进，实际上带来了不可估量的作用。

我今年已经 61 岁了，假如还有机会，我还会选择去支援西藏，不管是在援藏期间，还是回来以后，我对西藏一直怀有非常深厚的感情。我曾想过，我现在退休了，是否还能为西藏做些什么？自从 2001 年援藏回来至今，我已经以个人的名义去了很多次西藏。就比如 2004 年的时候，我专门组织了上海市

◀ 西藏农牧民群众在观赏广场鸽

台商协会会长李茂盛、副会长李政宏等40多个台商代表团，后来又带去了好几批企业家代表团，企业高管代表团，让大家了解西藏，关心西藏。我从内心认为西藏需要发展，西藏一定要发展，只有西藏发展了，社会才能稳定，我们国家才能长治久安。我们说"三个离不开"，汉族离不开少数民族，少数民族离不开汉族，各少数民族之间也相互离不开。

我还十分想念布达拉宫的广场鸽，它们是嘉定朱桥镇的鸽子，当年第一批鸽子是我亲自送过去的。当时布达拉宫是没有广场鸽的，我就在想，鸽子象征着和平、友谊，如果能让我们嘉定的鸽子在布达拉宫的广场上飞翔，对中外游客来说应该会是一道亮丽的风景线。于是，我和上海的援藏联络组联络，向他们提了出来，他们知道后非常赞成。1998年10月底，我回了一次嘉定，在当地政府的大力支持下，我带了50对种鸽，还有草莓秧、香菇菌种，总重量300多斤，陪同我进藏的还有时任《嘉定报》主编赵春华、《新民晚报》记者朱全弟。当时还没有直飞航班，这些东西从上海托运到四川成都后，再转机拉萨，当天晚上鸽子没有地方放，就放在房间里，两个铁笼子里的鸽子"咕咕咕"地叫个不停，我一个晚上基本没睡好。第二天早上6点半的飞机到拉萨，我凌晨4点就起来了，借了一辆三轮车，把鸽子、草莓秧、香菇菌种等带上。当时天已经很冷了，但我还是出了一些汗，就感冒了。我们都知道，进藏前感冒是非常危险的，很容易患肺水肿，这是我第一次因为感冒而进了医院抢救。我在西藏一共感冒了4次，抢救了3次，但援藏我无怨无悔。援藏期间，我的家里也发生了很多事情，父亲出车祸，母亲得了癌症。但我必须以大局为重，舍小家为大家。我在西藏毕竟只有三年，作为儿子不能在身边照顾，虽然遗憾，但是比起拉孜县一把手的援藏责任来说，我是义无反顾的。我常常想，我是带着上海1300万人民的重托去的，我要为上海争光。

援藏于我而言是一段刻骨铭心的经历，是一段历史，对我后来的工作和生活带来了很大的帮助。我一直想，不管以后的路途有多么艰难，多么坎坷，我只要把自己看成是上海地区的一个农民，就已经足够。我的心态平和了很多，看待事情的角度也都不一样了，家庭也非常和谐美满。相比当年西藏农牧民群众的生活，我们是生活在天堂的，应该非常满足。

援藏路漫漫

　　沈培新，1962 年 11 月生。现任光大嘉宝股份有限公司党委副书记。2001 年 5 月至 2004 年 5 月，为上海市第三批援藏干部联络组拉孜小组组长，任日喀则地区拉孜县委书记。

口述：沈培新

采访：熊小平　陈彬衍

整理：陈彬衍

时间：2020 年 1 月 2 日

　　2001 年 5 月，在党的召唤下，我作为上海市第三批援藏干部，带着嘉定人民对西藏和拉孜人民的深厚感情，带着嘉定人民的殷切期望和美好祝愿，告别了家乡，告别了亲友和同事，接替前任嘉定援藏干部宋惠明，前往西藏拉孜县担任县委书记，和嘉定区委政研室的金耀明（担任拉孜县委常委、县委办公室主任）以及当时的闸北区、南汇区、崇明县的 6 名上海委派拉孜县的援藏干部，开启了三年的援藏之路。当时的西藏，生活条件还比较艰苦，自然环境相较于内地要严酷许多，亲戚、朋友都为我感到担心，担心能否适应那边艰苦的环境，能否挑起工作的重担。但作为一名党员领导干部，响应组织号召、服从组织安排是最基本的要求和应尽的职责，我必须勇敢地接受组织的考验和艰苦环境的挑战。

　　拉孜县县城海拔高达 4050 米，空气含氧量不及内地的 80%，在刚入藏的三个月期间，强烈的高原反应无时无刻不考验着我的身体和意志。我居住的是前两批援藏干部留下的土坯房，每逢大雨就会漏水，艰苦的生活环境使我对此行的艰巨性有了更清醒的认识，好在对于这些困难，我已在进藏之前有所了解，思想上和心理上有了较为充分的准备，加之从小也有艰苦生活的经历，更有领导和组织上的关心，家人的鼓励，朋友们的支持，特别是当地同志的悉心照顾，一段时间下来也就慢慢适应了当地的生活。这三年是我人生道路上非同寻常的三年，是磨砺意志、极富挑战的三年，是值得去记录、去感悟、去追忆的三年。援藏期间，我养成了写日记的习惯，三年共写下了 48 万字的"援藏日记"。每当打开日记，一幕幕援藏经历跃然纸上，仿佛就是昨天的故事……

"安康工程"奔小康

2001 年 6 月，我刚到西藏不久，中央即召开了第四次西藏工作座谈会。按照中央精神和上海市领导提出的援藏工作"两个倾斜"的要求，即"向农牧区倾斜、向农牧民倾斜"，着力改善农牧民的生产生活、教育、医疗卫生条件。我们上海第三批援藏工作，在推动区域经济、社会发展和城镇建设的同时，结合"两个倾斜"的具体落实，提出了一个"安康工程"创建工作。

"安康工程"作为第三批援藏的首创特色工作，没有现成的经验和做法，可以说是"摸着石头过河"。结合拉孜县的实际情况，当时我们提出了五句话的创建目标，既简单易记，又通俗易懂，也非常符合拉孜实际。第一句话就是"灯亮、水通、路平、树绿"，主要是整治好环境和基础设施建设。第二句话是

◀ 拉孜县查务乡那布西村"安康工程"创建动员会

"家家有副业，户户能增收"，主要是通过扶持购置和建设一些农机、农具、蔬菜大棚，开设旅馆、小店，赠送太阳能灶等，来帮助农民搞副业创收。第三句话是"看得到电视、听得到广播"。特别是"看得到电视"，这对当时的西藏农牧民家庭来说是很难做到的。第四句话是"三室配套"，即配备村委会办公室、文化活动室、卫生室。原先只有在乡里、镇里才有"三室"，硬件还非常简陋，到村一级基本就没有了。最后一句话是"环境整洁、社会稳定、生活安康"，这是总体目标，要通过创建给当地的农牧民带来大的实惠，使村容村貌得到大的改变。

"安康工程"所选择的试点村，相对来说自然条件和基础条件都比较好，我们6名援藏干部分3个小组各自负责2个试点村，每个村安排20万至30万元资金，全面开展"安康工程"创建。

我和金耀明所联系的是查务乡那布西村，村里以农业为主。这个村的优势在于交通比较方便，离拉孜县城10多公里，219国道横穿村庄。更重要的是有一个好的村支部和村委班子，特别是有一位踏实能干、一心为民的村支部书记兼主任，名叫拉巴，他多次被评为乡和县的优秀党员，并被评为自治区的劳动模范。在确定了创建计划之后，我们和拉巴书记及村委一班人带领着村民们因地制宜、因户制宜、因人制宜开展创建工作，用有限的援助资金，翻建了村办小旅馆、扶持了榨油坊等小加工点，家家配送了太阳能，完成了"三室配套"，经过一年多的努力，实现了"安康工程"的阶段性目标，村民的收入有了明显提高，生活条件和环境得到了明显改善。

说真的，做好三年援藏工作，对我来说是一种考验。当时，我们援藏干部进藏时经常说的有三句话：进藏为什么？在藏做什么？离藏留什么？我和拉孜小组的援藏干部提出了"出思路、办实事、树形象"的小组三年援藏工作目标和要求；通过一段时间的调查研究，又在全县层面提出了"建设西部重镇、打造堆谐之乡"的总体发展目标。当时，有些干部提出异议：拉孜各方面的条件还比较差，这样提符合实际吗？凭着拉孜在日喀则西部的独特优势（318国道和219国道的交汇点，去珠峰、尼泊尔的必经之路，地处日喀则西部的中心区域），发挥农业大县的长处和挖掘旅游资源，特别是具有民族特色的拉孜堆谐文化，通过三轮援建和今后的长期援建，"建设西部重镇"和"打造堆谐之乡"不是纸上谈兵，而是完全可以经过奋斗能够实现的目标。"不待扬鞭自奋蹄"，只有自信和自我加压，才能到达胜利的彼岸。现在的拉孜，已经成为日喀则的西部重镇。拉孜的堆谐艺术，不仅成为日喀则的文化品牌，还成为全国少数民族文艺汇演、首届 CCTV 中国民族民间歌舞盛典等展演的表演节目。2008 年拉孜堆谐更是列入国家级第二批非物质文化遗产名录，同时走上了央视春晚舞台、走进了人民大会堂演出，走进了香港表演，拉孜堆谐成为西藏的一张闪亮的文化名片。这是令我们每一名援藏干部值得欣慰和值得骄傲自豪的。

"拉孜广场" 树形象

拉孜文化广场是第二批援藏期间确定的第三批援藏项目，也是上海对口支援拉孜的一个重点项目。从 2002 年 6 月破土，到 2003 年 10 月竣工，这期间，我同拉孜小组的援藏干部和县相关部门、上海第三批援藏联络组倾注了大量精力。在资金有限的情况下，既要建成一定规模和配套功能，又要保证质量和进度，为此我们想了不少办法。譬如说，高海拔地区的树栽种成活率不高，大树移栽成活率更低，我们就兼顾现有的树木来做规划，在设计大楼、辅楼和一些配套设施时，尽可能地把这些树保留下来。另外，我们还大量采购当地资源，包括石板、砂石等，既降低了建设成本，又拓宽了农民增收渠道。

在项目前期规划时，我们根据当地实际和民俗风情，先把草图画出来，大家一致通过后再交给正规设计部门去设计。闸北区（现静安区）的援藏干部林巍，作为县城建局局长，是这个项目的领衔人，项目的建设，倾注了他的汗水和智慧。为了压缩前期经费和节省反复论证的时间，作为这个项目的总负责人，我冲在项目建设第一线。广场前的人工湖是我们先在图纸上画好并经论证确定后，再交由施工队开挖的，湖的轮廓是我到现场亲自动手用石灰勾画出来的。我还起草了一份凉亭和连廊的设计方案，既具有现代园林风格，又通过梁柱和吊顶的彩绘凸显了藏族神韵，彰显了藏汉文化的交融。

为实现广场的长久运作，我们还配套了商业用房，目的是"以商养文，以文促商"，引进了饭店、超市、广告公司、朗玛厅等商业和文化娱乐项目，通

▲ 荣获西藏自治区"雪
莲杯"优质工程奖
的拉孜文化广场

过文化建设促进当地的经济发展。拉孜文化广场占地约 2 万平方米，建筑面积 3500 平方米，总投资 1000 多万元，绿化面积达 6000 多平方米，是当地集购物、餐饮、休闲、健身于一体的综合性活动场所，广场建成后，成了拉孜县城的地标建筑，得到了西藏建筑领域最高奖"雪莲杯"优质工程奖。

"日拉电网"送光明

拉孜县的"日拉电网"，是在我结束援藏的那一年——2004 年春节前后试通电的。刚到拉孜的时候，令我印象深刻的是，每当夜幕降临，街上就会"挤满"大大小小的发电机，整条街"噼噼啪啪"吵个不停，刺鼻的汽柴油烟味充斥着整条街道。我所在的县委大院就是靠一台 50 匹马力的发电机维持供电的，日供电从晚上 9 点到 12 点，时常还得停电维修。县委、县政府的重要会议和活动都要通知政府办公室安排临时发电。机要室为此还专门配备了一台小发电机，接收和发送地委、行署的传真文件。记得第一次去理发店理发，需要吹发的时候理发师会给你打招呼"稍等"，原因是要到门外拉响小发电机才能吹风。对生活在大城市的人而言，离开电的生活是难以想象的。一个县城里不通电，让人难以置信，更让我真真切切地感受到，解决拉孜的用电问题是当务之急。

没有电，要实现经济社会发展无异于"痴人说梦"，建"西部重镇"更是"空中楼阁"。

亲眼看见、亲身体验，促使我下定决心要彻底解决拉孜的通电问题。拉孜原有一个水力发电站，因选址不当，启用没多久就报废，使拉孜成为日喀则地区唯一一个"无电县"。而自治区规划的日拉电网建设（规划中的日拉电网为藏中电网覆盖整个日喀则西部地区的中枢），能否列入下一个五年计划还是未知数。经专家测算，整个日拉电网项目大约需要 1.8 亿元的资金，而当时上海三年对口支援的资金和项目已经锁定，唯一的希望就是全力争取将其列入中央的援藏项目，得到中央援藏资金的支持。为此，我和县里的几个领导一起，上演了一出"截车"大戏。当时，得知时任西藏自治区常务副书记、负责中央援藏项目的杨传堂在定日县考察，我就和在定日担任县委书记的松江援藏干部姚建峰电话联系，希望转告自治区领导能到拉孜县一趟，以期向领导请求解决拉孜通电问题。当得知领导无法安排来拉孜后，我当即和县里有关领导一起决定在自治区领导返程经过拉孜县途中进行"拦截"，于是就拉上了负责援藏项目的县委常委、组织部部长田献聪和负责建设的副县长顿吉，备好了情况报告，在路上将领导的车给拦了下来，并递交了申请拉孜通电的材料。在此期间，时任上海援藏总领队、日喀则地委副书记尹弘帮助我们多次协调自治区有关领导和部门，争取对项目的支持。

在自治区领导和相关部门的高度关心重视下，电网项目被列入中央援藏项目的议事日程。作为中央的对口支援项目，项目评审安排在北京举行。那时正值"非典"时期，我记得是 2003 年 3 月 24 日和副县长顿吉一起到北京参加评审会的，接我们的司机半开玩笑地说："这个时候你们还来北京，不要命啦！"原定两天的会议也因"非典"被压缩到了一天。在评审会上，有专家认为整个拉孜地区用电量较小，而中途损耗大，从经济角度考虑，从日喀则拉电网到拉孜性价比低，这个项目可以不上。当时我听了非常着急，好不容易已经到了专家评审层面，如果未能通过，真就功亏一篑了。我据理力争，提出了自己的观点："西藏对口支援的项目，不能单从经济角度去考虑，还要从支援边疆建设和西藏日喀则西部地区长远发展的战略高度去思考。拉孜作为日喀则西部重镇，建设一个输电站，不仅可以解决当前拉孜县城老百姓用电的现实问题，也可以满足拉孜自身经济社会发展的迫切需要，更能够通过拉孜电网解决 11 个乡镇的用电问题，同时还能辐射萨迦、昂仁、定日等周边县城，最终为整个日喀则西部发展创造条件，奠定基础。"

评审会后的第二天，我们就匆匆离开北京回到了日喀则，因为是从"非典"疫区过来的，还被告知作为"观察对象"必须进行一周的医学隔离。后来得知项目评审获得通过，真可谓之"欣喜若狂"，感到为之所付出的努力非常值得。我想，日拉电网项目通过评审，离不开行署和自治区，乃至中央相关部门的关心支持，也离不开县里干部和我们援藏干部的坚持不懈。

整个日拉电网总长 150 多公里，建设须翻山越岭，施工难度非常大，能够最终建成这个项目实属不易。电网从 2003 年开始施工，我亲眼看着铁塔一座座架起来，就像一个个威风凛凛的钢铁战士，伫立在拉孜这片广袤的土地上。正式通电之后，县城里的发电机消失了，以往夜间的嘈杂声也渐渐停歇了，彩电、冰箱等家用电器的需求量在短时间内呈现大幅度的上升。后来，又经过农村电网建设，乡镇和村里全都通了电，当地老百姓的生活越发便利。"安康工程"要让群众"看得到电视，听得到广播"，现在有了电，这些问题也就迎刃而解了。这是我们任期内重点参与和推进的一个重大项目，为拉孜乃至日喀则西部地区的长远发展奠定了基础。

"三个一"架心桥

"三个一"的联乡、联村、联户工作制度，是我们到拉孜工作后制定和实施的一项工作制度，要求援藏干部和县三套班子领导每人联系一个乡镇、一个村、一个家庭。这样既可以掌握基层实情、了解民意、解决实际问题，又能上情下达、下情上传，为县里的重大决策和制定相关政策掌握第一手资料，提供科学的决策依据，更是可以架起一座我们援藏干部与藏族干部和广大藏民增强民族团结、增进感情友情的连心之桥。

我联系的一个乡是查务乡，一个村是"安康工程"的试点村那布西村，一个家庭是拉孜镇措布村的"小措姆"家庭。

◀ 和菜农们交流大棚
蔬菜种植

　　乡里的工作环境和条件普遍艰苦，办公设施非常简陋，交通又不便。乡干部到县城开会办事要么骑马，要么就开拖拉机。从加强基层政权建设的角度出发，我和县分管领导一起，争取到了 6 个乡镇办公房改建、新建项目；同时，从援藏资金中安排了部分资金为全县 11 个乡镇配备了吉普车，以方便乡镇干部进城和下村开展工作。那时候我自己下乡经常是"三空"，口袋掏空、车上送空、肚子饿空。下乡的时候，经常自己出钱，叫司机备好猪肉和蔬菜，给乡镇干部改善一下伙食，或准备一些援藏物资，慰问贫困家庭。到了乡里也不忍心再给乡镇添麻烦，每次都是尽可能地回到县里再吃，饿着肚子三四点钟回到县里吃饭也是常事；看到乡下孩子和老人生活条件差，就顺路买些水果、糖果或糕点送给他们，有时就几十、几百地送点钱，经常把口袋掏空为止。

　　我所联系的那布西村，主要是以"安康工程"为抓手，按照创建计划，围绕"五句话"的创建目标，一步一个脚印抓好落实，努力实现脱贫奔小康。

　　小措姆一家是我所联系的一个家庭，时至今日我们还经常保持着联系。小措姆弹六弦琴很有天赋，还得过不少奖。记得第一次到他们家时，我让小措姆弹奏一曲，仔细一瞧她手中的六弦琴其实就是一把只剩三根弦的"三弦琴"了，因为没钱买，就连这把"三弦琴"还是措姆的大哥动手做的，音箱是用废弃的卡车灯罩制成的。之后我花了 250 元托人专门制作了一把，并赶在儿童节作为节日礼物送到了小措姆手中。我当时想，拉孜有上千户的贫困家庭，三年援藏虽然不能改变所有贫困家庭，但改善一个家庭的贫困状况还是能够做到的。就这样，我下定决心帮助小措姆一家尽快脱贫。从建房的木料，到种植土豆的种子、肥料；从协调银行担保贷款 5000 元，到自己捐助 5000 元购买小型运输拖拉机；从太阳能电池板，到彩电、电话，都尽我所能，出钱出力。一年后，措姆家成了村里第一个建楼房、第一个通电话、第一个有彩电的家庭，生活有了很大的改善。

刚结对帮扶时，小措姆才十来岁。我那时候就常嘱咐她，一定要努力学习，争取用知识改变人生，改善全家人的生活。不管读到什么学历，读书的费用全部由我承担。从就读日喀则中学，到后来就读西藏民族学院，小措姆的学费及每个月的生活费等我都按时寄去，兑现了自己当初的承诺。当初的小措姆，大学毕业后，成了阿里地区文工团的骨干演员，业余时间还带教了 12 个学生学习弹奏和舞蹈。目前，小措姆通过了西藏自治区歌舞团的招考，年内将调往拉萨工作。我由衷地祝福她事业成功，扎西德勒！

结束援藏工作已经 16 年了，让我牵挂的不仅仅是一个家庭、一个村和一个乡，而是整个拉孜和西藏，这就是我们援藏干部经常讲的"西藏情结"。对我个人而言，援藏三年，既得到了身心与能力的锤炼，又收获了友情和亲情。这三年的摸爬滚打，对自己能力、思想境界的提升，特别是面对困难、面对挫折时处之泰然，都有着很大的帮助。通过三年的亲身经历，我对援藏工作的重要性也有了更深的理解。我们一直讲民族大团结，怎么团结？实际上，我们是用自己的行动践行着民族团结。没有西藏的小康就没有全国的小康，没有西藏的稳定就没有全国的稳定，没有西藏的现代化就没有全国的现代化。一批又一批的援藏干部，正以自己的行动，和藏族人民一起，为实现西藏人民的幸福安康和社会长久稳定甘愿奉献，无怨无悔。

现在国家出台的对口支援政策越来越多，支援力度也越来越大，"一带一路"倡议更是为西藏的可持续发展注入了不竭动力。日喀则和平机场已经通航，青藏铁路已经延伸到了日喀则，不久将要通往拉孜，通往尼泊尔。拉孜一山一水一草一木，都令人难以忘怀，拉孜的干部群众和父老乡亲，都让人倍感亲切。更让我倍感欣慰的是，很多当时我们提出而未付诸实现的发展目标，有的已经变为现实，有的正在一步一步实现。

拉孜，是我的第二故乡。藏族朋友来上海或和援藏干部们聚会，我常常会用不标准的藏语唱起《一个妈妈的女儿》，梦中也会经常回到西藏、回到拉孜，回到自己工作和生活过的地方。我常想着何时能再回拉孜去看看，去会会老朋友、老同事、老乡亲，去深切地感受留在那里的亲情和友情，去感受西藏和拉孜与时俱进的深刻变化……

吹进拉孜百姓心里的上海暖风

张建强，1967年12月生。现任嘉定区嘉定镇街道党工委副书记，二级调研员。2004年6月至2007年6月，为上海市第四批援藏干部，任日喀则地区拉孜县建设局局长。

口述：张建强

采访：江　薇

整理：江　薇

时间：2020 年 2 月 28 日

　　2004 年 6 月初，我和我的战友们受上海市委、市政府的委派，在上海各级领导的关心、支持下，带着家乡人民的重托和深情厚谊，从东海之滨来到雪域高原，在西藏自治区日喀则地区拉孜县开始为期三年的对口支援工作。援藏的三年期间，我始终不忘初心、牢记使命，抱着援藏光荣、援藏无悔的一片赤子之心，在拉孜县委、县政府和上海第四批援藏联络组的正确领导下，以饱满的工作热情，与时俱进、开拓创新的精神，扎扎实实地完成了三年的援藏任务。

入藏准备

　　2004 年 3 月，市里发出了第四批援藏干部的报名通知，我响应号召报名参加。因为第四批嘉定区援藏的岗位需要一名建设局局长，而我当时在嘉定区市政管理局下设的上海汇龙园林绿化建设工程有限公司工作，业务、年龄等各方面条件正好合适，就顺利入选了。虽然那时公司刚刚组建好，正是建章立制十分需要人手的时候，但是局领导知道我入选了援藏干部，克服了许多内部困难，全力支持我去西藏。我记得非常清楚，当时是区委副书记和区委组织部部长来我家家访的。现在想来当时得知自己入选后心里还是有点隐隐担心，一是对环境陌生的西藏的敬畏之心，二是对上海妻儿的忧虑之心，当时儿子只有小学三年级，我援藏后家里所有的担子都压在了我爱人身上，心里总觉得对她很歉疚。

在出发前，市委组织部召集了全市 50 名援藏干部进行了为期两天的培训。其间，市里请来了前几批的援藏干部、市民政局和西藏的有关领导来给我们讲解西藏的工作、生活、风土人情和注意事项，加深了我们对西藏的认识，也大大缓解了我们对西藏陌生的生活环境的担忧。

2004 年 6 月 3 日，上海市委、市政府为我们上海第四批援藏干部举行了隆重的欢送仪式。仪式后，我们就告别依依不舍的家人启程奔赴成都。

初入西藏

2004 年 6 月 4 日上午，我们在上海市陪同团团长和总领队的带领下，从成都乘机到达拉萨贡嘎机场。一下飞机，我就被深深地震撼了，那种感觉难以描述。西藏的天和云就像浮在头顶，天是蔚蓝蔚蓝的，云层洁白无瑕，阳光非常刺眼。接过当地干部群众献上的哈达，我还没回过神来：我真的来到西藏了？

在日喀则地委和行署简单的欢迎仪式后，我们乘车前往日喀则。日喀则地委、行署担心我们援藏干部有高原反应，还配备了随队医生和后勤保障，加之各县前来迎接的人员，整个迎接的车队浩浩荡荡，场面蔚为壮观。因为当时拉萨至日喀则的 318 国道正在维修，所以车队选择了途经羊八井、谢通门县的道路。一路的颠簸、一路的雪山美景，但印象最深的还是一路的高原反应。那种头晕目眩甚至头痛欲裂并且毫无食欲的感觉，至今印象深刻。

车队开了 5 个多小时，当行驶到日喀则进城大桥时，眼前的景象又一次深深地震撼了我：道路两旁站满了欢迎的人群，还拉起了许多标语，其中有一条写着"欢迎党中央、国务院派来的援藏干部"。在我们通往暂住地山东大厦的道路两旁簇拥着更多人，可以说是全城空巷，夹道欢迎我们。从入城口到山东大厦，欢迎的队伍绵延几公里。这听起来似乎有点夸张，但那天事实就是如此，可见我们党在西藏当地有多受老百姓的爱戴，也可以看出当地百姓对我们之前的几批援藏干部工作的认可。因为有太多的日喀则人民夹道欢迎，最后100多米我们只能步行进入山东大厦，地委、行署全体班子领导和上海市第三批援藏成员已经在大堂列队迎接我们了。这时的我脖子上已经挂满了哈达，眼眶中强忍着感动的泪水。眼前的这一切瞬时坚定了我的决心：未来的三年，一定要在这片土地上干出一番成绩，不负上海市委、市政府的嘱托，对得起西藏百姓对我们的殷切期望！

在日喀则休整了5天，6月9日，我们50名援藏干部就按小组划分到各自所属单位报到去了。我是属于拉孜县工作小组，我们工作组一共5名同志，另外4名同志分别来自嘉定、闸北和南汇。

援藏岁月

虽然已经有了一定的心理准备，但在拉孜的生活感受还是超出了我的想象。拉孜给我的印象是海拔高、人口少、设施差。拉孜县城海拔4050米，整个拉孜县面积有4505平方公里，将近是10个嘉定区的面积，当时县域常住人口为4.8万多人，除了零星的村落和少量农田外基本被荒芜的高山包围，与上海的繁华简直天差地别。拉孜作为日喀则的西部大县，以农业为主，主产青稞和油菜籽两种农作物，还有少量的畜牧业。拉孜县的基础设施比较差，县城里除了318国道（中尼公路）和团结路外基本找不到一条像样的道路。连接各镇的大多是沙石路，我们把它叫作"搓板路"，车子开在上面一路颠簸，后面绵延数百米的扬尘，后车简直是一路"吃土"。道路两边没有像样的绿化，只有稀稀拉拉的几棵树。县城里稍微好一点的建筑，一栋是县城里设施最好的上海宾馆（也就是后来的拉孜上海大酒店），共有4层，是第三批援藏干部的援建项目，当时已经完成了主楼建设，未建部分就是我们第四批需要完成的了。还有一幢条件比较好的楼房，就是拉孜学校，是属于九年一贯制的学校，小学连着初中一起上。其余的房屋都是条件比较差的。

到了拉孜后，我们迅速投入工作。在和第三批援藏干部简短交接后，到达拉孜县的第三天，在联络小组的安排下，小组成员尽快适应了新的工作环境，克服了高原反应的种种不适，各自走上了工作岗位。当时联络组给我们的任务是在半年时间内进行调查研究，尽早确定我们第四批援藏拉孜小组三年工作内容。

我担任的是拉孜县建设局局长，为了尽快熟悉情况，我深入各乡镇的建筑工地，实地了解情况，并与单位内部的干部职工积极交流、仔细摸查，认真听取当地对改善城市基础设施和环境面貌的项目的需求，较快地掌握了建设局所分管的各项工作内容。我还走街串巷对县城内的城市基础设施和城市面貌做了调查。在充分调查研究的基础上，我们拉孜小组拟定了三年工作计划，确定了援藏工作项目，并且多次征询了拉孜县委、县政府的意见和建议，反复进行了修改，最后确定了最终方案。记得当时拉孜还没有完全通电，晚上我们基本上是点着蜡烛开会的。

由于我负责建设工作，因此全部援藏建设项目的实施程序、招投标和建设质量、施工验收、资料整理归档、项目审计等内容都由建设局承担。根据拉孜小组的工作安排，拉孜上海大酒店二期、中尼公路（318国道拉孜段）、曲下镇人行道改造、拉孜县农贸市场、拉孜县上海白玉兰新村（一期）、"安康工程"等一批援藏项目在2005年开工建设，总投资约2000万元。通过前期调

▲ 上海援建工程建设中

研，我已经对整个拉孜县的建设管理、城市规划和市容环境有了多方位的了解。但为了确保援藏项目质量完全符合国家规范要求、确保项目保质保量完成，我从当年 4 月起，每周组织相关人员召开工程例会，及时了解项目申报和建设过程中的各种情况，并且经常下工地对施工现场进行检查、督促，对检查中发现的问题做到及时提出、及时解决。到 9 月底，援藏建设项目在日喀则地区组织的项目质量大检查中获得了检查组的一致好评。

与我们平原地带不同，拉孜的建设项目原材料，除了钢材、水泥是采购的，其余的材料都是就地取材，比如说沙子是当地河里挖出来的，石子也是就地取材的，砌墙用的砖块全部都是工人现场做出来的。所有的材料做出来以后送到日喀则去检测。施工的队伍虽然我们是通过招投标确定的，但建设时录用的零散小工全都是招录的当地百姓，这样做的目的是增加当地的就业机会，带动当地农牧民致富，为当地百姓增加收入。

2005 年，我发现拉孜县作为日喀则西部的大县，缺少一份中长期的建设规划。我把这一情况向拉孜小组进行了汇报。由于拉孜县经济条件较差、技术力量较弱，当时我就想到嘉定区有一定的规划实力，嘉定规划设计院在上海市里也小有名气，所以经过拉孜小组同意以后，我通过嘉定区委组织部与嘉定区规土局取得了联系，请求区委组织部和区规土局对于拉孜县规划工作给予支持。这项工作虽然不在我们的援藏工作项目中，是计划外的工作内容，但是嘉定区委组织部和规土局都十分重视，马上答应了我的请求。于是当年 7 月，区委组织部和区规土局多次派出专业的规划工作小组不远万里来到拉孜开展工作。

为配合规划工作顺利开展，2005 年 9 月初，拉孜县建设局从日喀则聘请了测绘人员对县城地形进行了系统的测绘，使拉孜县有了历史上第一张完整精确的县城地形图，这份地形图对拉孜县城的规划工作起到了极其重要的作用。在这个基础上，规划小组再次进藏，在规划区域范围内深入调查研究，勘查现场后再与拉孜县确定规划的内容。这份建设规划，重点突出了拉孜县的地域优势、交通优势、市场优势，侧重于拉孜县作为日喀则地区西部中心县发展的定位，为拉孜县今后的经济、社会发展提供了坚强的保障。2005 年 8 月和 2006

◀ 上海第四批"安康工程"点

年 9 月，该规划稿分别经日喀则地区和西藏自治区两级评审委员会评审通过并正式实施。

虽然西藏的水资源非常丰富，但拉孜恰恰是个十分缺水的地方。特别是拉孜县城的生活用水一直面临着较大的问题，经常出现水流时有时无和水质时黄时黑的现象。当时县城用水基本依赖城南山上的"自流水"，但每天蓄水池中的水也只够县城百姓用 1 至 2 个小时。由于这里的自流水重金属含量超标，所以我们 5 名援藏干部刚到拉孜时都出现了水土不服、拉肚子的情况。我们住在县政府的宿舍里，整个县政府只有一个水龙头能出水。所以我们每天上午到楼下去取一大桶水，拎回宿舍后加明矾沉淀杂质，时间一长，桶底积累了一层厚厚的黑色杂质，桶壁上滑腻腻的，用手指轻轻一摸，就是黑黑的一层。就是这样一桶水我们也是当宝贝一样在用，先是刷牙，再洗脸，洗好脸的水再用来冲马桶，只有在那种条件下你才能感受到水的珍贵。至于洗个热水澡，则要等上半个月，大家一起到县城的浴室洗。浴室的水是靠拖拉机从外面运进来的，所以浴资很贵。为了改善拉孜百姓用水难的状况，我带领局里职工对全县城的自来水管网进行了普查，对县城的供水设备进行了摸底；同时，深入供水源头进行实地察看，对改善城市供水提出了具体操作方案。2004 年 8 月，在征得县委领导同意后，我请了日喀则山东大厦工程部的同志对县城西侧闲置不用的两口深井取水设备进行了维修和启用，清理了蓄水池和供水源头，从而有效地缓解了县城供水不足和水质不好的状况。从 2006 年 5 月起，县建设局一方面推行了维修承诺制度，另一方面，我组织人员为全县的机关、企事业单位、学校、个体商户和曲下镇区的农牧民家庭安装了自来水表，以此减少对水资源的浪费。当年 6 月，建设局又推出了《拉孜县自来水收费管理办法》，并自筹资金 1.5 万元印制了《拉孜县自来水缴费手册》，从而大大加强了县城的用水管理。

　　除了做好项目上的工作，我还着力抓好拉孜县建设局内部管理工作。我牵头在我局职责范围内细化了局长、副局长、科员、办事员等各个工作岗位的职责，对各科室工作重新进行了调整，做到各司其职、各负其责、各尽所能、分工协调统一。我还参与重新制定了建设局的会议、登记、请假、用车等各项规章制度，使全局干部职工做到有章可循，努力规范职业行为。在工作之余，我还要求组织开展建设局自身的业务学习和相互探讨交流活动，并积极开展了廉政教育活动，防微杜渐，确保全局规范、高效、廉洁、健康地运转。

　　在援藏的三年期间，我组织建设局支部党员积极捐款，带头帮扶了曲下镇

◀ 走访当地居民

玉莎村的一户农牧民家庭，还发动全局职工认养了柳乡吾木宗村的两名孤儿，资助他们完成学业，走上工作岗位。我还以个人的名义认养了柳乡春门村家境较为困难的洛追同学。

可爱的藏族同胞

担任建设局局长一职，需要我经常下乡察看工地，而给我们开车的都是当地藏族驾驶员。其中有两名驾驶员给我留下了深刻的印象。一名是"小八路"，年纪比我大 10 多岁，因为他当过兵、个头矮，大家都叫他"小八路"。听当地人说"小八路"是铁匠出身，在解放前社会地位是非常低的。所以"小八路"性格内向，非常自卑。比如一起吃饭他从不上桌，我们把他硬拽上桌，他也十分拘束，只吃自己前面的菜。刚到拉孜，配给我的是一辆破旧的丰田 62 型吉普车，左右两边的后视镜都已经掉了，"小八路"就开着这辆车载着我穿行在西藏的山路上。"小八路"非常尊重我们援藏干部，并且非常细心，每次下乡，他都会为我准备好一切后勤保障，比如在车上带好热水、氧气瓶。因为我们下乡办事，吃饭住宿从不麻烦当地的百姓，所以他还会帮忙带好泡面和榨菜。相处久了，我发现"小八路"有个习惯，他只要一有空就擦车，因为这辆车就是他的工作岗位，他非常爱惜。他可以说是爱岗敬业的模范。"小八路"是非常重感情的，我回上海这些年，每年春节"小八路"都还会和我电话联系。他现在已经退休，靠着自己的努力用积蓄在拉萨安了家，2015 年 8 月我回过一次西藏，还专程去他家探望了他。

另一名给我留下深刻印象的驾驶员叫阿尼玛。与"小八路"的内向形成鲜明对比的是，阿尼玛非常开朗、健谈，他是我们小组瞿副县长的驾驶员。他个子很高，爱讲笑话，一直给我们援藏干部开车，从第一批援藏干部一直开到我们第四批援藏干部。他普通话也讲得很好，一路给我们讲笑话，坐他的车和坐"小八路"的车，感觉完全不一样，"小八路"开车默不作声，而他则是侃侃而谈。西藏人吃东西有很多忌口，但阿尼玛没有忌口，吃东西方面和我们完全打成一片。有一两次领导过来调研或是我们下乡，因为他身材魁梧，很有领导的气势，看上去像个大干部，当地接待的同志总是第一个和他握手，都以为他是领导,而我们是陪同他的工作人员,闹出了几次笑话。这两名驾驶员性格反差大,一个内向,一个开朗,说到这两名驾驶员,不止我们拉孜县援藏干部熟悉,周边几个县的同志基本都认识。

离别印象

随着第五批援藏干部到来,我们第四批援藏干部即将结束三年的援藏任务。

拉孜县委、县政府为此在县政府大院举行了盛大的欢送仪式。全县的机关干部职工和乡镇领导全部出席。整个仪式被刀郎那一曲《送战友》的沧桑歌声烘托出一种悲壮的氛围。"送战友踏征程,默默无语两眼泪,耳边响起驼铃声",至今难忘。

一杯一杯的青稞酒、一条一条的哈达、一个一个的拥抱,满耳是临别的嘱托,满眼的泪水禁不住地往下流。

援藏三年,给我留下的是魂牵梦萦的西藏情怀,虽然离开西藏、离开拉孜、离开可爱的藏族同胞已经十几年了,但我时常想起那段激情岁月,耳边仿佛还能听到拉孜呼呼吹过的大风。感谢组织给我的三年援藏机会,让我的人生有了不一样的历练,让我们这批援藏干部在西藏这片热土上留下了自己努力的痕迹,也让我们上海第四批 5 名援藏干部有机会为拉孜的百姓实实在在地做些实事,为他们解决生活、生产上的各种困难,让我们上海的暖风吹到拉孜百姓的心坎里。

浦江儿女　雅江公仆

　　陈宾，1965 年 8 月生。现任嘉定区政协副
主席、党组副书记、纪检组组长。2007 年 6 月
至 2010 年 9 月，为上海市第五批援藏干部联络
组拉孜小组组长，任日喀则地区拉孜县委书记。

口述：陈　宾
采访：闻　立　马筱璇
整理：马筱璇
时间：2020 年 4 月 28 日

　　我出生在嘉定的农村，出于对军人的崇敬，1983 年 8 月，从嘉定一中考
入上海第二军医大学。1989 年毕业后先后到三十八集团军某坦克师基层卫生
队、北京军区后勤部卫生部、北京卫戍区医院（北京军区总院）任军医，经常
跨荒漠，冒严寒，穿行边防哨卡，为基层部队官兵和军队服务。1995 年转业，
出于医生的崇高使命和为家乡亲人效力的想法，我放弃了机关公务员岗位，
成了嘉定区中医院急诊科主治医师。1999 年起，组织先后让我担任唐行卫生
院、华亭卫生院、迎园医院院长，嘉定中心医院副院长。2006 年，担任嘉定
区卫生局副局长。2007 年 6 月，响应组织号召，积极报名援藏，以区卫生局
党委书记的身份，被选派为中共西藏拉孜县委书记，第五批援藏干部拉孜小组
组长。

锡钦村的"重建"

　　2007 年 7 月，进藏不满一个月，还没有适应缺氧、乏力、胸闷、头疼、
呕吐、失眠等高原反应，一场天灾突然袭来。

　　7 月 25 日晚近 10 时，我洗漱完毕刚准备休息，一声急骤的铃声响起，带

来的是日喀则拉孜县锡钦乡锡钦村遭遇百年一遇的特大洪水的消息。我们立即驱车赶往现场。车子经 318 国道进入村子，已经没有了路的踪影，眼前俨然是一片汪洋。借着车灯的光沿着原有的路基前进，只见洪水已经没到了低洼处的部分农舍的一楼窗户下。大部分村民都聚集在村中央的高地处，每个人的脸上都充满了悲伤无助的神情。不多时，县、乡两级数十名干部职工都赶到了现场。据初步了解，该村为全乡人口最多的一个村，从未遇到过如此严重的洪水灾害。由于该村背靠大山，连续数日的雨水终于冲垮了山脚下的堤坝。目前全村有多家农户的房屋倒塌，近百名群众受灾，所幸没有人员伤亡。

我们随即投入抢险救灾工作，将妇女儿童疏散到附近的亲戚家或学校中安顿，同时组织村内的青壮劳力进山投入筑坝挡洪工作。这时，驻县的武警官兵、公安干警也赶到了抗洪第一线。公安干警分两组在村内巡视以确保受灾群众的财产不受损失，武警连同干部群众 60 多人开始了抗洪战斗。他们拿起铁锹和编织袋，仅靠车灯照明，任洪水浸透鞋袜、雨水打湿衣衫……站在风雨中，雨水顺着发尖往下滴，沾满泥水的双脚愈加显得沉重，一阵阵的寒意让人禁不住直打冷战。经过大家几个小时的奋战，一条白色的堤坝筑了起来，望着奔泻的洪水流入沟渠，大家心里一阵轻松，任务初战告捷。

在回驻地的路上，水流已经变得平缓，村内的洪水也已退去了许多。村口，临近曲下镇的 80 多名民兵匆忙赶到。"一方有难、八方支援"，在这里、在此时得到了充分体现。

第二天一清早我再次赶往灾区，这时才得以对灾情一窥全貌。因连续降雨，傍晚时分又突降大雨并夹杂着冰雹，连日堆积的雨水最终导致了山洪暴发。本次洪灾致使该村 45 户 472 间房屋不同程度毁损，155 头牲畜死亡（其中大畜 4 头、小畜 151 头），直接受灾群众达到 203 人；洪水还淹没农田 232 亩，冲毁防洪堤两处约 500 米、乡村道路 200 米、水渠 1500 米。这是近 10 年来锡钦村遭受到的损失最为惨重的一次特大洪水灾害。所幸抢险疏散及时，后续没有村民伤亡。

这天上午，我们正在县里召开紧急救灾安置及村庄重建会议时，我突然接到嘉定区委组织部打来的电话，说我母亲被车撞了，正昏迷，在医院抢救。虽然又担心又焦急，但是在如此情况下，作为县委书记，我继续不露声色地布置完各项任务，会议结束后才给家人打了电话，市委组织部也来电建议我回趟上海。我始终感恩着组织的关心，可是面对这么多无助地等待我们帮忙重建家园的老百姓，我这个第一责任人怎么能走！就这样我一直坚守在西藏，直到来年的春节前才回家。

为了顺利开展灾后的善后处理工作，县里成立了由我担任组长的领导小组，并下设 8 个工作组投入工作，县机关职工全部加入了加固堤坝队伍。乡村干部组织群众从倒塌和受损的房屋中抢出物资，并把受灾群众安排到附近临时安顿。邻近各村组织了 100 辆拖拉机、300 人的志愿者队伍赶来救援。日喀则地区相关部门闻讯后迅速赶赴现场，了解灾情、安抚灾民，协助抗灾工作。上海援藏干部联络组也来到现场，挨户走访受灾家庭，送上慰问品、带上问候话语，许多藏族妇女流着感激的泪水扑倒在干部怀里。看着这场景，我们既感动又自豪，更在心中涌动着强烈的责任感。

随后，我们围绕"人员安置、财产抢救、家园重建"三个重点，筹资 300多万元，按照"五通"（通电、通路、通水、通电话、通广播电视）的要求，尊重藏式建筑风貌和藏族群众生活习惯，注重生产、生活相结合，开始了锡钦村的灾后重建工作。短短的三个月时间，受灾农牧民欢欢喜喜地搬进了"沪藏友谊示范村"——锡钦新村。

团结一致保障奥运圣火登顶

2008 年 2 月，经过短暂的休整，挥别依依不舍的亲人，我们再次踏上返藏的征程。这次我们是从上海坐火车到拉萨的。火车在青藏铁路上呼啸而过，车厢内大家开怀爽朗的笑声和窗外美丽的风景，让 48 个小时的路程一点也不寂寞。然而，谁都没有想到，一场前所未有的严峻考验正等待着我们，这是上海对口援藏 10 多年来，历届援藏干部都未曾遇到和经历的。

北京奥运会圣火在西藏传递并登顶珠峰的日子越来越近，各族人民沉浸在喜悦氛围的同时，一些分裂势力也在蠢蠢欲动。拉孜是日喀则西部中心县，是通向边境的最后一道门户，也是保障圣火顺利登顶的重要一关。面对如此重大的任务、严峻的形势，刚进藏半个月的我们来不及调整，立即启动应急预案、召开专题会议，采取加强走访、群防群控、妥善处置突发事件等一系列措施，努力确保一方平安。

我们还开展了"反对分裂，维护稳定，促进发展"主题教育活动，按照"干部群众受教育、社会稳定见成效、人民群众得实惠"的要求，把"加强党性锻炼，维护祖国统一，坚定援藏信念"作为教育重点。作为县委书记，我自编讲稿 7 篇，为县委中心组学习和全县党政干部培训班亲自授课 10 多次。有时带上方便面，天不亮就骑着马进入不通公路的自然村，深入村居、寺庙，把党的声音传达到每个农户及僧尼。

奥运圣火登顶珠峰，全县上下都十分期待。我们一方面继续加强安保工作，在主要街道和道路上都悬挂横幅标语，积极营造"人人参与安保，共筑平安奥运""奥运连着你我他、奥运安保靠大家"的良好氛围，全面提高各族群众的奥运安保意识和群防群策能力；进一步修订完善各项预案，使之更具针对性和可操作性，全面提高应急处突能力。另一方面也因地制宜开展各类活动，进一步向当地企业、群众宣传奥运知识，并以此为契机，增强他们的爱国热情和民族自豪感。一些群众为了欢迎奥运圣火来到珠峰，特地在自家屋顶上挂起了国旗，在院子里挂起欢迎奥运的横幅。在部分乡镇，农牧民自发组织起了歌舞队，通过跳锅庄、弦子舞等极富特色的民族歌舞，表达康巴儿女对奥运圣火的热切期盼。

4 月 26 日，我们怀着无比自豪的心情迎来了奥运圣火登顶队伍，拉孜人民用精心准备的民族歌舞表演，最大程度地展现对圣火的热情和欢迎。有群众表示，奥运圣火在西藏的传递，必将激励西藏人民战胜一切困难，在抓好稳定的同时，发展好生产，让日子越过越好。

2008 年 5 月 8 日，北京奥运圣火在世界之巅珠穆朗玛峰点燃，拉孜县是北京奥运圣火传递第一个经过的县，也是登顶珠峰活动途经路线最长的县。经过各族群众团结一致的努力，我们实现了过境防控无事故、奥运圣火成功登顶传递和社会局势总体稳定三大目标。

2008 年，拉孜援藏小组被西藏自治区委员会、自治区政府授予"西藏自治区民族团结先进集体"的光荣称号，后获评"全国公务员先进集体"，我个人荣获"上海市对口支援先进个人"。

小西瓜带来的大改变

在反分裂斗争的工作中我们深刻认识到，经济发展、社会进步，是维护西藏社会稳定的重要前提。我们拉孜小组深入思考"援藏为什么、援藏干什么、援藏留什么"三大问题，要求自己认真履行"一岗双责"，既要履行好任职单位的岗位职责，又要完成好援藏工作任务；既要行使好促一方发展的责任，又要履行好保一方平安的职责，特别是要发扬"老西藏精神"，真心实意为群众多做实事、多办好事。

2007年，进藏不到一个月，我们就走遍了全部乡镇、局办，虚心听意见，认真摸情况，形成了翔实的《拉孜县三年援藏工作规划》《拉孜县三年援藏项目可行性报告》。藏地自然条件恶劣，如果将深山中的村落整村搬迁到交通便捷的平坦地区生活，周围缺少必要的田地和草原供其生存，而当地的产业也不发达，没有足够的岗位让村民成为工人，多数家庭主要以自给自足的农牧业方式进行生产生活。因此，我们开展援建项目的总体思路是积极改善农牧民基本

◀ 与拉孜小组骑马开展走访活动

▲ 出席拉孜西瓜栽培
现场技术培训会

生产生活条件、改善区域经济社会发展环境、改善城镇环境健康状况。

西藏空气稀薄，气压低、氧气少，这里过去世代以种青稞为生。青稞是藏民的主食，除了自己吃，一年靠粮食交易挣不了几个钱，当地农民的生活十分贫困。但从温差角度看，西藏气温年较差小、日较差大，针对这一气候特点，我们在上海市科委及上一批援藏干部探索的基础上，以"拉孜西瓜"为品牌基础，开发拉孜哈密瓜"雪里红""东方密一号"，甜瓜"明珠一号""明珠二号"等一系列瓜果产品，为农民打开了一扇致富的大门。我们从占地34.8亩的县农业示范园做起，从南汇请来了种瓜高手张良明夫妇，由他们向当地村民手把手地传授种瓜绝活，带出了一批"藏族种瓜能手"。在这里，西瓜吊起来35—40天，由于日照均匀，长得也快，再放到地里，过一个月就可收获。在拉萨和日喀则市场售价可高达一斤5—7元，比普通西瓜高出2—3元。种瓜的大棚一个占地200平方米，一亩地最少可以建两个大棚。拉孜西瓜一年两季，一个棚的季产为1500斤，一亩地能种两棚，一亩地年产西瓜能达到6000斤，收入就有30000元。而如果是种青稞，一斤2元，年亩产最高300斤，也就600元。种拉孜西瓜的产值竟是青稞的50倍！如果是外出打工，较好的情况下一年也就赚一万元，除去日常开销也就能剩下两三千元，所以老百姓当时有个口头禅"只有傻瓜才不种西瓜"。

拉孜西瓜别样甜，甜在消费者的嘴里，更是甜在我和拉孜农民的心里。

医者仁心的初心

在工作中，我在尽力做好书记工作的同时，也注重发挥好自己当过医生的特长。记得有一次，我们去执孜村，要翻过两座山，又不通公路，村里的老百姓听说县里领导要来，天不亮就牵着马等在半山腰。我首先看望了一名自诉身患"骨癌"5年、躺在地上的30岁妇女，经检查后发现她其实是"小儿麻痹症"患者，家人之前用土方法治疗，导致关节腔感染，加重了残疾。另外我还了解到，虽然政府有合作医疗、大病补助、困难救济等政策，但该妇女从不知晓政策、从没看过医生，以致延误了救治。我不禁想：我们如何能更好地把党的好政策宣传到千家万户，让每个农户享受到？如何更好地向群众普及卫生健康常识？我在后面的走访中和当地的村干部就做好这方面工作进行了深入的交谈。我们还看望了一户兽医家庭，丈夫担任兽医，每月只有30元的补贴，年迈多病的妻子既要放牧又要照料家中的一切，当我们把几百元慰问金给她时，农妇激动得跪在地上哭着说"你们这些共产党的好人平时一直在做好事，今天又这么远特意来看我们，我们已是感激不尽"，一定要把钱还给我们，说着"mu gao""mu gao"（藏语：不要）。后来在援藏小组的帮助下，这名牧民得到了妥善的救治。当问及群众生产、生活有何困难时，乡亲们异口同声回答"ming du""ming du"（藏语：没有）。"mu gao""ming du"，短短两个词，震撼着我、震撼着我们每名援藏干部的心，更鞭策着我们为援藏事业尽心尽力。

考虑到当地卫生条件较差，卫生知识不够普及，我在业余时间，利用自己的专业知识，在一个多月的时间里编写了一本《学生健康手册》，请当地的藏族卫生局长写序，但隐去了我自己的名字。这本手册最后印刷了一万多本，实现了全县的学生人手一册。

除了卫生政策和知识普及力度不大，当地的医疗硬件条件也十分落后，因此我积极联系嘉定区卫生系统，最终嘉定区中心医院为拉孜县中心医院赞助了一台东芝 B 超机及一台 500 毫安 X 光机。当时，嘉定区卫生局派区中心医院副院长黄旭元和设备科长陆毅同志来藏，对设备进行安装、调试和人员培训，他们从拉萨机场下来就直接到了医院，行李放在车上便开始投入工作，一干就到凌晨3点，甚至由于高原反应，陆毅同志边吸氧边调试机器，当我们劝他们先吃碗牛肉面时，听到的回答是"我不饿，今天再晚也要把机器装好"，简单的一句话，体现了嘉定医务人员崇高的敬业精神。这次赞助，使拉孜县结束了无B超诊断仪的历史，X线诊断技术也有了明显提高，而两位同志在我们还没有好好"答谢"的时候，便已经悄悄踏上回上海的归途。这一优良的工作作风使当地干部深受感动，也让我们感受到上海的领导和同志们对援藏工作的大力支持和无私付出。

沪藏情谊刻心间

在拉孜工作的三年间，和当地的各族干部群众在一起工作、生活、学习，我们结下了深厚的友谊，从他们那里学到了好的工作作风和敬业精神，也锻炼了自己意志品质。

孩子的教育就是国家的未来。在援藏期间，我们拉孜小组的5名干部感触于西藏发展义务教育中的两句响亮口号"一个都不能少，一分钱也不要"，决

◀ 看望慰问当地学生

定开展"123"工程，即每人结对帮助一名老党员、两个贫困户和三名贫困大学生，每年每人给予 2000 元补助，用爱心增强他们战胜生活困难的信心，直到大学生大学毕业。当年我们 5 名援藏干部的孩子均在上小学，我们就想让孩子们来西藏实地感受，奉献一份爱心，受一次教育，于是，我们利用家属来藏探亲的机会，组织开展了"我为援藏添一力"活动。我的儿子陈欣东在这一过程中，走访了当地的学校，和当地的同龄人有了近距离的接触，感受颇深，与结伴同行的同班同学王鸿贤、胡羽成商量，毅然决定拿出自己的零花钱，各自结对一名贫困学生，并当场赠送了学习用品。还有同志的家属发挥自己的特长，给予当地技术支持、政策指导等，真正做到了"一人援藏，全家援藏"。

距离 2010 年 9 月我结束援藏回到上海，整整 10 年过去了。时任上海援藏总领队赵卫星书记的教诲"做浦江人民的优秀儿女、当藏族同胞的忠诚公仆"始终铭记我心，回望在 4000 多米高海拔地区与各族干部群众共同奋斗的点点滴滴，我感悟：不忘初心的援藏工作是讴歌新时代民族团结的同声大合唱，惠民高效的援藏项目是巍巍耸立在高原的不朽丰碑，风雨同舟的援友情谊是永远绽放在雪域高原的美丽格桑花，这已成为我一生珍视的最大财富。

我的援藏岁月

徐雪平，1969年12月生。现任嘉定区外冈镇副镇长。2007年6月至2010年6月，为上海市第五批援藏干部，任日喀则地区拉孜县委常委、县委办公室主任。

口述：徐雪平

采访：沈　洁　顾颖页

整理：顾颖页

时间：2020 年 3 月 25 日

我是一名土生土长的嘉定人，1990 年从上海师范专科学校毕业后，从教于嘉定区实验小学，后调入区体育局机关工作。2007 年 6 月，响应组织号召积极报名援藏，以区体育局副局长身份，被选派为中共拉孜县委常委、县委办主任，开启了为期三年的对口援藏岁月。

初上高原——身心在升华

在我的印象里，西藏是一个有着蓝天白云的苍茫高原，有着绝美的风景，同时又是一个非常遥远而神秘的地方。出发之前，市里组织了培训班，对我们这批 50 名援藏干部进行了一次包括在藏期间的学习、工作、生活、纪律的任务要求以及藏区风土人情的知识等方面的系统培训。我也默默地为即将的远行做好了充足的思想、物质准备。出发前儿子问我："爸爸你要去哪里?"我俏皮地指指天上的云说："爸爸要到云上去工作啦!" 6 月 7 日，带着上海市委、市政府和全市人民的嘱托和深情，我们一行踏上飞机离开故土，开始了为期三年的援藏生涯。当晚抵达成都下榻于西藏饭店，从未失眠的人，竟然在那晚辗转难眠，在对高原陌生环境的担忧和未来工作的憧憬中，人生中第一次服用了

◀ 日喀则地区举行了
隆重的欢迎仪式

安眠药。第二天，我们到达拉萨贡嘎机场，当走下飞机旋梯那一刻，我提醒自己要放松心情、放缓脚步。当浩浩荡荡的迎接车队抵达日喀则入城口时，道路两侧站满了绵延数千米的欢迎人群，满街都是黝黑的真挚笑脸和挥舞着的白色哈达，从没经历过如此隆重的场面，我们也激动地挥舞双手与之相呼应，每个人都真切地体会到民族之间的团结友谊和作为一名援藏干部的光荣自豪。

初入高原，对每个人的生理都是一个严峻考验，几乎每个人都因高原缺氧而出现了不同程度的生理反应。刚到的几天里，我们都经历了头痛、失眠、食欲不振等症状。在医务人员的指导和照料下，大家很快度过了难熬的适应期，逐渐适应了高原环境。之后，我们随同陪送小组驱车前往对口支援地——拉孜县。车队在褐色的山谷中穿行近两个小时，到达拉孜县城时，拉孜人民的热情和质朴让我们一下子拥有了家的温馨。

短短两天的工作对接之后，6 月 14 日是第四批援藏干部离开的日子。欢送大会上的一情一景，留给我内心的震撼和心灵的触动至今仍然记得。藏区炎热的太阳也抵不过当地人民的热情，白色的云彩也抵不过哈达的真情，第四批援藏干部的肩上堆起高高的哈达，如云般缠绕在 5 位黑脸汉子的襟前，他们三步一回头，想再嗅一遍这片熟悉的热土，再望一眼这块神奇的雪域。满眼的泪水，无数的祝福，太多的不舍之情，他们心中最难以割舍的永远是"三年的援藏路，一生拉孜情"。当激动之情慢慢平静之后，我们第五批援藏干部都开始思索，如何把接力棒更好地传递下去。我们尽快开始深入调研，进一步理清思路、明确目标，在前四批援藏干部耕耘的基础上，用好三年的时间，更好地为拉孜的经济社会发展进行探索实践，不辜负组织的信任和群众的期盼。

立足本职——工作在前行

拉孜县委大院由两幢办公大楼和分散在四周的低矮的干部职工宿舍楼组成，中间还有一小块久未收拾的休闲广场。县委办公楼位于县府楼西侧，是一幢三层楼房，县委及下属部门办公室、组织部、宣传部、党校，以及县人大均在此办公。与我同室的一位副主任小李是四川人。工作的第一天，他带我走访了秘书科、机要室、档案室、收发室等办公室的各个职能科室，和他们进行了简要的沟通交流。这里的办公室设施相当简陋，除了几台电脑和复印机以外，几乎没有其他现代办公用品。这里的干部职工似乎都很羞涩而质朴，与你说话都低着头，与藏族歌舞的奔放热情形成了强烈反差。与内地相比，这里的办公环境比较宁静、节奏较缓，拿到手里的报纸也都是"前天或大前天日报"。

县委办是信息收集、整理、交互的枢纽部位，于是，我将工作着重放在信息建设上，凭借自己多年的工作经验，梳理上海信息工作的主要做法，和我们县委各科室负责人一起，结合每个职能部门的实际工作，不断充实完善县委办的各项规章制度，如制定信息员制度，在基层中挑选并培养一批文字功底好的年轻干部，建立信息员队伍，又在新闻采访、公文写作等方面开设培训班，加强这批年轻干部的新闻捕捉能力，提高对信息抓捕的敏锐度和判断力。我们还搭建起县、部门、乡镇之间的信息沟通渠道，加强分析整合，努力保持信息的及时、准确、完整，促进县委对县内各项工作的及时掌握，从而为领导的决策提供丰富的基础材料。

办公室平日的工作比较杂、比较多，县委中心工作任务繁重，怎么统筹处理好这两者之间的关系也是工作的重点之一。在内部管理中，我试着大胆放权、分兵把口，把工作分条线落实到个人，确保办公室工作的正常运转。同时，我注意加强县委与各乡镇、各部门间的联系和沟通，抓好办公室与各相关部门工作之间的配合协调，保证了各部门工作协调配合有力，运行高效有序。三年的时间里，在前四批援藏干部留下的管理经验下，我又将多种制度进行了层层的推进，加强材料管理制度，注重科学调研制度，强化检查督办制度，完善岗位责任制度，积极为县委科学决策发挥参谋作用，保证了办公室各科室工作有序开展，促进了县委、人大、政府的沟通与交流。

拉孜县位于 318 国道和 219 国道交汇点，是日喀则西部的交通要塞，三年间，办公室接待过多批西藏各级各类工作考察组，从部级、厅局级到乡科级及以下干部，除了当地藏族人，还有一大批来自内地的"老西藏"，他们在此一干就是二三十年，把青春献给了雪域高原。平时接触最多的还是本县的当地干部，面对着恶劣的环境和艰苦的条件，他们依然保持着乐观、真诚、朴实与认真，在日常的交流接触中不断激励鞭策着我始终保持初心、勤奋务实。

援藏期间，我们感受到了来自上海大后方的大力支持，区委、区政府及派出单位领导多次进藏看望慰问，特别是在拉萨"3·14"事件发生后，区委、区政府主要领导亲自过问，关心我们在藏的工作、学习和生活，同时，在资金、人才、技术上予以大力支持，为我们做好援藏工作注入了不竭动力。家乡亲人、朋友的理解和支持，使我们免除了远离家乡的后顾之忧，全身心地投入工作，努力在三年的援藏路上书写芳华。

抗洪救灾——我们在一线

拉孜县有着高原奇特多样的地形地貌，受到高海拔、高空空气环流等诸多因素的影响，形成了日照强烈、温差大、雨水集中、干湿明显、夏季多雨、冬季干旱的气候特点，这种气候特点也造成了拉孜县山体土质疏松，连续下雨就会引发泥石流的隐患。

进入雨季的拉孜经常都是铅云笼罩，太阳很少露出来。与上海的连续高温相比，我们整天裹着夹克还感到一阵阵阴凉。记得在 2007 年 7 月 25 日晚上 10 时许，我进藏工作刚满一个来月，一阵急骤的铃声过后，我得知锡钦乡突发了百年难遇的特大山洪灾害。我们第一时间就出发赶过去，这时的夜晚漆

◀ 在锡钦村水灾现场
救援

黑一片，车子从 318 国道进入，眼前是一片汪洋，已经没有了路的痕迹。我们只能借着车灯的光慢慢行进。大部分村民都聚集在村中央的高地处，每个人的脸上都充满了悲伤无助的神情。根据当时的了解，锡钦村是全乡人口最多的一个村，从未遇到过如此严重洪水灾害。村子地势低，还在山脚下，背靠大山，连续数日的雨水冲垮了山脚下的堤坝，引发了洪灾。全村有多家农户的房屋倒塌，近百名群众受灾，所幸没有人员伤亡。

在县委书记的指挥下，我们立刻投入抢险救灾工作，将妇女儿童疏散到附近的亲戚家或乡学校中安顿，同时组织村内的青壮劳力进山投入筑坝挡洪工作。驻县的武警、公安分两组在村内巡视以确保受灾群众的财产不受损失，武警连同干部群众 60 多人开始了抗洪战斗。我们几名援藏干部也一同捞起裤脚管，蹚水到山脚下，依靠车灯的照射，就地取材，拿起铁锹和编织袋，用编织袋装上路边沙石，筑起堤坝，将洪水往东面的萨迦河引，避免直接冲击村庄。几个小时的工作，我们站在雨中，沾满泥水的双脚感觉越来越沉重。这时候我抬头一看，几名村妇也在队伍中忙碌，心里感到一阵钦佩和感动。经过数小时的奋战，凌晨三四点时，一条白色的堤坝筑了起来。望着奔泻的洪水流入沟渠，大家心里一阵轻松，任务已经初战告捷。村口，近曲下镇的 80 多名民兵也赶到了锡庆村，在大家的努力之下，洪水顺利分流，退了下去。当我回到家把冰冷的双脚浸入温暖的水中时才舒了一口气。第二天清早，我们再次赶往灾区检查灾情。这次灾害致使该村 45 户 472 间房屋不同程度毁损，155 头牲畜死亡（其中大畜 4 头、小畜 151 头），直接受灾群众达到 203 人；洪水淹没农田 232 亩，冲毁防洪堤两处约 500 米、乡村道路 200 米、水渠 1500 米。为了顺利开展善后处理工作，我们迅速成立了领导小组并下设 8 个工作组投入工作。"一方有难、八方支援"，第二天早晨起，我们县机关职工全部加入加固堤坝队伍，邻近各乡村组织了 100 辆拖拉机、300 人的志愿者队伍赶来支援。自治区、地区相关部门闻讯后迅速赶赴现场，了解灾情、安抚灾民、协助抗灾工作。上海援藏干部联络组组织人员来到灾区，挨家挨户走访受灾家庭，说上安慰话、送上慰问品。许多受灾群众都紧紧地拉着我们的手不放，满脸的泪水，不停地说着"拉脱西、拉脱西"（藏语：谢谢）。我们脸上也满是冰冷的雨水与感慨的泪水，心里涌动着重建家园的强烈责任感。3 个多月后，在各方的支持配合下，一个崭新的藏式新农村建成，成为汉藏友谊示范新家园。

走村入户——我们在奋斗

为了进一步全面了解各基层单位的情况，让援藏项目更有针对性地解决基层困难，使广大农牧民获得实实在在的利益，我们陆陆续续地对县属的 11 个乡镇开始了走村入户的走访调查工作，着重了解各乡镇的基本情况。跑完乡镇后，我们还安排时间到各委办局去了解情况。2007 年全县财政收入仅 417 万元，实际可支配收入更少，乡镇财政收入仅数万元，主要依靠国家及援藏资金投入。当地受自然气候条件所限，植被生长情况不好，绿化覆盖率低，山上要么水多留不住而发洪水，要么干旱缺水，严重阻碍了农业发展。在人口近 5 万的拉孜县，近 15% 的家庭和 13% 的人口人均年收入低于 500 元，多数家庭主要以自给自足的农牧业方式进行生产生活，劳务收入是当地人主要的现金收入来源。此外，医疗卫生服务有待改进，教育事业缺乏资金。我亲眼看到在较偏远地区的学校里，一般两张床睡三人，三人坐一张两人桌。不过这些年国家投入已经很多，保证学生在九年制义务学习阶段，吃、住、学都免费。西藏还建立了社会救助体系，实行了新型农牧区医疗管理制度，实施了《西藏自治区农村最低生活保障实施办法》。

我们除了听取职能部门汇报外，还经常深入各乡村和农牧民家中进行实地调研和慰问。记得有一次去距乡政府所在地约 80 公里的位于大山深处的热莎乡执孜村，全村共 27 户，分为 11 个自然村落，以牧业为主，只是在靠近谷地的山坡上开垦出几小块梯田种植着青稞。由于交通不便，当地百姓的生活非常艰苦，人均收入不超过 1000 元。车子经过一段漫长而又颠簸的石土路之后，前方已失去了道路的踪迹。当地村干部们牵着几匹马已早早等候在山坳处了。马匹载着慰问品，我们开始徒步前行，顺着山势，时而爬坡时而下行，行走在他们祖祖辈辈踏出的羊肠小道上。我们走访的第一户困难户是村里的兽医，在简陋的屋子里我们听着他的诉说，由于工作关系家里的活基本上靠妻子完成，而他每月的工资收入仅为 30 元。走进第二户时四周一片漆黑，简直不敢相信这里竟然住着一家六口，一对中年夫妇见我们一行进入，木讷得不知所措，借助微弱灯光我们才发现有两个孩子如小狗小猫般蜷缩在床上。在第三户的院子里，我们看到了一名在村人搀扶下走出的青年妇女，她才 30 岁，可岁月和伤痛已经在她身上刻上了深深的烙印。她坐在地上撩起右裤腿，膝盖高高肿起。原来她患病已 5 年，无法行走。当地人说她得了"骨癌"，其实可能是小儿麻痹症或关节发炎引发的膝关节肿胀坏死，由于错过了最佳治疗时间，她永远失去了恢复的可能，病痛将永远伴随着她还年轻的生命……

这边的村委会，除了房顶上有一块太阳能电池板，屋内有一台可以收看几个节目的电视机，与普通民居没有不同。村里的老老少少都围聚在院子里好奇地望着我们这批陌生的客人。我们在院子里与大家交谈，倾听述说、了解情况。村主任是个五十开外的老人，是村里唯一能够侃侃而谈的人，他说村里一直盼望能有一条通车的路，这样大伙能走到外面去看看世界，把自产的畜产品拿出去交换来改善生活。据了解，村里人祖祖辈辈生活在这大山里，很少有人走出过大山，甚至乡政府所在地也没去过，村里也很少有外来人，更不要说像我们这样的县级以上干部了，村民们基本过着与世隔绝的生活。

中午时分，我们正吃着自带的方便面，热情好客的村民们纷纷将家里的风干牛肉块和酥油茶拿给我们，这份热情与淳朴深深感动着我们。我们把自带的牛肉片和猪蹄分发给众人，把采摘来的拉孜西瓜一片片送到每个人的手中。绝大多数人还是第一次见到西瓜，他们双手捧着西瓜，细细把玩着，慢慢品味着，每个人的脸上都荡漾着幸福和满足。我们要走了，村里人都出来送行，手里都捧着珍藏的哈达，直往我们脖子上挂，牵着我们的手依依不舍，一直送到村口。

在拉孜，过早丧失亲人和过多生儿育女也是家庭贫困的主要原因之一，这些贫困家庭的家当十分简陋，甚至有些脏乱不堪，让人看了于心不忍。在慰问中，我们见到一位孤寡老人，她被乡政府安置在一小间小房子内生活，房子十分陈旧，室内摆设简陋。见到我们，她眼中噙着泪花，嘴里不停地念叨"拉脱西、拉脱西"。还有一位藏族妇女，她丈夫早亡，自己疾病缠身，带着一个孩子独自生活，日子异常艰辛，看到我们来慰问，她失声痛哭。

今天我们这些生活在城市里享受着现代文明的人啊，真的应该多想想生活在同一个时代的他们。你、我、大家的一个小小善举，也许能切实改变他们的未来。

圣火传递——我们在维稳

2008年3月14日，拉萨发生打砸抢烧暴力犯罪事件。当时我们刚刚进藏，一下子深深意识到了事情的严重性，不顾强烈的高原反应，立即投入工作。在思想上我们始终绷紧着维稳这根弦，充分认识做好维稳工作的紧迫性、重要性。日喀则地委副书记赵卫星第一时间赶来拉孜县，为我们布置维稳工作。我们与县维稳领导小组成员一起对反分裂斗争和维稳措施多次进行认真研究和周密部署，和当地干部一起通宵值班、到扶贫点走访、到边防哨所慰问，同时在全县开展"反对分裂、维护稳定、促进发展"主题教育活动，立足当前、着眼长远，全力抓好维护社会稳定的各项工作，为反分裂斗争提供坚强有力的组织保障，以实际行动为维稳、反分裂做出贡献。在忙碌的维稳工作期间，家乡的许多领导和朋友都打来电话关切询问，一份份暖心的话语、知心的叮咛时刻温暖着我们的心。

2018年8月我国要举办奥运会，5月则要在珠峰点燃圣火，而拉孜县是到

◀ 开展维稳工作

达珠峰的必经之地，全县社会安全的重要性是不言而喻的。圣火的传递使拉孜这个县城成为全世界人们关注的焦点，成为中国展示国际形象的重要舞台。为保证圣火传递在拉孜县境内安全完成，我们联合多个职能部门，高度重视运输车辆的沿途安全，联合沿路的乡镇做足准备，在每个关键道口安排联防、公安、民兵等，24 小时轮班驻守，发现问题及时上报，最终圆满完成了奥运圣火成功登顶珠峰的路线安保任务。

从"3·14"事件到奥运圣火传递，自从进藏以来，我们始终将反分裂斗争和维稳工作放在首位，始终高举维护社会稳定、维护社会主义法制、维护人民根本利益的旗帜，自觉把思想和行动统一到中央关于西藏反分裂斗争的一系列重要指示精神上来，坚决同一切分裂祖国、破坏民族团结、危害国家安全的分裂破坏活动进行针锋相对的斗争，确保了西藏民主改革 50 周年和中华人民共和国成立 60 周年等各项庆祝活动的安全保卫工作，确保了全县的社会局势稳定。

在藏三年——我的一世情缘

三年援藏工作生活，在 2010 年画上了句号。它让我走进了西藏这个神秘的地方，记得以前地理课本上都把西藏标成一片雪色高原，原以为进入深秋后这里应该是漫天飞雪、一片银装素裹，亲身经历了才知道，这里哪怕是冬季也很少下雪，常见的就是天上的一片蓝和地上的一片黄，永无止息的大风和扬起的飞沙走石。

生活在这里的人是淳朴善良的，邻里之间少有争执。每户的房屋大多简陋，但在建房时除了必要的建材支出外，村民们都会自觉无偿地帮助建造。希望随着经济社会的发展，在加快改善农牧民生产生活条件的同时，这里还能保持着同样淳朴的民风。

三年援藏工作结束，离别之际，我独自伫立在异乡的这片天地间，两耳间除了呼啸的风声还是风声，忽然想起很久以前的一首老歌："一条路、落叶无尽，山无言、水无语，走过春天、走过我自己……"三年的援藏路，不正是挑战艰苦、挑战贫乏、挑战寂寞，重塑自我的磨砺之路吗！

援藏工作是艰苦，但它给我们的心灵来了一次彻底的洗涤，也使我们这群来自城市的干部践行着特别能吃苦、特别能战斗、特别能忍耐、特别能团结、特别能奉献的"老西藏精神"。深入群众、了解基层群众的所思所想，我们对边疆地区的情况也有了更深刻的认识。水滴石穿，我们这一批援藏干部所做的可能微不足道，但是一批批援藏干部的工作点滴积累起来，拉孜县脱贫是指日可待的。

三年的工作，得到了当地干部群众的大力支持。返沪的那一刻，有着不舍，有着期盼，当当地的老百姓将手中的哈达一条条挂在我们脖间时，满满的回忆涌上心头。说长不长说短不短的三年，我们和当地的干部群众结下了深厚的情谊。

三年的援藏并不只是付出，我们也收获着坚持、收获着迎难而上的勇气。魂牵梦萦之时，望向窗外还会忆起当年在蓝天白云下工作的情景，想象着拉孜县的百姓们正幸福地走在奔小康的路上。

我在拉孜的那三年

周信伟，1970 年 12 月生。现任嘉定区委政法委副书记。2010 年 6 月至 2013 年 6 月，为上海市第六批援藏干部，任日喀则地区拉孜县委副书记。

口述：周信伟
采访：彭　飞
整理：彭　飞
时间：2020 年 7 月 10 日

时间过得真快，离 2010 年开始的援藏工作已过去了 10 年。回想三年援藏工作和生活的点点滴滴，就仿佛是发生在昨天一样，历历在目。

入藏时的忐忑

2010 年 4 月下旬，当接到组织部的援藏征询时，我既高兴又兴奋又担忧，高兴的是组织选择让我去援藏是组织上对我的信任，兴奋的是西藏一直是我向往的地方，担忧的是到那么高那么远的地方长期工作，身体能行吗，家里父母、妻子会同意吗，去了家里怎么办。经过一番思索，我和家人说起了援藏的事情，谈到自己这么多年坚持健身锻炼，身体素质不错，并向他们保证会照顾好自己的身体。家人是通情达理的，也懂得舍小家顾大家的道理，慢慢地理解并支持了我的决定。就这样，我有幸成了上海第六批援藏干部中的一员，来到拉孜县，开始了三年的援藏工作。

说起西藏，很多人的第一反应是高原缺氧。拉孜县位于西藏自治区西南部，县城海拔 4050 米。进藏前，我在网上做了大量的攻略，药品也带了一大堆，有防高原反应的，有预防常见病的。虽然做好了充分的准备，但是到日喀则的第一个晚上，还是因为心率过高无法入眠，服用了安眠药才勉强睡着，这也是我平生第一次吃安眠药。所幸，之后没有出现过任何的身体不适，这可能与我经常锻炼有关系。到了拉孜县，我们住进了县委、县政府的单身宿舍。县里虽然早就通水通电，但是电力供应紧张，经常断电，断电致使深井水无法抽取从而停水，有时一停就是几天。刚开始我非常不习惯，因为在上海从来没有这样的经历。为了应付停水，我们6名援藏干部都开始用塑料水桶储水，每天晚上就用太阳能热水器剩余的热水就着储存的冷水对付着简单洗漱，有时候断电停水时间实在太长，冷水、热水都没有了，那就只能不洗了。除了断电停水，干燥的气候也让大家一开始很不习惯，空气湿度只有10%左右，洗好的衣服两三个小时就干了，被子也不用晒，因为永远不会有潮湿的感觉，每天早上起床时，鼻子里都是晚上毛细血管破裂而凝结的血块。为了克服高原环境对身体带来的不利影响，一段时间后，我还是在工作之余，每天坚持适度的体育锻炼，做100个俯卧撑，90个仰卧起坐，半小时有氧运动，有效地增强了自身的体质和预防疾病的能力，增强了人体对低氧、高寒和温差变化的适应能力，提高了低氧环境中的工作效率，同时也很好地磨炼了自己的意志品质，坚定了战胜困难的信心和决心，也逐步适应了当地的环境。

为拉孜绘蓝图

历经五批、前后15年的上海对口支援后，拉孜有了粗具规模的城镇轮廓，有了大方实用的公共建筑，有了日渐完备的基础设施，有了干净整洁的市容环境。然而，落后的生产方式、低下的发展水平、失衡的经济结构、微薄的群众收入一直是拉孜的难题。以农牧民人均纯收入和财政收入两项指标而言，拉孜不仅落后于全国平均水平，即使与萨迦、定日等邻县相比都还存在着一定的差距。如何扬长避短、兴利除弊，实现拉孜县跨越式发展，成为我们拉孜小组面临的首要难题。

作为拉孜县委副书记，我主要分管党群口、组纪宣、工青妇、教育、党校等方面的工作，加上我是拉孜小组副组长，还要参与所有上海市援助拉孜县项目的立项、考察、推进、验收等工作，而这对于我来说是一个全新的工作岗

▲ 参加县卫生服务工作的调研

位，相比生活环境的恶劣，工作的陌生、情况的复杂更让我感受到了前所未有的挑战。为了尽快地适应工作岗位，进入工作状态，到拉孜县后只休息了一个双休日，我就同小组成员一起，不顾进藏初期的车马劳顿和高原缺氧所带来的不适，立即投入工作，开始了基层调研。

拉孜县多是高原土路，汽车驶过扬起的灰尘足以让后车几十米内都看不见前车，我第一次真正体会到什么叫"绝尘而去"。为了保证安全，我们调研小组的车辆间距都保持在100米左右。此次调研历时两个多月，遍历全县9乡2镇、20多个县直机关部门和驻军部队，走村入户，详细了解了拉孜县经济社会发展、农牧民生产生活、产业布局、基础设施建设等情况。通过深入调研，我们全面了解了社情民意，掌握了大量翔实的一手资料，为后期制定切实可行的援藏工作规划、着力推进拉孜县经济社会的跨越式发展打下了坚实的基础。

2010年1月召开的中央第五次西藏工作座谈会提出，支援政策从以往偏重于项目援藏、资金援藏转而注重"智力援藏""文化援藏"。在这一背景下，我们第六批援藏干部拉孜小组完成调研后，在仔细分析的基础上，严格按照中央第五次西藏工作座谈会关于实施援藏项目的有关要求，结合拉孜县实际和经济社会发展需要，提出了以"六民"为基础的三年援藏项目和三年援藏工作指导思路。一是惠民生，切实保障改善民生，提高人民生活水平；二是暖民心，加强发展社会事业，全面改善公共服务；三是孚民望，巩固基层政权建设，确保地方长治久安；四是顺民意，加强基础设施建设，消除发展瓶颈制约；五是肇民富，发展特色优势产业，增强自我发展能力；六是开民智，加大交流学习力度，推进人才储备开发。我们确立了符合拉孜实际的援藏项目和资金，共 23 个项目 1.03 亿元。拉孜县地处日喀则西部，地理位置相对优越，县域内汇聚 219 国道（新藏公路）和 318 国道（川藏公路），商贸流和物流相对日喀则西部各县具有天然的优势，如何进一步放大这一优势效应，成为我们 2011 年的工作重点。我们在全县多次召开工作会议，对拉孜县在日喀则的定位开展了论证和研究，统一了县四套班子的思想后，我们又连续奋战、反复推敲，完成了《关于推进拉孜县建设日喀则西部中心的意见》，并将它送到了莅临拉孜调研的日喀则地委书记、人大工委主任丹增朗杰同志手中，丹增朗杰同志看过了上报的意见相关材料后，在材料上批示要求地委政研室会同拉孜县就西部中心建设开展调研，向地委提出进一步的建议。得知这一消息后，我们又组织全县干部开展了推进西部中心建设大讨论，开办了西部中心论坛，群策群力，为西部中心的构想出主意、想办法、理思路。地委政研室舒成坤主任带队

◀ 参加拉孜县庆祝中国共产党成立90周年、西藏和平解放60周年大会

在拉孜一住数日，同县里干部一同深入腹地、跋涉偏远，为充实完善地委、行署的正式文件掌握了第一手资料。经过反复斟酌、再三修改，《中共日喀则地委、日喀则地区行署关于推进拉孜县加快建设日喀则西部中心的意见》终于出台了。《意见》的出台确定了"人文环境浓郁、和谐有序稳定、百姓富裕安康"的日喀则西部中心发展目标，以及"一产调结构，二产抓重点，三产以文促商"的发展战略。有了思路和目标，剩下的就是行动，我们拉孜小组成员个个摩拳擦掌，铆足了劲，都准备在自己的工作领域大干一番。

援助拉孜办实事

在县里，我代表县委分管教育工作，开展调研时特意去过拉孜县中学，拉孜县中学的操场让我目瞪口呆，完全是就地取材，含铁的红土铺就了跑道，灰色的渣土平出了球场，充斥其间的是砾石、砖块、枯枝、草根。拉孜县中学的操场建设一直牵动着我的心。一确定工作思路和发展战略，我就把拉孜县中学的操场建设提上了议程。然而，当项目真正开始立项时，才发现学校要补的"欠账"太多了。校内道路几乎全是土路，雨季来临时泥泞不堪；学校宿舍的给排水均未到位，周末学生们集体去河边洗衣服的队伍浩浩荡荡；学校公厕是最简易的旱厕……项目预算由此从最开始的100万元提高到了573万元。当我们将预算申请提交到地区联络组审批时，闵卫星书记的一句"再穷不能穷教育，再苦不能苦孩子"让我心中的石头落了地。于是，拉孜小组投资最大的一个单项援建项目拍板敲定。

从此，中学操场成为我们拉孜小组最牵挂的工地，几乎每天，我都要和小组成员们借散步的机会到校园里转转，看看进度、查查质量。在建筑工人的辛勤赶工下，仅仅6个多月，7000多平方米的球场、2500平方米的彩砖、2000多米的给排水管道、350米的塑胶跑道、可容纳200多人的看台、3个水厕均已完工。当最后一道工序——人工草皮铺设完成时，迫不及待的孩子们争先恐后地冲进了操场，这儿摸摸、那儿看看，到处透着新鲜，孩子们十分兴奋。看到孩子们开心的样子，我也感到特别欣慰。

脱贫帮扶、建设社会主义新农村也是我们拉孜小组确立的一个援藏项目。

我们在调研中了解到苏村是拉孜县一个典型的贫困村，该村位于拉孜县扎西岗乡东部的偏僻山村，四面环山、交通闭塞、土地狭小、资源匮乏、灾害频繁。全村 17 户 147 人，半农半牧为生，可人均耕地仅 1.76 亩，人均牲畜不足 8 头，人均年纯收入不到 1700 元，全村经济社会发展和群众生产生活水平处于全县最落后的状态。苏村的状况，牵动着历届县委、县政府和援藏干部的心，但是由于基础太差、条件不备，对于苏村的救助，始终是治标不治本，难以扶持该村走上良性发展的道路。苏村的帮扶工作也成了我们这一批拉孜小组成员面临的大硬仗。时至 2011 年，苏村终于迎来了脱贫摘帽的机遇。在自治区开展的"万名干部驻千村"活动中，我们将唯一一个自治区级机关领衔的驻村工作组安排到苏村，并成立了由县委、县政府、驻村工作组和援藏小组共同组成的项目组。项目组进村入户，深入调研，与群众交朋友，为村民办实事。在调研中我们走访了全村最困难的贫困户白玛老人，家里的贫困如果不是到现场根本无法想象，居住的房子真的可以用"家徒四壁"来形容，通过交谈了解到 2000 元的外债压得全家透不过气，我们帮她还清了债务。巴珍是全村唯一的中专在校生，因为负担不了 5000 元的学费而面临辍学，我们了解了情况后，解决了她的后顾之忧。一件件实事、好事，为我们赢得了群众的拥护，我们也掌握了苏村最真实的情况，经过实地勘察、反复调研，最终确定了整体搬迁的扶贫开发方案。

然而确定了搬迁方案后，让我们意外的是，搬迁的最大"拦路虎"不是资金，而是苏村村民的拒绝。尽管苏村土地贫瘠、交通不便，但是村民们在这里生活习惯了，不愿搬离自己的家乡。不得已，我们项目组把工作重心转移到了村民们的思想工作上来。村干部和年轻村民比较开明，思想工作比较容易做通，思想工作难做的是村里上了年纪的老人。玛吉就是这样的一位老人。一开始玛吉对于搬迁的事情闭口不谈，毫无商量的余地。经过多次的拜访沟通，她慢慢敞开了心扉。她认为祖祖辈辈都生活在这里，这里就是他们的根，搬迁是对祖先的不敬，而且他们没有钱建新房子，但最主要的还是担心搬到了新的地方，一切都要重新开始，不知道当地的村民是否接纳他们，能否和平相处，那里的土地又是否适合种植，能否给他们带来收入。通过一圈摸底走访下来，玛吉的想法也代表了村里老人的普遍想法。项目组最后商定，以玛吉这样典型的老村民作为村民代表，邀请他们到新的搬迁地去参观，了解当地的实际情况，并再三跟他们保证所有的搬迁费用由政府承担，解除他们的后顾之忧。

就这样，经过我们的不懈努力，搬迁方案终于得到了苏村村民的同意。在县委、县政府、驻村工作组和援藏小组多方努力下，在各级领导的关心重视下，苏村整体搬迁工程于 2011 年 5 月 15 日正式启动。现在，苏村的全体村民已经搬进了新居，走上了和谐富裕的康庄大道。

如何打造拉孜地方文化，如何"以文促商"是我们第六批援藏干部拉孜小组的经济工作重头戏。我们在调研中发现，拉孜是堆谐之乡，群众人人喜爱、个个擅长。高地为"堆"，歌舞为"谐"，"堆谐"意即"高地的歌舞"，表演时顿地为节，踏步为舞，边弹边唱，载歌载舞，远绍汉唐踏歌，旁通欧美踢踏，蔚为中华民间艺术奇葩。但是由于经济落后、交通不便，长期以来，这一后藏地区传承千年的民间艺术，乏人问津，连以弘扬堆谐文化为主旨的堆谐文化节，也已经中断 7 年之久。

是否可以将堆谐这个现成的地方文化重新打造成文化品牌，通过打造堆谐文化达到"文化搭台、经济唱戏"的目的，当我们把这个想法告诉拉孜县政府主要领导的时候，才知道他们早就有重新举办堆谐文化节的意愿，一是苦于经费不足，二是担心如果没有外地游客来参加文化节，不但达不到招商效果，经费也打了水漂，因此举办文化节的计划一直搁浅。既然大家的想法不谋而合，我们决定把堆谐文化建设作为推进拉孜跨越式发展和长治久安的重要着力点。我们拉孜小组向县政府领导表态，举办堆谐文化节的经费由我们拉孜小组来解决，招商的工作也由我们来推动。在我们的积极推动和大力襄助下，2010 年第三届堆谐文化节成功举办。短短 3 天会期，共进行堆谐文艺汇演 4 场，举行传统体育竞技 6 项，直接参加演出、比赛的农牧民群众 1200 余人次，吸引中外游客 5.2 万人，商品交易额达 600 余万元，基本达到了"扩大影响、提升形象、以文促商"的既定目标。

文化节的成功，坚定了我们推广堆谐艺术的信心。之后的每一年，拉孜县都成功地举办了堆谐文化节，吸引了大量的中外游客，堆谐艺术也得到了传承。在把游客"请进来"的同时，我们也坚持把堆谐"送出去"。我们拉孜小组通过联系协调政府机构和演出商家，使堆谐艺术先后在北京、上海等地的文化节上进行表演，受到观众的喜爱，焕发出新的艺术生命，堆谐艺术得到了发扬，影响力也迅速提升，成了拉孜的文化品牌。文化节的成功，也进一步坚定了我们建设拉孜的信心。

　　三年的时间，既漫长又短暂。三年的援藏工作，对我来说是一份十分宝贵的人生经历和精神财富，也给我留下了一份永远抹不去的珍贵、美好的回忆。结束援藏工作离开拉孜已经 7 年了，我还是会时常想起那里，想起那里淳朴的人民，想起那里的高原雪山，想起那里粗犷奔放的歌声……西藏，永远是我魂牵梦萦的地方。

连通新疆与上海的"关节"

　　徐建德，1966年6月生。现任嘉定区中医医院院长、党总支副书记。2002年7月至2005年7月，为上海市第四批援疆干部，任阿克苏地区温宿县人民医院党总支副书记、骨科主任。

口述：徐建德
采访：瞿卿卿
整理：瞿卿卿　顾　敏
时间：2020 年 2 月 15 日

　　2002 年 7 月，我有幸成为上海市第四批援疆干部的一员，肩负着党中央光荣神圣的使命，带着上海市各级领导的嘱托，带着家乡人民的殷切期望，远离家乡，告别亲人，从东海之滨不远万里来到祖国的西部边陲——新疆阿克苏，开启了为期三年的光荣征程。

　　一转眼离开那里已经十几年了，说来惭愧，十几年里因为工作繁忙，我再没回过那片土地，但是那片土地给予我的回忆却深深地印刻在我的脑海里，令我难以忘怀。壮美的沙漠戈壁、淳朴的民风，还有那所饱含我们援疆干部心血建立起来的普外诊治、创伤急救中心，一直在我内心占据着重要位置。

留下一所带不走的急救中心

　　初到新疆，我们在温宿县人民医院工作的 3 名援疆干部深入全县各个卫生院和卫生站，辗转于大漠戈壁之间，涉足各个天山牧场，走访民族医院、防疫站和妇保院等卫生机构，对当地的自然环境和卫生条件有了较为全面的认识。在多次实践过后，我们根据当地的实际情况撰写了温宿县卫生系统现况调查报告，详尽地描述了当地卫生系统的状况，提出了若干改革与发展意见，为联络

▲ 温宿县人民医院

组制订三年援疆计划提供基础资料。同时，我们对温宿县人民医院进行摸底调查，医院处于 314 国道旁，交通事故比较多，所以医院骨科创伤的病人占据很大比例，业务工作相当繁忙，创伤骨科也因此成为医院主要医疗业务之一。针对医院现况和实际诊疗需求，我们拟定了援建温宿县上海普外诊治、创伤急救中心计划。

计划拟定后，我们迅速投入工作。一方面是申请专项资金。2002 年春节回沪休假期间，我们分头向上海领导汇报半年援疆工作，积极争取落实援疆项目资金，经过多方努力，上海市嘉定区、黄浦区和金山区人民政府共援助 80 万元建设温宿县上海普外诊治、创伤急救中心，其中嘉定区援助 30 万元。争取到资金后，我们根据需求启动硬件设备采购，如 C 形臂 X 光机、麻醉机、快速冰冻切片机、心电监护仪等。硬件有了，软件也要跟上。急救中心的"软件"就是专业人才，包括麻醉、外科、病理等专业人才。在我们的努力下，医院先后送出 8 名当地医务人员到上海各大医院学习。现在的温宿县人民医院，创伤急救方面在当地很有名气。普外诊治、创伤急救中心的建设，明显地提高了当地医疗水平，很好地适应了当地的医疗需求。三年来中心完成诊治住院病人 2100 余人次，主要为各种四肢关节骨折、骨盆骨折、脊柱骨折、骨不连、骨髓炎、骨结核和先天畸形、良性骨肿瘤等患者；完成 300 多例手术，包括各种四肢钢板，胫骨、股骨、肱骨髓内钉，髋臼切开复位内固定，人工股骨头置换，动力髋，外固定支架，肢体矫形，神经探查松解，膝关节交叉韧带修补和外侧间隙重建，疤痕粘连松解矫形及肩关节、肘关节、膝关节和踝关节的相关手术，其中许多手术种类填补了温宿和阿克苏地区的技术空白；成功抢救危重病人 37 例，很多病人是从死亡线的边缘挽救回来的。

留下一支"带不走"的专业队伍

我在温宿县人民医院担任院长助理兼骨科主任，作为院务会成员、院长助理，每周的院务会我全部参加，履行院长助理的职责，对医院的管理目标、管理方式和改革重点提出自己的见解，指出医院所存在的问题和解决的方法，介绍公立医院体制改革和人事制度改革的现况，结合医院的现实情况，提出管理方法和措施。

在临床实践中，我发挥优势特长，积极开展各项临床业务，努力培养当地的医务人员和医疗骨干。每周开展两次主任查房，在诊治病人疑难杂症、确定治疗方案、解决病人问题的同时，结合临床病例向临床医生详细讲解该类疾病

◀ 主任查房

的理论知识和实践经验，遇到疑难和危重病人进行专题病例讨论，以进一步提高临床医生对该类疾病的认识，从理论水平和实践能力上提高医务人员整体诊疗水平。

在科室中，我每周定期举行一次读片会，对医院一周来骨科就诊患者的 X 光片进行完整阅读解析，保证治疗诊断的质量，提高科内医生的读片能力。根据医院的安排，我还定期进行业务讲课。这里我要提到医院的教学设施，刚到医院的时候，教学设施仅有黑板和粉笔，这让用惯了多媒体教学的我感到十分心酸。在向嘉定区卫生局领导反映后，局领导给予了极大的支持，在来疆考察时向医院援助了一套多媒体教学设备和数码照相机，改善了医院的教学条件，让医院的教学条件上了一个层次。2004 年下半年起，我利用嘉定区卫生局援助的多媒体设备为医务人员上课，取得了很好的效果，还大大激发了医务人员学习电脑的积极性。

手术是临床工作中的重点，不仅隐含着极大的风险性，动辄几小时的手术对医生的体力也是一个不小的考验。在温宿县人民医院，缺乏在上海工作时坚强的技术支撑，而且有些疾病相当复杂，有些是上海遇不到的疾病。在我开展的 300 多例手术中，有的手术持续七八个小时，穿着铅衣长时间站在无影灯

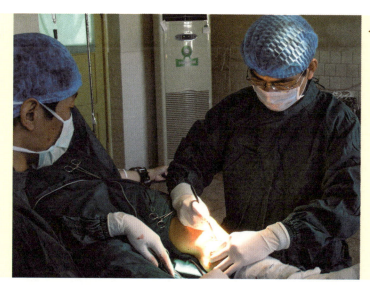

◀ 骨科手术中

下，既沉重又不透气，全体参加手术的人员都大汗淋漓。从术前的精心准备、术中的仔细操作到术后的密切观察治疗，每一例手术都凝聚着全体医务人员大量的心血，每一个病人的康复为全体医务人员带来成功的喜悦。就这样，我在实践中向当地的医务人员灌输着"带不走"的技能。

作为医院骨科主任的我，在积极开展临床业务的同时加强科室管理，健全科室管理制度。我先对科室的情况进行摸底调查，对科室成员进行问卷调查，了解职工的主观意愿，在此基础上根据科室实际情况制订骨科奖惩条例和改革科室奖金分配方案，拉开分配差距，体现多劳多得和优劳优得，在试行后又多次修改完善，使制度同科室的管理和发展需要相吻合。这些举措充分调动了职工积极性，提高了其工作效率和工作质量，也为医院的改革提供了试点经验。在这三年里，我重点培养骨科的青年骨干，让他们在更多的手术和临床实践中得到锻炼，努力在援疆期间培养出独当一面的骨科骨干力量。现在，当初的这些青年骨科医师一半以上都已经晋升为副主任、主任医师，科室的业务能力进一步提高，成为当地的重点科室，为百姓提供了更好的医疗服务。

留下一丝难以磨灭的医患真情

每周四上午都是我的专家门诊，记得那是 12 月我的第一个专家门诊，外面飘着鹅毛大雪，刚到门诊大楼，值班护士就告诉我有一个病人早早地赶着毛驴车来看"Shanghai Doctor"（"Shanghai Doctor"是新疆老百姓对我们上海援疆医生的美称）。

走进候诊大厅，一个头发蓬松的女病人，足有 60 岁，裹着褪色的花头巾，穿着薄薄一层棉布袄子，冷得直打战，裤脚处还有些褶皱直接趿拉着塞进了棉鞋里，见到我的到来，眉眼中闪过一丝欣喜。就诊时，她顺溜的维吾尔语我一句没听懂，一旁的助理医生帮着翻译。她说早上天还没亮的时候就出门了，赶了几个小时的毛驴车从遥远的天山那边的小村庄来到这里，没料到雪这么大，庆幸的是能看到"Shanghai Doctor"，也算没白来。话语间，她伸出了手，告诉我她的手受伤了，不能动。

原来，她一年前下地干活时不小心摔了一跤，当时疼痛难忍，一直没有来院就医，后来右侧肘关节就不能伸屈了，时间久了，右边的手臂渐渐地失去了作用。崭新的病历卡封面上，赫然写着她的出生年月，原来她才 46 岁，并不是我第一眼以为的 60 岁左右。

我让她下楼缴费拍了张 X 光片以待进一步观察病情，拿到片子才发现她是陈旧性肘关节脱位，我只在书上见过，如果当时及时就诊，这种情况完全可以避免。现在只有手术才能解决根本问题。我估算了一下，全程治疗费用在 3000 元左右，她眼睁睁地望着我沉默不语。原来，她全身上下只带了 50 元钱，拍片后已经所剩无几。我问她家里人能否拿出钱进行治疗，她只是一个劲地摇头，我的心情也很复杂。

她回去后，我向医院党总支书记详细讲述了这个病人的情况，书记很支持我的工作，同意让病人先住下来，不过书记也说了自己的顾虑，这样欠款的病人很多，医院也负担不起。第二天她儿子来到了医院，一听到治疗费用约 3000 元，他就懵了。家里本就一贫如洗，父亲中风多年在家卧病不起，他是家里的独子，年纪小，在外挣不到钱，粮食和取暖的煤都是村里大队给的救助。但是他说为了能够医好母亲，他可以向村里的亲戚朋友去借，就这样他走了。

第五天一早，她的儿子来了，早早在诊室门前等我，手里紧紧地攥着一个袋子，全是皱皱巴巴的 1 元、5 元、10 元的零钱，我跟他说要把这些钱交到前面的住院处，他听了裹好袋子，头也不回就去了。他回来时将收据递给了我，我一看总共 1152 元，很难想象他从哪里弄来这些钱的，但我知道他已经尽力了！书记与医院其他领导经过协商，最终同意给这个病人减免 50% 的医药费。

经过前期的检查，我发现病人的身体状况很差，有严重的贫血，右臂的皮肤薄得像纸一样，又没钱输血或用营养液，手术的风险很大，但病人的前臂神经已经受压，功能也已经严重受损，不做手术的话手臂很可能就报废了。我反复研究手术方案，在病人住院的第二周做了手术，手术难度很大，关节内粘连很严重，解剖位置已完全改变，经过两个多小时的努力，在其他两位医生的协助下，手术顺利完成。

由于她体质太差，手术后身体需要的营养跟不上，同时个人卫生习惯比较随意，虱子爬到手术的伤口里，出现了化脓感染，原本非常薄的皮肤再次出现了坏死，肌腱暴露，如果不及时再次进行手术，炎症感染将进一步蔓延，所有治疗将前功尽弃，病人可能面临截肢的风险。前期的医疗费已经所剩无几，这样的病情还需要二次手术的费用。

吃晚饭的时候，同行的援疆干部见我紧锁眉头，问我发生了什么事，我就把这件事告诉了大家，一名分管民政的援疆干部马上答应去问问民政办，想办法救助。第二天上午，他就给我打来电话，援助 1500 元。我挂掉电话一想，还是不够啊。为此我再次来到了医院找到了书记，请求书记的支持。书记看着我说："徐主任，老实讲我们都担心这样的病人看不完啊！但是，只要遇到了，总是要千方百计地坚持下去！"就这样，第二次的费用又解决了。

我为病人做了带蒂皮瓣移植术，手术很顺利，手术后精心护理，14 天后做了断蒂手术。做完断蒂手术第二天，护士跟我说病人吵着要出院，我一下子懵了，到病房询问，原来病人身上连吃饭的钱都没有了！我转身回到宿舍，拿了 300 元钱给她。她拽着我的白大褂，眼泪不停往下流。出院的那天上午，病人和她儿子拉住我和其他医生的手，不停地跷起大拇指说："Shanghai Doctor，牙克西！"我嘱咐病人过两周来复诊，但是此后一直没有见到这个病人。

两年后，2005 年春节后我们休假结束回到新疆，医院组织我们到乡下去义诊。到了天山的深山里，村民来了好多，一直忙碌了几个小时，我感觉到有一个维吾尔族妇女一直站在几米远的地方注视着我们。我让翻译去问问那个人有什么事。翻译过去交流了几句，把她带到我面前。她撩起了袖子伸出手臂，我一看：天呐，这不是两年前的那个妇女吗？现在肌肉都丰满了，手臂能弯曲了，手指也灵活了！手术的疤痕清晰可见，想不到恢复得这么好！

她非常高兴，一个劲地要拉我和翻译到她家去，她说知道"Shanghai Doctor"要来，她一直等在旁边，就是要请我到她家里去，家里早就准备了手抓饭。我的心里暖暖的，我跟她说村里已经为我们准备好了，我们是有纪律的，只能集体活动。她非常失望地看着我们，很久不愿离去。

留下一段忘不掉的回忆

三年来，我在援疆干部联络组的领导下，以自己的实际行动视各族群众为亲人，积极开展扶贫帮困、捐资助学活动，为增强民族团结、增进民族感情做出了应有的贡献。2002年8月，我刚抵达阿克苏，正值地区遭受百年不遇的特大洪水，我一方面积极投入抗洪救灾工作，一方面开展捐款救助活动，帮助受灾群众战胜困难，渡过难关，重建家园。2003年2月，新疆巴楚、伽师地区发生强烈地震，造成当地老百姓生命和财产损失，正在上海休假的我闻知灾情，第二天和全部援疆干部一起每人募捐了1000元送往灾区，帮助群众战胜自然灾害。进疆以后，我与温宿县一名维吾尔族小学生建立帮困助学对子，每到逢年过节和开学前夕，我总要到她家去探望，带一些生活用品和学习用具，送一点钱过去，以满足她学习需要，弥补她家庭的生活困难。临床工作中经常遇到一些因病致贫的病人，有的病人在住院过程中不仅支付不起医药费，而且连吃饭都成问题，为了替病人看病，我多次同医院领导协商减免病人医疗费用，并争取民政部门的协助，自己也向病人捐赠生活费以维持住院期间的生活，但这对于广大的贫穷农牧民来说只是杯水车薪。

三年援疆生涯，我时刻以一名党员的标准要求自己，全心全意为边疆人民服务，尊重当地民族习惯，努力克服生活、工作、语言等方面的诸多困难，积极投身新疆的各项建设和卫生事业，与新疆各族干部群众同呼吸、共命运、心连心，真心实意地为边疆人民的健康事业尽自己的绵薄之力。三年的时间，我在祖国边疆这样艰苦、复杂的环境中经受了上海所碰不到、见不着的锻炼和考验，不仅丰富了我的人生经历，而且使我的意志得到了磨炼，能力得到了提高，精神得到了升华。

回顾三年来的援疆生涯，我立足本职岗位，求真务实，开拓进取，努力为当地百姓提供优质的医疗服务，赢得了当地各族人民群众的赞扬，与当地的干部群众和其他援疆干部建立了深厚的感情，为增进民族团结、为新疆的稳定与发展做出了应有的贡献。三年援疆生涯是我一生中一笔宝贵的财富，我将受益终生。在此，我非常感谢在援疆期间嘉定区委、区政府、区卫健委和社会各界的关心与支持！

情深深　路漫漫

　　吴东伟，1969 年 10 月生。现任嘉定区招生考试办公室主任。2002 年 7 月至 2005 年 7 月，为上海市第四批援疆干部，任阿克苏地区温宿县第二中学教师。

口述：吴东伟

采访：王亚莉　王依娜　孙　烨

整理：孙　烨

时间：2020 年 4 月 7 日

　　随着西部大开发号角的吹响，2002 年 2 月，党中央和国务院联合下发《西部地区人才开发十年规划》，上海市政府非常重视援疆工作，鼓励专业技术人员支援新疆。响应号召，我克服了家庭困难，告别刚出生 2 个月的女儿，成为上海市第四批援疆队伍中的一员。临行前，我清晰地记得时任市委副书记刘云耕对我们援疆干部说："要立足岗位，奋发有为，与时俱进，认真做好援疆工作，不辜负全市人民的重托。"

　　2002 年 7 月 26 日，我和 51 名援疆干部从上海出发，经过乌鲁木齐转机，飞到了 5000 多公里以外的阿克苏地区。随后，我们分头前往支援地。经过 3 个小时的车程，我来到了我所支教的学校——新疆阿克苏地区温宿县第二中学。

　　我所在的学校是温宿县唯一一所汉语言完全中学。记得那天刚到学校，温宿二中罗继东校长、何玉兰书记亲自出来迎接，关心我的身体，并向我介绍了学校的情况，提到温宿二中是一所包含初一至高三的大规模中学，在师资方面比较紧缺，感谢我来到支援学校，并希望我在德育工作方面对当地的老师进行一些指导交流。

初到温宿，气候干燥、饮食习惯不同、时差等使我出现了种种不适，但经过了一周时间的调整之后，我便适应了当地的气候环境，以饱满的精神迅速地投入支教工作。

第一节课

开学后，学校安排我任教两个高一班的语文课，并担任其中一个班的班主任。

在备课期间，我考虑到新疆地域的特殊性——它是少数民族聚居地，新疆各民族之间的大融合，实际上是我们教育教学工作中的重点，而我所在的学校虽说是一所汉语言完全中学，但其中也有20%的少数民族学生，倘若想民族团结结硕果，肯定要从学生抓起，因此，我在备课的时候，特意将高一第一单元课文《沁园春·长沙》作为我初到新疆的第一节亮相课，也想通过这个契机来弘扬爱国热情，给学生们一种激励、一种带动、一种鼓舞。

开学第一天，我正式登上了属于我的"舞台"。上午9:40，第一节课开始，我走进教室，教室内鸦雀无声，66双眼睛齐刷刷地看着我。在课堂上，我采用多种形式的朗读让学生们去品意境，感悟诗词的魅力，尤其是体会出毛泽东这种激情澎湃的豪迈壮志，和以天下为己任、改造中国建设新社会的壮志豪情。印象最深刻的是，在个别朗读时，我发现学生们都低下了头，似乎有些害羞。于是，我随机选了一名离我最近的学生。不出我所料，他已经将课文朗读得很熟练，甚至抑扬顿挫，很有感情。在表扬他的同时，我也意识到一个不可忽视的问题，虽然他们上课注意力高度集中，但他们都不愿意表达自己，比较含蓄。

在接下来的教学中，我同样地发现同学们都听得非常认真，笔记也记得非常详细，但他们的学习习惯更多的是被动地接受，学习的主动性比较欠缺，学习的积极性更不够。尤其是在语文中，他们在"说"与"写"这两方面比较欠缺。于是，我有意识地让学生主动地说，然后慢慢渗透到主动地写。在之后的每一堂语文课课前5分钟，我都按学号让他们自选主题，上台演讲，可以讲故事、讲新闻，甚至可以讲个笑话，调节一下气氛。就这样，在高一整个学年

◀ 与学生面对面交流

里，让他们养成了开口说、大胆地说、主动地说的学习习惯，哪怕讲错了也无所谓。

在教学上我也做出策略性地改进，使得每堂课的效益最大化。在教给学生知识的同时，教给他们学习的方法，帮助学生分析思路，找寻知识的来龙去脉，找准解决问题的切入点。在平时的教学中，鼓励同学们去发现问题，尝试着去分析问题，最终获得解决问题的能力，用现在流行的说法就是"问题化学习"。因此我的课受到了学生们的热烈欢迎。

在作业布置方面，我针对不同层次的学生，进行了分层作业的设计。这样做，既满足了学有余力的同学提优的需求，又使得基础薄弱的学生能够自己独立完成作业，从而使得他们的基础知识得到了不断的巩固和强化。同学们看到作业不再有害怕的感觉，学习热情在不断地提高，学习兴趣也在不断地增加。各取所需的作业布置，得到了所有同学的肯定和认同。

第一次月考，我所任教的两个班级的语文平均成绩，比年级平均分高出了8分。2005年高考时，我所任教的两个班的语文高考成绩比年级平均成绩高出7.26分，高考一本上线率约为46%，本科上线率约为89%，专科及以上录取率达到了97%，各项指标均达到了当时的历史最高值。

采棉劳动

阿克苏这个地区适宜种植棉花，每年 9 月就是棉花收获的时节。这些棉花是棉农们一年收入的重要来源。每到这个时候，不少棉农都会遇到人手不足的问题。于是，学校主动联络了附近的几家农场，安排初一、初二、高一、高二的全体师生帮忙采摘棉花，进行了一场"实打实"的劳动教育。

2002 年 9 月 21 日 9 点不到，天色刚刚蒙蒙亮，我带领学生们来到了田间地头。大片的棉花林地盛开着洁白的棉花，连绵不绝，一眼望不到尽头。我和学生们一起下地，大家一字排开，躬身弯腰，每人一陇，开始采摘棉花。9 月底的新疆，早上、中午和晚上的温差很大。到了中午，我们仅穿了一件衬衣，采摘了一会儿就汗流浃背。

新疆的棉花与我们内地的棉花品种不同，新疆棉花比较矮，仅五六十厘米，每次需要弯下腰去采摘。这个动作看似劳动强度不大，但是一个小时下来，我们已是腰酸背疼，两眼直冒星星。可是，眼前一大片棉花不及时摘下就误了收成，学生们多摘一天棉花，学习进度就要往后拖延一天。想到这里，我就不断勉励学生，一定要坚持下去，每个人都是一个分子，大家聚集起来的力量是无穷大的。我也以身作则，迅速投身摘棉花劳动。学生们看我干得迅速，也不自觉地加快了摘棉的速度。

到了下午，太阳更毒了，气温将近 35 ℃。收纳包里的棉花也渐渐鼓了起来，我看着自己的劳动成果，心里很有成就感。到了晚上，我累得倒头便睡。第二天，不知是不是因为前一天的劳动强度过大，起来之后浑身酸痛，牙齿也疼得不行。在当地人的帮助下，我进了医院，装了人生中第一颗烤瓷牙。当天，我立马回到了自己的工作岗位上。我深知自己是一名援疆干部，要始终牢记自己的使命，牢记自己的职责，要始终做好学生的榜样。哪怕再苦，哪怕再累，我也不能落下，不能屈服。要求学生做到的，我自己必须做到。不知不觉中，10 天的劳动期限到了。我们班在同学们的共同努力下，采摘棉花数量达到了全年级第一。

采摘棉花实际上是一门劳动教育课，是全面推进素质教育的一种方式。通过采摘棉花，学生更团结了，班级凝聚力更强了。我想教师在其中就是一种榜样的引领，每一个学生都是这里面的一个分子，所有的分子都能发挥出最灿烂、最耀眼的光芒。同时，在棉花收获的季节，我们走进田间地头，帮助困难家庭采摘棉花，解决了他们的实际困难，把党和政府的温暖传递到千家万户，促进了民族间的团结与融合。

对口援助

温宿二中学生人数多，当时初中基本上一个年级是 8 个班级，高中是 4 个班级，每个班级 60 名学生。整所学校有将近 3000 名学生。这样规模的学校在我们上海是不多见的。由于学校比较陈旧，学生的吃饭问题就成了一个很严峻的问题。虽说离家近的学生可以带饭，但是学校中绝大部分的学生都是住宿的，每日三餐在一个又小又暗的食堂内。"民以食为天"，看着这样艰苦的就餐环境，我为他们感到难受。

于是，2003 年 1 月，我想利用回沪探亲的时间寻求一些援助资金，来帮助学校改建食堂。在我们第四批援疆联络组金世华组长的联络下对接了徐行镇党委郁建华书记，徐行镇政府愿意向温宿二中捐赠 60 万元援助资金。随后，

◀ 由徐行镇人民政府出资援建的学生食堂

当地县政府也配套了 20 万元的资金，开始改扩建学校的食堂。

在施工期间，我也参与其中，对项目设计、质量等方面提出了一些建议：食堂需要在细节方面多关注学生的安全，采用防滑的地砖，避免事故的发生；增设无障碍设施，方便行动不便的学生；在采光方面，尽量亮堂，给学生营造一个干净、舒适的就餐环境。工期历时一年，食堂竣工。崭新的学生食堂共上下两层，可以同时容纳 800 名学生就餐，解决了学生吃饭这个大问题。

不到新疆，不知中国之大。来到温宿二中的日子里，我发现学校教师参加进修教研活动要去 25 公里以外的阿克苏市。他们每一次去不是骑自行车就是乘公交车，路上来回得花两个多小时。除此之外，教师会不定期进行下乡服务，没有交通工具实在是不方便。

2003 年 1 月，我向嘉定区教育局毛长红局长反映了这个困难，希望能购置一辆公务车来解决教师出行问题。2003 年 8 月，毛局长来到阿克苏调研，慰问我们支教教师时，向温宿二中捐赠了一辆桑塔纳 2000，在当时这辆车估计价值 15 万左右。虽然是辆小型车，但是也解决了部分教师交通不便的问题。

不到新疆，不知道东西部之间的巨大差距。阿克苏地区虽然拥有全国蕴藏量最丰富的、最有前景的油气资源，但经济基础薄弱，仍有近 20 万人未脱贫。2003 年 8 月，我们 51 名援疆干部到乡里调研，看到有些人家的土坯房里，大炕上的几床被子和一些锅碗瓢盆几乎是全部家当，令我们心痛。在联络组的倡导下，全体援疆干部发扬了前三批援疆干部的传统，与 51 户特困家庭结成帮扶对子，我们连续三年每人每年捐款 1200 元，由民政部门转给结对子的贫困家庭。

在温宿二中，也有许多需要援助的孩子。我记得当时我认领的是一名叫阿不来提的初一学生，来自单亲家庭，性格比较内向、自卑。在这三年里，我不时地去找他谈心，给他送学习用品。每到春节，给他家里送一些米、油、面粉等生活必需品。他的妈妈总会说："感谢党，感谢政府，感谢来自上海的热心老师。"

相融成长

在这三年里，我们第四批援疆同仁们每个月都会进行一次政治学习，解读当时新疆的形势，并开展调研工作，深入了解当地人民的疾苦。我们温宿小组每周也会集中进行学习，或者下乡进行义诊，我也帮着做一些辅助性的工作。

每逢节假日，我们 51 名援疆干部外出学习考察，学习新疆先进人物的典型事迹，学习他们的开垦精神、顽强作风。印象最深的是阿克苏人民"柯柯牙精神"，这是一种自力更生、团结奋进、艰苦创业、无私奉献的力量，激励着一代又一代阿克苏人，对我来说也是一种陶冶、一种激励。

在援疆前，我在徐行中学担任政教主任，几年来德育方面的管理经验在援疆期间正好发挥了作用。特别是对于高三学生来说学习时间紧、心理压力大，对学生的高考成绩有很大的影响。每年到了五六月，我都会给高三的学生做一堂心理讲座。讲座整个过程涵盖自我认知、心理特征、感恩的力量等方面的知识。现场讲授让学生们在高三这个特殊的学习阶段明确了角色定位、懂得了责任和义务，为学生们进一步确立了学习目标和奋斗方向。

平时，我与这些高三学生一起跑步，一起锻炼，增强了学生的身心意志，

◀ 高三学生上课间隙

释放他们紧张的情绪。我常常利用星期天，有目的、有计划地组织住校的学生开展各种补习活动，提高了学生的学习能力，开拓了学生的知识视野。

另外，我也为焦虑浮躁、易激动的部分高三学生提供了解决方案：制定合理目标，即合理目标法；树立两心"自信心、平常心"；寻求帮助；适度运动，用独特"呼吸法"让学生们放松身心。

三年里，我给学生开设专题讲座20多次，给老师们开设班主任专题讲座60多次。每次的专题讲座中我都会提到民族融合的问题。新疆的问题，最根本的还是民族团结问题。而文化在增进民族团结、促进交往交流交融、增进"五个认同"方面，起到了潜移默化的独特作用。

作为一名语文教师，我与老师们一起努力，共同探索。我利用每周的集体备课时间，结合业务学习，组织全体语文老师认真学习语文新课程标准及最新的教育理念，正确把握语文教育的特点，积极倡导自主、合作、探究的学习方式，构建自主互助学习型课堂教学模式，努力建设开放而有活力的语文课程，也在一定程度上提高了整个语文教研组的教研能力。

另外在这三年里，我牵线搭桥，促成嘉定与温宿两地之间的交流达10多次，温宿二中与嘉定二中结成了友好的对子学校；输送了30多名老师到嘉定二中进行相关学科的教育培训，为实现"资源互补、优势互促、共谋发展"的美好愿景迈开了坚实的一步。

援疆生活确实十分清苦。一晃15年过去了，但那三年的每一个日子都历历在目，镌刻于血脉。我备感欣慰，为温宿各族群众奉献了一片真情，为温宿二中的教育事业发展挥洒了辛勤的汗水。

2003年7月1日，我加入了中国共产党，不负组织的重托，服务新疆各族群众，留下自己一生珍藏的无悔记忆。我想今后，我一定还要再回到阿克苏，看看它多年以后的变化，寻找当年那个热血沸腾的自己。

魂牵梦绕阿克苏

仇建良，1968年2月生。现任嘉定区司法局党委副书记，二级调研员。2005年7月至2008年7月，为上海市第五批援疆干部联络组温宿小组组长，任阿克苏地区温宿县委副书记。

口述：仇建良
采访：杨晓娣　李雯倩
整理：杨晓娣　李雯倩
时间：2020 年 1 月 15 日

15 年前的 7 月 25 日，是一个值得我铭记一生的日子。这天是我妻子的生日，也是我作为第五批援疆干部的一员，启程前往新疆的日子。我们第五批援疆干部共 56 人，积极响应中央"稳疆兴疆、富民固边"的号召，牢记上海市委领导"勤于学习、勇于实践、甘于奉献"的要求，克服困难，辞别家人，奔赴边疆，开始了为期三年的光荣的援疆生活。

进疆教育三堂课

去新疆以前，我只模糊地知道新疆地域辽阔，且离我们很遥远，有天山、戈壁滩、沙漠、胡杨树等。而到了新疆，了解新疆以后，才知道新疆不仅历史源远流长、资源丰富珍贵，这里还有勤劳的人民和淳朴的民风，有伟大的人格和高尚的情操。在这里的所见所闻给我上了人生中重要的三堂课。

第一课是榜样力量。刚到温宿县，就听说了博孜墩乡卫生院院长吐尼沙·阿木提舍己救人的感人事迹。2005 年 5 月 20 日，温宿县博孜墩柯尔克孜民族乡博孜墩村柯尔克孜族妇女古丽扎·马丽在博孜墩乡卫生院里产下一名婴儿后大出血，并且已进入昏迷状态，如不采取果断措施，情况十分危险。博孜墩柯尔克孜民族乡距离温宿县 99 公里，离最近的兵团五团医院也有 43 公里，送走抢救肯定来不及。维吾尔族女院长吐尼沙·阿木提立刻提出：赶快拨打 120 急救电话，同时给孕妇验血，全体医生集合，准备献血！化验结果只有院长吐尼沙·阿木提一人与孕妇同属 B 型血，且其他医生没有 O 型血。吐尼沙·阿木提一边卷着袖子，一边交代抢救工作，最终献血量达 600 毫升。8月 2 日，我们小组一行人带着补血保健品和 1800 元慰问金，赶到博孜墩乡卫生院看望了献血救人的吐尼沙·阿木提院长，带去援疆干部对她的敬意和慰问之情。

第二课是缅怀前辈。我们参观了石河子市、阿拉尔市和柯柯牙绿化工程纪念馆，听取了上海老知青、阿克苏市红桥街道办事处副主任章华生同志的先进事迹报告，"埋骨何需桑梓地，人间到处有青山"的壮志豪情在老一辈的支边人身上得到了很好的体现。不来新疆，不知道新疆干部有多辛苦，不知道新疆工作有多复杂。刚到温宿县工作的时候，我们要克服语言不通，饮食习惯、生活习惯不同的障碍，还要深藏对妻儿的思念，对家人的牵挂，但三年的援疆生涯，我才真切体会到"一人援疆、全家援疆"所蕴含的丰富内涵。老一辈援疆人"献了青春献终生"，长期在新疆艰苦奋斗，跟他们相比，我们的付出微不足道。既然肩负国家意志与人民重托，就必须要克服思乡之苦、离家之愁，多关心群众冷暖，多满足群众需求，扎扎实实把援疆工作做好，让每个援建项目都能接地气、谋民生、落实处。

第三课是爱心助困。温宿县贫困群众和困难学生一直牵动着援疆干部的心。2005 年 8 月 23 日，我们小组与温宿县部分困难新大学生举行了结对帮困座谈会。学生家长代表古丽扎尔·努尔兰在发言中流下了激动的泪水，她说自己以前也曾帮助过一名汉族青年，今天她的女儿上大学得到汉族援疆干部的资助，真是"民族一家亲"。座谈会后我们 9 名援疆干部给予 9 名困难学生一次性捐助每人 500 元及每人每年资助结对的贫困高中生 1000 元学费。2006年 7 月 11 日，我们来到吐木秀克镇托万塔尕克村，向贫困村民赠送了一批衣物。2008 年 4 月 11 日，我们又来到博孜墩乡卫生院，捐赠了一批医疗设备和衣物。三年来我们小组和联系的上海单位用于温宿县扶贫帮困的资金达 47.82

万元。

三年的时间，这三堂课令我受用一生。淳朴的新疆人民有大爱，老一辈援疆人讲奉献，助贫助困结下了深切情谊。援疆对我而言不仅意味着一段经历，更是一份感情，一份信任。三年里，我不敢有任何懈怠，坚持走好平凡的每一步，做好平凡的每件事，把自己融入这片热土，为人民做点实事。同时也在交流交往中互相学习、取长补短，在自我反省中磨炼意志、克服浮躁。

把新疆建设得更美好

要较好地完成三年援疆任务，首先就要认清援疆的重要性和必要性，经常思考"来疆为什么、在疆干什么、离疆留什么"这个重要命题，并时时放在心上。

我在温宿县担任的是县委副书记，主管意识形态工作。温宿县教育相对落后，当地的木本粮油林场职工子女上学难的问题最突出。林场离县直小学距离较远，职工子女上学每天需要 1 个多小时路程，家长不放心，来回路途远也耽误学习进度。我们多次进行了调研，计划争取资金建造木本粮油林场希望小学，从根本上解决这个困难。通过前期调研，希望小学总投资约 20 万元，随

◀ 调研幼儿园

后，我们又多次联系沟通选址，确定好地址后立即着手申请对口援助资金。我与同小组的援疆干部几次向联络组和县委书记、县长专题汇报，最终顺利完成了希望小学的审批、选址、资金等一系列前期工作。为了确保项目能够顺利推进，有的援疆干部在面神经麻痹的情况下仍然坚持边治疗边工作，顶着高温亲自到施工工地监督推进。在大家的共同努力下，林场希望小学于 2006 年底顺利建成。学校的建成，既解决了林场职工子女入学难的问题，又减轻了县直小学人员多的压力，受到了群众的一片赞扬。

在抓文体广电工作中，我们提出了强化管理、共同发展的管理模式，力争多创作贴近实际、贴近生活，反映温宿经济发展、社会稳定、人民生活安居乐业的优秀作品。为增强新闻的贴近性，我们将温宿广播电视同步改版，亲自设计并成功推出新台标；还将原《温宿新闻》改版成《新闻报道》，对新闻内容进行充实，对新闻版式进行调整和美化，对主持人进行定位和包装，让观众有耳目一新的感觉，增强了温宿电视节目的可看性。我们在阿克苏地区率先开办了一档以国家大事、新疆要闻和本地信息相结合的栏目《今日说报》，节目播出后在阿克苏引起了很大的反响。2008 年对频道进行更清晰地定位并再次改版，推出了《今日温宿》和《衣食住行》等栏目，进一步丰富了自办栏目。托峰明珠广播节目根据受众需求，改版后充分发挥广播节目优势的同时和电视栏目相互依存、相互补充，并使用了统一的短信平台，实现了"打开电视听广播，打开广播看电视"的目标。

在抓卫生工作中，我们按照自治区医院管理工作会议的有关精神和"医疗机构管理年活动"的要求，结合新疆维吾尔自治区医疗管理评价指标体系的实施，每年对县直 2 家医疗机构和各乡镇场共 19 家卫生院的工作进行两次全面考核，督促医院强化服务意识，提高服务质量。制订了温宿县乡镇卫生院卫生技术人员在职培训计划和实施细则，编制了学习时间表，督促、落实教学组有关辅导人员下乡授课、答疑，并定期组织考试。带领县疾控中心、新型农牧区合作医疗管理委员会办公室人员到全县 22 个乡镇场举行了结核病、地方病、艾滋病预防知识暨推行新型农牧区合作医疗宣讲活动。对城区以及乡镇场的个体医疗诊所进行了 9 次巡查，规范诊所的医疗行为，同时打击非法行医，共查处非法牙科诊所 4 家、非法门诊 6 家。根据法律法规，协调处理了 7 起医患纠纷，切实维护了患者和医护人员的合法权益。修订安全生产的有关制度，多次带领分管科室人员对各医疗单位开展了安全生产大检查，并督促整改措施的落实。做好县人禽流感预防控制工作，召开医疗机构人禽流感防控工作会议，举办营利性医疗机构负责人、乡镇卫生院相关人员防控知识培训班，组织人禽流感疫情处理演习，提高了医务人员疫情处置的快速反应能力。组织开展了全县护士岗位技能竞赛活动，通过技术练兵，相互学习交流，加强了护理人员规范操作的理念，提高了护理技能水平。

可以说，每一项工作的推进都是援疆干部在"把新疆建设得更美好"目标的基础上，通过点点滴滴、久久为功的努力，朝着目标脚踏实地干出来的。

上海喀地尔，亚克西

如何把援疆资金用好、发挥最大效益，作为小组负责人，我深感使命光荣、责任重大。三年来，小组的同志一次次奔走在温宿县的各个乡镇，与当地干部群众交朋友，建立联系，了解掌握当地情况，主动寻找援疆工作的切入点，按照"突出重点、集中集聚、注重造血、资源共享"的原则确定援疆项

◀ 调研学校危房改建项目

目。坚持实施目标管理，落实责任单位，明确专人负责，制定实施进度，定期通报信息，使项目推进有专人、每月信息有专报、检查考核有专项，共完成了恰格拉克乡中学改造、吐木秀克镇卫生院改造、69 个村阵地建设、青少年活动中心设备援助、县一中综合教学楼危房改造、维吾尔医院 X 光机和 CR 设备、第二中心小学危房改造、新建木本粮油林场希望小学和上海白玉兰重点扶贫吐木秀克镇托万克斯日木村、佳木镇托万克佳木村、依希来木其乡拜什买热克村三个整村推进等 11 个计划内项目，共投入援建资金 2323.4 万元。

在计划内项目推进的过程中，我们了解到县政府、县公安局等一些单位的硬件设施比较落后，于是组员们分头联系，多次与上海的相关部门沟通，争取了一些计划外的援疆项目。嘉定区政府出资 50 万元给温宿县公安局购买警车，嘉定镇街道出资 15 万元给博孜墩卫生院购买医疗设备，嘉定区国资委捐赠了 20 万元的扶贫物资，嘉定区教育局出资 26 万元给温宿县教育局购买办公设备和工作用车；上海张江高科技园区置业有限公司斥资 35 万元援建恰格拉克乡希望小学，并援助 20 万元教学设备；闵行区文广局向温宿县广电中心捐赠价值 78 万元的演播厅设备，向县文广局捐赠价值 49 万元的一套数码冲印设备，浦江镇政府出资 10 万元给温宿县政府办公室购买办公设备，闵行区科委向县核桃林场提供科研经费 10 万元；静安区委组织部和区委党校向县委党校捐赠 15 万元的多媒体数字语音室语言学习设备；卢湾区（现黄浦区）政府出资 20 万元用于给温宿县财政局、县卫生局购买办公设备和温宿上海卢湾希望小学地面硬化工程；金山区出资 70 万元分别给温宿县疾控中心、县发改委购买有关设备、人才培训等，资金达 549.3 万元。

每一个对口支援项目从谋划到落实，再到交付，离不开援疆干部的艰苦奋斗，也离不开当地干部群众的鼎力支持。当我们援疆结束、离开温宿的那天，前来欢送的干部群众挤满了我们的驻地，大家恋恋不舍地一一告别，很多人都流下了热泪。我想这就是对我们援疆三年来辛勤工作的最大肯定，这也是为什么当地群众会说："上海喀地尔（维吾尔语：干部），亚克西（维吾尔语：优秀）!"

温宿，我的第二故乡

援疆工作，依靠的是团队的力量。我们9名干部分别来自嘉定区、闵行区、静安区、卢湾区和金山区，来之前都互不认识，为了一个共同的崇高目标，有缘走到了一起。三年来，我们彼此从不认识到认识，从认识到熟悉，从熟悉到有了战友情谊。小组的信息撰写、摄影照相、采购物品、财务报销、每日伙食、医疗保健等事都有专人分工，负责的同志充分发挥各自特长，尽心尽责，认真履行职责。小组成员身体一有不适，大家主动关心，嘘寒问暖。援疆干部过生日，大家和县委组织部、受援单位领导一起为他庆祝。我们9个人住在一起，平时经常谈心，互增见识，取长补短。工作和生活中遇到较大困难，大家共同商量解决。2005年中秋节前夕，我们参与策划制作了反映上海援疆干部学习、工作、生活的纪录片《情系阿克苏——上海市第五批援疆干部抵阿纪事》，把记录阿克苏人民对上海干部深情厚谊的DVD光盘在中秋节时寄到了每一名援疆干部的家中。2006年制作完成了电视专题片《沪阿两地情——阿克苏党政代表团在上海》并协助完成相册和党政代表团上海之行的总结资料和材料，完成了反映上海市第五批援疆干部学习工作和生活的专题片《情系阿克苏——上海市第五批援疆干部二年工作纪略》。该片在上海市党政代表团与援疆干部座谈会上播放后，感动了代表团成员。

援疆工作，就是要处理好民生与民心的关系，把受援群众当作亲人，把受援地当作家乡，在把项目干好的同时，用真心把朋友交好。我们捧着一颗真心，带着帮助当地人民更好地生活、早日过上幸福日子的愿望，安下心、扎下根、扑下身，与勤劳淳朴的新疆人民交朋友。我们主动交流，换位交融，消减与少数民族群众之间的语言障碍、文化隔阂、信仰差异，积极参与当地民俗活动，切身感受多姿多彩的民族文化。我们多次走访慰问困难家庭，通过入户走访和座谈交流，了解基层生产生活帮扶需求，寻求对接帮扶合作项目，为当地群众脱贫致富、增产增收提供支撑。三年内，我们连接起上海与新疆的交往交流，密切了两地的联系和友谊，为援疆工作更深层次发展奠定了良好基础；我们积极进取、勇于奉献、开拓创新，受到了当地干部群众的褒奖；我们并肩作

◀ 参加"魅力喀什"
文化艺术节开幕式

战，与各族干部群众心往一处想，劲往一处使，早已跟当地人民建立了深厚情谊。新疆，已然成了我的第二故乡。

三年的援疆生涯弹指一挥间，回首这段经历，无论是吃的苦、历的险、遭的难，还是得与失、喜与忧、感与悟，都是那么刻骨铭心。它在任何时候都是我一笔不可多得的宝贵财富，它是我人生道路中一段美好的回忆、幸福的经历、难忘的岁月，值得我永远珍惜。

漫漫帮扶路　绵绵手足情

　　赵国兴，1970年11月生。现任嘉定区教育工作党委委员、区教育局副局长。2005年7月至2008年7月，为上海市第五批援疆干部，任阿克苏地区温宿县教育局副局长。

口述：赵国兴

采访：王亚莉　王依娜　孙　烨

整理：王依娜

时间：2020 年 4 月 13 日

　　2005 年 7 月 25 日，这是一个令我终生难忘的日子。这一天，上海市第五批援疆干部告别亲人，离沪赴疆，踏上了为期三年的援疆征程。时任上海市常务副市长冯国勤同志在给我们的欢送仪式上特别赋诗一首："对口援疆前继后，浦江干部志满怀。新栽杨柳三千里，引得春风渡玉关。"我们 56 人将前往阿克苏市、阿瓦提县、温宿县的党政班子和综合部门，分别从事人事、宣传、政法、科技、外经贸、教育、卫生、旅游、建设等方面的对口支援工作。而我来到了温宿县教育局，担任县教育局副局长，分管教育局办公室、行政目标考核、教师招聘、教育培训中心行政及财务、职业教育等，重点开展学校布局调整、学校危房改造、援疆项目对接、课程改革、帮扶助学等工作。

支援当地学校建设

　　温宿是汉代西域地名，古丝绸之路上的著名驿站商埠，维吾尔语意为"多水"。这里自然环境优美，面积广大，一个阿克苏地区的占地面积相当于 20 个上海。抵达新疆后，我们按照前几批的办法，设立了 6 个联络组和 4 个专门小组，领队是曾担任黄浦区委办公室主任的吴成。进疆后，我们着手调研走访，开始制定援建方案。温宿县教育局向我们介绍了温宿县的教育概况和各乡镇的师资、教学硬件建设情况，但是单靠这点了解是远远不够的。

为了尽快掌握温宿县教育的详细情况，我们马上开展实地调研，不仅走访温宿县城区的学校，而且下沉到偏远的农林牧场，与当地群众谈话、与家长学生交流、进教室观摩听课等，对温宿县的学校整体分布、学生来源、教学质量、硬件条件、信息化技术、双语教学、危旧校舍等情况做了整体调查和资料收集。在调研中我们了解到，戈壁滩上的木本粮油林场有职工 1900 多人，但是林场周边没有学校，这里的职工子弟上学要走到城里，而且城区学校的教学压力和入学压力已经很大，有些孩子不一定进得去城里的学校，于是在这里建一所希望小学的设想就此形成。

经过调研，我们对当地教育情况有了整体掌握。当地教育发展还比较落后，而且城乡差距较大，城乡各自面临的问题大不相同。在城区，学校班额较大，学生拥挤。在部分农村学校，教学条件很差，甚至不能维持正常的教学活动的开展，而且学校布点不足，有的学生要走很远的路上学。随着调研深入，援建方案也有了初步的设想和轮廓。我们一方面对标当地教育实际，一方面对标上海市合作交流与对口支援工作领导小组的项目选择要求，按照"能让贫困人群直接受益，能和当地社会发展规划衔接，能使中央、阿克苏和上海'三满意'"的原则，我们援疆民生小组初步确立了援建项目的 3 个考虑重点：一是对最困难和最需要的木本粮油林场开展援建；二是对有基础又不是太偏远的恰格拉克乡开展援建，这里的教学基础相对较好，教育需求规模较大，而学校校舍不足、危旧校舍率高；三是考虑建成以后的效益，要有一定的示范带动性。于是我们选择了温宿二小、温宿小学、温宿一中、恰格拉克乡汉校进行改建。温宿二小是当地最好的小学，汉族、维吾尔族学生都有，实行汉语和维吾尔语双语教学，在当地有一定的影响。温宿小学、温宿一中是少数民族学校，恰格拉克乡汉校是一所汉族学校，对这些学校我们设想建成民汉合校，让更多少数民族的孩子喜欢汉语学习。

通过近 3 个月的调研，援建项目方案逐步清晰完善，在考虑了城乡协调、汉民融合等因素后，方案内容包括援建新校，具体是在木本粮油林场建设一所希望小学；在恰格拉克乡，将附近的汉族小学合并到恰格拉克乡中学，建一所九年一贯寄宿制的民汉学校；改造扩建旧校，在原有基础上增建教学楼，增添教学设备，对危旧校舍进行维护，重点改造温宿一中、二中和温宿二小。

　　援建项目明确后，我们制定了资金450万元的初期援建方案，上报上海市人民政府获得审批。援建资金来源有上海市、区、企业和温宿当地等，大部分资金来自上海市统一归口管理的统筹援建资金。嘉定区在温宿县青少年活动中心安装座椅时，捐了50万元。也有小部分资金来自企业捐助，比如上海张江高科技园区置业有限公司捐款用于温宿上海张江置业希望小学的改建。还有部分资金来自上海市级机关工委捐款，在建设温宿上海希望小学时，在时任上海市市长的韩正同志倡议下，市级机关工委捐款了50万元。有些资金不足的项目，温宿县财政也会配套解决。随后，援疆项目进入了工程的设计施工阶段，从制定优化施工图纸到开展工程招投标、开挖地槽，每一个环节、每一项任务我们都认真监督。刚开始的时候并不熟悉这些工作，我们就经常去找援疆前辈、工地工人学习了解，对工程建设慢慢由陌生到熟悉，对施工监督、安全管理、组织协调等也得心应手起来。

　　温宿上海希望小学建设在2006年6月完成了结构封顶。这个工程前期投

◀ 援疆项目施工现场

资 85 万元，其中上海市市级机关工委捐款 50 万元，温宿县财政配套 20 万元，木本粮油林场配套 15 万元。但是由于资金紧张，起初设计方案时锅炉房、教学及办公设备等并未考虑进去，后来考虑到实际需要，我们认为这些配套非常必要，应该尽快筹集资金、完善配套设施，于是我们第五批援疆干部温宿小组向嘉定区合作交流办提出 25 万元的补充资金申请。资金到位后，3 个月不到的时间里就建好了锅炉房，为学生冬季取暖提供了重要保障，同时购置了课桌椅、办公桌、黑板、电脑等设备，使学校功能更趋完善，为 9 月投入使用做好了准备。

由于援疆工作繁忙劳累，加上天气炎热，2006 年 8 月，我的面部出现麻木不适的感觉，起初并未引起我过多的注意，但是这种不适与日加剧，于是我只好停下手头工作去当地医院检查。结果我被诊断患上了面神经麻痹，当医生告诉我这一消息时，我的心情糟糕透了，也万分着急，那时我分管的工作较多，特别是危房改造工作，任务重，时间紧。经历短时间消沉后，我开始调整情绪、正面应对，于是开始边治疗边工作，坚持利用治疗间隙到施工工地协调工作，有时还在病床上批阅文件、签订合同。但经过半个月的治疗，我的病情并无好转，在援疆联络组以及上海派出单位的一再催促下，我返回上海治疗。在上海治疗 3 个多月后，我的面部状况开始好转，但未彻底痊愈，可是我一心牵挂援建项目，于是就尽快返回了温宿，继续在当地边工作边治疗。虽然面神经麻痹留下了轻微后遗症，但所幸援疆项目从未间断，看着崭新学校从无到有，从旧到新，我感到了从未有过的喜悦和成就感。

2006 年底，将恰格拉克乡附近的汉族小学合并到恰格拉克乡中学并重建中学的工程开工了，但是过程也费了一番周折。恰格拉克乡中学在 2005 年温宿县境内发生的严重地震中受损较大，校舍危房率很高，大部分校舍发生不同程度的裂缝现象，综合条件也比较差，改建工程推进得比较辛苦。改建期间教室不够，为了不影响工程进度，又能保证师生正常教学，我们也颇费一番脑筋，最终让一部分初中生到一所村级小学临时借读，才算解决了这一问题。经过一年半的施工，恰格拉克乡中学的援建项目基本完成，新建了主教学楼3400 平方米，同时建造了附属设施——锅炉房、洗澡堂、围墙、厕所等。项

▲温宿上海白玉兰中学竣工典礼

目总投资 396 万元，其中上海援助 350 万元，地方财政配套 46 万元，全面改建了恰格拉克乡中学以前的所有危房和破旧校舍，解决了该校教学用房紧缺的困难。项目建成后，学校扩大招生 300 人，原来的 24 个班扩大到 32 个班，在校学生达 1805 人，社会效益十分明显。

　　2007 年底，温宿上海希望小学、温宿上海张江置业希望小学工程均已顺利竣工并投入使用。温宿一中项目建设也开始筹备，该工程于 2008 年 5 月竣工。这些援建项目，切实改善了温宿县当地学校的办学条件，得到了当地干部群众的好评。2007 年 11 月，新疆阿克苏路的命名揭牌仪式在嘉定区举行，阿克苏路正式"入户"上海，沪阿两地的合作又迈出了新的一步。

助力少数民族教育发展

　　2005 年下半年，在下沉到农村学校调研走访中，我们发现广大农村学校的信息化水平整体较弱。中央电化教育馆之前扶持添置的信息化设备都被搁置，教学资源和资源库使用率非常低，很多老师不习惯去用，而仍沿用传统教学方式，而传统课堂教学的一节课的课容量非常小，教学效率较低。针对这种情况，为提升温宿县农村学校的信息化应用水平，我们与温宿县教育局和教研室研究，决定在农村地区选择一所学校，打开突破口，试点并逐步推广信息化教学。为此，我们重点做了 3 个方面工作：一是联系温宿县和嘉定区两地的教研员，通过现场和远程培训，改变当地教师教学理念，教会教师学会使用、大胆去用信息化教学手段，提升信息化运用水平；二是编写设备使用手册和操作指南，普及信息化设备和教学资源库的规范化使用；三是推广互动性更强的电子白板教学方式。之前，当地大部分教师仅会使用 ppt、投影等简单的多媒体手段，改革后，通过推广电子白板，遴选优质电教课件资源辅助课堂教学，师生互动增强了，课堂生动性提高了。

推进信息化建设，也助推了当地双语教学的开展，提高了农村地区双语教学水平。在当地农村，师资力量普遍较弱，很多都是代课老师，特别在偏远的林场牧场，正规的老师不多。很多汉语课不是汉族老师在上，大部分是维吾尔族老师在教，老师的汉语发音不准，讲的汉语带有当地口音。在推进信息化过程中，我们特别关注双语教学中信息化教学手段的使用，通过电子化设备来纠正老师的发音，促进学生的汉语表达，让更多维吾尔族学生敢开口、乐意说汉语，让更多少数民族师生愿意接受汉语。这一举措取得了良好的成效。2007年 4 月，由我主持在托乎拉中学召开了温宿县信息技术与新课程调整和现场观摩会，受到了当地干部师生好评。

援疆第一年，我还负责温宿县教育局督导室工作，在督查调研中，我们发现当地学生大都来自农牧民家庭，每年新学期开学后一个月，学校就开始组织师生学农摘棉花，虽然这样学生可以赚取一些生活费，学校也可以改善办学设施，但是持续两三个星期到一个月的勤工俭学，打破了正常教学秩序。此外，当地虽然对教育非常重视，但是规范化程度不够。初中因为升学考试，教学质量抓得相对严，但小学没有全区统考，教学就不太规范，没有专门的教研机构，仅有几个教研员，很难对基层学校的教研水平进行有效管理和指导。比如年底要总结一下并对明年工作做出规划这类简单的常规工作，当地教师没有相关意识，不知道要做。如何提高当地教育教学的规范化水平，我们讨论了很多方案。当时嘉定区教育系统正在开展学校评价指标体系建设，我们由此想到通过学校评价倒逼当地学校规范化建设的方案。我们将嘉定区中小学校考评指标体系拿过去给大家看，分析各个观察点，结合当地的实际，设计温宿县中小学校的考核评价指标体系。根据评价指标体系，我们连续花了大概两个星期，分组全覆盖地对学校进行考核，然后汇总全县所有学校的考核结果。我们带领所有股室人员下沉下去，对信息化推进、课程建设、教学质量、学校活动等观察点，进行了重点评价考核。每到一个学校，都要听校长汇报，查阅资料，开座谈会，然后当场反馈对学校的评价。以此，让学校知道一年下来，或者一个学期下来，有哪些硬性考核指标要完成，围绕着整个评价指标体系，学校自身还存在哪些差距。

新疆地方非常大，下乡一次要花很长时间，近一点的学校我们就当天回，但可能回去已经是晚上 12 点多了。当时正值冬天，路上都已结冰，非常冷，有的学校远一点，我们就在当地住一个晚上。虽然考评过程很艰辛，但是考评结果对学校触动很大。之前温宿县教育局对学校没有这样的考评，很多当地学校靠自己运作，现在我们带着标准到各个学校组织考评，给了学校办学目标和导向，让基层学校知道了有哪些工作是应该做的，应该做到什么程度，为学校更好地自我管理、自主管理、自我评价提供了遵循依据。这项工作推行了一年，效果还是蛮好的，大家积极性也高，长远意义很大，经过这样一轮的全覆

◀ 调研温宿县第二小学教育教学工作

盖督导，学校以后的发展就走上了正轨。

作为一名援疆的上海干部，为温宿人民带去上海经验，是当地师生非常期盼的。积极促成温宿与上海嘉定的教育交流与合作，是我三年一直努力的方向。2006 年，温宿二小与嘉定区普通小学结为友好学校。2007 年暑期，我通过联系，组织嘉定二中、普通小学、实验幼儿园 3 名校长带队分别到温宿县第二中学、第二小学和幼教中心进行考察指导，并促成了温宿二中和嘉定二中、实验幼儿园和幼教中心结为友好学校。援疆期间，我先后安排组织温宿县教育系统 27 名校长和教师到上海接受培训，邀请他们走进教室观课，开展座谈了解学校运行管理，开阔了他们的管理育人眼界；安排组织上海市嘉定区教育系统 25 名校长和教师来疆进行教育交流和指导，通过上示范课、讲座、座谈等形式，为温宿教育发展出谋划策，不断提高温宿地区少数民族教师使用汉语进行教学、当地信息化教学的能力。

帮困助学

在来疆后的第二个星期，正值大学录取时期，在一次下基层的调研中，我发现许多家长拿着孩子的大学录取通知书喜忧参半，所喜不言而喻，所忧倒是出乎我的意料，有的家长根本无能力为其子女提供高额的学习费用。了解到这些情况后，我立即通知招办统计情况，在此基础上召开了援疆干部与困难新大学生座谈会，会上我们每名援疆干部掏出 500 元钱，表达对家庭困难学生的关爱。此后援疆三年，响应联络组号召，我一直帮助一名家庭困难高中生，并给予每年 1000 元援助。记得温宿县教育局一名受聘的打字员，虽然是非编制人员，但是工作非常认真努力，每天从早到晚打字，在得知其生活极为艰难后，我便将这名打字员的孩子结为帮困援助对象，给予孩子每年 800 元的学习费用补助，并于 2006 年元旦亲自到他家进行慰问并代表个人送上 500 元慰问金，这让这个家庭感激不尽。

援疆三年期间，如何帮困助学，是我无时无刻不牵挂的心头大事。下乡调研的时候，看见有的农村少数民族学生的学习用具极为简陋或缺乏，我便立即与嘉定区教育局联系，有针对性地为贫困学生发放书包、铅笔等学习用品，表达我们的善意关怀。在嘉定区党政代表团进疆慰问援疆干部时，我们又多方协调，促成嘉定区人民政府向温宿县捐赠人民币 50 万元，援助价值 20 万元的服装，发放给贫困学生和农民。

当时温宿县教育局办公经费紧缺，打印机等基本办公设施不足，当地教育局领导没有提出任何要求。看到这种情况，我主动联系嘉定区教育局和徐行镇人民政府，取得了他们的援助，2006 年春节后返疆，我带去了嘉定区教育局和徐行镇人民政府捐赠的 11.6 万元，其中 2.6 万元用于完善办公设施，9 万元为当地教育局购买了一辆桑塔纳轿车。援疆三年，在我们的积极努力下，发动嘉定区师生捐款用于改善温宿教学办公环境的资金共计 17.6 万元。

多年过去了，我仍然对 2006 年的那个春节返沪休假期间募集捐助的事情印象深刻。那年，我利用返沪休假之际，主动协调有关单位，考虑为受援地办一些实事，嘉定区政府、嘉定区教育局有关领导在得知我的想法后，给予了大力支持。让我感动的是，虽然正值寒假，但嘉定区普通小学、汇龙学校、徐行镇教委下属的 6 所学校、华亭学校和华亭幼儿园等 10 家单位积极宣传、广泛动员，为温宿县人民捐款捐物的热情在寒冬时节格外温暖人心。此次募集，筹到价值 11.6 万元的设备和资金 1.3 万元。3 月，受嘉定区教育局、徐行镇人民政府委托，我出席了设备捐赠仪式，并代表援疆干部向温宿县教育局捐赠了这批办公设备。教育局全体领导以及相关单位领导出席了此次捐赠仪式。时至今日，我仍然记得时任温宿县副县长阿孜古丽·马木提代表受赠单位所致的答谢词，她说："上海援疆干部来到温宿后，不仅给我们带来了新的理念和思想，同时想方设法为边疆教育事业的发展牵线搭桥，我们永远不会忘记上海市人民的帮扶之情。"在随后举行的嘉定—温宿帮困结对座谈会上，我们将募集的 1.3 万元捐助给 12 名困难学生，连续 5 个学期给予每人每学期 400 元补助。座谈会上，温宿三中学生阿依仙木古丽·买买提的家长和温宿二中校长也在会上作了发言。温宿二中的罗艳丽、温宿一中的阿不拉江·吐尔逊同学代表受助学生作了发言，他们真诚而坚定地表示："不会辜负党和上海人民的希望，好好学习，珍惜宝贵的学习机会，练就过硬的本领，将来报效祖国"。

时光荏苒，日月如梭，遥远的援疆之路上，挺拔的胡杨树见证了我们的付出和收获。一路走来，有欢笑，有激昂，有孤独，有迷惘，甚至有失望。然而，热情就是最好的动力，责任就是最可靠的保障。回顾三年来的援疆历程，它是我人生的重要里程碑，情深义重、无怨无悔。在那里，我收获了荣誉和掌声，更收获了一笔精神财富。从黄浦江畔的上海到沙漠绿洲的阿克苏，虽然相距万里之遥，但是援疆帮扶的 1000 多个日日夜夜，织成了一条牢固的爱心绳线，将沪疆两地各族群众的心紧紧相连，让两地人民结成了不是亲人胜似亲人的手足亲情。

天山脚下浦江人

　　朱建明，1963年12月生。现任嘉定区国有资产经营（集团）有限公司（嘉定区集体经济联合社）党委副书记、纪委书记。2008年7月至2010年12月，为上海市第六批援疆干部，任阿克苏地区发展改革委副主任。

口述：朱建明
采访：张荣耀　张嘉文
整理：张嘉文
时间：2020 年 2 月 10 日

1997 年，按照《中央政治局常委会关于维护新疆稳定的会议纪要》相关重大决策，举国上下吹响了轰轰烈烈的援疆号角。根据中央战略部署，上海市、河南省、中国海运集团、国家开发投资公司、中国国电集团指派为新疆阿克苏地区的对口支援省市和单位。

2008 年，援疆工作进入了关键的决胜期，我积极响应党中央、国务院、上海市委的号召，越过雄关漫道投入阿克苏，光荣地成了一名援疆干部，誓将白玉兰的种子埋在天山脚下，待春暖之时香飘塔里木。

踏上征途，开启千里"缘"疆路

1999 年 9 月 22 日，党的十五届四中全会胜利召开，正式提出了西部大开发的雄伟战略，这是中国社会主义现代化建设极为重要的组成部分。于我而言，当年 30 多岁的我，跟平日里一样，下了班，看着电视，与家人一起吃着晚饭，当新闻里播出这条新闻的时候，我内心悄悄埋下了一颗种子，一颗成为国家这番雄伟战略中的一部分的种子。

中华人民共和国成立后，党中央、国务院给予新疆人力、财力、物力等大力的支持和无微不至的关怀，新疆已慢慢融入祖国的血脉中。为了让新疆真正融入祖国现代化建设的宏伟蓝图，确保"稳疆兴疆、富民固边"的方针落子布局，举国上下从经济、科技、文化等方面全力援疆。从 1997 年到 2007 年，上海就派出了五批援疆干部，10 年来，浦江人民的情谊早已在天山脚下扎根，就如同那高高参天的白杨，耸立在天山南麓塔里木河北岸广袤的原野上，更扎根在阿克苏各族人民的心田。

2008 年 4 月 17 日，上海市委组织部、市人事局召开第六批援疆干部选派工作动员部署会，号召优秀机关干部赴疆挂职进行援建，随后，我当时所在单位——嘉定区发改委也进行了动员。我按捺不住想要援疆的急切心情，动员会刚结束便向单位党组织汇报了我的想法和意愿，表明了我援疆的坚定决心。

下班回家后，面对正在烧饭的妻子和趴在书桌上写作业的儿子，我向他们说了"我想去援疆"的意向。妻子和我一样是一名中共党员，儿子也在成长环境的熏陶下交了入团申请书，他们明白，这是一份责任，这是一份担当。

6 月，在中央、上海市委组织部的统一安排下，第六批援疆工作小组集结完毕，并在市委党校进行了动员培训。我们的组长黄剑钢同志，时任上海市卢湾区副区长，在他的带领下，61 名援疆干部肩负着国家和人民的重托，怀抱着上海人民对新疆各族人民的深情厚谊，在黄浦江畔蓄势待发。

初见黄剑钢组长，其沉稳、儒雅的身影便给我留下了深刻的印象。他和其他组员一样，只是一名生活、工作在申城的普通人，从小习惯穿梭在繁华的街头，喜欢沉浸在图书馆、少年宫、科技馆的知识海洋里，对这片养育自己的城市有着无限的依恋。但提到援疆，他的表情立刻变得严肃，甚至有些许激动："我毕竟是穿过 4 年军装、戴过 15 年国徽的检察官，我肩负着共产党员和人民公仆的神圣使命！"

7 月 26 日，是上海市第六批援疆工作小组出征赴疆的日子。上午 9 点，小组抵达上海展览中心，上海市副市长胡延照主持欢送仪式，上海市委常委、组织部部长沈红光致欢送词。

61 名干部与领导、亲人依依惜别，我在人群中找到了我的亲人，临走前虽已说好用笑来送别，但当我踏上大巴，我们的眼泪还是偷偷溢出了眼眶，好在儿子已长大成人，渐渐有了男子汉的模样，一边安慰身边的家人，一边朝我比画，好像是在说："老爸您放心支援'大家'，上海的'小家'我会照顾好的！"

我们收拾起了离别的情绪，肩负着使命坐上了从上海飞往乌鲁木齐的航班。在空中沿着丝绸之路的轨迹，透过窗户俯瞰祖国的大好河山，有千里连绵的群山峻岭，有蜿蜒流转的江河湖泊，我不禁拿出几周前购买的《瀚海驼铃：丝绸之路的人物往来与文化交流》，入神地翻阅起来。

不知不觉已是下午 5 点，飞机就像机舱里大部分组员的心情一样，略有颠簸但依旧平稳地降落在了乌鲁木齐机场。打开舱门，当地自治区党委、政府领导热烈的欢迎，时任自治区党委常委、组织部部长韩勇的慷慨致辞，我至今都记忆犹新。

当地干部、同志和人民的热情，使刚刚落足在西部这块陌生土地上的我们，感受到了亲人的关怀和家的温馨。仔细想想，56 个民族一个家，无论在祖国的天涯海角，都是我们的家啊！

第二天，我们飞抵阿克苏。刚出舱门，天上就渐渐沥沥地飘起了小雨，当地接待我们的同志介绍说，上海每年的降雨量大概是 1000 毫米，而阿克苏地区的降雨量每年只有 70 多毫米。难得的雨天竟然让我们碰到了，当地同志打趣说，这预示着上海的援疆干部将给这片土地带来甘霖！

短暂的欢迎仪式后，当地领导带着我们参观了阿克苏的市容市貌、领略了当地的风土人情，了解了当地经济发展情况以及援疆干部在阿克苏留下的故事。在阿克苏城区，到处都有上海援疆工作的成果，迎宾路上的上海图书馆、西大街的博物馆、小柿子的急救中心等，让我们感到格外亲切。

要不是肚子咕咕叫，我还没意识到已经晚上 8 点多了。在这时，上海应该早已华灯初上、霓虹闪烁，而在阿克苏的上空，太阳依旧高高挂在天上。晚餐后回到宿舍，长途奔波使大家的脸上挂满了劳累，但看到宿舍整洁的房间、齐全的生活用品，甚至还有各种颜色的鞋油，一股暖意油然而生，所有的陌生和疲劳都烟消云散，就像回家般亲切。从今天开始，这里就是我们的第二个家。

打牢基础，迈出援疆第一步

第六批援疆干部 61 人中有党政干部 37 名、专业技术人员（包括教师、医护人员）24 名，党员 54 人，博士 5 人、硕士 2 人、研究生 4 人，平均年龄不到 40 岁，不仅年轻、学历高，更是人数最多的一批援疆干部。

当时我们第六批援疆干部共分成了 6 个小组，我分至援疆一组，在阿克苏发改委挂职，任副主任，主要负责地区建设项目规划以及援疆资金使用、分拨等工作。上海市政府、各援疆干部所属单位共筹措援建资金约 2.5 亿元，根据要求，主要用于地区扶贫、交通、医疗、教育等方面的硬件设施建设。将这些援建资金"用在刀刃上"，是我最重要的任务和使命。

在与地区发改委、援疆工作组充分研讨、沟通的基础上，我们明确了要把援疆工作落实到位并做出成效，一是要切合当地经济社会发展的现实需求，注重可持续发展的工作方针；二是要保基本、惠民生、促发展，使老百姓受惠；三是要抓住重点，特别是在改善当地基本生活、生产、教育、卫生等方面；四是要用对资金、管好账目，要有超前意识，保证项目的施工质量，做到规划适度超前、项目稳妥实施。

◀ 援疆期间，深入田间地头开展调研

工作方案正式通过之后，我立马牵头成立了专项调研小组，对对口支援的阿克苏地区一市二县进行深入调研。记得当时我们共花了两个多月的时间，走访了 100 多家相关企业、单位，专访了 30 多个村寨，召开了 20 多次现场工作会，每一人一事一物，我都记忆至今、历历在目。

走访调研的那段时间，正好是阿克苏地区农产品夏秋收播的黄金期，农田、果园便成了我们的重点调研地点之一。8 月中下旬，我们一口气走访了十几家农产品产业链相关单位。这里有着良好的光热资源，经过阿克苏人民近几年的不懈努力，全地区林果业发展良好，各类经济林挂果面积达到 110 万亩，其中红枣 17.7 万亩、核桃 25 万亩、苹果 6.4 万亩、香梨 16.4 万亩，各类农果产品总产量突破 70 万吨，更让人感到意外的是，阿克苏地区农业机械化程度并不低。高产量为何带不来高收益？奥运会特供果品"红富士苹果"，价格只有每斤 1.5 元，一级果品库尔勒香梨，一斤卖不到 1 元。带着问题，我一方面走访果农，尝试了解更多层次的信息，另一方面组织小组深入调研、分析和研讨。原来，造成这一现象的主要原因有三点，一是宣传力度不够，二是加工包装不良，三是销售渠道不畅。以阿克苏苹果为突破口，帮助阿克苏地区打造专属果品品牌，我先后走访了地区质监局、工商局等部门，实现苹果质量安全检验程序"可视化"，同时联系了银行、经销社、加工厂等单位提升包装质量，打通销售渠道，还组织阿克苏果农合作社代表赴上海农产品展览中心，为阿克苏苹果等农产品开辟了展销专区。在各方共同努力下，一年后"阿克苏宣传周"在沪举办，苹果、香梨、红枣等农产品销售量达 3000 多吨，销售金额突破 450 万元，更重要的是，展销会上达成代理销售项目 15 个，帮助阿克苏农产品走进上海各大超市商场，走进上海市民的家。

阿克苏地区的教育资源也是我们重点调研的项目之一。虽然经过了多年援建，当地新建了图书馆、博物馆、技术中心等教学设施，硬件水平有了大幅提升，但与之匹配的软件实力以及一些县乡的教育资源依旧匮乏。9 月，恰逢开学之时，我们来到喀拉塔勒镇中心小学进行调研，这一天的行程令我印象深刻、深受感触。我们初到学校的时候都没察觉到这里竟然是镇级小学，教室是 20 世纪七八十年代修建的砖木结构平房，墙面上象征性地开了几个小窗户，但光线仍然很难照进室内，六七十名学生挤在一间这样的教室内，一双双诧异、好奇又纯净的眼睛直勾勾地看着我们，教室外有一个小操场，尘土掺杂着石砾被风卷起，学校的教学环境可以说是相当差了，而且有严重的安全隐患。学校教师数量也不多，基本上一人就要负责大部分课目。在与学校校长的交谈中，我深感学校的无奈，更感觉到了校方迫切的诉求以及对我们这些援疆干部的期望和信心。经过几天调研，我们项目组立刻制定了相关方案并进行汇报，得到批准后我与组员们兵分三路，一方面联络教育局、建设局等部门，对一市二县 90 年代前所建的所有学校进行排查，在资金许可的情况下，针对急需改良的校舍制定改造方案，做到既要改善教学环境，更要确保教学安全；一方面，我们在援疆干部所在单位的支持下，为阿克苏输送电脑、远程教育等资源和技术，进一步提高当地的教育质量；一方面，我们自发地与当地贫困家庭进行结对，资助贫困学生上学。帕丽丹·买买提是我们小组资助的学生之一，我永远不会忘记当她得知自己又可以重返学校时的雀跃之情。"我又可以继续上学啦！我又可以继续上学啦！……"简单的一句话她重复喊了十几遍。当然她没有辜负我们的期望，当年便收获了全年级第五的成绩，并荣获了"优秀团员"的称号。

◀ 援建项目——阿克苏地区启明学校综合教学楼

像这样值得被珍藏和回忆的小故事，在全面调研走访的两个月中比比皆是，在阿克苏市中心、在县乡、在学校、在医院、在老乡的家中……两个月虽短，但对于我、对于援疆干部、对于阿克苏和新疆，却是意义非凡的两个月，调研走访不仅带我领略了阿克苏地区的绝美风景，更让我深入了解了这里的风土人情和地区发展情况以及与东部地区的差距，是为地区开展援建项目的重要基础。现代农业示范园、启明学校综合教学楼、微创诊疗中心、远程理疗咨询点、维吾尔语节目译制中心、公安指挥中心……看着49个项目在我们怀里慢慢孵化出来，那种兴奋、幸福、自豪，其实已经很难用语言来形容了。就像当地老乡说的那样，这些"白玉兰"工程之花在阿克苏、在新疆发芽生长，也开在了边疆人民的心里！

寻求突破，愿作白鸽衔草环

2008年10月24日，我们第六批上海援疆干部刚刚进疆两个多月，上海市委书记俞正声，上海市委副书记、市长韩正，便率队赴阿克苏调研考察，并探望了我们这批援疆干部。在座谈会上，俞正声代表市委、市人大、市政府、市政协和全市人民，向所有援疆干部致以崇高的敬意和亲切的问候，并和大家一一握手，勉励大家要服从当地党委、政府的领导，尊重当地民俗习惯，学习当地干部的良好作风，从国家战略任务的高度，把握新情况、开拓新思想，不断深入当地干部群众，切实了解阿克苏实际和需要，认真分析援疆工作中需要改进的问题，进一步从机制、方法、举措上进行创新和提升，尽最大努力把援疆工作做得更好、更细、更实。

我没想到，家乡的领导这么快就来探望大家了，熟悉的乡音、振奋的话语，令我备受鼓舞，更是感动万分，让我深深感受到了自己以及援疆兄弟们背后有着如此坚强的后盾。会后，我们在黄剑钢组长的带领下，深入学习了市委的工作部署及会议精神，并结合手头工作进行了交流讨论。

我作为阿克苏地区发改委副主任，肩负着援建项目统筹工作，必须对地区各方面情况进行深入调研，同时结合当地发展的迫切需要加以研究分析。

招商方面，我们第一时间组建了招商工作组，按照当地资源情况和产业特

◀ 援疆期间，深入建筑工地开展调研

点进行了深入调研，还针对性地对接了外贸局、商务局、经委等部门，计划组织相关工作人员对相应的招商工作进行培训；生态环境方面，阿克苏地区在快速发展经济的同时，环境保护面临严峻考验，为落实可持续发展，打造生态阿克苏，我们计划对焦化厂、污水厂、垃圾处理厂等重点单位进行实地调查，对调研过程中发现的问题提出相应的解决办法并出具相关管理办法；医疗卫生方面，阿克苏拜什吐格曼乡的卫生院，其实只是暂借老乡的两间房屋，卫生设施很差，根本达不到作为医疗卫生部门的环境要求，我们计划进一步升级当地的医疗设施设备……会上，我根据近期的调研情况，并结合各条线援建项目与组员们进行了交流讨论，分派至阿克苏市、温宿县、阿瓦提县的组员也结合近期工作展开研讨。无论是扶贫，还是医疗、教育等方面，经过这几天的调研，我们发现仍有许多问题有待深入思考和探索。

散会后，我迅速地合上记事簿，带着会上讨论的问题，跨上单位分配的公车——一辆老坦克自行车，径直地骑回了办公室，不是急着洗澡，也不是赶着吃饭，我迫不及待地与地区发改委相关部门的领导进行沟通交流，不断理清思路。我认为，只有不断把调研工作做实、做细、做透，才能精准掌握阿克苏地区整体情况，寻找到一条推动项目精准落地的有效途径。

　　带着问题，在接下来的几天我开始了针对性的走访调研，依干其乡、拜什吐格曼乡、托普鲁克乡……经调研，在种植业方面，阿克苏已形成了以粮、棉为中心的多元化格局，成为全国绿色食品和优质棉的重要生产地，主要特产有棉花、香稻、胡麻、桑蚕、苹果、大枣等，有着巨大的发展潜力。特产虽好，但由于信息较为闭塞，距离国内大城市市场又路途遥远，缺乏完整的产业链，在全国稍有影响力的特产仅有棉花一项，虽说这几年的精准援疆，带动了地区电力、纺织、建材等众多产业发展，但与国内其他省市相比，仍相差甚远。

　　如何利用地方优势、依托上海资源，找到打开僵局的突破口？ 2008 年 11 月 12 日，我来到了新和县，老乡家里随处可见的鸽棚引起了我的兴趣。经老乡介绍，新和县虽以产鸽为主，年产鸽曾超 20 万羽，但由于饲养和管理方式较为传统，在过去的 10 多年里开设了大大小小数十家鸽子产品加工企业，都规模较小，有的甚至濒临倒闭，始终无法把鸽子产业做出名堂。

　　我突然心里一亮，想到了我的家乡，嘉定区的朱家桥，因产鸽远近闻名。朱家桥的王鸽通过多年经营形成了特色，单只售价近 40 元，销路很好，价值几乎是新和县产鸽的好几倍。

　　也许，这是一个契机。我马上托朋友联系上了嘉定朱家桥王鸽养殖场的负责人，了解了相关情况后，结合阿克苏地区养鸽行业的实际情况，制定了可行性分析报告及项目方案，并向地区发改委、援疆小组进行了汇报，方案得到了领导、同事的一致认可，我立刻根据方案予以落实。

　　嘉定王鸽养殖场负责人也十分关心和支持援疆工作，我通过牵线搭桥，为阿克苏地区顺利地引进了 100 对种鸽以及产业相关的食品加工技术，在地区发改委的安排下分派给了新和县、库车县、沙雅县等地养鸽协会技术人员，同时安排相关技术人员向朱家桥养鸽场取经学习，并结合学习内容编撰鸽子养殖、生产、加工的技术说明，教授给各家养殖户。在养殖加工大户的示范带领下，当地的产鸽行业立马有了质的飞跃，产鸽数量不断提高，更形成了产、供、销一条龙产业链，畅销新疆内外。

　　依托这一切入点，我开始尝试复制、推广这种联动模式，结合阿克苏产业优势，并吸收嘉定经济发展的特点，与阿克苏经济发展进行有效嫁接，通过大量实地走访和调研，编撰相关的研究报告和计划方案，帮助共同探索一条符合阿克苏经济发展的新思路，建议地区建设以本市纺织业为主的特色工业园区。

不负初心，沪疆情谊永相存

2019 年 11 月 25 日，中共中央政治局常委、国务院总理李克强主持召开研究部署国民经济和社会发展第十四个五年规划编制专题会议。

"五年规划"无疑是国家最重要的政治蓝图，涉及重大建设项目、生产力分布、国民经济重要比例关系等方面，为国民经济发展远景规定目标和方向。我所在的嘉定国资集团，紧紧围绕中央、市委、区委的相关决策部署，启动了嘉定国资集团"十四五"规划编制工作，并成立编制工作领导小组，我有幸担任副组长，协助集团推进落实"十四五"规划的编制工作。

这不禁让我想起了两个"五年"以前，也就是 2009 年，我身为援疆干部协助阿克苏地区编制"十二五"规划的那段时光。

2009 年 9 月 12 日，党的十五大报告首次提出"两个一百年"奋斗目标，即到中国共产党成立 100 年时，使国民经济更加发展，各项制度更加完善；到中华人民共和国成立 100 年时，基本实现现代化，建成富强民主文明的社会主义国家。

阿克苏地区有 240 万人口，但贫困人口占了近 20%，要跳跃式发展，在 2020 年达到全面小康，相当困难。面对新形势下的经济发展状况，阿克苏下一个五年如何发展？"十二五"规划如何布局？这个大大的难题困扰着地区发改委，困扰着地委，困扰着每一个阿克苏干部。

我主动找领导谈了我的想法："'十二五'期间，我们先确立一个目标，大胆一点，发展速度要更快一些，不能再在过去的 15% 里打转。在我们上海嘉定，借助上海世博会的机会，经济快速发展。目前中央提出了中西部大开发的口号，新疆、阿克苏要利用好改革机遇，加快发展。其实阿克苏也有一个活生生的例子，库车县的工业指数就是以年均 36% 的速度增长，他们充分利用了化工产业等方面的资源优势，搭上了经济发展的快车道，他们做到了，那么新疆的其他市县也一样能做到，更何况现在中央还给了我们许多扶持政策，还有一批又一批的援疆干部倾囊相助。"

领导们若有所思，但没有打断我的发言，我继续道："编制规划就是要体现形势变化的要求，反映国际环境的新变化、国内特别是自治区经济社会发展的新要求和新情况，更要体现以人为本的发展宗旨，把发展真正落到富民、惠民、安民上。"

尽管我汇报时语气十分坚定，但内心其实也在打鼓，毕竟阿克苏地区国内生产总值目前只有 200 亿元，如果要使地区快速发展、实现全面小康，那也就意味着在 2020 年前要完成经济翻两番的重任。目前，阿克苏农业的发展进入了控制种植面积、优化种植结构、开展节能增效阶段，提高单产和种植效益，增长的幅度不能超过农牧民的心理承受力，所以只能依靠工业和服务业，促进其加速发展，带动阿克苏整体经济发展。

10 年翻两番，使阿克苏地区国内生产总值达到 1000 亿元，这不只是一串简单的公式，而是作为援疆干部、党员的责任与担当！为了不辜负这份使命，在得到领导批准、制定相关工作计划之后，我便全身心投入"十二五"规划编撰工作。

为了使项目目标化，增强项目落地的可操作性，我经常请教上海相关领域的同事和朋友，共同探讨阿克苏的经济发展。感谢网络和通信技术的进步，感谢同事、朋友们不厌其烦地赐教。我还大量收集了上海、杭州、广州、苏州等地的经济发展情况的相关资料作为阿克苏发展的"巨人肩膀"，进一步明确各阶段的工作目标。

为了使决策民主化，真正做到"为民发展"，深入县乡、倾听民意成为我那段时间的日常工作之一，跟当地的老领导、专家学习请教，听听他们对地区发展的意见或建议，这些都是极为宝贵的信息财富。

为了使指标体系化，确保规划与新疆各地区乃至全国相衔接，摸清楚阿克苏地区产业发展、基础设施、资源开发、项目布局等情况是关键，通过系统、科学地规划、整理、分析，真正使数据指标"说上话"，使其成为经济发展的重要支撑。

也许好事多磨，原本"十二五"规划编撰工作及首年度工作部署的时间节

点为 2011 年 6 月，孰料中央召开了新疆工作座谈会，调整了援疆方案，我们
61 名援疆干部将于 2010 年底离开阿克苏。

时间节点又缩短了半年，这对于规划整体的编撰及落实工作，是一个严峻
的考验。接到援疆工作调整的通知之后，组长黄剑钢立马找到我："建明，你
在阿克苏已经辛苦了这么长时间，现在工作有了调整，马上要离开了，再让你
担负如此沉重的任务，我实在是于心不忍，要不你放下，休息休息，我们请示
领导委派他人？"我当时就谢绝了组长的好意："这项任务，就是我援疆工作
的勋章、是我人生中的瑰宝，这最后一班岗我必须站好！请领导放心，我保证
完成任务！"

于是，时间便成了我最大的"对手"。我把一些生活必需品搬进了办公室，
抓牢一切可以利用的时间和精力，不仅力争在离开岗位前完成这项任务，更要
全力做到保质和保量。同事和老乡常常开玩笑说："要找朱建明同志啊？去阿
克苏市西大街 7 号三楼发改委规划编制组，不管什么时候都能找到他！"

直至 2019 年 2 月，我终于等来了揭开当年那份答卷的这一刻：阿克苏地
区提前完成了两个"五年"规划，国内生产总值突破 1000 亿元！

弹指间，已过十载春秋，远眺过泰山日出、领略过华山险峻，颠簸在南海
波涛之上、穿梭在黄山石林之中，最忘却不了的，还是那"浦江潮、塔河浪"
以及沪疆两地人民半个世纪的故事，3 年、61 人、49 个项目、2.5 亿援建资
金……以及，一辈子的情谊。

时至今日，阿克苏一直牢牢刻在我的心里，每每听到、看到与新疆、阿克
苏相关的消息，我的内心都会泛起阵阵波澜，让我忍不住去翻开那本题为"天
山脚下浦江人"的相册。

为建设团结、稳定、发展的新温宿贡献力量

　　周永平，1964年3月生。现任嘉定区纪委监委第七派驻纪检监察组组长，区纪委监委机关三级调研员。2008年7月至2010年12月，为上海市第六批援疆干部，任阿克苏地区温宿县委常委、副县长。

口述：周永平
采访：黄　斌
整理：唐于淇
时间：2019 年 12 月 26 日

2008 年 7 月，我作为上海市第六批 61 名援疆干部中的一员，经过沪疆两地组织的短期集训，被分配到了新疆维吾尔自治区阿克苏地区温宿县，担任县委常委、副县长，开启了我的援疆锻炼历程。从改革开放前哨上海到西部牧区新疆温宿，不仅隔着 6000 多公里的距离，更有着截然不同的生活习惯。依靠上海和新疆各级党委、政府的关怀和培养，依靠嘉定和温宿两地领导的关心和帮助，我在艰苦复杂的环境中接受了深刻的党性教育、直接的国情教育、生动的民族团结教育，锻炼了党性，历练了人生。

上海"老娘舅"来了

我们援疆干部到达温宿县的第三天，阿克苏地区库车县就发生了"8·10"事件，不到一年乌鲁木齐市又发生了"7·5"事件，我们所有人都意识到了新疆的稳定问题的迫切性。我记得那时县委书记忧心忡忡地对我们说："稳定搞不好，我们连百姓的生命安全都没法保障，还谈什么给他们好的生活！"维护社会稳定刻不容缓，县委、县政府召开会议，制定维稳计划，我们援疆干部迅速投入、积极建言献策。最终，县委、县政府拟定了"明是非、促团结、保稳定"专项行动计划,架设政府与群众之间的沟通桥梁。

"呀合喜木斯子(维吾尔语:你好)!今天做了些什么呀?""游历达克(维吾尔语:同志),今天来为你们读读报。"和农牧民们聊天,为农牧民们读报,成了我们每一名干部白天工作最重要的一部分。我想到上海"老娘舅"是深入群众、处理矛盾的好手,我们政府干部难道就不能成为农牧民们的贴心人吗?县委所有干部每天下午驻扎乡镇包片包干,我每天都要走进五六户人家同农牧民们聊天谈心,在这个过程中自然而然地将暴力恐怖事件的真相和性质向群众说清楚、讲明白,同年轻的少数民族同胞们讲讲新疆"五观""三史"故事,询问牧民农户民族优惠政策落实情况。要成为合格的"老娘舅"真的不容易,我听不懂农牧民们的话,他们也不明白我在说什么,虽然有当地干部当翻译,但是如果只由我和群众交流,和我预想的效果相差太远,语言不通终究是和老百姓隔着心。该怎么办呢?我请当地干部教我维吾尔语,每天严格练习,用自己蹩脚的维吾尔语与百姓们交谈,一字一句地回答他们的问题。每当我用维吾尔语同农牧民们交谈时,他们都会露出惊讶和欣喜的表情,也会因为我发音与表述不准而开怀大笑,还会帮我纠正发音,这样的氛围真的很好。慢慢地从我询问他们生活情况,变成他们拉着我的手主动聊家常,久而久之我们从陌生人变成了好朋友,这就证明我这条路没走错。

我也拉着其他援疆干部一起学习维吾尔语,熟悉了语言,就便于熟悉文化和环境,我们能够更加设身处地为农牧民朋友考虑,他们也越来越理解政府的做法,对我们上海来的"老娘舅"也是十分友善,甚至会主动向我们反映社情民意,这样良好的干群关系为我们之后开展工作打下了基础。

破旧立新 "拆" 出新生活

当地的动拆迁工作是根硬骨头。动拆迁工作是为了让农牧民住到更安全的区域,这也是我们上海援疆的项目之一。当时我刚到温宿,当地干部就告诉我动拆迁的那片"卡坡"是洪水的必经之地,温宿一年雨水虽不多,但每年春季天山积雪消融所形成的洪水已使一代又一代的温宿人深受其害,危房改造和动迁安置势在必行。但从 2007 年开始,政府与拆迁地 370 多户居民多次协商无果，百姓拒绝政府的态度越来越坚决，双方已僵持了一年多。我想，上海援疆项目和当地政府的心愿不谋而合，这样的好事为什么百姓们迟迟不答应呢？为了解答心中疑问，我决定开展更深入、更全面的调研。

我向前期负责此项工作的同事要了拒绝态度最坚决的几户居民的联络信息，决定从他们身上找到突破口。我同县建设局和土地局的两名干部一起找到了这几户人家，把他们都招呼到一起，希望他们把所有的想法和诉求都告诉我们。有人说，他们习惯了种种菜、养养羊的生活，住到楼房里会增加他们的生活开销。有人说，担心搬进楼房后政府就不再补贴冬季用煤。还有人不愿意和邻居分开。从你一言我一语中，我听出了农牧民们对动拆迁项目的顾虑和担忧。他们还带着我们走访了附近的几户居民，大家都提出了相似的意见。我发现在我们看起来不错的动拆迁方案，其实没有真正站在民族群众的角度为他们解决实际问题。这片区域的居民绝大多数是维吾尔族农牧民，其生活习惯与汉族截然不同，他们习惯于在平房的院子里养几只鸡、几头羊维持生计。此外，政府每年冬天都会给这些人中的困难户无偿提供两吨煤来解决冬季取暖问题。假如他们搬到多层住宅里，那"开门七件事"就都要掏钱了，而不能养牲口就没有收入，煤炭柴禾变成天然气又增加了他们的生活成本，加之休闲的庭院生活变成了"格子鸽笼"，亲戚乡邻也将分开，许多少数民族群众很不习惯，再加上政府和群众没有进行有效沟通，大家反对的态度就更坚决了。了解情况后，我和这几户居民说，给我一点时间，我会把大家的意见都写进新方案里，一定给大家一个满意的答复。

那天，回到办公室里，我根据现实情况，结合农牧民需求，着手完善动迁方案。几天后，新方案上报县政府讨论通过，我立即跑到"卡坡"片区，用大广播把居民群众全部召集到空地上，拿着大喇叭给大家介绍县政府的新方案：针对想要保持原有生活习惯的居民，政府在隔壁镇专门划地造房，盖好后居民就可以搬进去，继续过养羊种地的悠闲生活，冬季用煤补贴等优惠政策照旧；针对想要住到楼房里的居民，政府已协调开发商，让其提供沿街店铺，还在新建的餐饮街上征集闲置门面房，将这些商铺一并租给有经商需求的家庭，由政府来承担头三年的租金，并且积极协调燃气公司和县煤炭局，将两吨煤换成等价燃气卡，不让居民有后顾之忧。当我喊完这些话，安静的人群突然爆发出热烈的欢呼和掌声，还有人吹起了口哨，大家开心得抱作一团。看着一张张笑脸，我悬着的心终于放下了。之前最反对动拆迁的农牧民居民冲了过来，拿走了我的喇叭，冲着大家喊："我们要有新家啦！"人群再一次沸腾起来，我紧紧地握着这位同志的手，心中久久不能平静：汉族群众和少数民族同胞都是我们的人民，我们一定要站在人民的立场思考问题、做出决策，一切从促进民族团结出发，不利于民族团结的话不说，不利于民族团结的事不做，一切的矛盾和问题都将一一化解！

之后，我同其他领导一起带班进户，一方面统计居民意向，再次向他们解释方案细节，另一方面仔仔细细丈量拆迁面积，待农牧民对拆迁面积无异议后签字确认。这样下来，最大程度保障了各民族群众的基本权益，最后仅用一个月的时间就完成了全部动拆迁前期工作。

让一朵朵"白玉兰"绽放在温宿大地

"白玉兰"工程是上一批上海援疆队伍延续到我们手上的上海援疆重点项目，其中包括了新农村建设、医院筹建、城市规划等子项目。从踏上温宿的土

▲ 在温宿县里实地勘查老城改建

地开始，我就开启了漫漫调研之路，不断思考如何结合我的专业知识和经验，结合温宿实际以及上海团队的力量推进"白玉兰"工程发展。

调研的第一站就是温宿县人民医院，这里有上海历任援疆技术人才劳动和智慧的结晶，这次县政府又向我们提出了援建综合病房楼项目的需求。建设综合病房楼不单是造楼，更是要配备全科医生力量能够让综合病房真正运作起来，但是我在调研的过程中就发现了奇怪的现象：骨科、放射科等科室人头攒动，其他的一些科室冷冷清清。我咨询了医院医生以及病人，他们告诉我，这些热门科室都是上海援疆医生驻点过或者指导培训过的，医生技能水平以及治疗效果在群众中的口碑都不错，而医院其他科室的技术和经验确实不足，群众还是会选择去阿克苏市里的医院就医。了解到了这个情况，我回去立马研究了前几批援疆干部的配比情况，发现不仅卫生系统的技术干部存在配比单一的情况，教育系统的教师也存在这种情况。我决定将综合病房楼援建方案与援疆技术干部配备方案协同推进，没有与医疗、教育系统匹配的人才力量，建设再现代化的设施也只是外强中干。

我将这个情况写入了调研报告《关于全方位援疆的若干思考》，向上级反映。上级领导非常重视，回复我说，我们不仅要给温宿人民"造船"，更要教

◀ 援建项目——温宿县第二中学教学楼

会他们"出海捕鱼"的本领。援疆技术干部组建全学科医疗团队，对温宿县医院全系统开展"传帮带"，并启动远程医疗会诊，大大提高了温宿医疗卫生整体水平。我也借着到苏浙沪开展招商引资工作的间隙，积极同嘉定区教育局以及上海市嘉定二中协调，希望能为温宿提供语、数、英、理、化全学科带教，帮助温宿教育质量全面提升。上海市嘉定二中接到了我的"求助"后，向我详细了解情况，比如温宿教育系统的弱项、教师和学生的需求以及温宿教育传统特色等。在多方努力下，上海市嘉定二中与温宿县第二中学结成友好学校，嘉定二中出资5万元为温宿二中培训了8名骨干教师，温宿开始实施幼、小学强双语（维汉）教育，初、高中学校教师全配全带，文、理科全面开花，教育质量一路稳步提升。

就这样，温宿县人民医院的综合病房楼和温宿县第二中学的新教学大楼建起来了，我们都知道这不仅仅是两栋大楼，更是种在温宿大地上的医疗之花、教育之花。

看着"白玉兰"工程在医疗、教育方面逐步推进，我又马不停蹄地开始了"白玉兰"工程的重点任务——新农村建设前期调研工作。我们一行人多次走访当地农牧民家庭，发现他们生产生活的最大问题就是人畜混居，当地孩子一个个和泥娃娃一样，和小羊、小牛生活在一起，农牧民住房、灶台、羊圈等都在一个大院内混合着，土坯房里又没有固定且有效的排污设施，极易滋生病菌，影响健康。我询问农牧民平时有没有什么头疼脑热的毛病，很多农牧民都表示小孩和老人特别容易闹肚子，我更加肯定了这种没有任何功能分区的传统农居对村民所造成的不良影响。我们所有干部都觉得为农牧民建设功能划分清晰、环境整洁的新家是新农村建设的重中之重，于是大家都开始提出自己的想法。在查阅多方资料后，我向负责项目的所有干部提出了自己的设想：建造居住区、养殖区、种植区"三区分离"的抗震安居房，创造"三通"（通水、通电、通路）条件齐备的生活环境。大家一致认为"三区分离"这个概念特别符合我们让农牧民在不改变生活习惯的基础上改善生活环境的初衷。于是，大家在我的设想的基础上集思广益，将种植农作物和养殖家畜需要考虑的功能需求以及抗震要求在方案中一一完善，并通过平面设计图将方案呈现了出来。

　　在项目开工之前，我们拿着设计图纸给村干部和当地群众看，并解释我们的设计理念，可是他们却说，他们从来没有住过这样的房子，也看不懂我们的画，想不出来也不想改变。正当我们不知所措时，佳木镇托万克佳木村的艾买提·布衣瓦老大爷打破了僵局，他表示愿意第一个来试一试。我们当时仿佛看到了救星，于是艾买提·布衣瓦老大爷一家就成了我们创新想法的第一示范点。想要改变农牧民的想法，就必须拿出真材实料！经过一个多月的努力，艾买提·布衣瓦老大爷的新家建成了：葡萄架整齐划一，前庭住房宽敞明亮，后院羊圈整洁安全，宅后菜地丰富鲜活。村上所有的农牧民都来参观这个明朗别致、花纹绚丽的维吾尔族特色新房，左摸摸右瞧瞧。当时，艾买提·布衣瓦老大爷激动地握着我们援疆干部的手说："感谢党！感谢上海人民！援疆干部亚克西！"其他农牧民看着漂亮实用的抗震安居房，纷纷报名参加新农村建设，甚至主动成为工地上的能工巧匠。政府为了减轻农牧民自筹资金的负担，把他们组织成互助组，鼓励农牧民用自己的双手建设美好家园，干部群众齐心协力为新农村建设添砖加瓦。

　　随着佳木镇试点的成功，温宿的其他改造点陆续启动，一批批漂亮的房子建起来了，环境干净起来了，住进新农村的农牧民的生活也好起来了！温宿人

◀ "三区分离"抗震安居房

民都知道是上海援建了他们的新家，都知道这是"白玉兰"工程，有的农牧民表示从来没有见过白玉兰，有机会一定要去上海看看真正的白玉兰花。这些漂亮房子，这些美丽村庄，成了上海援疆对口支援温宿的印记，也成了上海人民与温宿人民友谊的永恒见证。

"三朝雪雨随寒暑，百载姑墨记苦辛。满苑青枝温泽沛，几蓬碧叶沐甘霖。"援疆三年，作为分管城乡建设和经济综合的副县长，我经常问自己：怎么样才能真正无愧于嘉定和温宿两地组织的嘱托、领导的叮咛、群众的期盼？如何全力以赴地保稳定、促发展、惠民生？如何利用有限的财力，加快县域的基础设施建设和民生工程保障？当初我下定决心：一定要用自己的全部精力，切实为温宿的经济社会发展、为农牧民尽快脱贫致富再添把火、加把劲，切实发挥作用，同当地干部与各族群众一起保稳定、讲团结、促发展。三年时光匆匆，我越来越爱这座小城。我亲眼见证温宿小组上海援建项目一一落成，亲手撰写《上海第六批援疆项目温宿小组调研报告》《关于全方位援疆的若干思考》《加快推进温宿县新型工业化建设的思考》《温宿县工业集中区管理办法》《温宿投资指南》等文件材料，就是想把更多我认为能够促进温宿加快发展的思路和经验留下。

援疆，是我人生最难忘的经历和最宝贵的财富。对口支援，是使命，更是责任。我们援疆不仅仅是带去一个个项目，更是为了温宿人民幸福洋溢的笑脸和对美好生活的向往。人心民心，需真诚相待，汗水浇灌；助手配角，须全力以赴，忠诚担当，这是我多年的感悟和守则。当年离开温宿县委家属院的情景，至今历历在目：那年大雪封疆、航班停飞，我们在阿克苏滞留了3天，一大群少数民族同胞和汉族群众，冒着大雪、顶着寒风，早早地自发聚集，一个个不停地向我们挥手。县委书记朱岗同志再一次深情地握着我的手，互致谢意，互嘱保重，县长居来提·喀斯木大哥紧紧地抱住我，我们难分难舍，依依惜别。

直至今日，新疆朋友来沪、援疆干部同聚，我们都难忘那同甘共苦、团结奋斗之中见真心、建真情的日日夜夜，同志情、战友情，永远铭记。援疆之路，无愧无悔！

把脚步留在云南深山　把心血耗在迪庆村寨

　　杨小弟，1963 年 5 月生。现任上海绿洲投资控股集团有限公司监事会主席，嘉定区政协机关一级调研员。2005 年 5 月至 2007 年 6 月，为上海市第五批援滇干部联络组迪庆小组组长，任迪庆州政府党组成员、州长助理。

口述：杨小弟
采访：程梦隐
整理：程梦隐
时间：2020 年 4 月 28 日

　　根据上海市委、市政府的总体部署，我在 2005 年 5 月由上海市委组织委派，以一名上海第五批援滇干部的身份，不远千里去云南省迪庆藏族自治州挂职锻炼。当时我担任的职务是上海对口帮扶迪庆联络组组长，迪庆州人民政府党组成员、州长助理，分管沪滇对口帮扶工作，协管扶贫、外事招商工作。在两年的工作时间里，我克服了高原不良反应以及工作任务、工作环境和工作对象的变化等诸多困难，开展了一系列对口帮扶工作，也积极促进了上海与迪庆的双向交流。

迪庆初印象

　　时光如梭，转眼我离开迪庆已经十几年了，但我现在仍常常搜阅关于云南的各类消息，这一习惯已成为我生活的一部分，因为迪庆已是我的第二故乡。虽然过去很多年了，但记忆并没有随着时间褪色，反而日渐鲜明，清晰如昨。我永远都记得刚刚到达迪庆的那一幕场景。2005 年 5 月 25 日，参加完上海市委、市政府举办的欢送仪式后，我们上海市第五批援滇挂职干部就直接飞往昆明。抵达昆明后，我们没来得及吃饭，又马不停蹄地飞向香格里拉，一天之内辗转多地,从平均海拔4米多的上海,拽升到平均海拔3300多米的香格里拉。

去迪庆之前,对于如何克服高原反应我请教了许多前辈,也咨询了一些专业医生,因此前期我自认已经做好了较充足的准备。然而,抵达香格里拉机场时已近深夜,我还是和很多初上高原的人一样,头晕、胸闷气喘、嘴唇发紫等高原反应接踵而至。高原给我们的第一印象是身体不适应,我感觉双脚如同踩在棉花上,心率也超常规加速,心仿佛要蹿出喉咙口,头疼腿软,晚上还睡不好。高原的自然条件和生活条件都比较艰苦,尽管如此,我到迪庆的第二天就全身心地投入工作。我也刻意保持工作上的忙碌,让自己忽略身体上的不适。如此折腾了大半个月,我才渐渐习惯迪庆的生活。

曾不止一次有人对我说:你在原单位干得顺风顺水,干吗非要抛下原来熟悉的工作和同事,到一个完全陌生的地方去工作?我也常想,这或许就是人生的一种选择,作为首批派往迪庆的援边干部,这本身就充满着挑战。对这个前任尚未涉足的领域和工作,抓好开局和起步,趁此机会去挑战一下自我也未尝不可。我家人也十分支持,主动承担起家庭的重任,使我减少了许多对家庭的牵忧。

双脚走基层

我自从来到迪庆以后,认真组织小组成员及有关部门广泛开展调查研究,建立了双周下基层的调研制度,深入扶贫工作第一线,走村入户,了解实情。

在与州领导接洽后,我们实地调研了在建的医院、学校等帮扶建设项目。不看不知道,一看真超乎想象,当地县医院的诊疗水平和上海相去甚远,甚至连白内障手术、剖宫产等常规手术也无法开展。我们随后又去了德钦县调研整村推进项目。经过七八个小时的颠簸,车子抵达位于明永冰川附近的小村庄。由于下乡进村的道路都是土石羊肠小道,越野车只能开到村委会附近,我们只得骑马下乡。进村的道路就是曾经的茶马古道,是从悬崖上硬生生开凿出来的便道,一米开外便是悬崖峭壁。而云南矮脚马,生性又偏偏喜欢贴着小道外侧走,吓得我们双手紧紧拽住马鞍,根本不敢低头看,也根本没记住沿途的景象。

◀ 和当地村民交流

进到村里，眼前的情景令我终生难忘。山区农村的房屋破旧不堪，小道泥泞难行，村民的房屋内黑魆魆的，部分木楞房屋还瑟瑟透风……村里电力极不稳定，跳闸断电是常有的事，而柴油发电机噪音又响，气味又大，村民们每天忍受着那样的生活。"上海的帮扶资金已经不算少，但对当地而言，还是杯水车薪，要真正拉动农村脱贫，还是要发挥杠杆效应，综合施策。"我暗想，要通过自己的努力，逐渐改善当地的情况。

"扶贫帮困绝不能图虚名、摆花架子，必须动真情、办实事、求实效。"根据上海市委、市政府这一指导思想，在深入考察、摸清情况的基础上，嘉定与迪庆共同确定了对口帮扶计划：第一层次是区县与州县间的对口帮扶协作；第二层次是进村入户，以整村推进项目为切入点，以贫困村为主战场，做到"扶贫资金到村、扶持措施入户"，直接让贫困户受益。

为此，我们决定每两周必须组织一次下乡调研，且每次下乡至少三天，工作日程表排得满满的，根本没有白天黑夜的概念。记得有一回，我陪同嘉定区领导去德钦县调研视察一所援建中学项目。这是 2005 年开工的项目，我们此行本意是督查施工方加紧施工，按照时间进度收尾。然而，去往德钦县调研，只有华山一条路，必须翻越白马雪山海拔高度 4300 米的垭口。5 月，在上海已是初夏光景，但在香格里拉仍是漫天飞雪。下乡途中，大雪封山，被堵在道口趴窝的车辆连绵数公里，我们只能折返。数天后，我们又一大早出发，在积雪初化的山道上艰难前行，直到晚上六七点才抵达目的地。调研中，我们发现，气温极寒，建筑材料保存条件差，导致部分材料不符合质量要求。我们当即对在场的县领导和施工方提出要求，当场敲定整改的时间节点。上海干部严谨细致的作风和勇于担当的精神，得到了当地干部群众的认同。

尼汝村是洛吉乡的一个行政村，从香格里拉市区到尼汝村也就 100 多公里的路程，但乘坐越野车翻山越岭也得花上 5 个多小时。那天我们起了个大早，匆匆吃了几口点心就直接上路。虽然铺设了沥青路面，但还是难免遇上有一段没一段的土路，坑洼不断。那天正好是雨后初晴，我们的车队在泥泞的路上跋涉。等到了目的地，只见车身上溅满了赭红色的泥浆，连原本的漆色也无从分辨，活像一个个"泥冬瓜"。同行的有州政府的秘书长、州县外事招商局的副局长、扶贫办的主任、旅游局的副局长、上海支医志愿者等。

那天正好是祭山跑马节，村民们以特有的方式热情欢迎我们。我们与村民们团团围坐在山脚下，观看他们的骑马表演以及祭山仪式。午后，我们在村委会共同研究秘境旅游项目的开发规划。在听取了汇报后，我们畅所欲言，从项

◀ 跑马节

目定位、资源禀赋、发展途径、产品设计、配套服务、安全管理等方面提出了相应的、翔实的、可操作性的意见。定点联系该村扶贫工作的州政府秘书长鲁永明说："这次尼汝之行，达到了预期的目的，对于推动尼汝生态旅游发展将是一个大的动力之源，真是不虚此行啊。"当年，我们将编制的计划提交各方讨论后，得到了上级的批准，于第二年列入了对口帮扶的计划，正式开始实施，也为当地特色产业发展铺下了基石。

工作制度化

作为首批派往迪庆的援滇干部，我时刻牢记上海市委、市政府领导的要求，在掌握第一手资料的基础上，有针对性地提出对口帮扶的工作思路、方法和具体工作措施。针对迪庆州对口帮扶工作起步晚、基础弱的实际情况，我牵头州有关部门研究出台相关的管理制度、完善项目综合管理机制，助推迪庆州的对口帮扶工作走上规范化、制度化的轨道，取得了明显的成效。

尼西是一个美丽的藏族部落，因善制黑陶而闻名于滇西北。尼西黑陶制作工艺相传已有近千年历史。尼西土陶、土鸡项目，这是沪滇对口帮扶的重点项目，通过发展传统产业项目，传承传统的工艺，为当地农民增收拓宽渠道。纪录片《舌尖上的中国》曾对尼西乡的土锅鸡做过专题报道。尼西的土锅鸡也叫藏香鸡，可说是远近闻名。用尼西土陶煨制出来的土鸡原汁原味，味道非常诱人，是香格里拉不可多得的大众美食。我们经常在下乡返回途中，歇脚解乏时顺便品尝一下尼西土鸡，只用这一道菜就很下饭，根本不用其他菜肴相佐。那些土鸡，原先都是散养的，体型很小，一般成年鸡不超过两斤，因其品种独特，加上放养长大，脂肪少，口感很好。尼西土鸡能飞两米来高，如果不是亲眼所见，你一定会以为是大吹法螺。

尼西土陶是用香格里拉的一种红土制成的，经炉窑烧出来就变成黑黑的，一如张飞大将军的脸色。那次下乡，我们就把这两个项目"打包"作为一个重点扶持项目。经过几年的发展，尼西土陶、土鸡的生产规模和销售都上了一个新的台阶。

我们的付出，得到了实实在在的回报，也激励着我们为迪庆做出更大的贡

◀ 考察村民房屋改
现场

献。维西傈僳族自治县塔城镇的多那阁村民小组，原先村里道路泥泞，学校破
败不堪，学生在泥地里听课，随时都能和大自然"亲密接触"，晴天感受阳光，
阴天和雨水对话……这个村民组被确定为第一批援建的整村推进项目。我们投
入资金，从山里引来清冽的泉水，修建了水池，村民家家喝上了清洁水；整修
了道路，改变了村容村貌；村中央新建了一个卫生所、一所希望小学，方便了
村民就医、就学。

　　与单纯送钱送物的授人以鱼相比，"扶贫资金到村、扶持措施入户"授人
以渔，注定要吃苦，操心受累。我们整个上海对口帮扶迪庆联络组会同当地有
关部门从前期规划、实地勘察、编制计划、项目设计、资金调度到组织实施，
以及监督检查、竣工验收、绩效审计等，环环紧扣，殚精竭虑，把脚印留在深
山，把心血耗在村寨，奉献了满腔热忱。

　　有一回，我带队在维西傈僳族自治县调研整村推进、学校、医院等项目建
设，直至深夜10点半左右返回。途中，我们要穿越澜沧江桥，但这是一座仅
可供一辆车通行的简易石桥。桥下激流滔滔，惊涛拍岸，虽然夜深看不清，但
澜沧江的咆哮声已响彻山谷。也就是在这附近，2004年6月，上海支教志愿
者马骅在返乡途中，所搭乘的车辆从20多米高的路基上一头栽进了波涛汹涌

的澜沧江，献出了年轻的生命。尽管司机师傅在这座桥上有着丰富的驾驶经验，我们心中仍十分忐忑，为了安全起见，我们还是决定下车在茫茫黑夜里徒步过桥。

2006年9月，我去迪庆最偏远的村——羊拉乡甲功村调研。德钦县羊拉乡，号称云南的"北极"，从地图上看就像一个楔子插进滇、川、藏三省区之间，20多年前，这里还过着"山间铃响马帮来"的生活，是云南省最后通公路的乡。车子在土石路上颠个不停，路的一侧是悬崖峭壁，另一侧是波涛汹涌的金沙江。由于地质不稳，山体松动，不时有石头从山上滚下来。车子行驶了6个小时才到村口。地处金沙江干热河谷的羊拉乡，"滴水贵如油"，是典型的靠天吃饭的贫困乡。

羊拉乡的甲功村民小组整村推进项目本是2004年的计划项目，我们到了当地，就和羊拉乡政府共同推进项目落地。项目实施后，村容村貌变了个样。而今，跨进藏族风情浓郁的村中，宽敞平坦的道路在山间绵延，土掌房错落有致地在路旁排列；山坡上修起保水、保土、保肥"三保"田，种上青稞、小麦和蔬菜；村文化科技活动室窗明几净，摆放着VCD、电视机、广播电视接收设备，关于科学种植、养殖技术的音像资料一应俱全；村卫生所也像模像样，看小病不用出村；标准化的篮球场已成为周边几个村共用的娱乐活动场所。寨子里还建起第一家商店，店主的买卖做得不错。

看到上海人民的帮扶项目在迪庆取得显著成效，作为一名组织者、参与者和管理者，我觉得无比欣慰。我还根据上级领导的要求，认真做好与援滇支教、医疗志愿者等队伍的联络与管理工作，确保援迪工作的顺利进行。

交流温暖心

在外派挂职期间，我十分珍惜向少数民族干部相互学习和提高的机会，感佩他们在极端困难的条件下奋发进取、科学发展的精神和团结和谐的政风、民风。在分管工作及领导交办的任务中，我坚持虚心求教、共同探讨，注重决策的科学性和透明度，有效地推动了分管的各项工作，也懂得了在民族后发达地区开展工作的艰难程度及差异性，对认识问题、分析问题和解决问题的方法和途径又有了新的认识，增强了处理复杂疑难问题的能力，更全面地了解和掌握了少数民族地区的领导方法和管理要求，可谓受益终身。

对口帮扶离不开当地干部的积极性和主动性，他们积极筹划、编制计划，与我们工作联系紧密的有州外事招商局、州扶贫办等各个部门的同志们。在我的备忘录中，有着一长串的朋友，他们中有的来自藏族、纳西族、傈僳族、白族，也有的来自被称为"少数民族中的少数民族"的普米族，他们是我永生难忘的战友。只要他们一到上海，我总是设法与他们见面，在上海要办什么事，我也总是想方设法帮上一把，心里才舒坦。

我在对口帮扶项目的计划编制、资金安排、项目进展检查、绩效评估等全程管理中，坚持集体会审制，实施阳光工程，增强了透明度；并通过多种形式，建立了公示制，自觉接受当地干部和群众的监督，也提高了小组成员及相关部门的工作责任心。在平时工作中，我能严格要求自己并认真带好队伍，主动关心其他同志在工作、生活中的困难，做到相互关心、相互支持，形成了团结共事的良好氛围。在工作中，我注重大事讲原则，小事讲风格，提高化解自身矛盾的能力，使小组成员心情舒畅地开展工作，群策群力、各司其职，发挥各自的才智和力量。

迪庆小组由我、宝山的徐恒祥、锦江集团的陈炯、上航的周雄四人组成，小组从组建伊始，就注重营造团结向上、严谨踏实的工作氛围。虽然来自不同的地区和单位，人各有貌、性格迥异，但大家都能围绕一个目标，求同存异、和谐相处。老徐和周雄都曾是军人，他们把这次援滇看作第二次从军，骨子里还透着那股豪迈劲，干事雷厉风行。小陈是年轻的后备干部，踏实肯干，在小组里是一个地地道道的"内管家"，有时周末得闲，会骑上单车去菜场买一些菜回来，露一手厨艺。有时我们会把一些上海来的支教老师和医生叫到我们小院来，围坐在一起，分享每人的"拿手菜"，菜色好差倒在其次，而彼此间的这份快乐在其他地方是无法体会的。大家聚在一起，可以畅所欲言、谈天说地，有喜事大家一起分享，有时也不免谈起各自的忧心事，大家一起劝慰劝慰，帮着出出主意。到第二天，昨天还愁眉不展的，一大早似乎云淡风轻了，打起精神该干啥干啥。

在下乡时，我常与金沙江边的村民围坐一起，讨论沼气改造项目。村民们热情高涨，你一言我一语，就沼气池的规划改造出了好多主意。我们一户一户地到工地现场进行检查，村干部和施工方向我们和管委会的负责同志汇报进展情况。项目完成后，村民们结束了祖祖辈辈常年用柴火做饭的历史。看着闪着蓝色火焰的沼气灶上，村民们做菜做饭、忙碌欢快的情景，我们的心头不禁为之一舒。

两年的挂职锻炼，时间不长，意义非凡，为自己的人生履历留下了值得记忆的厚重一页。回顾两年来的工作，还存在着不少差距和不足。主要是对云南边疆后发达地区的贫困状况还需进一步提高认识，对扶贫攻坚的信心和决心还需进一步增强，对双向合作交流的具体举措还需进一步狠抓落实。我们要始终牢记市委、市政府领导提出的"动真情、办实事、见实效"的九字工作要求，牢记党和政府的嘱托，肩负起上海人民和藏区群众的厚望，发扬"不畏艰难，勇于进取；团结拼搏，争创一流"的工作精神，把东部发达地区科学发展的理念传输到西部藏区，切实发挥好两地发展交流的桥梁和纽带作用。即使援滇工作结束了，我也将继续关注迪庆的发展和稳定，当好友谊的使者。

对口支援工作，好似融入血脉始终不变的使命。正如一首歌曲中所唱的那样，"骑着马我本想走天涯，却发现这里就是我的家。呵，香格里拉，美丽的香格里拉……"，这份情愫，浓得难以化开。

援滇，从"扶资"到"扶智"

　　金伟荣，1966年8月生。现任嘉定区总工会党组书记、常务副主席，一级调研员。2007年6月至2009年6月，为上海市第六批援滇干部联络组迪庆小组组长，任迪庆州州长助理。

口述：金伟荣

采访：徐　浩　汤利强

整理：徐　浩

时间：2020 年 1 月 19 日

从援滇一线归来，一晃眼，已有 10 年之久。

在这 10 年里，我始终珍藏着一册《红土情深——上海市第六批援滇干部纪念册》。翻开纪念册，就是时任上海市委书记习近平与上海市第六批全体援滇干部的合影。尽管摄于 2007 年 6 月 7 日，但习近平在上海展览中心会见时的勉励言犹在耳：认真履行好自己的职责，以实际行动造福当地人民；努力在艰苦环境中锤炼党性、磨炼意志、砥砺品格、增长才干；用赤诚之心、一技之长、辛勤劳动，进一步开创对口支援工作新局面，为当地发展尽绵薄之力，向家乡人民交出一份合格答卷。

上海市第六批援滇干部是在 2007 年 6 月 12 日赴滇，参与上海对口云南帮扶协作各项工作的。在援滇的两年中，我们按照中央和上级的要求，在基层扎稳脚跟，发挥自己的特长优势，在实施整村推进、教育卫生设施建设、产业帮扶等多个方面交出了一份满意的答卷。我们勇当精神文明和脱贫致富的领路人，积极探索推进实施"三个确保"任务的方法，真正沉入基层，站在基层的角度大力实施开发式扶贫、培育农村集体经济和农村致富带头人等工作，在联系两地企业经济合作、促使社会各界参与帮扶等方面都付出了辛勤的努力，在为云南经济社会发展做出贡献的同时，塑造了上海干部的良好形象。

迪庆藏族自治州是云南省唯一的藏族自治州，也是藏区的重要组成部分，在藏区有着举足轻重的战略地位。作为上海对口帮扶云南迪庆州联络小组组长，我主抓了三件大事：一是整村推进，就是以村为单位进行产业帮扶，改善水、电、路、桥等基础设施；二是实施州级层面的教育卫生设施建设；三是促进滇沪之间的经贸合作、人文交流。帮扶的工作是十分具体的，具体到每一桩事情、每一个细节，但是，我认为，帮扶的思路也是需要得到提升的，那就是从"扶资"到"扶智"。"扶智"，是阻断贫困代际传递、变"输血"式扶贫为"造血"式扶贫的核心举措，是实现稳步脱贫、拔除"穷根"的关键手段，更是实现全面建成小康社会的重要保障。

动真情、办实事、求实效

迪庆，在藏语中意为"吉祥如意的地方"，而香格里拉则意为"心中的日月"。1933 年，詹姆斯·希尔顿在其长篇小说《消失的地平线》中，首次描绘了一个远在东方群山峻岭之中的永恒和平宁静之地"香格里拉"。

但是，毋庸讳言的是，地处青藏高原东南缘的迪庆藏族自治州经济是落后的，而以新农村建设为重点的帮扶项目正是为了提高这里的"幸福指数"。我们一到迪庆，就进入了调适阶段，因为迪庆处于高海拔地区，联络小组驻地香格里拉县的海拔高度为 3340 米，这就意味着长期生活在长三角平原上的上海驻迪援滇干部必须克服低压、缺氧、寒冷等自然条件给人体生理带来的一系列不良反应。但是，到达驻地仅仅 10 天之后，我们就在查阅档案资料、熟悉基本州情的基础上，赶赴香格里拉、德钦、维西三县，开展了为期 8 天的调研活动。调研活动采用走村入户、察看整村推进项目实施情况、了解村民的生活状况、考察当地农村的产业发展情况、与当地干部群众现场交流、召开座谈会等多种形式，使我们对上海和迪庆逐年开展的对口帮扶工作有了初步的认识，看到了帮扶项目给群众带来的实惠和所取得的实效，感受到了当地干部群众摆脱贫困的迫切愿望和热切心情，领略到了少数民族地区人民群众在对口帮扶过程中和上海人民结下的深厚感情，同时体会到了扶贫事业的任重道远，从而进一

◀ 独克宗古城

步增强了做好援滇工作的政治责任感和历史使命感。

在之后的日子里，上海援建迪庆的新农村建设项目全面展开，项目内容涉及人畜饮水工程、通村道路修筑、危桥改造、安居工程、太阳能热水器安装、劳动力技能培训、产业发展支持以及村卫生室修建等，联络小组成员发扬"特别能吃苦、特别能战斗、特别能奉献、特别能忍耐"的精神，按照"动真情、办实事、求实效"的工作要求，虚心学习，踏实工作，体现了"缺氧气不缺精神、海拔高要求更高"的人生境界。

迪庆不仅有世外桃源般的自然风光，还有让人深深迷恋的历史文化。上海援滇干部不谈高原生活的艰苦，却不忘推介迪庆的美丽。当时，我在州政府分管州法制办，在我们的共同努力下，《云南省迪庆藏族自治州独克宗古城保护条例》通过云南省人大审议，于2008年10月1日正式实施。独克宗，藏语意为"月光城"，建于1300多年前，是中国保存得最好、最大的藏民居群之一，也是茶马古道的枢纽。古城建筑材料大都就地取材，工匠们发现当地出产的一种白色黏土可用作涂料，古城民居外墙因此都涂成白色。月夜，银白色的月光照着银白色的古城，格外美丽。《古城保护条例》的实施，有助于更好地保护开发迪庆州旅游资源，为促进当地经济发展打下坚实的基础。

◀ 在维西县塔成镇走访农户

帮扶，就要帮到点子上，帮到心坎上。在维西县塔成镇和香格里拉县尼西乡，我和其他的联络组成员一同试验了生猪养殖和尼西鸡养殖两个产业项目，打破当地农户的惯常思维，成立了农民专业合作社，制定《合作社章程》，选举产生了合作社理事会、监事会成员。项目实施过程中，我们多次深入项目实施点了解传统产业发展情况、宣传帮扶工作中"输血"和"造血"的关系，向当地人民灌输上海帮扶工作对村级经济发展的机遇意识，强调农村地区经济自我发展和提高的重要性。之后，香格里拉县虎跳峡镇金星村利用上海对口帮扶重点村整村推进这一平台，围绕加强基础设施建设、培育产业等方面，对集体经济的有效实现形式进行了积极探索，走出了一条可供其他村民小组借鉴的发展新路。

智助，突出传、帮、带、教

"治贫先治愚，扶贫先扶智。"智助，主要是提高文化水平和解决思想理念问题。

在云南迪庆藏族自治州对口帮扶的两年里，我们围绕着打赢脱贫攻坚战的目标，坚持开展智力援助活动，突出发挥传、帮、带、教的作用。

在我们初到迪庆为期 8 天的调研中，尽管走访任务重（10 个镇、14 个行政村，涉及 20 个村民组）、行程近 800 公里，但我们还是抽空去看望了在迪庆地区支教的部分上海籍老师。

嘉定区支教小组所在的德钦县第二中学，地处偏僻的山沟，生活条件比较艰苦。在慰问中，德钦二中阿瓦琪校长向慰问团介绍了支教小组的工作生活情况。他说，为了帮助德钦二中提高学校教学水平，嘉定区支教小组 5 位支教老师克服一切困难，在完成自己学科的教学任务外，几乎听遍了全校几十位教师的公开课。有的支教老师特地听遍了全校新教师的课，还给全校教师举办了以"有效教学"为主题的讲座。通过听课、评课，针对德钦二中青年教师存在的问题，支教小组提出了建设性的意见和建议，为德钦二中教学质量的提高起到了一定的帮助。支教小组十分关爱民族地区的学生，看到在校男生的头发比较长，就组织了部分支教教师，用上海带来的理发工具，为全校几百名男生都理了一次发；看到学生们缺乏必需的学习用品，支教小组成员都纷纷拿出自己的钱，为自己任教的班级购买书簿和三角尺等学习用品。支教老师们不仅从生活上关心爱护学生，更是在实际教学过程中渗透着对边疆贫困地区学生的爱。看到学校计算机网络建设存在资金和技术上的困难，支教小组就拿出备用金，把德钦二中的教育网络建立起来了，为其开展现代教学提供了帮助。

此外，我们还协调开展了一系列智力援助活动。嘉定区卫生教育志愿者赴迪庆开展智力援助活动就是其中较有代表性的一次。

2008 年 7 月，来自上海嘉定区卫生、教育系统的 10 名志愿者赴迪庆开展智力援助活动。参加本次援助的志愿者中有医疗卫生专业、教育专业各 4 人，全部都有副高以上职称。援助活动深入迪庆州及香格里拉县、德钦县的州、县两级医院、疾控中心和教育单位，着重围绕"智力援助"和"志愿服务"两个方面取得了很好的效果。此前，嘉定区人事局、卫生局和教育局认真制定了活动方案：区卫生系统抽调了心脑血管、呼吸系统、高血压和疾病预防控制方面的高级专家；教育系统从教师进修学院选拔了教育学专家以及语、数、外三门主课的教研员。8 名志愿者分别对个人专业领域的知识、信息和经验进行了整理，针对搜集的信息，有的还制作了专门的教学资料。在为期 10 天的援助活动中，大家都以忘我的精神投入工作，在各自援助的专业方面充分发挥智力经验优势和技术特长，帮助少数民族地区的医务人员和教师提高技能，使嘉定支援对口地区人才开发工作实现了"智力支持，人才合作"的实质性跨越。

援建，让香格里拉更美

香格里拉很美，但要使香格里拉更美，就需要改变教育相对薄弱的状况，这成为上海援建迪庆的重点。

在所有的援建项目里，我特别关注了教育扶贫项目。

香格里拉上海高级中学是上海对口帮扶的州级重点项目，也是向迪庆州庆50周年献礼的开工项目，因此，在迪庆州委、州政府和上海市合作交流办的重视关心下，按照把香格里拉上海高级学校建成藏区一流学校的目标和要求，我们一到迪庆，就紧锣密鼓地投入了筹建工作，细化工作计划，明确时间节点，切实把各项准备工作落到实处。

2008年7月，上海市政府合作交流办对口支援处领导和同济大学设计研究院的专家就来到了迪庆，就香格里拉上海高级中学的设计方案与以迪庆州分管副州长为组长、各相关职能部门主要领导为成员的学校筹建领导小组进行磋

◀ 香格里拉上海高级中学

商，并达成协议，使香格里拉上海高级中学的筹建工作进入了一个新的起点。

州庆前夕，香格里拉上海高级中学奠基仪式举行。在奠基仪式上，时任上海市人民政府常务副市长冯国勤发表了热情洋溢的讲话。他指出，上海援建迪庆项目香格里拉上海高级中学是上海与迪庆州共同关注的项目，是沪滇两地合作交流的又一个具有里程碑意义的事件，学校的建成将成为沪滇友谊的又一见证，对帮助迪庆州经济社会实现跨越式发展具有积极意义。

2008 年底，迪庆已经进入了冰冻期，必须做好防冻工作。我是看着援建学校工程的最后一根水管包好，才总算松了一口气回上海过年休假。上海为香格里拉上海高级中学建设项目提供了建设资金 2000 万元。项目按照云南省一级高中的标准建设，学校规模设计为 18 个教学班、900 名在校学生，校园占地面积为 100 亩，校舍建筑使用面积约 12562 平方米，是当时上海对口支援云南单体投资最大的项目，我们肩负的责任重大。按照工作进度，学校 2009 年 9 月要先开学，所以，基建抓得很紧。香格里拉上海高级中学目标是要成为云南省和东部藏区较有示范性和影响力的完全中学。

从长远看，要想从根本上消除贫困，离不开教育。

在援滇干部的奔走联系下，更多热心的上海人为迪庆的教育发展无私奉献。其中，特别值得一提的是华东计算技术研究所。该所创建于 1958 年，2008 年是建所 50 周年，但是 2008 年 5 月 12 日发生了四川汶川大地震，华东所当即决定，取消庆祝活动，将活动资金 150 万元，全部用于在西部贫困少数民族地区援建一所希望小学。当时，我知道这个信息后，马上积极联系对接争取，最后确定了援建香格里拉开发区中心完小，包括援建一栋四层的综合教学楼，完成对多媒体教室的硬件设备和软件改造，力争打造成一所全州的示范性学校。这一善举显示了华东所全体干部职工的大爱之心。

援建希望小学的进程同样是紧锣密鼓的。

由嘉定区民政局接受华东计算技术研究所委托，专程对迪庆州香格里拉经济开发区进行了考察，并就援建小学综合教学楼的具体事项进行磋商沟通，随后仅用了短短的 10 多天时间，就做好了签约的所有准备工作。接着，华东计算所、嘉定区委组织部和区民政局的相关领导赶到香格里拉开发区举行签约仪式，项目尽快奠基开工，以确保第二年春季开学前交付使用。这个项目在我们全程推进下，于 2009 年 4 月底，我们这一批结束返沪前建成交付。

重视和发展教育关乎民生、关乎未来，我为之庆幸。

资援，给雏鹰空中加油

百年大计，教育为本。

作为西部欠发达地区，迪庆州的经济基础相对比较薄弱，尤其在农村，还存在一定数量的贫困人口，一些山区的孩子因为贫困无法完成学业。我想，加快实施教育扶贫工程，让贫困家庭子女都能接受公平、有质量的教育，阻断贫困代际传递，从这点上说，教育"扶资"也是"扶智"。因此，我希望加强教育脱贫，我愿意着力于教育脱贫。

2007 年，香格里拉的雪下得很早。11 月 15 日，降下了当年冬季的第一场大雪，也是我们抵达迪庆后迎接的第一场大雪。可在迪庆州民族中等专业学校的会议室里却温暖如春，这里正在举行一个"爱心助学"捐赠仪式。

这是由我们上海援滇干部联络组迪庆小组和上海青年志愿者共同发起的。

自国家教育实行"普九"以来，中央财政已经投入了巨大的教育资金支持，但在迪庆州，九年后继续教育率（高中和中职）的统计数字仅为 40.1%，大部分孩子因为家庭经济条件不好，或是受传统观念的影响，在完成了国家规定的九年义务教育后，无奈地离开学校，返乡开始劳作，令人扼腕叹息。为此，我们这批上海援滇干部和上海青年志愿者来迪庆工作后，一致认为，在努力为迪庆的发展做出贡献的同时，还应该以个人的绵薄之力，帮助一些贫困学生完成学业，使他们将来能更好地为迪庆的发展服务。

在这次捐赠仪式上，上海援滇干部和青年志愿者个人捐助 12 名品学兼优的贫困学生共计 14400 元，其中，上海援滇干部每人捐助了 2 名学生一年的学费，以帮助他们完成九年制义务教育的后续职业教育。

假如说，这是我们驻迪庆上海援滇干部对当地贫困家庭子女的第一次教育"资援"，那么，在以后的援滇岁月里，我们始终没有停止过我们的教育"资援"，包括为德钦二中全校学生购买床单的来自嘉定区少体校、嘉定区黄渡中学、嘉定区安亭小学三所学校的捐款，也包括嘉定区支教教师慰问团在德钦二中举行的嘉定马陆育才中学向德钦二中捐款仪式等一系列爱心之举。

当然，还有我和同为上海援滇干部的刘志荣的一份共同心愿。

记得那天吃过午饭后，因为要下乡检查扶贫项目，我就匆匆地将茶几上的《迪庆日报》快速浏览了一遍，偶然看见版面上有一则标题为"一只急需空中加油的小雏鹰"的简讯，说的是一个名叫巴特的藏族孩子的事情。尽管巴特所在的东旺乡新联村列布村民小组地处滇川交界的香格里拉县最边远地域，距离县城有 250 多公里，可村里飞起了小雏鹰，巴特高考金榜题名，考上了云南师范大学，成为新联村近年来唯一考上大学的藏族孩子，让全村人为此兴奋不已。但是，让巴特父母发愁的是不知道去哪里筹措巴特的学费。巴特全家有 8口人，除了靠上山捡松茸维持生计外，基本没有其他经济收入，哪里有能力供他上大学？

面对困难，巴特是乐观的。他说他并不泄气，因为他相信困难是暂时的，他希望能够圆自己的大学梦，因为只有上了大学，才能改变家庭困境。

下乡路上，我和同行的刘志荣说起了这件事。每个人一生中都会有最紧要的几步，需要他人扶持。我提议我们一起帮助巴特这个藏族孩子圆梦，刘志荣即刻表示了赞同。于是，我们通过报社的朋友，很快就落实了这个愿望。

我们的要求很简单，只要告诉巴特有两个上海的热心人在帮助他就可以了，希望我们的帮助能给他的人生之路捎去一缕阳光，也希望他学成后会回报社会和养育他的这块土地。

回想起在迪庆藏族自治州的工作和生活，香格里拉风景的秀美、民风的纯朴和文化的厚重都令人难以忘怀。正如歌曲《心灵的坐标》所唱的那样，我始终坚信眼前的困难是暂时的，发展才是我们前进路上的永恒主题。

因缘　随缘　结缘

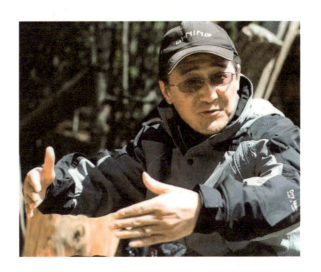

赵刚，1963年11月生。现任上海嘉定住房建设发展（集团）有限公司副总经理。2009年6月至2011年6月，为上海市第七批援滇干部，任迪庆州扶贫办副主任。

口述：赵　刚
采访：王秋霞　朱亚慧
整理：王秋霞　朱亚慧
时间：2020 年 1 月 9 日

圆梦旧念想

1985 年 7 月，我从上海师范大学毕业。那时候，国家政策号召我们大学生支援边疆建设。班里同寝室的一位同学决定前往新疆石河子中学当老师。在他的带动下，这一年我们系两个班级有 10 多位同学毅然放弃上海的工作机会，前往青海、新疆、广西等边疆地区工作。因为我是家里的独子，按照中国人的传统思维，那是需要我顶起家里的"一片天"的，自然遭到父母的强烈反对。支边我没有去成，很长一段时间里，这成了我人生一大憾事。

2009 年 5 月，上海正式启动援滇干部选派工作，选派对象是 45 周岁以下的科级干部。我知道，如果再错失这次机会，可能就不会再有。当时我没有抱太大希望，令我没想到的是，市委、区委最终还真的给了我这个圆梦机会，我终于搭上了"末班车"。接下来，援滇干部全体人员需要进行体检，参加市政府合作交流办组织的政策、业务培训。不得不说，我的内心是非常激动的，不仅是因为年轻时的梦想可以实现，更多的是有了作为一名共产党员的一种责任感、使命感，以及来自组织上的信任感。

　　家里人得知消息，只叮嘱我好好照顾自己。大学同学跟我说迪庆是高海拔地区，生活比较艰苦，有什么困难告诉一声，他们会帮我解决。单位的领导也是关怀备至，给了我四个字：有求必应。对于援滇工作，家人和朋友的理解支持、领导和组织的关心，让我没有后顾之忧。所以，我也暗下决心，一定要把援滇工作做好。

　　2009 年 6 月 16 日，上海市第七批一共 17 名援滇干部到了云南，开始为期两年的援滇工作。

他乡作故乡

　　我们这一批援滇干部，分别在云南省扶贫办和红河、文山、普洱、迪庆四州市开展工作，主要任务是继续履行对口帮扶的职责。我担任迪庆藏族自治州扶贫开发办党组成员、副主任，负责上海市政府对迪庆州及区政府关于香格里拉县、德钦县的对口支援工作，记忆最深的就是德钦县霞若乡村路建设项目。

　　霞若傈僳族乡地处白马雪山国家级自然保护区及"三江并流"世界自然遗产核心腹地，是德钦县两个民族自治乡之一，也是省级重点扶持的民族特困乡。全乡大多为傈僳族、藏族群众，生活在发端于白马雪山的珠巴洛河两侧狭长的

◀ 下乡工作

河谷地带，其中近一半人口的生活处于贫困线以下。可以说霞若乡是云南农村、高寒山区、贫困少数民族地区的一个缩影。主持工作的龙乡长因为以前一直在机关工作，对农村的事情并不是非常熟悉，特别是对于对口帮扶工作如何安排心里没底。于是，我便会同县扶贫办的同志一起，从原则要求、项目分类、工作程序、整体要求等方面来确定项目点、项目内容、实施方案。思路理清了，接下去就是工作的推进。在我们看来，推进过程中最大的问题就是资金不足。

预算 150 万元左右的村道建设项目，资金缺口有五六十万元之多，如何实施，我自己其实很没有底——这可是经济基础十分薄弱的贫困乡村！但是，无论是乡党委、政府还是村民群众，他们并没有怨言。经过探索和挖掘，在村路建设上，我们首先通过层层落实、层层发动，组织村民群众投工投劳，解决了人工的问题，人力上省下了一大笔开支；其次通过就地取材，把石板、石块和着混凝土一起铺筑，弥补了原材料的不足。村民们参与了村道建设，充分发挥了积极性，不但提高了工作效率，而且在兼顾了强度的情况下又很有特色，使得这个项目成了县内的标杆工程。

同时，我们建立了工作档案，村道建设项目推进的全过程都留下了图片和声像资料。我们同步建立了推进工作情况汇报制度，实现全过程跟踪、全方位监督，特别对于资金使用、工作进度，不仅有专人负责，更有监督小组监督，定期进行公示；对于上级部门干部、领导的检查指导做到有记录、有记载。我们创新性地确立了先审计后验收制度，保证了扶贫工作在阳光下进行，真正做到了将每一分钱都花在刀刃上，用在百姓身上。

由于实施了对口帮扶项目后乡貌发生了很大的改变、组织推进工作比较精准细致、资料档案收集比较完整，大家都非常满意。2011 年 4 月左右，我们陪同时任云南省扶贫办副主任戚蓓蕾同志在实地考察时，走在新铺成的已经硬化的碎石道上，一边是水流湍急却十分清澈的珠巴洛河，一边是干净整洁、富有特色的藏族小楼，碰到几个村民，用"扎西德勒"问候。迪庆州扶贫办主任和永忠同志认为这里的模式和经验很值得借鉴推行；戚蓓蕾副主任也对霞若乡的项目给予了很高的评价。我们总结，在实施扶贫项目的过程中，在统一思想后怎样做好同当地干部、群众的相互配合、支持，形成合力，这是最基本的，

◀ 与藏族同胞交流
谈心

也是最重要的。

很多同事朋友在我到云南前问我："扶贫需要做什么？有效果吗？"对此，我也曾心存疑虑。经过在云南的两年扶贫工作，看到灰色的水泥路铺进了一个个村落，一片片经过整理后的民房，还有当地村民们一张张绽放的笑脸，我可以很肯定地回答他们："我们做了很多实事，不说成绩有多显著，但至少我们让当地人都享受到了党和国家的扶贫政策！"

在迪庆的两年中，我的工作得到了方方面面的关注、支持和关心。在我前两任援滇干部工作的基础上，通过区合作交流办与区教育局、区卫生局进一步夯实了专家巡回指导机制，与区供销合作社探讨、摸索了产业帮扶途径与办法。在香格里拉县建塘小学修建过程中，南翔镇蓝天经济城集团援助 150 万元，用于学校建设艺术教育场地。是南翔人又是大学同寝室的同学，上海师范大学人文学院副院长、教授詹丹为之欣然提名"蓝天艺翼"。还有企业向学校捐衣价值数十万元。这些工作，都在当地产生了比较好的影响，为上海、为嘉定区在迪庆赢得了比较好的声誉。当然，我们迪庆州的扶贫小组的工作精力，更多的还是花在市政府出资援建的学校、医院等社会设施及产业发展项目的管理、监督工作上面。

两年情意长

两年的援滇工作倏忽而过，但是给我的影响却是深远、深刻的。

当地干部群众乐观积极、艰苦奋斗、扎实工作的精神给了我很深刻的教育，完全可以说这是这两年工作中我得到的财富。到了迪庆以后，我就感觉到了州委、州政府在推进地方经济、社会发展上的用心用力。例如干部的联村联户工作模式：抽调机关干部下到村社，吃住在村、工作在村，不实现工作目标、考核不达标不回城。"致富不致富，关键看干部"，扶贫干部就是落实好中央相关工作和会议精神，发挥好党员干部在这场攻坚战役中的战斗员作用，以"实"的原则，"细"的作风，"真"的底色，下足"绣花"功夫，把党和政府的关心与温暖送到每户贫困户家中，让每一户贫困户多一份获得感、幸福感、安全感。

除了实施以政府为主力军的各类扶贫攻坚项目之外，我们也看到了社会各方面的力量在逐渐地、全方位地参与进来。如果我们尽可能多地汇聚扶贫帮困的资源和力量、保护社会力量的积极性，那么全社会参与就一定会形成风气。

在迪庆，除了我们之外，有来自共青团市委的，有来自大企业的，还有一些自发的青年志愿者。他们都从不同的角度、不同的方位给予当地的经济社会发展以无私的帮助。其间，我曾随援滇联络组走访过几所地处偏僻的学校。那里不用说校舍，就连像样的课桌也没有，学生吃饭都是放在地上，有的坐在地上，调皮点的学生干脆趴在地上吃饭；虽然学生都已经寄宿在学校，但是睡觉都是几个人挤一张破床。2011 年 5 月，我和几位朋友从靠近公路的西当村下车，骑骡子加步行六七个小时，抵达梅里雪山深处的雨崩村卡瓦格博小学。这里唯有一名年轻的志愿者在当老师。一个在城市里长大的女孩子，孤身一人，住的是简棚陋屋，吃的是单调食物，已经工作了大约 5 个年头了。她就这样长期待在高海拔的深山僻远的小山村里，带领着一群一群、一拨一拨的孩子，延续着智慧的薪火。更有志愿者甚至牺牲在帮扶的路上，长眠在了边远的、陌生的土地上！

十九大报告提出，确保到 2020 年，我国现行标准下农村贫困人口实现脱贫，贫困县全都摘帽。这是一个十分振奋人心的目标。我国扶贫开发工作始于20世纪80年代中期，通过近30年的不懈努力，取得了举世公认的辉煌成就。作为曾经的援滇干部，对于习近平总书记提出的"精准扶贫"的指示更是由衷地拥护和欢迎。在迪庆工作的那段时间里，我们的帮扶项目除了村社的房屋、道路、沟渠、饮水工程等基础设施建设之外，也开始着力在医疗卫生、公共教育、产业发展等方面布局。特别是在产业发展和教育、公共卫生等方面，大力推进规范化、规模化、品牌化，使资源得到更好利用。曾经历大肆砍伐的迪庆，早已经开始重视生态的保护，保护性地开发和发展当地的旅游资源并取得了很丰硕的成果。

目前，我们嘉定区除了继续对口帮扶迪庆州德钦县外，又在前几年对楚雄州的7个县开展了对口帮扶。2019年7月，在《东方城乡报》当记者的女儿随中国农村媒体记者团去云南楚雄做了采访，我详细地读了她采写的连续报道，感到十分惊喜。那里的绿色产业、特色产业、文化产业通过有计划地组织开发，对当地农民增收形成了强大的动力。当然，楚雄的产业发展只是整个扶贫工作的一个缩影，现在方方面面都发生很大的变化。云南省有着十分丰富的自然资源、生态旅游资源、民俗文化资源，所以我相信经过我们的努力，全面脱贫一定会如期完成。

回想大约10年前的那段时光，虽然只是短短的两年，却是人生履历中极其珍贵的一页，我一直为之感到骄傲和自豪。自从与云南、与香格里拉结下了这段缘以后，一说起云南、香格里拉，青稞酒、酥油茶的香气，梅里雪山、松赞林寺、普达措的美景，志愿者们坚定乐观、舍我其谁的笑容，还有云南各族人民群众的热情与五彩斑斓的民族风情，都是记忆犹新，永远无法忘怀。从迪庆回沪以来，我和其他援滇干部一样，不仅一直关注着那里的发展和进步，更真诚地祝愿云南尚处于贫困状态的群众和全国人民一起尽快迈入小康社会，共享幸福、小康、安宁的生活。

扎西德勒！

样样好！

我心中的香格里拉

严伟中，1968年2月生。现任嘉定区机关事务管理局局长。2011年6月至2013年6月，为上海市第八批援滇干部联络组迪庆小组组长，任迪庆州州长助理。

口述：严伟中
采访：王　欢　徐凯枫
整理：徐凯枫
时间：2020 年 3 月 25 日

迪庆藏族自治州，是云南省的 8 个自治州之一。迪庆，藏语意为"吉祥如意的地方"。迪庆州位于云南省西北部，滇、藏、川三省区交界处，共辖 3 个县级行政区，分别是香格里拉县（2015 年正式撤县建市）、德钦县、维西傈僳族自治县。迪庆是"离天最近、离神最近、离自然最近的地方"，是公认的"经济小州，政治大州"。

上海是我国国际经济中心、国际金融中心、国际贸易中心和国际航运中心。从 2004 年开始，根据中央指示，上海对口帮扶云南迪庆藏族自治州。在对口帮扶过程中，突出落实好"四个带动"，即区域发展带动扶贫开发、特色产业带动农民增收、连片开发带动新农村建设、专项扶贫带动援滇扶贫，实现了高原藏区少数民族贫困地区生产发展、生活富裕、生态良好的发展愿景。2011 年 6 月，我接受组织挑选到迪庆州挂职任州长助理，开启了两年的援滇之路。同年，上海市共支持迪庆帮扶项目资金 1.8 亿元。

初入迪庆高原，调研走访理思路

很多年前，我就来过迪庆高原，那时还叫中甸。给我留下最深印象的是独特的藏式建筑，飘动的五彩风旗，庄严神秘的寺院庙宇，还有无处不在的玛尼石堆，雪山、冰川、峡谷、森林、草甸、湖泊和淳朴的藏族同胞等等。迪庆州两头窄、中间宽，有着"雪山为城，金沙为池"的雄伟态势。海拔4000米以上的雪山有470多座，最让我印象深刻的就是梅里雪山，有"世界最美之山"的美誉。清晨时分，山石和天空的分割线还不清晰，日月同辉，升起的阳光从雪山山顶上四散开来，晕染了整座梅里雪山，真的是美不胜收。

"美得令人陶醉，穷得令人心碎。"用这句当下的流行语，来形容我的第一感受是非常准确到位的。从地理区位上看，迪庆州地处青藏高原南缘，横断山脉腹地，是滇、川、藏三省区交汇处，山势、水势都是异常恢宏，但也造成州内地势复杂，交通十分不便。从经济数据上看，2010年全州生产总值仅为77.1亿元（拉动经济发展的主要是扶贫投资），其中闻名遐迩的香格里拉——国家级贫困县，经济总量还不及上海的一个乡镇甚至一个村。迪庆产业经济一直以林牧业经济为主，1998年天然林禁伐以后，造成区域农业基础薄弱，规模化生产程度偏低，经济效益好的特色种植、养殖比重偏低，农牧民普遍生活困难。从公共基础设施上看，教育、卫生体系建设不够完善，学校、医院等房屋陈旧，缺少优秀人才，缺乏现代化设备。最让我揪心的是，2010

◀ 小组集体学习

年迪庆刚遭遇了百年难遇的旱情，可以说原本基础薄弱，却又遭到了一次重创。

在工作中，我们坚决按照上海市委、市政府要求和援滇联络组职责，服从州委、州政府的领导，尊重当地的民族风俗习惯，积极做好联络、协调和服务工作，始终做到不越位、不缺位。作为州长助理，我主要分管的是全州沪滇对口帮扶工作。为了尽快进入角色、适应环境，更好地开展各项工作，我们把学习和了解州情作为工作的首要任务。一开始，我就带队走访了州四套班子领导和州扶贫办、教育局、旅游局、农牧局等相关部门，了解全州扶贫开发工作和沪滇对口帮扶以来的工作情况，感受少数民族特有的民风民情。

在与第七批联络组完成工作交接以后，我先对 2010 年和 2011 年项目进行了全面的梳理，随后，带领联络组全体同志深入香格里拉县的尼西乡、虎跳峡镇，德钦县的拖顶乡、霞若乡，维西县的塔城镇等地进行实地调研走访，了解上海帮扶项目的进展情况，向州扶贫办的同志了解 2011 年州级项目的推进情况。我还利用晚上休息时间，系统学习领会中央第五次西藏工作座谈会以及中央、省对迪庆藏区经济社会发展的一系列重要会议及文件精神，把吃透政策作为自己做好沪滇帮扶工作的基础。

通过深入的调研走访，同基层村干部、村民的深入交谈和全面的学习研究，我们对迪庆的州情有了更全面深入的了解，为立足于全州经济社会发展大局和大扶贫工作格局，思考、谋划、落实好沪迪对口帮扶各项工作奠定了基础。

加强基础建设，共谋产业发展

整村推进是推动扶贫开发的重点工作项目，是新一阶段扶贫的重要落实途径。整村推进项目就是以扶贫开发工作重点村为对象，以增加贫困群众收入为核心，以完善基础设施建设、发展社会公益事业、改善群众生产生活条件为重点，以促进经济、社会、文化全面发展为目标，整合资源、科学规划、集中投入、规范运作、分批实施、逐村验收的扶贫开发工作方式。从实际操作层面来说，就是对符合条件的村进行房屋改建，配套建设卫生室、村民活动室、图书室等；对泥石流等自然灾害频发的村，实行异地搬迁，选址、规划、施工等层层把关。

前期，我们主要对已经完成的整村推进项目进行回访，评估房屋改建和道路硬化情况，调研村民活动室、医疗卫生室使用情况，走访困难农牧民家庭。项目整体情况较好，对部分农户改水改电需求第一时间反馈、及时跟进，群众反映良好。在实地走访的过程中，我惊讶地发现，一些村庄靠近山壁的老路只能供一人侧身通行，左手扶着山壁，右手便是悬崖。经过整村推进项目落地落实，村民们不仅居住条件得到了极大的改善，日常出行也变得更加便捷，让我更直观地认识到加强偏远地区基础设施建设的重要性。

雪山脚下的斯永贡村自然条件艰苦。受地域、时间等客观因素所限，斯永贡村整村推进项目还未有明确方案。村宅坐落的地方与车辆可通行公路的水平落差大，村民出行基本都是步行，出入极为不便。要想让斯永贡村的老百姓出入更方便，就要修一条"天路"出来。目标已经确定，那建设方案就要紧锣密鼓地制订起来。经过多次走访，特别是村主任看到我和我的组员们有热情、更有实干的精神，他也一同扎进项目的推进过程中来。现场调研、实地勘察、精准测量，我们一行在斯永贡村来回上下不知跑了多少趟，跟村里的老百姓也都

◀ 查看种植的经济作物

熟络起来。让我印象最深的是，得益于精确的测量数据，我们制定的项目预算很快便通过审核。经过一年多紧锣密鼓的建设，项目顺利通过验收。在项目回访过程中，我又到访过斯永贡村，看到村里的孩子们在蜿蜒而上、通往雪山的新路上嬉笑玩闹，这样的场景让人由衷高兴。

我们一行当时去云南，扶贫的主导思想就是要"输血"和"造血"相结合。如果说"输血"扶贫是整村推进项目，"造血"扶贫就是特色产业发展。其实，相对于"输血"扶贫，更重要的是"造血"扶贫。

为了深入了解迪庆当地的产业生态，我们联络组深入中药材、大棚蔬菜以及尼西鸡养殖基地、核桃种植基地等上海帮扶产业发展的项目基地，查看种植养殖情况，了解产、供、销等各个环节的情况。同时，我们虚心听取当地干部群众对产业发展，特别是对产业项目以及经营模式的意见和建议。

霞若乡的中药材产业链已经初具规模，"企业＋基地"直接对接的模式非常值得借鉴。尼西乡的尼西鸡、核桃还有土陶罐也非常有特色，就是销路不宽。了解到这个情况后，我们就埋头开始拟定展销会、推介会的对接方案。因为需要对接当地和上海两地多个部门、企业，我们商定模式化推进、系列化开展，减少沟通协调的频次和难度，经过多方协调敲定对接方案。我们最终协调推进了数十场展销会，参加了多场推介会，把尼西鸡、核桃油、土陶罐在更大的平台上推广开来。这种可复制、可推广的经验做法得到了有关领导的充分认可。

奔子栏镇夺通村位于金沙江沿岸、滇藏公路沿线，但因为地势陡峭，交通出行依然不便。我们通过"农户＋公司"的方法，积极探索出葡萄基地非财政性资金帮扶集体经济发展模式，还邀请上海葡萄种植专家实地开展葡萄种植、农业科技培训。经过多方努力，200多亩的葡萄园才在金沙江畔的山上真正落脚。为扩大产业集聚效应，我们着力推广农村合作社以提升土地使用权流转效率，将夺通村的经验推广开来。我们还在德钦县促成国内一家著名民营企业成功签约投资建设国际一流酒庄。村民的葡萄真正有了销路，葡萄特色产业才真正形成集群。

尼西乡汤满村毗邻214国道，距镇20公里，距香格里拉县城40公里，到乡道路为柏油路，交通十分方便。但是，汤满村村内基础设施薄弱，特色产业发展滞后，农民人均纯收入不到两千元，绝对属于贫困村。经过一年多的整村推进，房舍"穿衣戴帽"，道路整体硬化，村民活动室、医疗卫生室全都焕然一新。在基础设施得到完善的前提下，我们根据村情实际，引导村民通过组建专业合作社的方式，发展当地尼西鸡养殖、反季蔬菜种植等特色产业。专业合作社发挥龙头作用，以专业化、市场化的手段，采取良种推广、科技投入、农户培训等方式，为农民创收。据统计，特色主产业占农民经济收入六成以上。原来的贫困村脱胎换骨，成了明星村、示范村。

两年来，我们的工作在拓宽帮扶渠道、打造项目亮点、展示团队形象等方面都取得了较好成效。我们始终坚持高起点规划、高要求推进、高标准实施的原则，紧紧抓住"生态村、文明村"的主题，把村镇改造和社区建设结合起来，把产业发展与保护生态结合起来，把发展种养殖产业与生态农家旅游结合起来，努力打造现代高原新农村建设示范点。

促社会事业发展，提升村民获得感

根据当时"民生为本、产业为重、规划为先、人才为要"以及"大力发展特色产业经济"的总体要求，我们注重加大对教育、文化、卫生等社会事业的扶持力度，努力使农牧民得到更多实惠。

2011年的时候迪庆的人们生活艰苦、清贫，还没有因旅游业的蓬勃发展而富足。交通闭塞，山路崎岖难行，空气稀薄清冷，这是在城市生活的我们难以想象的。最让人揪心的两个地方是：某乡卫生院房屋构造简陋，吸氧设施老化陈旧，因为高原低压等，输液条件非常差；一所民族中学的宿舍、室内体育馆异常陈旧，漏风渗水现象严重，可以说同室外并无区别。

贫困地区最好的建筑，应当是学校和医院。我们通过积极联络，多方筹措，率先推进校舍改革，配套修缮宿舍、食堂、礼堂等。民族中学的学生们能住上温暖崭新的宿舍，能在原室内体育场改建的礼堂、食堂中快乐地度过学习生活。结合中心医院、乡卫生院的实际情况（高海拔地区），优先改建制氧、输氧系统，筹建高压氧舱，为推进当地旅游业发展打下坚实的基础。

我和组员们经过调研走访发现一地农牧局缺乏专业实验室，许多农畜产品质量安全检验工作开展困难。新建实验室项目是一个复杂的系统工程，具有专业性强、交叉施工难度大等特点。为进一步提升当地农牧口相关检验检疫工作水平，我们积极对接市有关部门和重点企业，严格按照标准化实验室建设要求，从实验室设计装修到配套系统安装，从家具采购到仪器配备，都做到全程跟踪、精细采选、精密安装。建成验收后，该实验室运作情况良好，为当地的农畜产品质量安全工作筑牢了基石。

我还带领迪庆小组全体同志，在迪庆开展力所能及的献爱心、做奉献活动。每位小组成员在主动结对两名贫困学生的基础上，联系结对贫困农户，捐资捐物；联系某闽商协会资助德钦县贫困学生 22 名，上海某外资企业资助贫困大学生 30 名；协调有关单位为对口帮扶县的学校捐赠实验设备等，受到当地干部群众的好评。我们小组结对当地的困难学生，这些孩子品学兼优，家境贫寒。我们经常找孩子们谈心，在学习与生活上给予照顾，两年的时间说长不长，说短不短，我们和孩子们的家庭结下了深厚的情谊。

给我留下极深印象的是一名同样来自上海的梁姓大二学生，她向学校申请休学一年到小中甸来做志愿者。在小中甸的一个村子里教书的她，操着一口流

◀ 德钦县云岭乡项目
工地现场

利的藏语，因村里老少挽留，她又向学校申请再休一年。小梁没有豪言壮语，却用行动感染着人，这样的精神让人钦佩不已。扶贫事业正需要这样的人，前赴后继、攻坚克难。

高原缺氧的生活环境和差异极大的生活方式，对每一名迪庆小组成员，都是一种客观存在的考验，而 2000 多公里之外的家庭和亲人也总是牵动着每一位援边干部的心。2012 年 6 月中旬，年近 70 岁的父亲因糖尿病并发症导致心脏、肾功能衰竭而住院，院方连开两张病危通知单。那时，我正在实地检查德钦县云岭乡的整村推进项目，离开居住地有 7 个多小时的车程，藏区高原的手机信号根本无法覆盖到那么偏远的地区。隔着千山万水，家里人苦苦想要联络上我，可我却一无所知。后来，我只能利用双休日，请假赶回上海探望重病的父亲。事隔多年，我仍然不忍回想当时的种种细节。

我们离开的一天到来了，心中有任务圆满完成的自豪，也有重回故里的激动，但更多的是对脚下这片土地的不舍。

夜里 10 点，我们一行人正在住所打包行李，大家都不怎么说话，气氛有些凝滞。夺通村的村支书达瓦打来电话，说有事要马上见我们，说他就在门外。我心里立马紧张万分，这么晚了上门找，别是项目出了事，赶忙一溜小跑出去看情况。只见达瓦拎着一袋农家自酿的葡萄酒，憨憨地站在那儿看着我直笑。他说，知道我们要走，特地来送饯别的礼物。我们婉拒，坚持不要。他的脾气上来了，吵架似的嚷起来："村里老百姓没说别的，就让我一定要把这些自酿的葡萄酒带给你们，必须要给到。"我们实在拗不过他，只得收下。当晚，我们邀请达瓦一同吃了顿特别的"夜宵"，再一次深切感受到藏族兄弟的豪迈。这一夜，满屋子洋溢着葡萄酒香。

两年来，在走遍迪庆三县一区开展实地调研的基础上，我们根据迪庆社会、经济、人文、自然条件等基本情况，协调开展了以计划编制、资金到位、工程质量、技术服务、人员培训、两地交往等内容为重点的一系列富有成效的工作。每一个项目的制定、洽谈、落实、验收的点点滴滴都已经随着时间在记忆中模糊，但是过程中凝聚着每一位援滇干部的心血，我会永远记在心中。

　　鲁迅先生说，世上本没有路，走的人多了，便成了路。而我却觉得能为一方的人们修建道路、改善生活，是值得自豪的，也是幸福的。正是因为那么多年复一年和代代相传的坚持，才有如今无数通往香格里拉的路径。我真心怀念那些邂逅、体验和创造的日子，神奇美丽的香格里拉永远镌刻在我的心间。

三年援滇路　一生迪庆情

　　潘展平，1967 年 4 月生。现任嘉定区机关事务管理局副局长（具体从事区政府合作交流办公室工作）。2013 年 6 月至 2016 年 6 月，为上海市第九批援滇干部，任迪庆州发展改革委副主任。

口述：潘展平
采访：徐光华 汪 波
整理：汪 波
时间：2020 年 4 月 26 日

地处青藏高原南缘的云南省迪庆藏族自治州，雪山连绵，江河纵横，崇山峻岭，云雾缭绕，被誉为神仙居住的地方。然而，高山峡谷绵延深处的迪庆，经济社会发展极为滞后。2013 年，我有幸作为上海市第九批援滇干部奔赴云岭大地，开始为期三年的沪滇对口帮扶工作。

与德钦结缘

2004 年 4 月，时任上海市委副书记、市长韩正率领上海市代表团到云南学习考察。考察期间，为支持云南向绝对贫困宣战，上海向云南捐赠 8000 万元资金、225 万元希望小学援建款和价值 400 多万元的物资，并增加迪庆藏族自治州为上海重点帮扶地区，安排嘉定区对口支援迪庆州的香格里拉县和德钦县。

2007 年，我第一次去迪庆州德钦县，不曾想就与它结下了长达十几年的缘分。当时，我还在区发改委，区里组织各单位为迪庆州香格里拉县和德钦县开展公益捐赠活动，我们积极发动单位员工，筹集了价值 2 万余元的中小学课本、图书、衣服等物品。记得那是 7 月下旬，我们将筹集到的物品准备捐赠给迪庆州德钦县第二小学。那时的路不好走，从香格里拉出发要翻越白茫茫的雪山，路上整整花了 7 个小时。傍晚时分我们一行到达了德钦二小，眼前的情形让人心痛，学校基础设施非常破旧，操场坑坑洼洼满是泥水，走进昏暗的教室，课桌椅都是缺胳膊少腿的，黑板是破碎的，孩子们的宿舍也很差，床上的被子又潮又黑，我真的很难想象学生怎么在这样的学校里生活、上课。我还听学校的老师说这些学生都住得非常远，有的学生来回都要花上两三天的时间，因此都要寄宿在学校里。这一幕幕深深地刺痛了我。我由衷地感觉到，这里是真的贫困，真的苦。我当时就在想，如果能有机会的话，我肯定义不容辞地投入对口帮扶的工作中，一定会再来。

2013 年，这个机会就摆在了我的面前。市里启动了上海市第九批援滇干部报名工作，我就把报名参加援滇工作的想法跟区发改委主任朱健民汇报了，他听了我的想法之后，很支持，跟我说如果我通过了，家里有什么事情，单位里都会帮我解决。我心里很感动。我把这个想法跟家里人说了，几经沟通，家人也支持我去援滇。最后，我通过了组织部的考察，成为上海市第九批援滇干部，并于当年 6 月正式启程前往云南省迪庆州，挂职在迪庆州发改委，开始了我的对口支援之路。

融入当地

初到时，迪庆州府的所在地香格里拉县（2015 年撤县建市）是一座不怎么发达的城市，没有高楼大厦，没有宽敞街道，没有繁华商业，也没有川流不息的车辆，就连初升的太阳都慢了半拍，与上海完全不同，我感觉这里的一切都与原来的生活脱节，初来乍到的我不免有些不适应。但是，在全身心投入工作后，我开始慢慢地融入这里。

2013 年 8 月，那是刚到迪庆的第二个月。这月的最后一周，我经历了两次地震，一次 5.1 级，一次 5.9 级。对于土生土长的上海人而言，和地震"亲密接触"的经验少得可怜。8 月 31 日 8 点刚过，正在刷牙的我隐约感到一股气浪呼啸而来，气中发出一阵恐怖的风声。"发生什么啦？"我当时并不清楚这就是地震波，甚至还不明就里地去走廊里寻找风声的源头。直至几秒钟后，房屋开始出现剧烈摇晃，我才意识到地震来临。

事后获悉，这场地震震中是距离香格里拉县建塘镇仅80多公里的奔子栏镇。地震共造成5人死亡、6人重伤，该镇30%的房屋出现损坏，道路阻断，水库电网受损，形势十分危急。据国家地震台网监测，震后6个小时内余震多达216次。

震后第二天，我还没有从恐惧中回过神，但为了尽快了解当地情况，并能做到精准扶贫，我们迪庆小组最终决定冒着余震下乡调研。巧的是，嘉定区的扶贫项目高原葡萄基地和夺通村整村推进项目，就在震中德钦县奔子栏镇。受到地震影响，途经的公路被落石阻断，原本2个多小时的车程，我们足足花了7个多小时。下午4点左右，我们抵达项目点。一下车，身着藏装的姑娘小伙手拿洁白的哈达、清醇的青稞酒迎接我们的到来。在经历一整天的颠簸之后，我们都有些疲惫，不过看到眼前的一幕，心里不免还是有些感动。

高原的夏天，天黑得特别晚，逐一看完扶贫项目了解当地的情况后，已是夜晚8点左右，但红红的夕阳还挂在西面的山头。所幸的是嘉定的援助项目基本上没受到地震的影响，让我们都松了一口气。当地的村民给我们准备了富有特色的晚餐，酥油茶、青稞酒、水汽粑粑、牛肉干是必不可少的，但更必不可少的是当地的民族风情，两杯青稞酒下肚，一些村民就自告奋勇地唱起了藏歌，其余的村民们跟着节拍跳起了欢快的锅庄舞。在村民的热情邀请下，我们也开始手舞足蹈，陶醉在这欢快的"舞会"中。

这次下乡调研我不仅了解了当地的实情，为以后的帮扶工作奠定了基础，更进一步了解了藏区独有的民族风情以及藏区人民的豪放和乐观的精神。

在迪庆州挂职期间，我担任的是州发改委副主任职务，分管地区科，地区科是负责全州的扶贫工作。在州发改委工作一段时间后，我发现这边的工作方式方法与上海有很大差异，做了很多工作，做得很辛苦、很累，但上级领导却不了解，导致工作推进力度慢。于是，我将嘉定区发改委的工作方法推广给他们，并不断改变当地的工作方式和工作习惯。一是更新网站内容，推陈出新，及时展示重点工作内容，每月出一份《发改信息》，并报送州委、州府领导审阅，抄送各委办局知晓，这个习惯自我走后还一直坚持，形成了固定的工作制度；二是每月召开科长例会，一方面让科长汇报月度工作内容，另一方面可以通过讨论请领导解决当月工作遇到的问题，提高工作效率；三是每个季度举办一次青年论坛。我们拿出州里当前遇到的热点问题，通过辩论的形式，让这些青年干部去参与辩论，表达才能。第一次的青年论坛还是我主持的，辩论场面非常热烈。可以说，这是发现人才的好办法。这套方法运用之后，州发改委就像是活起来一样，干部做事激情高涨，工作成效倍增，我也跟州发改委的干部们走得越来越近。

我还记得在迪庆州的第一个中秋节，当地的干部都回去过节了，州里面就基本没人了。我们因为年底的集中休假，所以就不能回到上海。州发改委的领导知道后根据我们上海的习惯，带了鸡、毛豆、花生、月饼，跟我一起过中秋节，让我在迪庆过了一个有温情的中秋节，我到现在想起来心里还是暖暖的。

随着时间的推移，我慢慢地喜欢上了这里，喜欢这里的蓝天、白云、雪山、青草、翠树，更喜欢这里的朴实、自信、乐观的人民，我在这里找到了一种归属感。

实施生态移民项目

德钦县位于云南省西北部横断山脉，青藏高原南缘，滇、川、藏三省（区）交汇处，境内雪山纵列，峡谷深切，怒江、澜沧江、金沙江和云岭山脉、怒山山脉构成了三江两岭由东向西相间排列的地形地貌，具有"峰峦叠嶂，沟壑交错，峡谷纵横"等特点，是典型"V"形峡谷地带。群众居住特别分散，立体气候特征明显，全县面积 7273 平方公里，山区面积约占 55%，高山山谷约占 28%，高寒山区约占 16%。全县 313 个村民小组的农村人口生活在海拔 2800—3000 米以上地区，占全县总人口的 64%，人口密度为每平方公里 7 人。全县生态环境十分脆弱，雪灾、旱灾、泥石流、山体滑坡等自然灾害频繁发生，在这样特殊的地理环境下，许多群众不仅没有发展致富的资源条件，甚至成了特殊的生态难民。

长期以来，德钦县委、县政府着力改善贫困群众生产生活条件，大力实施农村通路、通电、通水工程，但由于群众居住分散、小户成村、土地贫瘠、环

◀ 实地查看德钦县云岭乡高原蔬菜种植基地选址

境恶劣、海拔较高，远离乡镇集镇和公路沿线，如羊拉乡仲米、那仁等村民小组距离乡政府近 100 公里，仅修建农村通组公路就需要投入 800 多万元，每年养护成本在 30 万元左右，公路等级低、弯道狭窄，群众安全出行的保障难度大，遇到各种自然灾害，容易造成严重损毁，需要重新投入建设。在全县范围一个 10 多户规模的自然村，单就修路、饮水就需要投入近千万元，这样的村组在德钦比比皆是。生活在这样特殊环境下的农牧民，即使投入大量的扶贫资金，改善基础条件，但由于客观自然条件的限制，难以实现就地脱贫，造成了年年投入、年年贫困、生态恶化、长期扶贫、重复扶贫的不良循环。

2011 年起，德钦县改变工作思路，探索实施"人下山、树上山"生态战略，把易地搬迁项目建设作为全县扶贫开发和加快区域经济发展的一项最有效、最根本的重要举措，相继实施了达日村、居加村、斯永贡村、堆拉村 4 个较大规模的生态移民搬迁项目，移民总数达到 263 户 1420 人，有效改善了群众的生产生活条件，加快了脱贫致富步伐。

我到德钦的时候正好赶上德钦县云岭乡斯永贡村生态移民搬迁项目的收尾阶段，并见证了斯永贡村民入住新的家园。

斯永贡村民小组地处极度贫困山区，实属交通不便、通水困难的偏僻村

▲ 云南省楚雄州双柏
县旧哨村高端水产
养殖基地

落，贫困程度深，扶贫攻坚难度大；同时，还是德钦县自然灾害较为严重的村落之一，近10年间，山体滑坡灾害共导致18处房屋开裂变形，严重影响了村民的生产生活。为了让山区群众从根本上走出大山，摆脱困境。根据达日村综合开发项目的成功经验，通过反复考察论证，德钦县委、县政府启动实施了居加、斯永贡、堆拉3个村民小组的生态移民搬迁工程。

2012年9月，斯永贡村生态移民项目正式启动，计划将云岭乡斯永贡2个村民小组44户247名群众整体搬迁至云岭乡政府驻地，规划建设安居房44栋、人畜饮水、通路、通电、太阳能、活动场所等工程项目，计划2013年10月底完工。

当时，整个生态移民项目概算总投资4100万元，投入算是比较大的，需要从各个方面筹措资金。嘉定区考虑到斯永贡生态移民项目的资金需求，在与德钦签订的2013年嘉定区—德钦县对口支援协议中明确，投入上海帮扶资金1526万元，其中投入800万元用于斯永贡生态移民项目，这为整个生态移民项目的加快建设提供了资金保障。

该项目自启动实施以来，不仅得到了各级党委、政府的高度重视，也得到了县级相关部门和涉及乡镇党委、政府的密切配合。通过各工程项目指挥部的主动作为，尽心履职，一线服务，切实发挥协调指挥作用，各项工程建设成效明显、进展顺利。

2014 年 1 月，斯永贡 44 户 247 人全部搬进新的安置点。当时德钦县云岭乡斯永贡村民小组村民说："感谢共产党，感谢上海市，感谢上海的援滇干部，搬到这里非常舒服，非常好，现在没有危险了，住着也安心舒服。"他们感激的话语让我们非常感动。除此之外，村民们还拥有了公共活动室和体育场所，居住环境得到改善。另外，通过种植葡萄、中药材等，斯永贡村民小组的人均年收入逐步提高。

为德钦县解决看病难题

德钦县位于雪山脚下，平均海拔 4270 米，地广人稀，高血压患者有近5000 人，每年高血压患病率达到 7.2%。又因为当地藏区传统的饮食习惯和生活习惯等，当地人更容易患上心脑血管疾病、关节病等诸多疾病，这些慢性病严重影响老年人的生命健康。住在偏远山区的村民很难及时看病，等到发现时，往往已成重疾。而且，德钦县的医疗水平整体比较薄弱，远远比不上城市，医院基础设施和医疗力量也相对不足。

◀ 嘉定区参与援建的
德钦县人民医院

从 2004 年开始，嘉定区持续加大对德钦县的卫生医疗对口帮扶力量，通过开展医院援助项目、购置医疗设备等方式，改善医院基础设施条件，同时，每年开展巡回医疗、医技指导、病情诊治和培训授课等活动，帮助提高当地诊疗水平。2016 年，依托嘉定区中心医院的"联影—嘉定区域影像中心"，通过互联网和远程医疗信息系统软件，我们在德钦县人民医院与嘉定区中心医院之间成功联合搭建了 CT 远程读片会诊系统，即患者可以直接在德钦县人民医院拍片，然后由嘉定区中心医院提供远程影像诊断和会诊服务，使当地群众不出家门就享受到上海专家的诊疗服务。同时，还依托嘉定影像中心工作平台开展远程教学、疑难病会诊工作，进一步拓宽对口支援渠道，为提升当地医疗技术水平提供支撑。

搭建两地 CT 远程诊断平台的想法很好，但在实际操作中并不是那么容易，遇到了一些比较棘手的问题。一是系统所需软硬件设备相对缺乏。实现远程诊断项目，需在受、援两地医院配置前置服务器、工作站、音视频设备等必备硬件设备，还要保证 20 兆 / 秒网速以上的网络宽带用于传输拍摄图片。二是 CT 远程诊断系统运行费用估算不足，包含远程诊断费用、设备接口费用和网络运行费用。根据调研统计，德钦县 DR/CR 拍片量为 6000 例 / 年，CT 年拍片量为 2400 例 / 年；如所有拍片全部上传至嘉定中心医院统一诊断，按照 DR/CR 远程诊断阅片平均 25 元 / 例估算，CT 远程诊断阅片平均 50 元 / 例估算（CT 阅片工作量远超 DR/CR 的 2 倍），每年约需向嘉定影像中心支付远程诊断费用 27 万元。此外，还有设备接入费用和网络运行费用，分别是 12 万元 / 年和 2.4 万元 / 年。

为了解决这两个难题，我和区卫生计生委负责的同志一起想办法，最后向区合作交流办提交了一份《关于联影—嘉定远程影像会诊中心对口支援久治 / 德钦有关事项的报告》，将远程诊断平台搭建工作开展情况和遇到的问题都汇报给时任区合作交流办公室主任许红兵。许红兵主任很关心这个项目，将相关情况报给时任嘉定区副区长陆祖芳，得到她的大力支持，争取了相应的资金，最终保证了这个项目的顺利开展。此外，区里还额外捐赠 20 万元用作远程诊疗系统工作经费。从 2016 年开始，通过 CT 远程读片会诊系统，嘉定区中心医院已为当地医院累计出具 7373 份 CT 诊断报告。

圆孩子们的读书梦

　　德钦郊野的格桑花，杆细瓣小，看上去弱不禁风，可风愈狂身愈挺，雨愈打叶愈翠，太阳愈暴晒开得愈灿烂。这里的孩子们就像格桑花一样顽强，渴望通过知识改变自己的命运。在迪庆州挂职的三年间，我一直尽我所能去帮助当地的贫困学生解决一些生活和学习上的困难，让他们能安心上学，顺利圆梦。

　　德钦县的山区特别贫困，泥泞的小道上充斥着牛羊粪，房屋破败不堪。当地孩子身上的衣服，都已经穿得油亮油亮也不见换洗，部分家庭的木质房屋四面透风，卧室里除了一套又黑又油的被褥，连一张床也没有……这一幕幕深深刺痛了我，上海的贫困家庭我也见过不少，但眼前绝对贫困的景象，迫使我从心底里觉得要为他们做些什么。于是，我和同去迪庆州的两名援滇干部决定赞助迪庆州民族中学的学生，帮助他们完成高一至高三的学业。对于要赞助的学生，我们当时也提了 4 个条件：一是来自贫困家庭，二是来自单亲家庭，三是成绩要优秀，四是品德优秀。最后，在迪庆州团委的帮助下，当地向我们推荐了 30 名品学兼优的贫困学生，我当时认领了 10 名。不仅自己资助他们，我还发动了身边的亲朋好友加入我的"爱心计划"，每年各自拿出 2000 元捐赠给这些学生。

　　卓玛拉姆就是我结对资助的一名藏族高一学生，卓玛拉姆的爸爸患有残疾，无法下地劳作，全家全靠姑姑照顾，即使是每学年 2000 元的学费，对卓玛拉姆一家来说也是笔不小的开支。在我的帮助下，卓玛拉姆家里的负担没以前那么大了，她终于可以安心地上学。我还记得，2015 年的一天，正开会的我突然接到卓玛拉姆的电话，以为出了什么事情，赶紧跑出会议室。在大门口看见卓玛拉姆拎着一布兜核桃呆呆地等着，她说："我爸说你是好人，给你送些自家种的核桃。"尽管再三推托，我也无法说服这个执拗的藏族女孩。当时我心里很感动，全身都暖洋洋的，觉得所做的一切都是值得的。

　　格桑花是高原上最美的花，藏族人民喜欢把勤劳、美丽、顽强的姑娘比作格桑花，卓玛拉姆是这样，次里永宗也是如此。2015 年 4 月，我们通过迪庆州团委与迪庆州民族中学的农村贫困学生开了一次别开生面的座谈会，听听那里的贫困学生对于自己的未来有什么想法，最大的愿望是什么，以便于我们能更好地为他们解决生活和学习中的困难。

座谈会在无拘无束的氛围中进行着，同学们畅所欲言，展现了对美好生活的憧憬和对爱心的传递。藏族学生次里永宗的发言吸引了我。她说，在藏族人民眼中，拉萨是个十分神圣的地方，她的梦想就是能带父母去一次拉萨。我当即向次里永宗的班主任了解她的情况。原来，她来自一个离异重组的贫困家庭，是一个很有孝心和爱心的女孩，学习非常刻苦，成绩相当优秀。于是，我当场决定，在她结束高考并能考上自己理想的大学之后，就给她提供一家三口去拉萨的来回机票。高考结束，次里永宗不负众望，如愿以偿考上了四川大学法学院。8 月上旬，我给她们一家人买了往返拉萨的机票，他们很开心地去了拉萨。后来，我身边的一位朋友听到我讲这个事情后，决定自掏腰包资助次里永宗每年 1 万元，直至大学毕业。由于他不想让别人知道，所以一直以来就由我代为资助。

直到现在，次里永宗经常与我保持联系，会跟我聊聊大学的生活、家里的情况，总会在节假日时给我发一些祝福的信息。2019 年 10 月，我去德钦出差再次碰上了她，次里永宗写了一封信送给我，里面有她写的几句诗："月照佳人何其幸，晨露无辜伴离人。情思不拇冰胡茬，弹抚一间初阳升。"我读完之后为她的善良、淳朴、懂事深受感动。如今，次里永宗已经毕业，我也祝福她能过上幸福的生活。今后，我也会尽自己的努力帮助对口地区的贫困孩子们圆梦。

再续前缘

三年来，我们在沪滇两地各级党委、政府的领导下，紧密结合对口地区经济社会发展和帮扶工作实际，始终坚持"民生为本、产业为重、规划为先、人才为要"的工作方针，牢记宗旨、勤勉履职、真抓实干，较好地完成了对口援滇各项任务，有效改善了对口帮扶地区贫困群众的生产生活条件，推动了对口帮扶地区经济社会事业跨越式发展进程。

时光如水，2016年6月，我们第九批15名援滇干部结束挂职，返回上海。市委组织部、市人力资源和社会保障局、市政府合作交流办的同志一起来迎接我们，我们都很激动。虽然我离开了迪庆州，但缘分没断。我记得有一天，区委组织部找我谈话，主要是聊接下来的工作安排，问我愿不愿意去区合作交流办，继续从事对口支援工作。我二话没说就同意了，一来是已经熟悉这项工作，二来我还能继续奋战在脱贫攻坚战线上。于是，我就被安排到区合作交流办公室担任副主任一职，继续从事对口支援工作，与云南的缘分就一直延续至今。

在新的岗位上，我主要是负责对口帮扶工作，但工作内容变了。以前我是迪庆州项目的具体实施者，现在变成了全区援助项目的监督者。是否全面确保市、区两级援建项目顺利开工、完工、验收是衡量嘉定区对口支援工作好坏的关键性指标。项目完成得多，带动效果越好，就说明我们的工作做得好；如果项目完工率低，就会影响当地打赢脱贫攻坚战的速度，这个后果是我们承担不起的。所以，我当前最紧要的工作就是紧抓援助项目的实施和督查监管，一方面采取月报告制度，要求对口县每月5日前上报项目进度和资金使用情况，方便及时发现项目实施中遇到的问题，确保进度可控；另一方面赴对口县实地督查监管，检查援建项目进展，监督项目资金使用，查找相关问题，助力对口地区援建项目高效落实。

三年援滇路，一生迪庆情。相比其他援滇干部，我算是幸运的，能在工作中常回迪庆州看看。如今，包括德钦县在内的9个贫困县都已经成功脱贫摘帽，脱贫攻坚战已经取得初步胜利。但这并不意味着对口支援工作已经结束了，我们的对口支援工作要接着做下去，直到实现共同富裕的"中国梦"。

融入德钦藏区　助力脱贫攻坚

王晓华，1971年6月生。现任嘉定区区级机关工作党委书记。2016年6月至2019年7月，为上海市第十批援滇干部，先后任迪庆州扶贫办副主任、德钦县委常委、德钦县副县长。

口述：王晓华

采访：唐　军　钱　亮

整理：唐　军　钱　亮

时间：2020 年 1 月 20 日

响应号召、融入当地

进机关工作后，每次组织上有援边报名号召，只要符合条件我都主动响应、积极接受挑选。2016 年区里发动赴滇援边报名，我认真评估了自身条件和家庭情况：自己健康状况还不错，女儿正好大学毕业回嘉定工作可以帮助照顾家里，夫妻双方父母身体状况也还可以，爱人也尊重自己选择，表示支持；另外，我从小在农村长大，相对吃得起苦些，又曾参加过市里安排的部队农村等集中培训，这些经历经验对我适应援边工作应该会有所帮助；当然还有一个考虑，是自己 20 多年来一直在机关工作，经历较为单一，有这样一段历程对于自己了解国情、开阔眼界、开拓思维、丰富人生历程而言也是大为有益且不可多得的。

来到云南迪庆后，需要面对的就是如何快速适应并融入当地工作和生活，我想我主要完成了三个方面的融入。

第一个是自身思想的融入。2016 年刚过去的时候，在思想上我对工作方向的判断还不是太准确，简单认为帮扶工作主要分两块内容，一块是把市级、区级既定的项目交给当地实施完成；另一块是与后方各方力量沟通协调，争取把帮扶工作弄得力度更大、面更广。到年底总结、2017 年初，特别是党的十九大召开后，通过对标领会党和国家关于脱贫攻坚指示精神、对标当地脱贫攻坚明确的指标性任务、对标对口支援和扶贫协作考核各项指标性要求，我在思想观念上有了很大转变，对目标任务也更明确了。

第二个是工作团队的融入。首先是融入援滇迪庆小组，嘉定、闵行、宝山各 1 人，既有分工，每人代表各自区联系一个县；又有合作，涉及州级项目、州级交流则需团结协作。4 个年度里，我们小组和个人多次受到省、州层面表彰。其次还要融入州扶贫办、融入德钦县当地工作团队，个人的力量是有限的，涉及 3 年全州及 3 县 4 个多亿上海项目资金的投入，落地、审核、考核等工作需要充分依托当地的扶贫团队力量，融入当地，交好当地共事的同志、朋友就显得尤为关键了。

第三个是身体的适应融入。市里培训的时候，医疗专家说过，海拔 2800 米左右是人体适应的分界线。迪庆是云南的海拔制高点，州府所在地香格里拉市建塘镇地势比较平坦，生活工作的地方海拔在 3280 米左右；德钦县是迪庆州的海拔高点，县城生活工作的地方在海拔 2900—3400 米的大山沟里。从我个人身体来说，高海拔、低气压会造成心跳加速，稍微走动一下脉搏就会飙升到每分钟 100 次以上，在州、县两地走动，距离远（近 200 公里山路），又忽高忽低、忽冷忽热，需要经常调整身体来适应。我一方面非常注意日常休息，另一方面经常通过快走来锻炼，基本保证了不因自己身体健康影响对口支援工作。

落地项目、助推脱贫

迪庆，藏语意为"吉祥如意之地"，位于云南省西北部，地处滇、川、藏三省区接合部的青藏高原南延伸段，是举世闻名的香格里拉所在地和世界自然遗产"三江并流"核心区。历史上，迪庆是西南"茶马古道"的要冲，是东部藏区重要的物资集散地和商转站，还是云南进出西藏的咽喉要冲，战略地位十分重要。但是，受自然和历史因素影响，迪庆目前还是一个相对落后的民族贫

◀ 踏看产业种植

困地区，与全国、全省平均发展水平有着较大差距，这也是开展对口援助的原因所在。

　　这几年，扶贫工作越来越规范化、精准化。项目的推动也主要围绕东西部扶贫协作考核指标的六大方面内容进行。现在回想起来，2016 年 6 月 19 日离开上海奔赴迪庆的场景仍然历历在目，一幅幅壮美的山区景，一曲曲激昂的脱贫歌，一件件动人的身边事，每每想起都令我激动不已。谨择其中二三平凡事，分享脱贫攻坚战里的感悟和心路。

"土蜂蜜"助力夺松产业脱贫路

　　我赴滇担任的职务是迪庆州人民政府扶贫办公室副主任。到了工作岗位后，为了掌握帮扶工作情况，我克服语言不通、生活习俗不同的困难，跋山涉水，行程万里，深入基层，下到贫困县、乡、村、农户家，吃、住、行都入乡随俗，与少数民族干部群众打成一片。经过一番调查研究后，我认识到赴滇支边不光是资金的援助，更重要的是帮助村民找到脱贫致富的有效路径，这样的扶贫才是有效且可持续的。

　　德钦县霞若乡夺松村地处白马雪山自然保护区腹地，村民沿珠巴洛河两岸狭长山谷山区居住，以藏族（约占人口的 55.9％）和傈僳族（约占人口的

43.9％）为主体民族。全村辖 15 个村民小组共 277 户、1140 人，其中藏族
637 人、傈僳族 501 人、汉族 2 人。全村耕地面积为 2810 亩，经济收入以种
植、养殖业为主。由于地处深山、人均耕地面积少，又是国家级自然保护区核
心，交通道路贯通受到限制，村民增收、村级经济发展受到很大局限，属于深
度贫困村。我到这个村考察后发现，该村村民居住地海拔在 2200 至 2880 米左
右，年平均气温 15 ℃，气候温和，雨量充沛，物种丰富，全村森林覆盖率达
到 80％，土壤富硒，花卉资源丰富，为蜜蜂营造了优良独特的栖息环境；夺
松村的村民历来也有养蜂的传统，有一定规模的零散养殖户，具备推广规模
化发展的基础。而且，据了解，2017 年 4 月，经夺松村党支部、村委会召开
会议成立了村蜂蜜养殖农民专业合作社，村民自愿入股，募集资金 58.75 万元
（最低入股 1000 元，最高入股 2 万元）、入股蜂箱 1360 箱、入股蜂种蜂箱 36
箱。5 月，合作社在德钦县工商管理局注册登记，合作社名称为德钦县夺松村
霞赤通蜜蜂养殖农民专业合作社，并由县、乡出资征地 5 亩拟建设物流配送中
心（厂房），为了养蜂项目的实施推广奠基了坚实的基础。但是，合作社要扩
大蜂群养殖规模，实现集中存储、加工、标准化包装以及销售物流，资金缺口
还是比较大。在夺松村考察时，我还认识了藏区的傈僳族养蜂带头人余金泽，

◀ 与养蜂人在一起

这个汉子对蜂箱制作、蜂群繁育、基地布局、蜂蜜采割、产品制作一系列流程都有自己初步的思考，但苦于没有产业资金支撑。经过实地调研，我们及时进行协商并做好东西部沟通，确定将夺松村养蜂合作社项目列为沪滇扶贫协作帮扶工作重点支持内容之一。

在前期调研基础上，我们决定投入上海帮扶资金 200 万元支持霞若乡夺松村蜜蜂养殖合作社发展，主要是帮扶合作社建设物流配送中心（厂房）700 多平方米，用于合作社蜂蜜生产的脱蜂、摇蜜、过滤、灌装、包装、储存、配送等功能；帮扶合作社新添置蜂箱 1600 多个、蜂种 2700 多窝。另外，在具体扶持夺松村的农民养蜂专业合作社时，我们坚持民办、民管、民受益的原则，以带动广大农民发展养蜂事业共同致富为基本目标，依托合作社自有的技术力量，提供信息咨询、技术培训，采取按蜜源场地分散饲养、统一核算的模式和盈余返还、亏损共担、统一引种、统一销售产品、统一结算分配的办法进行。2018 年底合作社蜂蜜产量达到 1800 公斤，当年就夯实了村级经济收入指标，更为村集体经济以后发展奠定了坚实基础。实施一年多后，夺松村蜜蜂基地已形成一定产业优势，为 2018 年夺松村贫困户、贫困村的退出提供了有力支撑，更有力地证明了因地制宜、因势利导培育农民专业合作社是促进贫困地区农业发展和农民增收的主要途径之一。同时，通过建设合作社养蜂基地，也为当地下一步依托珠巴洛河、以养蜂为主的乡村观光旅游业发展做了一定的铺垫。

"彩虹桥"搭起德钦中学助学路

教育是民族振兴的希望，是推动社会文明进步的根本动力。自 1996 年"沪滇合作"项目开展以来，嘉定区积极捐助资金，帮助改善德钦的基础教育办学条件；2016 年，"沪滇合作"教育帮扶项目进入全新阶段，广大的社会力量被发动并参与到对口帮扶德钦县的教育扶贫工作中来。

我是当年的 6 月 19 日抵达迪庆的，到了当地不久，一次偶然的机会，听说上海正飞装饰工程有限公司有资助云南孩子的想法，我觉得挺好的，就打电话跟他们公司进行了沟通，了解到正飞公司董事长宋正飞先生确实有捐助资金帮助云南山区贫困孩子学习的想法，但是他们希望能到实地来看一看，希望能把资金送到真正需要的孩子手上。于是我将基本情况跟县里相关部门进行了沟

▲ "彩虹桥"搭起德钦中学助学路

通，促成了正飞公司到德钦开展一对一精准扶贫"彩虹桥计划"公益考察。

8月17日，正飞公司一行8人飞到云南，半夜才接到州里，他们也不顾长途跋涉的劳累，第二天一大早就要求前往考察山里的贫困学生家庭情况。阿瓦其，一个标准的康巴汉子，德钦县唯一的一个初中——德钦县中学的校长，对学校及学生们倾注了全身心的爱。他听说有上海企业前来考察助学，开车带客人到佛山乡巴美村考察。因为雨季塌方，考察结束回到县里宾馆已经是晚上八九点了，在实地了解了德钦县孜孜办学的丰硕成果和高原藏区学生就学实际困难，感动于当地政府希冀于下一代而做出的集中办学等艰苦努力，正飞公司总经理宋建飞先生决定将公司助学计划就落地在德钦县，饭都没吃，就与学校讨论资助协议的具体方案，最终牵手德钦县中学签订助学三年协议，每年为德钦县中学家庭贫困、学习优秀的75名中学生每人提供2000元的助学金，总协议资金50万元。正飞公司与德钦中学之间紧密配合、注重衔接，将公司管理激励理念贯注于助学行动，既关注助学扶贫，更看重帮扶激励，将贫困学生的进步作为优先择取受助对象的先决条件。助学行动实施以后，既使绝大多数的受助学生保持了学习上进的良好势头，更在全校1000多名学生中掀起了赶超比拼的奋斗风潮，2018年中考状元落户德钦县中学，2018年、2019年连续两年德钦县中学中考成绩在全州同类学校中名列前茅。

"春风行动"搭建藏区青年外出务工致富路

近几年来，随着云南藏区教育水平的不断提高，当地青年的学历水平得到普遍增长，但德钦县地处青藏高原横断山脉，自然资源极度匮乏，外出就业极为不便，从学校新毕业的青年就业面非常狭窄，给当地社会就业带来新的问题。到县挂职后，我积极参与当地劳动力培训等项目，优先安排资金给予支持，并探索将当地青年人才劳务输出与精准脱贫工作相结合，为贫困劳动力外出务工提供服务和帮助。

2018 年新年伊始，通过与嘉定区有关部门的先期对接，在德钦县劳务输出领导小组的精心筹划下，我陪同团县委、县人社局有关同志带领 9 名大学毕业生跋涉千山万水到嘉定区参加"乐业上海　2018 年嘉定区春风行动暨百家企业招聘会"，一方面带领大家考察学习沿海发达城市吸纳劳动力市场模式，另一方面也期望同行青年们积极参加招聘找到适合的工作。在嘉定区人社局的有力支持下，招聘会结束后又专门为德钦县一行举办了一场座谈会暨岗位接洽会。嘉定区人社局副局长倪建平、嘉定区合作交流办副主任潘展平、上海华讯汽车配件有限公司和上海尖点精密工具有限公司相关负责人参加了接洽会。会上，我着重向嘉定的同志们介绍了此次赴嘉参加招聘会的背景，及沪滇帮扶工作的重要意义。两家公司负责人也对自己的公司进行了介绍，并同青年一起交谈，达成初步用工招聘意向。3 月 5 日，我带领大家参观了上海华讯汽车配件有限公司和上海尖点精密工具公司的生产车间，两公司也同意录用 3 名青年在他们公司就职。3 月 7 日上午，3 名青年与公司签订劳务合同，正式上岗。

藏族小姑娘取宗，就是这 3 名青年中的一员，她来自羊拉乡茂顶村建档立卡贫困户，高中刚毕业，家住白马雪山腹地，家庭主要务农、采摘，年纯收入不足 2 万元，人长得黑黑瘦瘦，为了改变家庭面貌，坚定地来上海务工，过早地承担起家庭脱贫的责任。自 2018 年 3 月 4 日到尖点精密公司务工以来，每年寄给家里 5 万多元，真正实现了一人就业、全家脱贫。

德钦县青年到嘉定企业就业，实现了有组织实施云南藏区青年到上海劳务输出"零"的突破，并为今后实施当地藏区高原青年外出就业组织工作积累了宝贵的经验。通过将劳务输出与精准脱贫工作相结合，为贫困劳动力外出务工提供服务和帮助，达到一人外出务工、带动全家脱贫的成效，也助推了精准脱贫、共奔小康目标的实现。

总的来说，我在云南工作的这三年，当地从省内到州、县再到乡村，对于我们的帮扶工作，非常重视，支持也非常有力。刚开始在帮扶内容的设计、标准、验收等流程方面，双方还存在着理念上的一些差异。比如说，上海资金项目一般到年中就要求统计"项目进度情况"、年底就要求被帮扶县乡拿出"项目完工率"，并做出年度的考核评价。一开始当地基层的同志非常不适应，通过三年多的坚持，后来双方逐渐达成共识，实现了工作节奏的同步。有个市里的部门领导来迪庆考察时说过一句话，叫"在碰撞中不断前进"，我觉得说得非常好。三年来，像当地农产品产销对接、劳动力输出工作对接等等新的帮扶内容，通过我们的不断坚持已被当地完全接受并形成了良好的帮扶推动机制。从帮扶团队和个人来说，我觉得只要我们是带着感情去工作，在推动项目落地的过程中，一定会取得当地的理解和支持。

历练人生、无悔青春

三年的挂职帮扶工作忙碌而充实。这是嘉定区对口德钦县东西部扶贫协作在上海市各级领导、各个层面支持和推动下取得关键成效的三年。2019年4月，迪庆州德钦县在云南全省公示脱贫摘帽，这也是上海市、嘉定区15年来坚决贯彻落实扶贫开发重要战略思想、中央"东西协作"和对口帮扶重要战略的重要成果；是上海各级干部群众不折不扣地落实上海市委、市政府的决策部署，坚持"用真心真扶贫、动真情扶真贫"行动的成果；是历届对口支援挂职干部、志愿者持续帮扶、共同努力的结果。从我个人来说，能在决胜脱贫的关键时期来到迪庆州、德钦县，发挥桥梁作用、密切两地往来、开展各种形式的帮扶和对接工作，我感到无比欣慰、自豪和鼓舞！在这里，我亲眼看到、亲身参与了脱贫攻坚战，既提升了个人的工作历练，更经受了一场难忘的国情教育。"君住长江头，我住长江尾"，迪庆州德钦县与上海市嘉定区两地一江相连，三年的援滇工作，必定成为我人生征途中永难忘却的重要历程。

援滇真情实意　扶贫真抓实干

　　徐红斌，1974年4月生。现任嘉定区徐行镇党委副书记，二级调研员。2017年9月至2019年7月，为上海市第十批援滇增派干部（其间2018年1月至2019年7月为上海市援滇干部联络组楚雄小组组长），先后任楚雄州扶贫办副主任、武定县委常委、武定县副县长，州政府副秘书长、武定县委常委、武定县副县长。

口述：徐红斌
采访：嘉　蓝
整理：嘉　蓝
时间：2020 年 1 月 21 日

2020 年春节前，我收到了来自云南省楚雄彝族自治州武定县的蜂蜜，这是当地彝绣合作社负责人李从梅寄来的。比这香甜的蜂蜜更让我高兴的，是李从梅发来的照片：改造一新的彝绣扶贫车间宽敞明亮，绣娘的工作环境获得了较大改善。

虽然从楚雄回到嘉定已有半年，但近两年的援滇生涯，让我与当地百姓结下了深厚友谊，时时刻刻都惦念着他们。楚雄，已然成为我的第二故乡。

走出"舒适区"，在干中学学中干

成为一名援滇干部，是使命的驱使。2017 年，上海决定在第十批援滇干部基础上增派干部。通知甫一发出，我立即报名。当时，我就想，自己年龄合适，各方面条件也符合，能参与脱贫攻坚第一线，既是响应组织召唤，也是对自己的锤炼。事实上，早在 2016 年，我就报名了援青工作，但最终未能成行。所以，我很珍惜这次援滇机会。

2017 年 9 月 17 日，我和其他两位嘉定援滇干部，一起踏上了云南的土地。当时，我担任云南省楚雄州扶贫办副主任、武定县委常委、武定县副县长。从上海到楚雄，相隔 2500 多公里，无论是从地域条件上，还是从工作内容上，对我都是一种新的挑战。

前往武定县挂职之前，我已经知道这里是楚雄州唯一一个国家级深度贫困县。我们住在县里安排的周转房，虽然有点旧，但家电设施还算比较齐全，有食堂解决吃饭问题，快递也很便捷，感觉跟大城市没有太大的落差。但当我走进贫困户家中走访调研时，就立即改变了这样的想法，甚至有了很大触动。当时，很多家庭可以用"家徒四壁"来形容，房间只有床和柜子，根本没有冰箱、电视机这些我们习以为常的家电。更让人心酸的是，有的房屋还漏风漏雨，居住条件十分艰苦，甚至存在安全隐患。

自我到武定县后，办公室里就一直挂着一张武定县的地图。从地图上看，武定县域轮廓像一个背着大背包的"圣诞老人"。但是，"圣诞老人"并没有给武定带来多少馈赠：武定县地表崎岖，山区面积占总面积的 97%；2018 年未脱贫人口 57029 人，占全州未脱贫人口的 46%，贫困发生率达 26.2%，是脱贫攻坚中的贫中之贫、坚中之坚。

那时，我便暗暗下定决心，一定要为当地的百姓做点实事。当然，这不仅仅是一句口号。我需要尽快适应和转变自己的定位，走出"舒适区"，边学边做，在干中学、学中干。

我到武定县挂职，主要职责是围绕组织领导、资金支持、人才支援、产业合作、劳务协作、携手奔小康等方面做好楚雄、武定与嘉定的扶贫协作工作。刚到任时，县里就安排我负责"互联网＋社会扶贫"工作，担任工作领导小组副组长。这对我来说，完全是一项新业务，我只能从头学习，埋头钻研，寻找突破口。在一番深入研究与准备后，我们在武定县率先推动了此项工作，并于 2018 年初设立了县级管理中心、11 个乡镇级服务站和 126 个行政村信息点，成功注册了 310 名信息管理员，使武定县"互联网＋社会扶贫"工作领跑全州。

我深深记得，当时在中国社会扶贫网上，楚雄第一条成功发布的贫困户需求信息，就是武定县卫计局派驻东坡傣族乡水口村委会驻村扶贫工作队队长、第一书记朱洪秀审核发布的。这条信息的主要内容为：武定县东坡傣族乡水口村委会大荞地村贫困户张志明需要长期服药，完全丧失劳动能力，生活来源全靠妻子一人种地，希望好心人能帮助解决一部分药费，减轻家庭负担。信息发布后，张志明一家就立即获得了爱心人士的捐赠，解了燃眉之急。

走村入户调研，有力推进项目实施

2017 年，楚雄州第一年实施沪滇扶贫协作项目，上海援滇干部还未到，项目已开始实施，资金投向成"既成事实"。但我赴任后，没有轻易认可，而是赶到项目实施乡镇，一丝不苟地开展了实地调研。

当时，上海援助项目资金入股了当地一家农业龙头企业，采用的是"龙头企业＋农业合作社＋贫困户"的模式。我和分管扶贫的副县长认真探讨、实地勘察后，从法律和市场风险角度仔细考量了该项目，对合作企业实力进行分析，对企业持续投资办公设施、冷库等固定资产的现实行为进行判断，确认风险小、有收益后，才认可了项目的实施。最终，该项目当年底实现了分红，农业合作社中 312 户贫困户每户领取了 600 元资产收益分红金。

2017 年的项目还在陆续实施，2018 年项目计划申报工作已"上马"。2018 年 1 月，我担任了上海第十批援滇干部联络组楚雄小组组长，带领组员统筹协

◀ 在援滇项目规划所在地调研

调好嘉定区对口楚雄州及下辖 7 个贫困县的沪滇扶贫协作工作。雨季的山村，道路泥泞，我们克服天气带来的困难，深一脚、浅一脚地深入实地，重点巡查 2017 年上海援滇项目推进实施、完成及验收情况，项目资金到位、拨付情况，州级统筹项目的推进实施情况及资金拨付情况；查阅各项目实施的台账资料，并督促相关县 2018 年上海援滇项目启动实施。深入当地的巡查结束后，我们更有底气也更全面地形成了书面报告。以此报告为基础，我们又形成了问题通报稿，以州沪滇扶贫协作领导小组办公室名义，向援滇项目涉及的 8 个县沪滇扶贫协作领导小组发文，进一步有力推动和规范了项目执行工作。

也是这一年，我与分管扶贫的副县长一起，深入规划项目所在的深度贫困村——狮山镇古柏村山居片区，实地进行了考察。我们还召开了村民代表会议，就原有项目规划的整村提升改造内容听取群众意见。2018 年，武定县沪滇扶贫协作狮山镇古柏村委会山居片区项目开工，资金投入 1400 万元。当年 9 月 17 日，锣鼓喧天，鞭炮声震耳欲聋，古柏村委会山居村的老百姓欢天喜地，一大清早从家中赶到现场参加开工仪式。在现场，我深刻感受到老百姓热切期盼通过勤劳的双手早日甩掉贫穷落后的"穷帽子"。

一年工期的建设，让这片土地有了翻天覆地的变化。核桃、樱桃等经济林

▲ 武定县狮山镇古柏村山居片区提升改造项目之一（改造后）

果种植面积扩至 3000 亩，新建机耕道长 4400 余米，改建灌溉沟 7600 余米；道路硬化长达 7600 余米，山居片区内三个村落环路连接、道路联通；兼具旅游接待功能的 1700 余平方米群众文化活动广场，以及 240 平方米活动用房，富有独特的民族特色；克服山区复杂的地质条件，打造面积约 2000 平方米的交易市场……渐渐地，山居果蔬品牌打出了知名度。每天早上 8 点，就有商贩开着货车慕名而来。村民们都说："上山下山容易了，卖水果也方便了，晚上还可以去广场上跳跳舞。"

讲好民族故事，做好优质"云品"

武定百姓勤劳朴实，不少村民都擅长彝族刺绣，当地还专门成立了专业合作社，但因为没有市场销售渠道，以及缺乏宣传、包装，精美的民族手工艺品并没有给大家带来多少经济收益。

2018 年底，东方卫视大型公益扶贫栏目《我们在行动》节目组来到武定县调研新一季节目选题。借此机会，我向节目组推荐彝族刺绣，希望借助节目的力量扩大宣传影响。其间，我全程陪同节目组在武定县猫街镇进行走访，邀请他们深入接触已是国家级非物质文化遗产的彝族刺绣，并与国家级传承人进

▲《我们在行动》节目组在武定县猫街镇半山村拍摄现场

行了交流。最终，节目组经过讨论确定彝族刺绣为节目帮扶产业，选定猫街镇半山村取景拍摄。

2019 年 1 月，节目正式开拍。公益大使陈蓉跟随心愿委托人童瑶（云南籍）来到武定县，解读家乡故事，寻找家乡特色，用实际行动助力脱贫攻坚，传承民族文化。在《我们在行动》节目的推荐下，猫街镇的 7 位彝族绣娘走出了大山，她们到北京参加了中国时装行业领军品牌依文集团发起的"深山集市"，随后还到上海参加了东方卫视《妈妈咪呀》节目的录制，并登上了东方卫视"春满东方——2019 东方卫视春节晚会"的舞台，让更多的观众看到了彝绣的魅力。

这一系列辛苦都没有白费。更让我欣慰的是，节目播出后，各地订单纷纷飞向大山深处。北京成龙慈善基金会一笔 20 万元的资金也随之落地，专项用于扶持贫困绣娘培训项目。此前，我正一直为彝绣产业线上售卖而苦恼，便抓住这个机遇，指导县妇联成立了全县彝绣协会，在淘宝网上注册了扶贫车间工厂店，助推彝绣产业走上互联网。

节目主角之一的李从梅，是猫街镇仓房村人。13 年前，她的公公遭遇车祸不幸离世，家庭背上了沉重的债务。前几年，李从梅的丈夫又因股骨头坏死导致残疾，连续的打击加上高强度的劳动，她的婆婆手指关节严重变形，落下了病根。本已绝望的一家，在一系列扶贫工作中再次升起了希望。李从梅办起了彝绣合作社，丈夫做起了根雕，在艰难中努力脱贫致富，成了致富带头的典型。

李从梅一家的自强精神，也让我深受感动，总想着能为他们这样的村民再做些什么。在和他们的交流中，我发现合作社绣娘的工作环境狭小简陋，便设法又争取了 20 万元嘉定区镇村结对资金予以提升改造。2020 年 1 月车间正式投产运营的时候我已经返回上海工作，当地的同志给我发来了开业照片。当我从照片中看到崭新的车间前绣娘们兴奋又充满希望的脸庞时，我心头的一件大事也落了地。

帮助对口地区搭建农产品产销对接平台、促进消费扶贫，是东西部扶贫协作的重要内容和考核指标。云南楚雄的优质特色农产品，能不能也让嘉定人尝尝？与小组同志一起商量、探讨后，我提出了"爱心扶贫，云品到嘉"活动实施方案，探索搭建农产品产销对接平台新模式，嘉定国企与民企联手调研策划，前后方协同配合推动，方案很快就落实了下去。

在我们联络小组的协调配合下，当年11月28日，嘉定区国有企业上海新嘉商业投资（集团）有限公司与嘉定区民营企业上海宏海实业有限公司联合出资，在楚雄州注册成立楚雄民惠经营管理有限公司。12月26日，公司正式开业。公司承担搭建上海嘉定与楚雄州农产品产销对接综合平台职责，在前期调研比选基础上，与州内各龙头农产品企业联系洽谈采购业务，分别向武定县、大姚县、牟定县等当地厂家订购了蜂蜜、核桃、野生菌等优质农副产品，搭配组合成扶贫礼包，并通过引导产品进入惠民超市公司直营店、批发部以及微店，进行线上线下的销售。

消费扶贫还在嘉定不断地深入。2019年春节前，嘉定区工会系统发动了扶贫礼包认购工作，完成销售近15000份，嘉定90余家企事业单位进行了订购，销售额达354万余元。对口帮扶地区的特色商品展销会也来到嘉定州桥、嘉定体育场、上海国际赛车场等地，让更多嘉定人了解来自大山深处的特色产品。在我看来，政府的资源毕竟是有限的，撬动企业等社会力量协同扶贫，才能起到"四两拨千斤"的作用。

扶贫先扶智，实训项目育人才

扶贫既要扶志，又要扶智。习近平总书记说过：人穷志不能短，扶贫必先扶志。

在援滇工作中，除了我们上海党政干部支援赴滇外，上海的专业技术人员也在对口贫困地区奉献着他们的才智。我在武定县的两年时间里，先后接待了来自嘉定区选派的1名医生、1名教师、2名规划专业技术人员、4名青年志愿者到武定县的医院、学校、机关帮助工作。他们的认真工作、热情付出，深深感染着当地干部群众；他们的专业素养，助力当地同行业务水平的提高。

在云南，贫困家庭年人均纯收入达到3750元即可脱贫，相当于务工就业人员一个月的薪资。因此，我认为劳务协作帮助就业能够助力更多贫困地区群众脱贫致富。嘉定区人社部门多次带着区内的优质企业，来到对口支援的楚雄七县开展扶贫专项招聘活动，我和小组同志们协调各县人社局对接，全力办好活动。2019 年上半年，嘉定区人社局就在武定县举办了 4 场招聘活动，加上上海劳务协作专项资金的投入，异地转移就业贫困劳动力 285 人，其中转移到东部地区就业 210 人。

随着制造业转型升级的加速，嘉定乃至上海都急需具备专业技能且有一定理论知识的一线蓝领。两地领导高瞻远瞩，推进上海与云南职业教育的深度交流与合作，2018 年 7 月，上海—云南职业教育联盟成立。此前 3 个月，中共中央政治局委员、上海市委书记李强率领上海市代表团，深入武定县考察沪滇扶贫协作工作，决定投入专项资金 3000 万元用于武定县就业创业实训综合大楼建设项目。

武定县就业创业实训综合大楼建设项目，是上海在云南援助资金投入最大的单体项目，我也有幸参与了该项目的前期筹备工作。让我印象比较深刻的是，该项目请同济大学的专业设计工作室负责初步设计。由于当地地形高低有坡度，设计人员根据地理条件，以不同的坡度地块为界，设计大楼的各功能区域，造型错落有致，体现了上海先进的建筑设计理念。初步设计完成，施工图纸细化则由云南当地设计院接手，从而消除地域距离问题，为工程建设中施工方与设计方密切联系提供便利。

结束援滇工作回到嘉定后，我仍经常与武定县职业高级中学的负责人沟通联系，他时常把工地的建设情况通过照片传送给我。如今，实训大楼的地基已经打好，大楼建设正在稳步推进中。我也相信，不久的将来，这里将为武定乃至楚雄培养出一大批优秀人才。

全力以赴，坚定摘帽信心

2018 年 1 月初，我儿子参加了上海"春考"，经历了他人生中的一次大考。原本想要回上海陪考的我，却因为自己也面临着一次"大考"而留在楚雄。

当时，楚雄州双柏县被抽中东西部扶贫协作省际交叉考核现场核查，这可以说是一次"国考"。这次现场核查，同样考验着我们楚雄小组的团队凝聚力和战斗力。

楚雄小组共有 11 名同志，平时分散在 7 个县从事沪滇扶贫协作工作。根据上海第十批援滇干部联络组指示，我带领小组成员全体奔赴双柏县，全员集中、全力以赴、全面迎考。

在应考的 10 来天时间里，大家几乎每天都加班到凌晨 1 点多，最终完成西部台账资料装订成册 24 本、东部台账资料装订成册 22 本。此次"国考"对于双柏县是一次严峻的考验，不仅代表云南、代表楚雄州，也代表上海、代表嘉定区。嘉定区合作交流办主任和数据台账资料业务骨干也来到双柏县，给予了有力的支持。2019 年 4 月 30 日，云南省委、省政府正式宣布双柏县已达到脱贫标准，退出贫困县序列。

双柏县脱贫让我振奋不已，更坚定了我们帮助武定县摘帽的信心。在两年的挂职期间，我已适应了当地"五加二""白加黑"的工作状态。任职县委常委、副县长时，我参与了党委、政府两头工作，时常参会连轴转。有时白天连着晚上要开 3 场会，最多的一次，一天近 12 个小时在会场中度过。那时，遇到节假日需发通知才可以休息，没有通知的话就是要上班——这已是当地干部的自觉。记得 2018 年和 2019 年的元旦，我都是在会议中度过新年的第一天。

除了下乡跑上海援滇项目点，我还时常到自己分工联系的乡镇走访调研、督导检查，全县 11 个乡镇都留下了我的足迹。我和小组同志为沪滇扶贫协作辛勤工作，得到了组织的充分肯定，楚雄小组获评 2019 年云南省脱贫攻坚奖先进集体，我个人获评 2018 年云南省脱贫攻坚奖扶贫先进工作者。

"红彝族地方，山美水也美，火塘热乎乎，每个人一年四季忙，个个热情好客，相亲相爱。日子越来越好过，亲爱的朋友们希望常来走。"这是当地村民唱给援滇干部的歌，也是一直在我心里唱响的一首歌。

2019 年 7 月 19 日，我结束援滇返沪。在离开武定前，我与接替干部一起到李从梅的专业合作社进行了工作实地交接。我难以忘怀，当地村民依依不舍的样子。李从梅的女儿拉着我问："大伯，过几年再来看我们好吗？"李从梅也哽咽着说："我们一定要把日子过好，不能让援滇干部们失望。"听到这句话，我既觉得满心喜悦，又恋恋不舍。

我到武定后，还学会了一门新"技术"——航拍。在武定，我拍下了许许多多的照片，记录下无数个援滇项目的进展，也记录下彩云之南的秀美风光。我那时想，如果回上海和项目方谈合作，就可以把这些照片和视频拿出来给他们看看。如今，这些珍贵的航拍照片和视频，静静地躺在我的手机和电脑里，它们和在楚雄、武定的时光，凝聚成我终生难忘的一段记忆，也让我的生命变得更深邃宽广。

我唯一遗憾的，是我没有亲眼看到武定县脱贫摘帽。但是，我相信，在脱贫攻坚战收官的 2020 年，武定一定会顺利摘帽。这其中，有当地老百姓自力更生、艰苦奋斗的付出，也汇聚了一茬又一茬援滇干部的心血，正如"功成不必在我，功成必定有我"。我也相信，我和所有援滇干部以及武定人的努力，会烙印在这片山间，让这座山城迸发出蓬勃向上的动力。

哀牢山上的上海人

　　陈剑，1973 年 11 月生。现任嘉定区嘉定新城管委会委员、马陆镇副镇长，二级调研员。2017 年 9 月至 2019 年 7 月，为上海市第十批援滇增派干部，任楚雄州双柏县委常委、副县长。

口述：陈　剑
采访：朱　顺　瞿赟豪　陆　卫
整理：陆　卫
时间：2020 年 1 月 20 日

哀牢山，位于中国云南中部，北起楚雄市，南抵绿春县，全长约 500 公里，最高海拔 3166 米。而我这次挂职的双柏县，正位于哀牢山脚下，当地人都笑称我是"哀牢山上的上海人"。

虽然当地风景秀美、物产丰富，然而贫困却深深"盘踞"在此，成为阻碍地区发展的痼疾。一次援滇行，一生援滇情。在两年多时间里，我与全县党员干部群众团结一心，攻坚克难，努力打赢脱贫攻坚战。2019 年 4 月，双柏县完成脱贫摘帽的历史性任务。

夯实基础筑"家园"

双柏县总面积 4045 平方公里，2019 年末全县人口有 15 余万，辖 5 个镇 3 个乡，85 个村（居）委会、1545 个村民小组、1845 个自然村落，可以说是地广人稀。2013 年，双柏县被列为云南省 73 个国家扶贫开发重点县之一，其中共有 2 个贫困乡镇、40 个贫困行政村、6913 户 24545 人的建档立卡贫困人口。

刚到双柏，印象最深的是山路难走。双柏山地面积达 99.7%，境内没有 1 平方公里的坝子，可以说是"地无三尺平"。刚去的时候，县委书记李长平同志就半开玩笑地对我说，这里是山区，不像上海有高架、轻轨、地铁，交通不太方便，要慢慢适应。"纸上得来终觉浅，绝知此事要躬行。"真正让我亲身体验到的，是第一次去我联系的安龙堡乡青香树村走访困难户。早上8点多出发，一路上都是盘山公路，翻山越岭，弯弯曲曲，能够欣赏到秀丽的山川风景，感觉还不错。但时间长了就觉得有点不舒服了，从原先的水泥路到后面的土路，加上前几天下了雨，道路泥泞，车行颠簸，导致从来不晕车的我，都感觉有点头晕脑涨了。到了村里，还要走一段山路到村民家中，鞋子、裤脚上都沾满了泥，十分狼狈。在走访中，村民们告诉我，因为交通不便，这里与外界沟通很少，有些老年人甚至都没去过县城。那天走访，等回到县里都已经将近晚上10点。我记得司机在路上还说了个笑话，如果有一个苹果从山上滚下去，要准备一袋米去寻找，否则路上都会饿死。由此可见，特殊的地理条件导致当地的交通条件还是比较落后的，这也是制约山区脱贫的主要原因。

要致富先修路。贫困县要摘帽，修路是必须的。双柏境内的国道、省道都是由中央、省一级安排资金，我们考虑的是通村通组的"最后一公里"道路。我们的援滇资金也有限，应该重点做一些比较紧急、村民盼望比较迫切的项目。我联系的安龙堡乡，是距离县城最远、贫困程度最深、贫困面积最大的地

◀ 安龙堡乡新建的村委会党员活动室

方。2017 年，当地正在建设一个异地扶贫搬迁安置点——洒冲点村。建安置点，是为了解决村民居住分散、国家政府援助资金分散的问题，有利于整体发展。那一年，我们投资了 200 多万元，用于建设当地的通村水泥道路，此外还包括卫生室、篮球场等配套设施。后来，安置点建成后，我去实地走访过，看到一路上崭新的、平坦的水泥路，心里十分高兴，这是真正把钱用到了刀刃上。不少村民激动地说，修好了路，出行方便，衣食住行改善，日子一天比一天好。三年间，我们一共投入了 2000 多万元的资金，修筑道路总计 50 多公里，大大改善了山区"最后一公里"的通行条件。截至目前，双柏县 1845 个自然村落，虽然居住十分分散，但基本上都有道路可以通行。

除了修路之外，我们的援助资金也重点用于饮水项目。一开始我一直认为双柏水资源丰富，是不缺水的。后来我了解到，山区村民的饮用水都是储存在水池里，时间一长，水就容易变质，造成缺水问题。

其中一个比较大的项目在大麦地镇野牛村。2018 年时，这个村面积十分大，将近 72 平方公里，有农户 241 户，人口 900 余人。当年 7 月，在实地走访中，我看到村里原有的 20 多座水池渗漏严重，用于输水的管线也有老旧破损情况，一部分已经达不到输水要求。当地村干部告诉我，县里前期已经做了规划设计，但迟迟未见开工，村民们一直在焦急等待。回到县里后，我立即向县长梁文林同志汇报。梁县长解释说，这个项目，县里一直想做，但苦于资金不足，就暂时搁置了。随后，我马上联系负责项目推进的县水务局局长张梅同志。当晚，我在他的办公室就项目改造工程进行了详细沟通，我们一直谈到了深夜。经估算，项目预算在 300 万元左右，只要资金到位，项目立即能实施。第二天，我先后联系了双柏县扶贫办、嘉定区合作交流办，经了解，当年的援滇资金已经都提前排定，没有多余资金。此外，我也尝试联系了嘉定几家比较熟悉的企业，想作为公益项目争取点社会力量，但最终不了了之。一周后，正当我焦急忧虑、四处"碰壁"之时，嘉定区合作交流办打来电话说，下半年市里有一笔追加的援滇资金，在 500 万元左右，可以争取下。听到消息后，我不禁从椅子上蹦了起来，终于看到希望了。当天，我就准备好了情况说明和项目规划，第一时间发给区交流办，并上报市里。一个月后，经过多方协调争取，野牛村饮水改造项目成功被批准为 2018 年沪滇扶贫协作项目，并顺利拿到改造资金。资金问题解决后，该项目就像是拧紧的发条一样高速运转，线路勘探、规划设计、方案编制、招投标等前期进展十分迅速，到了当年 10 月就顺利开工建设。第二年春天，项目就顺利完工，项目总投资 305 万元，包括新建 5 个 25 立方米蓄水池、20 个闸阀井、3.7 公里线路等。项目建成后，有效解决了当地人畜饮水安全问题，也保障了农业用水，春旱期间可以提供持续灌溉。当我在村民家中打开水龙头，看到干净清洁的水"哗哗"流出时，心里一阵激动，之前的一切辛苦都没有白花。当地村民也激动地对我说，这是来自上海的"自来水"。

两年多时间里，我们一共在双柏县投入资金 6326 万元，完成各类脱贫协作项目 46 个，使 6920 户 16522 人受益，其中建档立卡贫困户 2086 户 7068 人。通过完善新建各类基础设施，贫困山区旧貌换新颜，村民们也有了实实在在的获得感和幸福感。我个人觉得，非常有意义，也非常有成就感。

打造"河鲜山珍"产业链

要实现脱贫，必须帮助当地打好产业基础，把"一桶水"变为"长流水"，才能实现长期稳定脱贫。这是我到双柏之后一直在思考的问题。于是，我结合自己分管经济工作的有利条件，探索传统产业与特色产业结合发展，用足用好扶贫资金，走出了一条新路子。

上海市委书记李强同志一直强调，坐在办公室里都是问题，走下去就都是办法。于是，我经常与当地和嘉定的企业家交流沟通，实地走访层峦叠嶂的大山深处，努力寻觅产业发展的"商机"。一次偶然的机会，经朋友介绍，我认识了上海企业家李迎春先生。他到双柏半年多，十分看好当地的生态环境和市场前景，一直想在当地投资发展水产养殖，而且已经做了前期评估，有上海海洋大学的技术支撑，只是目前还没有找到合适的场地，还希望在项目启动资金方面得到政府的支持。随后，我马上写了专题材料向县委书记李长平同志报告。几天后，李书记有了反馈意见："可以一试。"时间不等人，说干就干。项目启动第一步就是选址工作。但是选址工作也是"一波三折"。刚开始我们找的是大麦地镇的一块土地，在绿汁江边，环境、水温、气候等条件都比较符合。但经过核实，这里是国家公益林地，不能作为项目用地。然后，我们看中了妥甸镇马龙河边的一块土地，条件也是非常不错，但后来经过地质勘探，发现该区域地下沙石太多，留不住水，不适合养殖水产。好事多磨。最后，我们找到的是离县城 30 公里处的大庄镇，当地倚靠连绵群山，水温比周边地区略高，且水质恒定，十分适合发展生态养殖。这一次，我们终于如愿以偿获得宝地。随后，经过多方协调，从援滇项目里安排 200 万元作为启动资金，解决了资金问题。为保证项目顺利开工，我多次召集水务、环保、国土、林业等部门以及当地村委会一起开协调会，解决开工前的各类问题。2018 年 12 月，项目顺利举办奠基仪式，养殖基地占地 140 多亩，总投资约 3000 万元。2019 年 4 月，基地正式开业，投入养殖生产。开业仪式那天我也参加了，又遇上了老朋友李迎春先生。看到之前的设想能够转化为现实，我们既高兴又庆幸，虽然历经波折，但最终收获了成果。在 2019 年楚雄彝族自治州"10·17"扶贫日展销会上，现场展示了大闸蟹、加州鲈鱼以及澳洲小龙虾等新鲜水产，标志着高原水产养殖在双柏已经初见成效。当年有 30 万尾鱼、虾、蟹苗进行投放，培育后销往云南、广东等地，销售情况良好。

▲ 水产养殖项目

产业扶贫的持续效应是涉及各个方面的。土地租期 20 年，可实现当地普岩村集体经济每年增收 14 万元。此外，养殖基地需要招聘员工，涉及当地 165 户农户每年增收 1500 元，其中建档立卡贫困户 111 户 444 人。最重要的是，通过养殖基地的传帮带，农户可以学习到科学先进的养殖技术，把致富本领留下来。

在牲畜养殖方面，当地村民养殖最多的是黑山羊，但仅凭本地消费，收入不高。于是，针对不足、结合实际，我们协调引进了上海牧粮集团黑山羊屠宰加工项目。该项目目前还在建设过程中。等项目建成后，除了进行屠宰加工、销售羊肉外，其他的如羊皮、羊血等一些附加值产品，也能得到充分加工利用。届时，将能带动全县 9800 户黑山羊养殖户增收。还有生猪屠宰加工项目也非常顺利。我联系了一家来自浙江的企业，经过前期实地勘察，确定了当地 50 亩项目用地。2019 年 10 月，第一条生猪屠宰线就试运行了。因当地猪肉消费量有限，老百姓不敢多养猪，有了加工厂后就敢养了，村民可以把生猪直接销售给企业，企业再统一对外销售。此外，我们还在几个贫困地区成立了合作社，让企业指导老百姓养猪、养牛、养羊并收购，帮助当地百姓提高收入。这几个项目都是较为成功的。

云南的自然资源数不胜数，然而把资源变资金、把资金变项目、把项目变收益，不是"靠天吃饭"能解决的。三年间，我们先后推进发展了高原特色水产养殖、黑山羊养殖、生猪养殖以及热带水果、冬早蔬菜种植等产业，努力打造双柏"河鲜山珍"产业链，提高了当地村民的收入，把"一桶水"变为"长流水"。

做起社会公益"红娘"

没来到双柏，你很难想象这里的贫困程度。有一件事让我记忆深刻。2017 年底，我带着东方智慧文化发展基金会的两名同志，去妥甸镇贫困户家实地探访。其中的两户家庭，住的房子只有三面土墙，除了收获的一些苞谷和一张小床，基本没有其他物件，真的可以用"家徒四壁"来形容。好在这两户人家后来都被列入异地扶贫搬迁户，住房和贫困问题如今已经解决。但当时的触动还是非常深的，让我有了强烈的责任感和使命感，除了用好援滇资金外，还要做一名牵线"红娘",积极争取社会各界力量参与扶贫工作。

　　根据县委的统一安排,由我联系清香树村脱贫攻坚工作。村里有一所小学,叫作清香树小学,因为原来的教室已被鉴定为危房,住宿和学习都只能在简易用房里,只有20多名学生,教学环境和条件非常艰苦。学校搬迁异地新建需要200万元左右资金,而县级财政又十分紧张。从那时起,我就特别留意这所偏远的小学,一直与上海的一些爱心企业和团队联系沟通,争取社会力量支持。功夫不负有心人。嘉定一家民营企业上海强邦印刷有限公司,一直在做公益事业。通过沟通和努力,我们成功争取到25万元资金援助学校建设。此外,我又与嘉定区工商业联合会联系,通过实地考察后,又争取到20万元爱心款项,全部用于"支援"校舍新建项目。到2019年上半年,小学项目顺利完成,学生们终于可以搬进安全、漂亮的新校园了。很多年以后,我都会记得这所美丽的小学。

　　像这样的社会公益力量还有很多,比如嘉定的上海联影医疗科技有限公司、沃尔沃汽车集团、上海东方智慧文化发展基金会等10多家企业和公益组织,先后向双柏捐赠了近150万元的资金和价值50余万元的各类物资,让建档立卡贫困户2682户11165人直接受益。此外,我还主动揽下残疾人就业这

▲ 社会力量捐资助学

个"瓷器活"，通过协调沟通，联系到京东、亿森、嘉捷通等企业为双柏68户贫困重度残疾、"一户多残"家庭安排特殊岗位，让他们能每月领取报酬，解决生活保障问题。

我个人也力所能及地结对了当地一名学生。她的名字叫沐迎莹，来自妥甸镇九石村的一户单亲家庭。2019年开始，我每月资助她500元作为在校生活费。2019年高考，她也不负期望，成功考入云南农业大学理学院数学与应用数学专业，并给我发了微信。我感到十分欣慰，希望她能好好学习，将来为家乡的脱贫工作贡献力量。

贫困县成功摘帽

2019年1月，国家东西部扶贫协作省际交叉考核组进驻云南。在上海市对口扶贫协作的云南省74个贫困县中，双柏县和红河县被抽到，接受了考核组的实地核查。

实地考核为期一周，要求非常严格细致，工作量很大，其他几个县的援滇干部都一起过来帮忙。考核的一方面是检查台账资料，包括每个项目的资金使用情况、进展情况、项目收益情况等，而且每个数据都要真实准确。比如说，完成100个贫困户劳动力就业的，那么就要提供这100个人的名单和联系方式，考核组会当场进行电话核实，询问对方是否在这个企业工作、做了多少时间、是否拿到工资等。考核的另一方面是实地走访，主要是核查援滇项目的落实情况。考核组会上山下乡，到村民家中了解情况。比如说野牛村饮水改造项目，考核组会随机抽查当地的几户村民，面对面核实询问是否知道这个项目是上海投资建设的、饮用水是否有改善等。这次考核，让我感受最深的就是，脱贫工作的考核都是真刀真枪、实实在在的，容不得半点马虎和虚假。考核的目的，就是考察上海有没有真正地在帮云南，云南有没有真正地用好上海的钱，归根到底，是要了解建档立卡贫困户是否真的脱贫、贫困县是否真的可以摘帽。考核组离开那天，当听到考核组组长对沪滇协作的产业项目给予充分肯定后，我和当地的干部都感到十分欣慰和激动。"千淘万漉虽辛苦，吹尽狂沙始到金。"2019年4月30日，那是我毕生都会牢记的日子，双柏终于迎来了贫困县摘帽的历史性时刻。

两年多的援滇工作，让我感受很深，触动很大。脱贫攻坚的成果来之不易，背后凝聚着双柏县党员干部群众多年来的不懈努力和奋斗。当地的干部给我留下了深刻印象，特别能吃苦，特别能战斗。双柏脱贫攻坚工作上有"十二心"的精神，"进村入户的热心细心、解说政策的耐心诚心、因户施策的真心匠心、解难除困的善心决心、诚挚奉献的爱心忠心、巩固提升的用心恒心"。当地干部是这么说的，也是这样做的。原来我对"五加二""白加黑"的工作节奏理解不深，但当地的干部就是这样的，白天要下乡走访，晚上要开会汇报，有时开会开到晚上 12 点，最晚的开到凌晨 2 点多。为了推进一个项目落地，有些干部抽调到县里工作，忙起来可能一个月都回不了家。除了脱贫工作以外，双柏对于其他条线的工作要求都很高，因为双柏连续 3 年获得全省县域跨越发展先进县，此外还创建了国家卫生县城、森林城市、绿化城市、园林城市等称号，县里的领导对于环境治理和打造这方面非常重视。因此，我所接触到的一些当地干部，虽然工作量非常大，要求非常高，压力也很重，但工作中仍然充满干劲，一丝不苟，尽职尽责。说真的，我非常敬佩他们，也一直在向他们学习。

对我个人来说，也十分幸运，能够亲身参与这么一项伟大的国家工程，并贡献自己的绵薄之力。记得刚到云南时，云南省委书记陈豪在接见上海市第十批援滇干部时说过一句话，让我记忆犹新，"要带着感情去做扶贫工作"。援滇期间，我也是一直这样用心、用情去努力着、实践着。刚到双柏，我从当地干部的言谈举止中，或多或少感觉到他们对上海干部的一些担心。在县城里工作生活还可以，下乡就比较艰苦。一是路途远，二是生活设施简陋。比如去安龙堡乡，虽然当地为我们准备了新的房间和生活用品，但水是浑浊的。卫生条件也不好，乡下还有很多旱厕。虽然条件比较艰苦，但我与当地干部群众一起同甘共苦、艰苦奋斗，从而争取到了大家对我的认可，当地人还亲切地把我称为"哀牢山上的上海人"。

度过前期适应阶段后，我马上融入新角色，围绕扶贫协作的目标和要求，走访了解乡情村情，学习掌握脱贫政策，落实推进各个扶贫项目。我们的援滇资金主要用于基础设施和产业发展这两个方面。随着脱贫攻坚战的逐渐深入，上海对受援县的资金投入力度也在逐年加大。2017 年一个县大概是援助 1100 万元，到了 2019 年，资金就增加到一个县 3000 万元左右。于是，我牢牢抓住资金这个"牛鼻子"，积极主动与县扶贫办及项目所在地领导认真研究、联合会审、实地查看、现场协调等，严格按照项目管理办法，加快推进项目实施，确保每个项目精准实施，精准受益，不让一个项目夭折。从海拔最高的茶叶村，到海拔最低的三江口；从最冷的哀牢山巅到最热的绿汁江畔，都留下过我们一起奋战的身影。我个人则荣幸地被评为 2019 年云南省脱贫攻坚先进个人。我想，这是对我个人工作最大的一种肯定。

之前假期回到上海，常有人问我："在双柏情况如何？能适应那边的生活么？"我笑称自己是"哀牢山上的上海人"，双柏已经是我的第二故乡，那里的山、水、人都已经深深烙印在我血液中。不辱使命、不负重托，不忘初心、不留遗憾，这是我在援滇前的感言。回首这段经历，对我来说，是我人生最值得珍藏的记忆，是一次党性修炼、工作锻炼，也是一次人生历练。令人欣慰的是，汗水没有白流，付出最终结出了丰硕果实。

2020 年是具有里程碑意义的一年。我们将全面建成小康社会，实现第一个百年奋斗目标。相信在未来的岁月里，双柏这块发展的热土，将"长风破浪会有时，直挂云帆济沧海"，继续谱写脱贫攻坚、绿色发展的新篇章。

嘉定的"永仁人"

王向华，1972年10月生。现任嘉定区人大常委会研究室副主任，区人大常委会机关三级调研员。2017年9月至2019年7月，为上海市第十批援滇增派干部，任楚雄州永仁县委常委、副县长。

口述：王向华
采访：汤虹玲　周怡悦
整理：周怡悦
时间：2020 年 4 月 7 日

2017 年 9 月 19 日，组织上委派我前往嘉定区对口支援的楚雄州永仁县挂职，作为上海市第十批援滇干部，助力当地打赢脱贫攻坚战。到 2020 年我国现行标准下农村贫困人口实现脱贫，贫困县全部摘帽，解决区域性整体贫困，是我们党对人民、对历史的郑重承诺。生活在大城市的我以前从未想过有朝一日会前往贫困地区，走上脱贫攻坚的第一线。当组织发出号召后，我毫不犹豫地报了名。我认为这是一名党员干部应有的觉悟和担当，也是一次很好的锤炼自我的机会。组织的信任和家人的支持给了我莫大的勇气和信心，但能不能适应当地的工作生活环境，能否完成组织交付的各项工作任务，将会是我人生中从未有过的一次考验。

初识永仁：一包点心的信任

永仁县是云南省楚雄彝族自治州下辖县，地处滇川两省四州市六县区交界，国土面积 2189 平方公里，97% 是山区，截至 2019 年底全县总人口 11.14 万人，其中少数民族人口占 64.4%，2014 年末，贫困发生率达 28.8%，是集"山区、民族、贫困"于一体的国家扶贫开发重点县。进入永仁县城，城市的面貌让我感到诧异，道路干净整洁，两旁绿树成荫，一排排白墙青瓦的建筑，仿若置身江南，整个县城生机盎然。当地干部告诉我，县城是 2014 年灾后重建的，但农村的情况就差多了，基础设施落后、房屋陈旧简陋，特别是那些偏远地区，交通不便、信息闭塞，更是贫中之贫、困中之困。为了尽快熟悉当地的情况，我匆匆卸下行囊，就投入了工作，到基层调研、走访的行程安排得满满的。由于地域面积广，有些乡村要坐几个小时车才能到达，而到贫困户家里的路更难行，羊肠小道、泥泞小路、陡坡都会遇到。每走进一户贫困户家里，我都会被他们的生活现状深深触动。

记得那天走访一家贫困户，家里有老、中、小三口人，老人已经 70 多岁，行动不便，中年人老实寡言，小孩子就五六岁的模样。老人用当地话告诉我说，自己年龄大了，身体也不好，全家的负担都在儿子一个人身上。因为要照顾一家老小，儿子也无法外出打工，即使之前出去过，也因为没有什么文化和技能，找不到赚钱的工作，所以只能回家干些简单的农活，没多少收入，日子过得很艰难。我耐心地听着老人的诉说。说话间，老人突然直起身，颤颤巍巍地走进了房间，不一会，从房间里出来，手里捧着一包东西，见他慢慢打开，是一包点心。老人小心翼翼拆开，拿了一块递给我。看得出来，这包点心他一定珍藏了很久都不舍得吃。我犹豫地接了过来，拿在手里，很沉。我知道，老人给的不仅仅是一块点心，而是传递着对党和政府的一份信任，是对我们扶贫干部的一种期望。老人的淳朴和善良深深感动了我，我暗暗下定决心，一定要竭尽所能帮助他们，让他们的日子一天过得比一天好。走的时候，我悄悄地把点心留在了桌子上，同时也把希望留给了他们。

皮肤专科：打造一支带不走的医疗专业队伍

由于以前有从医的经历，我对医疗卫生事业一直有着特殊的感情。到永仁工作没多久，我就到县卫计局了解当地的医疗状况。医疗资源匮乏、医疗水平低下等问题长期困扰着当地，让我感到揪心。

2018 年 8 月，嘉定区卫计委组织医疗专家团队到永仁县开展巡回医疗扶贫义诊活动。当日，在县人民医院的义诊现场，南翔医院副院长、皮肤病专家柴维汉的面前患者排起了长队，原计划下午 5 点结束的义诊活动，一直持续到 7 点。原来，由于永仁县独特的地理位置，日照时间居全国第二，仅次于西藏拉萨。也正因如此，永仁县人民几乎常年在长时间的烈日下劳作，人人肌肤黝黑，甚至或多或少都患有不同程度的皮肤病，但苦于一直以来当地无皮肤病科室及专业医师，县域内大批量的皮肤病患者要么得不到及时有效的诊治，要么只能跋涉到邻近的四川省攀枝花市治疗，不仅容易耽误病情，看病成本也大大增加，一定程度上加重了广大患者家庭的经济负担。基于对嘉定医疗资源的熟知，我想到可以依托南翔医院帮助当地设立皮肤病专科。皮肤病诊疗是南翔医院的强项，而且前不久南翔医院与当地的县人民医院签订了为期三年的健康医疗结对帮扶协议，因此，我与柴副院长一拍即合，当晚就会同县扶贫办、县卫计局和县人民医院的负责同志商讨皮肤病专科筹建事宜。经过积极争取，嘉定区批准了县人民医院皮肤科建设项目。100 万元帮扶资金到位后，根据专家建议，县里购置了全身全舱紫外线治疗仪、超脉冲二氧化碳点阵激光治疗仪、多功能电离子手术治疗仪、LED 光波治疗仪、液氮灌、显微镜、皮肤镜等皮肤性疾病专科诊疗设备。同时，在我的协调下，县人民医院挑选两名优秀医护人员到南翔医院进修学习。

2019 年 7 月 15 日，永仁县人民医院皮肤科正式成立并开科，填补了当地无皮肤专科的空白，极大地方便了皮肤病患者就诊。但在我看来，这还远远不够，仅靠两名学习回来的医护人员是很难支撑科室发展的，必须要有高水平的专家坐镇帮带才行。我多方呼吁，在嘉定区卫计委的统筹安排下，南翔医院克服困难，派出了皮肤病专家到县人民医院长期带教坐诊。截至目前，皮肤科月平均门诊人次已经超过了 500 人，已实现了过敏性皮肤病、湿疹、日光型皮炎、皮肤浅部真菌病、痤疮、带状疱疹、疣等皮肤科常见病、多发病患者的就近就医，有效解决了看病难的问题。同时，在南翔医院皮肤科专家俞爱华医师的悉心指导下，也能适时地开展银屑病、白癜风、系统性红斑狼疮、类天疱疮等常见疑难皮肤病的规范化治疗。"把县人民医院皮肤科打造成为楚雄州的重点专科"，这是我的心愿。之后，每次联系当地，我都要问一问皮肤科的建设情况，得知当前的发展状况，心里特别高兴。

提水解旱：水往高处流

发展种养殖业，是当地农民实现脱贫致富的重要依靠，种养殖业的发展离不开水。永仁县处于楚北干旱区，旱灾频繁，全县结构性、季节性、工程性缺水矛盾突出。2000 年至 2010 年的 10 年间旱情几乎年年出现，10 年总计受灾面积 19.53 万亩。当地干部告诉我，天上的水蓄不了，地表的水留不住，山下的水看得见用不上。如果用电将山下的水抽上来，代价太大，老百姓承受不起，想引进企业来投资发展产业也很难，缺水问题加大了脱贫攻坚的难度。看着他们无奈的眼神，我的心里也万分着急。

一次偶然的机会，我得知淼汇能源科技（上海）有限公司自主研发的自然能提水技术，利用微小水力能作为动力，可将水抽到数百米高处，不用电、不用油，运行成本低且绿色环保。该项技术曾获得 2014 年中国创新创业大赛全国新能源及节能环保行业团队组冠军，并且在大理剑川县试点成功。获此信息，我兴奋不已，立即想办法联系上了公司的负责人，并邀请到县里考察。一个多星期，我陪着公司的负责人和技术人员跋山涉水，寻找符合施工条件的地方，一起研究可行性方案，最终选择将工程建于莲池乡班别村的一处山涧中，项目建成，将有效解决山上 5000 多亩土地的灌溉用水问题，为当地村民进一步高效节约利用耕地发展烤烟、水果、蔬菜等产业奠定基础。一切就绪，然而县里项目评审时却碰到了问题。参加评审的水利方面专家对自然能提水技术持怀疑态度，虽然大家一致认为解决缺水问题迫在眉睫，但项目审批还是陷入僵局。在公司技术人员的帮助下，通过详细的原理解读、可行性分析和实际案例演示后，项目最终获得了专家的认可。2019 年 4 月，投资 180 万元的援滇项目莲池乡班别村自然能提水项目竣工投入使用。当高山上的排水管道口源源不断地涌出水来，四周的人群欢呼雀跃。"水往高处流"终于成为现实，我始终悬着的心总算放下了。此时，猛虎乡尼白租水库自然能提水项目还在规划中，规模更大、难度更高，受益面更广，但我心里的底气更足了。目前，自然能提水技术已在云南地区广泛推行，造福着一方百姓。

爱心超市：扶贫不能少了扶志

2018 年，永仁县开始在贫困村推广创办爱心超市。爱心超市实行积分制管理，超市的每件商品上都标有所需积分，村里的群众不论是否建档立卡贫困户，均可通过积极主动参加基础设施建设维护、邻里矛盾纠纷调解、环境卫生清扫整治、治安联防巡逻、参与抢险救灾、参加助残爱老、进行文化宣传等志愿服务活动来获取积分，根据爱心积分卡上记录分值兑换相应物品，积分获取情况定期在全村进行公示。爱心超市的管理模式，有效地将扶贫与扶志结合起来，通过有偿劳动激励，树立了村民"劳有所得""多劳多得"的文明风尚，激发了贫困户的主观能动性，消除了贫困群众"等、靠、要"思想，为当地决胜脱贫攻坚、决胜全面小康奠定了坚实的思想基础和群众基础。在调研中我发现，有些村由于资金筹集困难，爱心超市实际上无法正常运转。而同时，随着脱贫攻坚战进入最后决胜阶段，越来越多的机关单位、社会团体、爱心企业、爱心人士到贫困地区开展扶贫帮困活动，通常当地会按照他们的意愿安排走访几家贫困家庭，并送上物资或慰问金。但长此以往，容易使这些贫困户滋生不劳而获的思想，也会引发其他群众的不满。我豁然想到，可以引导那些捐

◀ 村民在爱心超市兑换生活用品

赠物资和资金用于爱心超市建设，这样既搭建了扶贫帮困的平台，又解决了将捐赠物资或资金直接交于个人导致的一系列问题。2018 年 12 月，当获知区总工会将赴永仁县开展扶贫帮困活动并捐赠帮扶资金 10 万元后，我立即把我的想法与总工会领导做了详细的沟通。总工会代表团随后到当地考察了爱心超市的建设情况，同意将 10 万元帮扶资金全部用于中和镇 9 个村委会的爱心超市建设。随后不久，区民政局捐赠 10 万元用于宜就镇 5 个村委会的爱心超市建设。资金的注入，为救助困难群众打好了基础，也给爱心超市的良性发展带来了活力。

扶贫车间：是文化更是产业

彝族刺绣是中国民间传统工艺之一，也是彝族文化的重要载体，被誉为"指尖的艺术、心灵的花朵"。永仁县是楚雄彝族自治州彝族人口占比较高的县，达 54.4%。近年来，永仁县精心打造"彝族之乡"，利用赛装节文化平台，大力发展彝绣产业，彝绣已成为当地群众脱贫致富的重要产业。经过深入的调研后，我发现当地的绣品总体上设计程式化、单一化、雷同化，品牌意识薄弱，做工较为粗糙，与现代流行文化融合不够，实用性较差，产品主要面向彝

▲ 绣娘们在彝绣车间接受培训

绣需求的传统市场，而现代消费市场很难打开。由于绣品附加值低，群众增收达不到预期。在获悉上海工艺美术职业学院师生到县里采风创作的消息后，我立即与学院取得了联系，希望依托学院的资源，帮助永仁把彝绣产业做强做大。经过与院方领导的多次磋商，2018年8月6日，上海工艺美术职业学院与永仁县签订了"滇沪文化创意产业合作"框架协议。协议的签订，搭建了永仁彝族文化"走出去"与上海创意设计、时尚生活、消费市场对接的桥梁，把彝绣延伸到服饰和其他的文创产品，帮助永仁彝绣产业发展新的产业形态。

建立彝绣扶贫车间，让车间成为当地彝族妇女创业就业脱贫致富的"孵化器"，是我们助力脱贫攻坚的又一项重要举措。彝绣扶贫车间主要生产传统彝族服饰、彝绣饰品、绣片、羊皮褂等特色文化产品，采用集中加工和分散加工相结合的办法，通过"协会（专业合作社）＋公司＋扶贫车间＋绣女"的经营管理模式，建立协会（专业合作社）、扶贫车间、绣女的利益联结机制，带动广大妇女尤其是建档立卡贫困户就近就地创业增收脱贫致富。2019年5月31日，位于莲池乡查利么村的两个彝绣扶贫车间建成揭牌。半年多时间，带动了500多名绣女实现创收450余万元，让每名妇女在从事畜禽饲养、农作物种植、照顾家人的同时，每个月可以拿到800—2200元的收入，拓宽了增收渠道。彝绣扶贫车间为当地彝族妇女搭建起了绣女刺绣技能培训、彝绣产品制作的平台，提振了绣女发展彝绣产品的信心，助推彝绣实现了统一培训、规模化生产、品牌化销售，加速了彝绣产业组织化、规模化、品牌化进程，进一步助推彝绣产业真正成为脱贫致富的大产业。

脱贫摘帽：再苦再累都值得

梅花香自苦寒来。2019年2月，永仁县顺利通过省级评估检查验收；2019年4月30日，云南省宣布永仁县达到脱贫标准，退出贫困县序列；2019年7月，永仁县顺利通过国家抽查。捷报频传，全县上下一片欢腾。当县委书记紧握我的手说"谢谢"时，我百感交集，能够成为一名见证者和参与者，我感到幸运和自豪。

还记得刚到永仁县时，当地正处于打赢脱贫攻坚战的最后决胜阶段，工作强度出乎我的意料，"五加二""白加黑"已成为常态化。同样，生活上的问题也接踵而来，但我坚持不搞特殊，主动适应当地的生活环境和工作状态。想家了就和家人视频通话，晚上睡不着就看看书，吃不惯当地的食物也尝试着吃。当有一天同事跟我说我"不像是从上海来的"时，我感到欣慰，这说明此时的我已经完全融入了当地，成为一名地地道道的永仁人了。两年来，为助推当地打赢打好脱贫攻坚战，按照沪滇扶贫协作有关要求，我紧密结合当地的实际情况，认真谋划每一个项目，努力确保每一笔帮扶资金发挥出最大的经济效益和社会效益。两年中，共牵头组织实施22个沪滇协作建设项目，通过利益联结累计可带动脱贫人数6389人。我还记得脱贫攻坚战进入最后100天的那段日子，县委决定让我担任宜就镇地什苴村脱贫攻坚战地指挥长，全面负责全村的脱贫工作。虽然这个村当时仅剩6家贫困户，但都是最难啃的骨头，困难可想而知。但是领下军令状，我从未想到逃避和退缩。靠前指挥，现场办公，与村里的干部一起想办法、找对策，有时研究到深夜。通过引入资金发展专业合作社，壮大村集体经济，建立与贫困户的利益联结，最终啃下了硬骨头，实现了稳定脱贫。星光不负赶路人，此时此刻，我感到能用自己的辛苦换得群众的幸福，所有的付出都是值得的。

◀ 向上海企业推介当
地特色农副产品

2019 年 7 月 19 日，我挂职期满。当送行的人们唱起"走是要走了，舍是舍不得"时，我禁不住热泪盈眶。两年来与当地干部群众朝夕相处、风雨同舟、攻坚克难、同甘共苦，既成就了事业，更收获了真挚的友情。在给当地的信中，我欣然写下了：虽然只是短暂的两年，却足以在我心灵深处留下烙印。纵然今后远隔千里，但心与心之间没有距离。落款：嘉定的永仁人王向华。

回到上海后，我始终不能忘怀一个场景：刚到永仁县时，看到在县城入城口处，醒目地矗立着一块大型广告牌，上面写着"苦熬不如苦干"6 个大字。以后每次经过，我都会默默注视一会儿。这 6 个字不是简单地写在牌子上，而是深深地刻在了永仁人民的心里，它就是永仁精神，正是有了这种奋斗精神，让永仁摘掉了"贫困县"的帽子。而今，这 6 个字仍然不断激励着我书写新的工作篇章。

撼动穷根，把"一桶水"变为"长流水"

张唯岚，1980 年 3 月生。现任嘉定区委巡察办主任。2018 年 8 月至今，为上海市第十批援滇再增派、第十一批援滇干部，任楚雄州大姚县委常委、副县长。

口述：张唯岚
采访：唐　敏
整理：唐　敏
时间：2020 年 1 月 17 日

2017 年，党中央提出 2020 年全面实现脱贫攻坚的目标。嘉定先后向云南楚雄派出三批援滇干部，对口帮扶州内 7 个贫困县。从东海之滨到滇中腹地，嘉定与楚雄跨越 2500 多公里的牵手，结出了丰硕果实。

2018 年 8 月 15 日，这个日子我记得非常清楚。这一天，嘉定召开座谈会，欢送包括我在内的 4 名赴云南楚雄的援滇干部。这次外派任务，从组织动员到出发成行，只用了短短 10 天时间。

"到农村去，到祖国最需要的地方去！"这句滚烫的口号，就像一颗种子，一直埋藏在我的内心。我出生在农村，与农村有无法割舍的深厚感情。都说"儿行千里母担忧"，而我的母亲，非常支持我去援滇。因为种种原因，母亲年轻的时候，没能和同学一样成为赴内蒙古的知识青年，而这也成了母亲心中长久以来的遗憾。她常常告诫我"年轻人就要多历练"，为此，从 2016 年开始，我就一直报名参与相关援助任务，想去到农村、去到祖国的老少边穷地区实现自己更高的人生价值。

2018 年 8 月，我的梦想终于成真。

作为上海市第十批（增派）及第十一批援滇干部。我到云南的 2018 年，正是当地决战脱贫攻坚、迎接国家验收的关键一年。大姚县"全县干部大返乡"，全部取消休假投入脱贫攻坚战，在这种"上班是常态，休息等通知"的模式下，我也是激情满满、全情投入。援滇前，我在嘉定区徐行镇从事党的组织工作，到大姚县以后我担任了县委常委、副县长一职。作为一地的"父母官"，感到肩上的责任很重，我尽可能地转变角色，尽快地适应新岗位，践行扶贫扶在根、帮困帮发展，努力完成各项工作任务。援滇的时光里，有付出、有辛酸，更有收获，给我留下了许多美好的回忆。

从娃娃身上，我看到了希望

第一次离家到这么远且没有旅游景点的山区，一下高速车就在山里转，我真切地领教了云南"十万大山"的磅礴之势和人类的渺小。楚雄州山地面积占全州总面积的90%以上，盆地及江河沿岸的平坝所占面积不到10%，山地之复杂，未真正领略之前难以想象。

据说有的援滇干部刚到县里报到没两天就接到了下乡任务，由于不理解同事"准备一下"的深意，他们带着笔记本就上路了。下午出发，4个多小时后才赶到，一行人在当地待了四天三晚，早晚凛冽的寒意中，援滇干部一身单薄的行头硬是撑了好几天。

在大姚县县城，宽敞的街道，繁华的集市，甚至给人一种比嘉定老城还要热闹的"假象"。如此安逸的城市，目力所及之处毫无贫穷的影子。

然而，楚雄州这片2.84万平方公里的广袤土地，窥一斑而不可知全貌。在全州9县1市中，楚雄市作为首府较为发达，真正的贫穷在崇山峻岭，在田间地头，在思想观念上。

2018年8月18日，周六，大姚县政府大楼在晚上都还亮着灯，颇有脱贫攻坚进入最后"决战"的紧张气氛。这天夜里，大姚县委书记找到我们这些挂职干部，拿出一张他下乡时在大姚县的偏远农村——七棵树村拍的照片给我们看。只见照片中，寸草不生的山坡上，有一间小石块垒起的小屋，一位衣衫褴褛、满脸褶子的老人，边上架着一口铁锅，里面煮着几根玉米。

这张和县城的繁华形成巨大反差的照片，深深触动了我的内心，我终于理解了县委书记的那句话——"一个县是否贫困，不是看县城，而是要看山里"的真正含义。

据了解，大姚县的贫困发生率高达 18%，2018 年当地家庭人均年收入仅为 3500 元，而按照国家有关标准，贫困发生率只有在 3% 以内，才算真正脱贫摘帽。我们所在的大姚县，其脱贫攻坚任务的难度可想而知。

2018 年中秋节前后，我在铁锁乡党委书记的带领下，实地走访了七棵树村。这个村足有 40 多平方公里，大小几乎与黄浦、虹口两区之和相当，而汽车却只能开到位于山顶的村委会，其余的下乡路只能依靠干部的两条腿。

然而，我到了村委会后才发现：下乡其实并没有路，只有一条当地人称为"羊路"的小道——沿途尽是沟壑断壁，我们只能跳着走、爬着走、扶着走。从山顶的村委会，到山脚下金沙江边的上龙潭村民小组，一眼望得到的路，我们足足走了 4 个多小时。当天 16 时许出发，到 20 时许，天色已是一片漆黑，我们依然在铁锁乡干部的领路下，艰难地走着"羊路"，他笑着告诉我们："得亏是天黑了，如果天亮着，你们再望望脚下的金沙江，估计你们就不敢走了。"

"晴天一身灰，雨天一身泥"，以至于当地很多村民甚至连乡政府、县政府都没去过。行路难，难于上青天，人走不出大山，外面物资也进不来，当地的生活环境相当恶劣。我只能用"震惊"来形容当时我的所见所闻——夯土墙的房子，楼上住着人，楼下睡着猪，苍蝇蚊虫满屋飞。

"给七棵树村捐钱还不如捐一袋土"，是当地干部群众常常挂在嘴边的话，反映出当地土地资源的贫瘠。在这样的土地上，村民们只能种一些耐旱作物，遇上干旱，甚至连玉米都结不出果实。

对于这样一个不适宜人类生存居住的自然村，整村脱贫只有集体搬迁一条路。2018 年，七棵树村村民终于整体搬迁到了邻村自碑么村的集中居住区。为了让村民能够安心定居，嘉定前后两期投入帮扶资金 67.56 万元，援建了占地 540 平方米的七棵树幼儿园（寄宿制）。而在此前，村里的孩子要到 45 公里之外的拉巴幼儿园或 62 公里之外的铁锁乡中心幼儿园就读。

2019 年 10 月，我参加了幼儿园的揭牌仪式，当我 12 月再去的时候，就发现孩子们的精神面貌已经有了明显改善。虽然这所幼儿园目前还只有 12 个

◀ 七棵树幼儿园

孩子，但从这些娃娃身上，我看到了希望，看到了为阻断代际贫困跨出的第一步：很多孩子开始喜欢住在幼儿园，尽管他们离开集中居住区只有百十来米路。未来，七棵树幼儿园将招收七棵树村辖区和自碑么村委会拉务撒、山白山等 13 个村民小组的适龄幼儿，受益群众达 160 户 563 人。

要埋头苦干，更要抬头看路

来到云南，我始终在思考一个问题：作为嘉定选派的援滇干部，我到底能做些什么？在走访、调研、座谈实践中，慢慢地我把注意力集中到了当地村集体经济的发展上。要脱贫要致富，必须把村集体经济发展起来，要稳固要长期，必须让每个村有产业、有收入，我要把帮扶资金的"一桶水"变为村级经济的"长流水"。

一个项目落在一个村，这个村的集体收入就能得到保障，千百年不曾松动的穷根，就能因此撼动。按照 2018 年贫困村脱贫摘帽的标准，其中一条就是村集体收入要达到 3 万元以上，在大姚县新街镇碧么村，我们投入沪滇帮扶资金 280 万元建设高标准大棚，租赁给企业用于玫瑰花育苗及种植，使得村集体每年就有 22.4 万元的收入。村集体增收的同时，每一位村民都是受益者。村

▲ 大姚县新街镇碧么
村玫瑰园

里将其中的 70% 分配给全村 230 户建档立卡贫困户，每户增收 700 元。村民黎永梅成了种植园的员工，并逐渐适应了"朝九晚五"的工作节奏。在玫瑰园里，她每天 8 个小时的劳动所得是 70 元。

在有发展条件的村可以这样做，那在深山里的贫困村怎么发展集体经济呢？——飞地经济。大姚县三台乡黄家湾村是 2019 年大姚县唯一一个未脱贫的深度贫困村，地处深山，资源匮乏，经济发展基础薄弱。大姚县从深山里搬了 40 户贫困户到县城，但贫困户的收入怎么解决？我想，可以在他们的搬迁点附近建一个项目，产权归属到黄家湾村，再租赁给企业，让村民在企业务工。很快，投资 395 万元的肉鸡养殖项目在县城周边的将军村落地，当年租金 28 万多元，全村 107 户贫困户每户可获租金分红收益 1800 多元，黄家湾村也于年底通过验收，摘掉了贫困村的帽子。

此外，还有赵家店镇的黄羊岭村，沪滇协作不仅有了石榴种植基地，也有了村级光伏电站，2020 年还申报了育肥猪养殖基地，成为沪滇协作的产业发展示范村，也进一步带动了村里杨梅、枇杷等种植。

产业有了，市场在哪里？2019 年 10 月 17 日至 19 日，嘉定对口帮扶地区特色商品展销会在州桥景区举办，汇集了云南楚雄、迪庆等地的近百种特色产

◀ 在金碧镇沪滇协作
项目现场调研

品。短短 3 天时间，吸引客流约 6000 人次，销售额超过 30 万元。区委书记章曦在视察展销会时提出要求，消费扶贫，既要有展销会这种形式的集中示范，也要创新机制，要建立扶贫长效机制，不断提高脱贫攻坚质量。

为此，我们援滇干部立足对口地区独特的资源禀赋，进一步加大产销对接力度，用好线上线下渠道，推动更多当地特色优质产品走向更大市场；更好发挥企业作用，用好市场平台优势，建立扶贫长效机制……我们以"当地所需、嘉定所能"为切入点，全力做好消费扶贫工作。在嘉定区委、区政府的大力支持下，全区各单位积极与我们开展了消费扶贫工作的对接。嘉定国资委组织动员 30 多个国有企业购买扶贫礼包 2000 多份，价值 100 多万元；新嘉集团采购了我们的农产品进入其旗下惠民超市销售，价值 300 多万元；东浩兰生集团除本单位购买外还组织动员其服务的外资企业购买扶贫礼包 2000 多份，价值 100 多万元，还有徐行镇等许多单位组织的支持。

同时，我们也从线上线下入手，除了组织参加了上海"10·17"农产品展销会、嘉定西云楼等消费扶贫活动，还开辟了上海外服公司"外服严选——云南爱心帮扶专栏"、中国太平洋财产保险股份有限公司"彩虹计划"、拼多多网上商城"彝家食品旗舰店"等网上销售平台。其中上海寻梦信息技术有限公司捐资 85 万元给大姚县三台乡黄家湾村的建档立卡贫困户，成立了大姚彝王核桃专业合作社，并在其平台上开设了"彝家食品旗舰店"，自 2019 年 11 月上线以来，该平台已累计销售核桃 60 吨，不仅解决了当地核桃滞销问题，也让当地许多合作社学会了做电商，让这里的高原特色农产品有了更多的销售渠道。

脱贫摘帽只是第一步，携手奔小康路还很长

2019 年，大姚、嘉定两地交流互访 8 次，比上年增长 100%；嘉定选派干部专业技术人员 3 名，比上年增长 50%，到沪培训干部人才 91 名，比上年增长 550%；共到位财政帮扶资金 3230 万元，比上年增长 32.5%；嘉定区机关事业单位、结对企业和社会组织捐赠资金共计 314 万元，比上年增长 313%。这一连串的数字是东西部扶贫协作的成果，这一年的扶贫协作也让我对脱贫攻坚工作有了更深刻的感受。

首先，教育是根本，"再穷不能穷教育，再苦不能苦孩子"。近年来，随着教育扶贫的不断深入，山区里的学校得到了重建或加固，教育教学设施不断改善，深山里的孩子吃上了免费的营养午餐，学生脸上洋溢的笑容令人欣慰。但山区到学校有来回六七个小时的路程，一些小朋友从幼儿园起就要住宿，学会自立；那用了三四十年、已经破损的桌椅，令人看了心酸。在教育经费有限的情况下，改善这些条件需要组织动员社会力量的参与。各级组织、企事业单位、热心人士都已行动起来，冬衣送来了，书籍文具有了，生活器具配了。最让我感动的是一位女士来云南旅游度假，在听到、看到贫困地区学校的情况后当即改变行程到学校看望学生，并当即决定捐赠 3 万多元更换学校破损陈旧的课桌椅。虽然因此缩短了美好旅程，但她在幼小的心灵中播下了美丽的种子。还有嘉定区的一家国企，在单位结对贫困村的同时，领导层自发结对困难学生，默默地给予 1000—8100 元的助学金。在学生的学习生活得到保障的同时，要提升山区学校的教育教学质量，还需要更多的好老师扎根在此，更多的退休老教师加入"银铃讲学计划"。教育是前提，教育是家庭未来的希望，教育能阻断代际贫困。

其次，产业是基础。产城融合，是上海等城市地区发展的基本要求。而对于贫困地区来说，产业发展关系着稳定长期脱贫。受地理、交通、气候、历史等条件限制，我所在的挂职县仍以一产农业为主，二产发展较慢，三产优势不足，要改变现状必须多管齐下。这里既要解决人的问题，不仅是产业发展急需致富带头人，一个村镇的发展也要有懂经济、会谋划的当家人，能否"把村干部培养成村级经济发展的致富带头人，把政治好、能力强、水平高的致富带头人培育成村干部当家人"成了我的课题；又要解决产业的问题，提升产业发展的产业化、组织化、规模化水平，扶持企业持续深入开展农产品深加工、标准化生产，推动新型农业经营主体发展组织化、规模化种植生产；还要解决的是市场问题，全县160多万亩核桃、30多万亩花椒等农产品需要打开销路，随着"云品入沪""云品到嘉"等消费扶贫公益活动的开展，上海市民了解了云南物美价廉的各类产品，但单靠政府组织或公益活动还是不够的或者说是不长久的，需要推入市场，建立成熟的市场运营模式。这里电商应该是大有作为的，现在上海的太保"彩虹计划"、拼多多平台不仅将当地的优质农特产品推上了它们的网上平台，还将培养更多的本土电商人才，为今后的产业发展助力。

最后，就业是根本。"一人就业，全家脱贫"是我在乡镇村里看到的一条标语。话虽简短，但按照2019年家庭年人均收入3750元的标准却也是大实话，对于从上海来的人听到这个数字也许不以为意，但只有深入乡镇村组、企业地头才知道这里就业有多难，特别是现在还在村里、没有出去打工的，除了年龄、学历、技能因素，还有观念上的问题。好在各地区各级各部门都在想办法，东西部扶贫将劳务协作列入其中，上海援滇资金将技能培训、岗位开发、就业扶持等作为项目安排，特别是对于就业扶贫车间的扶持，上海项目将对于每个扶贫车间的扶持力度从原来的5万元，提高到了20万元，鼓励更多的企业雇用更多的建档立卡贫困户，还通过"万企帮万村"、上海企业"三带两转"等行动，不仅带来了资金举办各类技能培训班，还带来了就业岗位欢迎贫困户走出家门。

2020年是决胜决战脱贫攻坚的收官之年，在圆满交出东西部扶贫协作答卷的同时，我们已经开始思考如何稳定、长期地脱贫，如何从脱贫攻坚到乡村振兴。2020 年，我们计划在干部培训中增强实践性，让当地干部到上海的国有企业、街镇的经济城等一线挂职锻炼；在产业合作中增强协作性，特别是在健康养老、消费扶贫上创新模式，力争双赢；在劳务协作中增强针对性，开展订单式技能培训、点对点劳务输出等。此外，我们将在收官之年总结提炼彝乡超市、电商扶贫等一些好的做法经验，树立沪滇协作产业发展特色村、现代农业示范园等一批标志性项目。

窗含"梅里"千秋雪 门泊 "金沙"万里船

顾春华，1973 年 3 月生。现任嘉定区委台湾工作办公室副主任，区委统战部三级调研员。2019 年 7 月至今，为上海市第十一批援滇干部，任迪庆州德钦县委常委、副县长。

口述：顾春华

采访：吴嘉凤

整理：吴嘉凤

时间：2020 年 3 月 5 日

缘起经年，见之钟情

从我宿舍的窗口看出去，正好能看到梅里雪山。早上，太阳从山那边照过来，透过纱窗，照到床头。我一起床就能看到城里任何地段都看不到的美景：万道霞光照在梅里雪山上，金光闪闪，山顶好像是金子做的一样。一瞬间就觉得这山是神圣的，怪不得当地人把它当作一种寄托。我对它也有所寄托。因为这雪山脚下有一条江，叫金沙江，江水一路往东，流到长江出海口，就是我的家乡。

我虽然是 2019 年开始援滇，但 10 年前就担任嘉定区政府合作交流办副主任，接触德钦的人和事已经很久了。其实，我对国家边远地区的最初印象，来自我父亲的口头描述。1969 年，他应召入伍，前往西藏，驻地就在德钦隔壁的林芝。我父亲说，这里山高路远、坡陡沟深，山上常年积雪、严重缺氧。

我单位的领导，也是援藏前辈，在出发前嘱托我道："援派三年，厚重一生。边远地区环境恶劣、生活艰苦，一定要保重好身体，有了好的身体才能干好工作。同时，作为一名上海干部，要发扬好的作风，为受援地留下一份带不走的作风财富。"

2019年7月15日，我离开故乡嘉定，前往云南德钦。当车子开过海拔4000多米的白马雪山垭口，前方绵延百里的梅里雪山扑面而来。我当时完全被这壮观的气势震撼了。来接我的县里同事指着远处最高的山峰说："这就是云南的最高峰，海拔6740米的卡瓦格博峰。今天梅里十三峰全部'打开'了，神山也在欢迎我们援滇干部的到来。"望着眼前这座海拔高达6740米的梅里雪山主峰，我很想高喊一句"我来了"，但没有喊出来，只是默默下决心：此后三年，彼此相伴，我将努力，不负神山！

嘉定在长江的入海口，德钦在长江的发源地。嘉定是"江南历史文化名城"，德钦是"云南旅游皇冠上的明珠"。两地似乎差异巨大，仔细想想又有很多相通的地方。有一首诗叫"我住长江头，君住长江尾"，嘉定与德钦，分别位于长江的一头一尾，虽相隔千里，但奔流不息的长江把两地紧紧地连在了一起。2004年，两地开展结对帮扶。从此，嘉定与德钦，水相通、人相亲、心相近，跨越千里，守望相助。

嘉定对对口帮扶是很重视的，全局统筹部署，在方方面面都有所体现。我们提出了一个口号，叫"德钦所需、嘉定所能"。国家说"精准扶贫"，我们说"量体裁衣""靶向施策"。德钦和嘉定两地领导经常互访，在人才交流和产业合作、劳务协作方面都有一整套的制度机制。这也是2004年以来一位位援滇前辈打下的基础，如果说一开始的援滇干部是做"规划图"，那么到我们就已经是"施工图"了。把德钦的事当作自家的事，带着真情实意、投入真金白银、坚持真帮实扶。到2018年，我们投入各类帮扶资金1.94亿元，实施了258个项目，协助德钦县减贫2755户12122人，贫困发生率从20%下降到0.42%。

嘉定区的援滇干部一代接一代，一棒接一棒，到2019年已经是第15年。杨小弟、金伟荣、赵刚、严伟中、潘展平、王晓华……在我之前有六批，我是第七批。他们献身国家，甘当扶贫攻坚战的"主力军""敢死队"，把"嘉定智慧"源源不断地输向德钦。还有一大批支教、支医志愿者，带着感情、带着思路、带着技术，把自己的脚印留在了德钦的村村寨寨、山山水水。

德钦在云南最出名的是两个"最"：位置最北，海拔最高。"最北"的另一个意思是位置偏僻、交通闭塞。"最高"的另一个意思是空气稀薄、严重缺氧。一个地方如果缺少氧气，一般就招不来人气，更不会有经济上的景气。但德钦人民也有自己的"气"，我总结为"神气""灵气""底气""洋气""生气""骨气"和"福气"。

"神气"是说这里的山。梅里雪山绵延百里，卡瓦格博峰终年积雪、雄伟壮观，充满王者风范，雪化了就是瀑布、湖泊，星罗棋布，震撼每一位来访的客人。"灵气"是说这里的物产。无污染的环境、4000米的海拔，梅里雪山除了叫"神山"，也叫"药山"，松茸、虫草都在这里生长。"底气"是说这里的文化。德钦是康巴文化的重地。这里有悠扬高亢的弦子——一种类似二胡的乐器，也有古朴庄重的锅庄——一种手拉手围成圆圈的舞蹈。"洋气"是说，法国传教士1867年就在这里建了茨中教堂，同时带来了法国纯种玫瑰蜜葡萄和葡萄酒文化。梅里雪山与澜沧河谷的特殊地形，形成了温和的冬季，使各种名贵葡萄品种可以适度挂冰、安全越冬。这里酿的红冰酒，在世界上都是名贵产品。"生气"是说发展。2016年底，214国道白马雪山隧道开通，让香格里拉市区到德钦县城用时缩短到2.5小时。这就把梅里雪山和香格里拉两个旅游景点连接在了一起，对德钦的旅游业非常利好。"骨气"是说这里的干部。德钦的干部艰苦不怕吃苦，缺氧不缺精神，有"马背上的派出所"，有"牧场上的流动党校"，还有"虫草山上的临时警务点"，他们有句话叫"海拔高斗志更高，紫外线强党性更强"。"福气"是说这里的百姓。德钦在历史上还是个政教合一的封建农奴社会，食不果腹、衣不蔽体，如今依靠党和国家对口帮扶政策，全县各族人民走上了社会主义康庄大道。到2019年底，德钦的贫困发生率已降至0.06%，目前贫困人口只有7户29人。

辛勤耕耘，花开富贵

每年6月，白马雪山上就会有杜鹃花盛开，我来的时候是7月，还能看到山坡上杜鹃花开的壮观场景。没来得及多看一眼美景，我就马上投入了对口帮扶的工作中去，这里举3个例子和大家分享。

　　第一个例子是转移就业。打赢脱贫攻坚战，光靠救济、靠补助肯定不行。当地的农业人口多，人均耕地少，要让富余劳动力有活干，有源源不断的进项，才能阻断贫困。嘉定从 2018 年开始接受德钦县的贫困劳动力转移就业。这其中有很多阻力。一是派不出人员。不是你给他岗位他就愿意来，因为两地地理环境不一样、饮食习惯不一样，不仅是我们上高原会不习惯，他们下高原也会不习惯。二是找不到岗位。两地的用工需求有很大的差异，派出来的人很难找到适合的岗位。三是时间待不长。两地相隔千山万水，又有上述困难，很难把人留住。

　　面对这些难题，我们一个一个下功夫。通过入户走访、问卷发放、电话询问在当地开展拉网式摸排，摸清农村到底剩余多少劳动力，这些人中有多少有去上海打工的意愿，想去的人的年龄、学历、身体健康等基本情况怎么样，他们有什么技术，想做哪方面的工作。每个人的想法都是不一样的。而且在当地的贫困农村里，大家的思想都比较保守，我们要到村里，到人家家里，面对面动员，引导他们转变就业观念，勇于走出大山。走出大山是有成本的，我们制定了转移就业工作实施方案，量化劳务输出目标任务。上海有劳务协作专项资金，县里还拨出配套资金，用于保障回程交通费用和意外保险。这些措施让山里的人渐渐想走出去，走得出去。

　　有了愿意出来的人，下一个问题就是帮他们找到合适的工作。嘉定区人社局找到了上海南亚新材料科技股份有限公司等近 20 家区内规模较大的企业，它们的共同点是都提供食宿。这些企业社会责任感较强，共有各类基础性岗位 800 多个，非常适合德钦农村劳动力。这些企业在嘉定和德钦都开了招聘会。德钦县人社局找了嘉定和周边城市的企业，"打包""抱团"推荐务工人员。援建干部在派出单位有人脉资源，我们与在嘉企业协会、嘉定闽商协会取得联系，也获得了一些岗位资源。德钦县燕门乡巴东村一个叫杨志鹏的建档立卡户，就通过嘉定人社局的招聘途径，得到了上海南亚科技的工作机会。

　　为了让务工人员"留得下""干得好"，德钦县人社局没有"一派了之"，做甩手掌柜，而是让工作人员在嘉定驻点，随时关心他们的工作、生活、思想状况。嘉定人社局为驻点人员提供了办公场所，也提供了很多帮助。有时候做了一段时间，确实发现岗位不合适，那么我们工作人员会在合理的范围内，为他们及时调整企业和岗位，做到人岗相适、稳岗稳心。德钦的领导只要到访嘉定，都会抽出时间看望务工人员。我有一次去看了南亚科技的杨志鹏，他现在一个月工资 5000 元，公司包吃住。他对工作非常满意，跟我说："感觉生活有奔头！"大城市工资高，生活成本也高，区红十字会特地为务工人员筹措到一批价值 3.6 万元的生活物资，有被子、大米、方便面等，帮助减少他们的日常生活开支。在嘉定和德钦的合作下，2019 年成功引导当地 57 名农村富余劳动力来沪实现就业，其中建档立卡户 12 名。

要做转移就业，最重要的是从思想上让老百姓明白，走出大山、走向城市，不仅仅是为了脱贫、增收，更是为了开阔眼界、转变观念，改变自己和下一代的命运。边远地区的老百姓很能吃苦，就是文化水平低、工作技能少。所以接下来我们打算做培训，提高他们适应企业岗位和城市生活的能力。转移就业不仅是脱贫，也是民族融合，能让不同民族共事、共学、共乐，让少数民族务工人员在文化上、心理上融入东部社会和人文环境。

第二个例子是消费扶贫。消费扶贫简单说就是买他们的东西。贫困人口依靠自身努力，提供产品和服务，增加收入，改变命运，这能增加他们脱贫致富

◀ 看望来沪务工的德钦青年

的积极性，稳定脱贫，不容易返贫。

和云南很多农特产品一样，德钦物产丰富多样、品质优良，但问题是大多没有标准，没有认证，规模也小。你说这个好，为什么说它好？凭什么说它好？我们对症下药，找了当地的龙头企业，和合作社"联姻"，龙头企业解决标准化和品牌化的问题，合作社解决特色化和规模化的问题。无认证、无资质、无品牌的难题解决了，德钦的优质蜂蜜、珍稀菌类、野生核桃油等等就能源源不断地涌向市场。

如何拓宽销售渠道，我们也是想了各种各样的办法。先找自己人，联合总工会，号召机关事业单位买、国有企业买。再通过各种结对，如镇乡结对、村村结对、村企结对、社会组织结对，把消费扶贫放到结对内容里。我们还在嘉定新城西云楼商区、嘉定镇民清街商区等办了农产品展销会，还组织德钦企业参加了上海市"国家扶贫日"展销会。嘉定在场地租赁、手续申办、宣传策划等方面给了不少优惠政策。

消费扶贫贵在精准，不能"大水漫灌""大而化之"。在实际操作过程中，我们通过订单奖励、政策鼓励、机会激励，引导企业与当地合作社、贫困村签署合作协议，只要企业雇用当地贫困人员、购买当地农特产品，就有一定的优

◀ 德钦县蜂蜜加工厂

惠奖励。2019 年底，南翔的一家企业希望在德钦购买 3000 斤有品牌认证的蜂蜜。我们就引导当地的一家龙头企业与贫困村签署了购销协议，并进行了订单奖励，精准地让当地贫困人口直接获益。

我们援滇干部给扶贫对象做"广告商""经销商"，提出了"能供应、有销路、真扶贫"的口号，2019 年在上海销售德钦特色产品 90 万元，为 30 名建档立卡户增收、脱贫。其中就有深度贫困的霞若乡月仁村，月仁村的建档立卡户阿才特地向我们表示了感谢，说他在家门口就赚了 5000 多元，这对他来说是一大笔钱。

第三个例子是"三交"项目。"三交"是指"交往交流交融"。2019 年，嘉定与德钦共推出了 9 个批次的"三交"项目，560 名当地贫困农牧民参与进来。

"三交"的人群是以当地贫困农牧民为主，配以少量行政人员进行联络、保障、服务，以西部到东部开展交流学习为主，东部到西部配合活动开展为辅。在预算安排上，资金使用对象主要是德钦的基层贫困农牧民，内容有教育、文化、体育、旅游、产业、党建等，形式有培训，有参观工厂，也有广场表演。大家开阔了眼界、学到了本领、交到了朋友。在青少年"手拉手"项目

◀ 德钦基层百姓在嘉定州桥表演

中，许多德钦小学生都是第一次走出大山、走进城市，第一次尝到了正宗南翔小笼包子，并结交了人生第一个汉族小朋友。德钦县第一小学四年级（1）班的永金追格一路都是活跃分子，她回德钦后还很得意地说："我教会了上海小伙伴跳锅庄舞，拉弦子琴！"

促进民族融合，关键在一个"共"字，要共事共学共乐，互帮互进互鉴。在青少年"手拉手"项目中，你教我包小笼包，我教你跳锅庄舞，你教我书法，我教你藏歌。在镇乡文艺交流和"弦子节"文艺汇演中，汉族、藏族艺术家们同台表演，互相学习、鉴赏。党的十九大报告中说："加强各民族交往交流交融，促进各民族像石榴籽一样紧紧抱在一起，共同团结奋斗、共同繁荣发展。"

风雨同舟，幸福彼岸

在德钦，我最喜欢站在宿舍的窗边，早上看日照金山，晚上听金沙拍岸。虽然我喜欢在万事里看出美好，但刚来时的艰苦还是超乎我的想象。国家有一到六类艰苦边远地区，艰苦程度由低到高，六类全国只有 12 个，云南只有一个，就是德钦。德钦平均海拔 4270 米，县城海拔 3400 米，是"云南之巅"。初来乍到的新鲜感、兴奋感一过，缺氧和寂寞就开始袭来。特别是晚上睡眠不好，半夜常常因为呼吸不畅而惊醒，心脏一个劲地跳，"咚咚"声自己听得都有点怕。因为缺氧，爬四层楼的宿舍楼梯都要中间停下休息两次。不能爬得快，否则心跳得快要蹦出嗓子眼。到德钦一个月后，上海驻昆办组织体检，上下血压飙到了 140/110，医生说，这是典型高原性高血压。但我很快就将这些抛在脑后。高原反应其实是三分生理、七分心理。初上高原有高原反应是正常的，没高原反应才不正常。克服高原反应，靠的是强壮的身体和强大的心理。

这里的环境很美，一年四季的天空都是湛蓝湛蓝的，衬着白云，随手一拍都是好风景。空气干净、干燥，屋子里几乎不落灰尘，洗好的衣服一个晚上就能晾干。这里的同事很友好。卫东书记身材高大，为人睿智，善于听取大家的意见。格桑县长和蔼可亲，为人宽厚，对援滇干部常嘘寒问暖。县扶贫办的李春燕副主任专门负责协助我们开展沪滇帮扶工作，三十出头的藏族小伙，富有基层工作经验，为人热情仗义，是我们工作上的好帮手、生活中的好朋友。和我一同来到迪庆的一共有 7 位好兄弟，他们是嘉定的邵钧、顾劲，闵行的杨建富、张勇，宝山的忻椰骏、韦秀勇。我们笑称是生长在雪域高原的 7 个"葫芦娃"，在今后三年一起"斩魔除妖战贫穷，扶贫帮弱奔小康"。这里的工作很锻炼人。项目的推进、指标的提升、国考的准备，有时难题一个接着一个，"山重水复疑无路"；但再咬咬牙，再坚持下，又迎来"柳暗花明又一村"。

在这里我结交了更多的人。县里的同事、一起的援友、项目中的业界精英和各路专家，大家在"滇"相遇、因"援"相交。在这里我收获了更多的人生阅历。"近日常健忘，唯不忘故乡。无谓身何在，但得心所往。"远离故乡，才知故乡亲。远离亲人，才知亲情重。来到祖国边陲，看到隧道在群山里穿行、大桥在峡谷上横跨，一座座现代化新城在大山里崛起，我从心底为我的祖国感到自豪。当地的干部群众不畏艰难、不怕缺氧，为改变边远地区贫穷落后的面貌，不忘初心，敢于担当，这种精神值得我学习、拥有、发扬。

现在我已习惯在白马雪山上上下下、转来转去。一回想，脑子里全是巍峨壮美的梅里雪山、奔腾不息的金沙江水和五彩斑斓的高山杜鹃。虽然身体会缺氧、内心会孤独，但我磨砺了意志，体验到一种肩负伟大使命的自豪感和经历风雨的痛快感。这些，对我以后的工作、学习、生活，对人生观、价值观、世界观的升华都将是一笔宝贵的财富。

"全面建成小康社会，一个不能少；共同富裕路上，一个不能掉队"，这是习总书记的铿锵承诺，也是中国共产党向全国人民和全世界做出的庄严宣告。愿脱贫攻坚战役早结硕果，愿中华民族复兴梦早日实现，愿德钦人民早日到达幸福的彼岸！

倾情援滇路　搭建协作桥

　　赵良，1975 年 1 月生。现任嘉定区教育工作党委副书记。2019 年 7 月至今，为上海市第十一批援滇干部联络组楚雄小组组长，任楚雄州政府副秘书长。

口述：赵　良
采访：王亚莉　王依娜　孙　烨
整理：王依娜　孙　烨
时间：2020 年 4 月 23 日

2019 年 7 月 15 日起，按照组织的安排，我作为上海市第十一批援滇干部之一赴楚雄州开展为期三年的挂职工作，任楚雄州人民政府副秘书长，主要协助楚雄州沪滇扶贫协作领导小组办公室开展工作，重点推进上海、嘉定对口帮扶楚雄州各项工作任务，并扎实做好在楚挂职的上海嘉定援滇干部的服务工作。

回顾半年多的挂职经历，我深感嘉定与楚雄扶贫帮扶的工作量很大，任务很艰巨，使命很光荣。要切实做好嘉定与楚雄的东西部扶贫协作各项工作，需要我们每个援滇干部牢固树立援滇就是奉献、起步就是冲刺、开局就是决战的工作理念，精准精细精致谋划工作，用心用情用力推进工作，真正做到生活融入、工作融入、情感融入，努力以我们援滇干部的辛苦指数换取楚雄贫困群众的幸福指数。

紧盯项目

我们小组新上岗同志抵达楚雄后的第一件事，就是抓好自身工作的对接，知晓工作现状、研判工作走向、明确工作职责，保证工作不断、不散、不乱。

第二件事就是快速融入当地生活。楚雄彝族自治州位于云南省中部偏北,属云贵高原西部、滇中高原的主体部位,自古为"省垣屏障、滇中走廊、川滇通道"。在赴楚雄工作之前,我已经做了一些功课,对楚雄的自然禀赋、人文环境、经济社会发展情况有了一些初步的了解。但到了楚雄之后,我发现自己的想象与实际情况差异很大。在楚雄生活,至少要过好"三关"。一是要过思乡关。远离家乡,思念亲人的情绪还是很浓厚的,自己要想办法克服。尤其是楚雄与嘉定远隔 3000 多公里,这里没有熟悉的亲朋好友,需要重构朋友圈。二是饮食关。总体上这里饮食偏辣,而我喜欢清淡一些的,只能逐步适应。楚雄多的是山珍、肉类,但缺海鲜、河鲜,我的饮食习惯到现在还在调整中。为了继续尝到上海家乡菜,我利用双休日时间,到农贸市场购置一些食材,回到住处自己当一回主厨,享受自己的手艺,还是很有成就感的。有几次我请楚雄小组成员到宿舍来就餐,大家觉得味道还是蛮不错的。三是作息关。这里的工作时间与嘉定有很大的差异,上午从 8 点到 12 点,下午从 2 点 30 分到 6 点。在嘉定中午很少休息,但到楚雄工作后,我逐步养成了午休片刻的生活习惯。

在慢慢适应了当地生活后,紧要的一步就是去了解当地的情况,落实好项目资金,让上海的援滇资金用在扶贫的关键点上,把好项目谋划的质量关。项目要谋划好,必须少在会场,多到现场。2019 年 10 月 4 日,武定的周伟副县长邀我去实地查看一个自然能提水项目是否可行,我上午 8 点从楚雄州出发,车子行驶了 5 个小时左右,才抵达武定环洲乡。抵达后,我与当地水利部门的同志,会同提水工程的设计者直接到缺水严重的 6 个村勘察地形,又和同志讨论方案,最终确定了项目的可行性,落实了提水项目的选址。那天回去,抵达楚雄已经是凌晨 1 点半了,但想到能够为当地的群众解决用水问题,我感觉这一天的奔波很有价值。

除了确定项目外,更多的工作是了解跟进项目的开工和进展情况。嘉定对口支援楚雄州的双柏、牟定、南华、姚安、大姚、永仁、武定 7 个县。2019年 7 月,来到楚雄后,我们就对年内实施的援滇项目逐一了解情况,大部分项目推进正常,但是在调研走访中我们也发现,个别单位对项目的推进不够及时,这时候我们就要与当地项目负责人座谈、了解项目推进缓慢的原因,分析

◀ 在武定县走访了
解脱贫攻坚情况

项目进展中的困难，帮助他们一起想办法、做协调、找出路。有的项目是资金拨付率偏低，这时候我们就做好沟通协调的桥梁，保证资金按时到位。还有的项目是资金使用率偏低，这时候我们会实地查看，了解项目进展情况，帮助项目组了解援助政策、资金规范使用流程、项目完成指标等。就这样，在对口援滇领导的大力支持和关心下，截至 2019 年年底，项目开工 180 个，开工率 100％，完工 170 个，完工率 94.44％；拨付资金 24477 万元，资金拨付率100％，资金使用金额 22260.5 万元，资金使用比例 90.9％，可以说项目援建取得了相当不错的成效。

产业扶贫

　　援滇工作中很重要的一个方面就是产业扶贫，这是实现当地脱贫致富的根本之策。扶贫工作是一个系统工程，需要好好谋划，下好"先手棋"。我们重点在扶贫组织、生产、经营、政策保障"四大体系"上下功夫，四级书记抓，严格考核行政"一把手"和行业部门，纳入县市长、乡镇长经济责任审计，从责任落实、生产组织、政策供给、扶持方式、产销对接、利益联结、基层党建等关键环节设计好"四梁八柱"。除了做好组织谋划，我们努力实现产业扶贫的"五个全覆盖"：抓规划引领全覆盖，精准编制产业扶贫"县、乡、村、组、户"五级规划，明确路线图、时间表、责任书；抓项目扶持全覆盖，确保户户有项目扶持；抓主体带动全覆盖，制定新型经营主体带贫奖励政策，全州4241个新型经营主体带动贫困户发展产业，覆盖率达100％；抓政策支持全覆盖，为贫困户制作帮扶明白卡、政策享受明白卡、收入明白卡，确保产业扶贫不漏户、不漏人；抓组织保障全覆盖，层层建立产业工作组，明确挂包责任，建立产业指导员制度，确保户户有组织管、有人帮。

在产业选择上我们做好"把方向"工作。围绕全州生猪、肉牛、蔬菜、水果、核桃、中药材、花卉、食用菌"八大"特色主导产业，采取农户"点单"、政府"配餐"的方式，对贫困户制定"点穴式"扶持计划。抓"一县一业"带动，形成了双柏中药材、姚安肉牛、大姚核桃、永仁芒果、武定县构树壮鸡等主导扶贫产业；对25个贫困乡镇，抓"一乡一特"，涌现了一批魔芋之乡、黑山羊之乡等脱贫典型；对644个贫困村，抓"一村一品"；对边远贫困山区和条件相对差的贫困户，在"一户一策"上下功夫，坚持宜种则种、宜养则养等灵活措施，形成"一县一业、一乡一特、一村一品、一户一策"产业扶贫新局面。

◀ 楚雄州双柏县大庄镇普岩村委会虾蟹养殖项目

▲ 武定县就业创业综合实训大楼项目

　　在利益联结上我们努力搭建"新平台"。探索"土地租赁＋返聘务工"扶贫模式，带动贫困户土地流转和就业增收。探索"能人＋托管代养"扶贫模式，采取大户、能人托管代养帮助贫困户发展生产。探索"村集体经济＋贫困户"反哺扶贫模式，如在有条件的431个村建设光伏电站，年实现村集体收入4200万元，反哺8200户贫困户增收。探索"互联网＋"扶贫模式，建成电商平台55个，带动2337户贫困户户均增收2287元。探索"企业＋扶贫车间"扶贫模式，创建扶贫车间121个，吸纳贫困人口就地就业3082人。探索"培训＋就业＋平台"扶贫模式，提高劳务输出组织化水平，组织转移就业贫困劳动力2.93万人；结合河湖长制、村庄环境整治等工作，开发乡村公益性岗位8911个。探索"消费就是扶贫、购买就是爱心"的消费扶贫模式，采取以购代扶、以销代捐等形式，促进6.16万贫困户21.58万人增收。

迎接考核

　　沪滇结对帮扶是一项响应党中央、国务院打赢脱贫攻坚战的重大、严肃的政治任务，发挥考核"指挥棒"作用，激励先进、鞭策后进，是加大帮扶力度、提升帮扶工作水平的重大举措。2019年底，我们迎来了云南省和上海市东西部协作考核迎检这项重要工作，本着干在实处、走在前列的工作思路，我们仔细对照涉及年度考核的组织领导、人才支持、资金使用、劳务协作、产业合作、携手奔小康等 6 大考核指标，会同 7 个对口县逐项研究，加强工作指导，明确努力方向，引导各县补齐工作短板，拉长工作长板，树立典型样板。

在确定楚雄州姚安县作为现场考核点后，为了确保考核顺利过关，我先后 3 次赴姚安督查项目推进落实情况，每去一次，自己就有一种体会：援滇工作如果不跟进、不督促，很多项目的实施主体就会不紧张、不负责任。只有把项目推进抓得紧紧的，这些好的援滇项目才会落地见效。在督促项目推进过程中，一定要引起当地主要领导的高度重视，情感要融入；抬高自己的政治站位，要从讲政治的高度来审视和研判工作；认真学习领会扶贫援滇相关精神，增强做好结对帮扶工作的思想自觉和行动自觉。尤其是要遵循中央要求、楚雄所需、嘉定所能的工作基调，站稳立场，提升能力，实事求是地开展帮扶工作。就这样，通过抓当地的责任主体，我们最终解决了项目推进慢、资金拨付比例低等老大难问题，考核组对姚安的东西部协作工作给予了较高的评价。

经过多方努力，楚雄脱贫攻坚工作取得历史性成就。到 2019 年底，全州共有建档立卡贫困人口 88733 户 333825 人，净脱贫 85830 户 325494 人，未脱贫 2903 户 8331 人，全州贫困发生率从 2014 年末的 12.25％下降到 0.46％，25 个贫困乡镇全部脱贫出列，贫困行政村从 644 个减少到 1 个。牟定县、姚安县、双柏县、南华县、大姚县、永仁县顺利脱贫摘帽，6 个县实现零漏评、零错退，姚安县群众认可度位列全省第一，2018 年云南省对楚雄州脱贫攻坚成效考核和东西部扶贫协作考核结果均为"好"等次。深度贫困县武定县贫困人口从 2014 年的 25889 户 101586 人减少到 2019 年 12 月底的 963 户 3071 人，贫困发生率从 36.5％下降至 1.25％。

两地交流

作为楚雄州政府副秘书长，着力抓好嘉定与楚雄高层互访协调服务也是我的重要职责。工作中，我注重调动援滇干部团队力量，会同楚雄州扶贫办积极协调，精心准备，认真统筹 7 个县援滇干部的工作力量。2019 年 8 月 26 日至

30 日，以嘉定区委副书记、区长陆方舟为团长的嘉定党政代表团考察云南楚雄援助工作。9 月 2 日，上海市委常委、宣传部部长周慧琳来楚会见上海援滇干部。对于后方领导的来访，我们高度重视，精心筹划，力争为两地交流提供畅通渠道。

充分借助后方资源，开展援滇工作，也是我们非常重要的职责。援滇三年，时间很短，如何能更好地做出一番成绩、为当地百姓带去实实在在的福利，光靠援滇干部的一己之力是很难实现的。没有后方领导的重视，我们的援疆之路会困难许多。甚至可以说，前后方领导对援滇工作的重视程度决定了援滇工作开展的力度和成效。幸运的是，入楚以来，无论是嘉定还是楚雄的领导，都以极高的政治站位强势推进沪滇扶贫协作工作。这对我们援滇干部开展工作，是最有力的支持。记得上海市委常委、宣传部部长周慧琳专程会见了在楚雄的上海援滇干部，他勉励我们牢记使命，认真履职，进一步坚定做好援滇工作的信心和决心，使我们倍受鼓舞。在后方领导的大力支持下，2019 年我们顺利协调上海百蒂凯、瑞士迅达电梯、联影医疗公司、上海云通公司等作为以楚雄州州长迟中华为团长的招商考察团赴嘉定考察的重点考察企业，并达成了初步意向。嘉定区委书记章曦，区委副书记、区长陆方舟与迟中华州长对进一步做好东西部扶贫协作工作进行了深入探讨，并进行了相关事宜的商洽。

2019 年 11 月，按照上海市委、市政府的工作部署，嘉定区委、区政府加大东西部扶贫协作的干部、人才支持力度，在原有的援滇干部基础上，又增派了 4 名援滇干部。这样我们嘉定的援滇干部就有 13 名同志了。作为楚雄小组组长，我一直注重团结协作，并始终坚信在楚的嘉定援滇干部是一个集体，只有团结，才能有凝聚力和战斗力，必须把团结作为生命线来坚守。作为组长，我对在楚雄挂职的嘉定干部做到思想上关心、生活上关怀、工作上关注，尤其是在坚持以政治建设为统领，引导小组成员提高政治站位、强化政治担当、履行政治责任上切实加大工作力度，真正形成工作合力。"不忘初心、牢记使命"主题教育期间，坚持在思想建设、组织建设、作风建设和制度建设上下功夫，坚持每月召开工作例会，与 13 名同志进行思想沟通、工作交流，增进共识。修订完善小组内部管理制度，从小组学习、工作例会、经费管理、请销假、调查研究等方面做出规范要求，以刚性制度确保援滇干部认真履职，不断提高做好援滇工作的素养和能力，树立起嘉定援滇干部的良好形象。

　　援滇工作的意义在于奉献和奋斗，一定要带着情感融入这份工作。来到楚雄，我真切感受到这里的群众淳朴友爱，富有热情，只要把他们当朋友，他们一定会真心对待、帮助我们。援滇三年之路才刚刚开启，在后面的日子里，我们将继续秉持只争朝夕、不负韶华的精神状态，持续接力、不懈奋斗，切实推动扶贫帮扶各项工作落地见效，真正做到这三年为嘉定增光，为人生添彩。

我的援青岁月

　　郁标，1968年9月生。现任嘉定区委统战部副部长（正处），一级调研员。2002年3月至2004年3月援赣，任九江市星子县委副书记；2010年7月至2013年7月，为上海市第一批援青干部，任果洛州久治县委常委、副县长。

口述：郁　标
采访：吴嘉凤
整理：吴嘉凤
时间：2020 年 2 月 19 日

2010 年 1 月，中央召开第五次西藏工作座谈会，要求向青海选派第一批援青干部，41 岁的我被选中前往青海省果洛州久治县。此前，我已有江西九江市星子县援赣挂职的经历。在青海，我克服了种种困难，为当地援建了藏文寄宿制中学教学楼、游客集散中心、久治县中心幼儿园等项目，为当地培养优秀干部和技术人才牵线搭桥，和上海同批前往青海果洛的另外 6 名同志打出了"果洛高原七兄弟"的好口碑、好牌子。

坚定不移再援派

当时被选中援青，还没去，青海就发生了地震，市委组织部领导说："玉树发生了地震，对当地的影响还是蛮大的，你们还有时间考虑去不去。"我态度坚决，说我一定要去。原因有两个方面，一是我小时候喜欢看《岳飞传》、喜欢看革命战争电影，崇拜那些保家爱国的英雄人物。二是小时候家庭条件一般，念大学时政府每年给予困难补助，毕业后也是国家分配工作，我始终对组织有感恩之心，只要组织上需要我，我就坚决服从。

此前，2002 年 3 月，时任江西省委书记的孟建柱向上海提出，希望选派一批上海干部到江西挂职。我去了江西九江市星子县担任县委副书记，分管招商引资工作，现在，这个县改名叫庐山市。援赣两年收获很大，对我后来三年援青有很大的帮助。

两度援派离不开家人的支持。我妻子是幼儿园副园长，入党比较早，思想觉悟比较高，一直非常支持我的工作，在照顾家庭方面付出了很多。特别是援青期间，小孩念中学，特别需要爸爸妈妈的照顾、鼓励，我却在万里之遥的果洛。妻子每天早晚接送儿子去市中心区读书，非常辛苦。我在青海期间，岳父岳母搬到我家住，帮忙烧饭，打理家务，对我支持很多。

我两年在江西，三年在果洛，陪儿子的时间比较少，父子之间话不多。2011年，妻儿来高原看我。从西宁机场到久治县，千里迢迢，翻山越岭，娘俩一路颠簸，一路呕吐。到了县城，住宿饮食都不习惯，身体不适，开始发烧。当时正好区里有领导来，我又要关心领导行程，又要照顾妻儿。他们没办法，只能吃退烧药坚持。我儿子回上海以后一下子懂事多了，写了一篇文章《给爸爸的一封信》，在报纸上刊登了。后来他常发短信问候我，父子之间的沟通从此多了。

我是领养的。养父去世时，我在赣挂职。那天早上，亲戚打电话来，说："你爸爸不行了，赶快回来。"我马上坐飞机火急火燎往回赶。回到家里已是傍晚，父亲已经不省人事，听到我回来，流出了一滴泪，就合上了眼。事后我想，他是在等我，一定要看我最后一眼，所以我感到对父亲有所亏欠，一直比较内疚。2010年7月，我又要到青海去，那一年我养母76岁，她不习惯城里生活，一个人住在乡下。因为我要出去，嘉定区民政局、华亭镇政府都十分关心，把老人送到了华亭敬老院。我妻子每个星期都去，买点东西、陪她说说话，三年里每个星期雷打不动、风雨无阻。

披荆斩棘新路途

上海市首批援青干部有7人。我们先在上海市委党校培训，然后到北京京西宾馆培训，之后坐飞机到青海西宁。2010年8月1日，青海会议中心举行了第一批援青干部欢迎大会，大会后，我们在西宁再次培训。从西宁到果洛州有 440 公里，我们行车至离州政府所在地大武镇还有几十公里的地方，天气突然变化，下起了冰雹，冰雹像鸽子蛋那么大，打在车上声音很响，那是我们第一次真切地感到工作生活环境不一样了。

安排在果洛州的援青干部共 13 人，其中中央部委和央企 6 人，上海 7 人。果洛州有 6 个县，每个县分配 2 人，上海的领队在州里。和我安排在同一个县的同志是国家旅游总局的，叫刘占平。久治县委书记宁海鹰和县委常委、组织部部长王晓文专程到果洛来接我们。那天早上 8 点左右，我们往县里赶，路况比从西宁到州里更差，下午 1 点多到了久治县境内的年保玉则，这是巴颜喀拉山的主峰之一，海拔 5369 米。久治县委常委、常务副县长，还有几个干部在年保玉则的草地上搭了个大帐篷招待我们，这是我们在久治吃的第一顿饭。

果洛一年只有两季，冷季和暖季。暖季很短，就是 7 月、8 月；9 月下旬就开始下雪了，到第二年 6 月上中旬还在下雪。草原每年 4 月开始返青，9 月开始变黄。果洛州年平均气温只有零下 4 ℃。高原阳光充足，紫外线对眼睛的伤害较大，我因此患过视网膜脱落。组织上十分关心，找了上海新华医院的专家给我看病。

县城的生活设施落后。果洛有 6 个县，4 个县没有纳入国家大电网，靠当地小水电供电。当地又很少下雨，蓄水少，发电量就少，还时常跳闸。停电短则几小时，长则三五天，甚至一个星期。我从上海带了一个太阳能电池，晚上可以用来照明，但有时还是要点蜡烛。县城还能供水，县城外是没有自来水的。水温特别低，冰凉刺骨。久治在饮食上接近四川。牧民主要吃"炒面"，就是青稞粉加牛奶或奶茶，捏成一块块吃，还有酥油、糌粑和牛羊肉。援青干部和当地领导在一个大灶上吃，高原饮食比较油腻，我回来那年血脂高，引发了急性胰腺炎。

果洛藏族自治州平均海拔 4200 米以上，高寒缺氧、气温低、光照辐射强、昼夜温差大，环境恶劣，困难诸多，但我适应比较快。有三个原因，第一是进入藏区前，组织上安排了上海、北京、西宁的工作培训，对于国际形势、民族政策、宗教政策、青海省情、果洛州情、文化习俗，讲得相当透。第二是青海对我们非常关心，提供了最好的食宿、医疗条件。县里在海拔 2300 米的西宁安排了临时宿舍，每两三个月一定会让我们到西宁住上几天。上海领导对我们也十分关心，刚去的那年，青海组团到上海看世博会，晚上用餐时，时任上海市委书记俞正声叮咛道："现在不是革命战争年代，你们要注意保重身体，不要做无谓的牺牲。"第三是我小时候在农村睡过茅草屋、吃过粗粮、干过农活，能吃苦耐劳。

我们一到县里就走村入户。县委书记宁海鹰刚刚调任过来，只比我们早两个星期，也需要调查研究，就带着我和刘占平一起下乡，连续走了门堂乡、白玉乡、哇尔依乡和索乎日麻乡。

索乎日麻乡离县城 140 多公里，海拔超过 4200 米，乡政府设在一个大山坡上，上面还有牧民集中居住点。有固定的房子，也有帐篷，牛羊都在大山坡上。乡政府是一排小平房，既是办公房，也是宿舍。每间房子有一张办公桌，一张单人床，还有一只铁质的烤火炉。炉子既可以取暖，还可以烧水、烧奶茶，一年四季都烧着。牧民没有煤，把牛粪涂在墙上，风干以后就用来烧火取暖。那天我们去调研，牧民联欢，载歌载舞，喝青稞酒。晚上我们住在宿舍里，好在带了睡袋，比较暖和。旱厕比较远，晚上还要带个手电跑一段山路。藏区的狗特别凶，可以一直狂吠到天亮。这些都让我印象深刻。

随后一个月，我和刘占平走遍了教育局、交通局、学校、医院、寺庙，对当地有了大致了解。久治的畜牧业比较发达，2.6 万人口蓄养了 20 万头牦牛，还有羊和马。久治的牛肉品质在整个青海都是有名的，后来由浙江人办了牦牛肉加工厂，根据年宝玉则峰的海拔高度取名，叫 5369 加工厂。年保玉则有冰川，有 300 多个高原湖泊，其中有个仙女湖，藏语叫西姆措。县里有 10 所寺庙，影响较大的叫白玉寺。游客一年有几万人，但都是"驴友"，对当地不产生税收。

用心用情搞援建

久治县于 1954 年建县，县域社会发展滞后，经济发展缓慢。上海和当地经过反复沟通，在援建资金有限的情况下，按照中央要求贯彻"两个倾斜""四个基本"，即向基层倾斜，向牧区倾斜，保障基本生活、基本生产、基

◀ 久治县游客集散中心在建

本医疗、基本教育，同时把握"群众所盼、政府所想、上海所能"。2010 年 8 月到 2013 年 7 月，上海市在久治县共落地、推进援建工程项目 13 个，援建资金达到 7000 万元。我对其中三个项目印象深刻。

第一个是久治县旅游集散中心。久治县旅游资源比较丰富，但旅游配套设施很少，县里只有一家久治宾馆。我们确定了旅游集散中心这个项目，建筑面积 7500 平方米，框架结构 6 层，总投资 2000 多万元，其中上海出资 1500 万元。项目于 2012 年开工，2013 年 9 月竣工。这个项目在久治县创造了"三个最"：楼层最高，原来县里最高建筑是 5 层，现在则是 6 层；客房最多，久治宾馆只有 20 多个房间，旅游集散中心有 100 多个；最先安装电梯，建设方还设计了备用发电机，预防停电。旅游集散中心大大改善了久治县旅游基础设施状况，促进了当地旅游业发展。原来"驴友"白天到年保玉则看一看，晚上一定是住到阿坝，有了游客集散中心后就住在久治了。

第二个项目是久治县藏文寄宿制中学教学楼和学生浴室配套工程。原来学校有教学楼，省里援建的，但是远远不够，后来我们确定建 4000 平方米的大楼，框架结构 4 层，总投资 1450 万元，其中 1200 万用在大楼上，另外 250 万元用于学生浴室等配套工程。藏区好多学校条件差，根本没有洗澡设施。工程

▲ 久治县中心幼儿园

于 2012 年开工，2013 年投入使用，为牧区群众子女接受有质量的义务教育提供了可靠保障。

第三个是久治县中心幼儿园。项目建筑面积 1400 平方米，投资 280 万元，于 2012 年 7 月动工，2013 年 9 月完工。这是县里第一所学前教育中心，建成后为县城和周边牧民解决了子女入园难的大问题。后来我去了好几次，入园的小朋友很多，玩具也很多。目前的问题是缺幼师专业的老师，只能小学老师来教。这些项目都是让当地干部群众看得见、摸得着、得实惠的优质工程、民心工程，是国家"两个大局"战略布局的生动实践。

我们在援建中也遇到一些问题。由于冰冻期较长，开工要到每年 4 月中下旬。施工期短，物资运输不畅，导致项目建设周期长。当地干部变动频仍，确定项目开会的时候是这个同志来的，下次再开会就换人了。在项目资金管理上，施工方消息灵通，还没开工就吵着要钱，直接找援青干部。我们跟领队汇报后，马上开会研究。当时开个会很不容易，我们 7 个同志在 6 个县，我离最近的班玛县 187 公里，离最远的玛多县近 600 公里。我们听取了上海市合作交流办的意见，也参考了西藏在这方面好的做法，起草了《援青项目管理办法》《援青工程建设资金管理办法》，从制度上保证了对口支援项目建设和管理的主体早明确、监督管理早落实、施工验收早参与、交付使用早准备；设定了支付环节的审批主体，落实资金跟着项目走，拨付跟着进度走，保证质量进展总额控制。实践证明，这两个《办法》很管用，为援建项目的保质保量按期完成打下了坚实的基础。

高原昼夜温差大，热胀冷缩幅度大，对建筑的质量要求非常高。我居住的地方，第一年门口还是水泥路，第二年就变成了沙石路，第三年就变成了泥路。所以项目的把关首要就是工程质量，不然不仅影响援建项目的质量，还影响上海的声誉。援助形式主要有两种，一种叫"交支票"，钱给过去，当地建设；另一种叫"交钥匙"，我们建好了把钥匙给当地。援助久治，只能是交支票。即使是交支票，我对工程还是很上心。游客集散中心建设时，我每个星期都去工地，和当地人很熟。有个河南籍的项目经理，叫杜青松，中等个子，瘦瘦黑黑的，他说："郁县长，你们上海干部就是顶真。质量上请你放心，我们一定会把它建成优质工程。"我觉得援青干部就是一面旗帜，体现了上海的形象，我们在工作上认真负责，他们就看到上海干部对工作认真负责的精神。久治海拔高，建筑成本比平原高很多，在考虑工程造价的时候要把标准适当提高。我们在援建藏文中学教学大楼时，一般造价是每平方米 2000 元，我们考虑长远，提到 3000 元。后来我因为工作关系去了几次久治，这个项目到现在还是质量很好。

从 2012 年开始，上海加大了对口支援工作力度，资金量是上海总盘子的0.62‰，每年有两亿多元投到果洛。援、受双方通过探索，建立了上海对口援助果洛工作模式，明确对口支援项目由州县党委、政府主要领导亲自抓，州县分管领导直接抓，援青干部协助抓和项目单位领导具体抓的工作机制；同时明确州级项目相关委办局领导是第一责任人，县级项目县长是第一责任人，分管领导是责任人，援青干部主要是协助做好汇报、衔接、沟通、协调工作。每个县都成立了对口支援领导小组，下设对口支援办公室，抽调了专职同志，项目开始正规起来。

我们在久治还有两个项目：一是建了 10 个蔬菜大棚，每个占地面积 550平方米，总投资 300 万元，牧民不会种蔬菜，聘请了河南人来种，为了防风，大棚的一边有土墙，好几米厚；二是在白玉乡建了一个饮水工程，因为乡里原来用的是草原上小河沟里的水，容易感染包虫病。

我们还组织了一些干部培训和专业技术人员培训。久治比较闭塞，干部出省的都少，到上海的基本没有，专业技术人员的技术水平比较差。这方面上海比较重视，开展了培训工作。在我们援青工作的分工中，我负责联系两地的培训工作。三年时间，久治县的干部和专业技术人员，如医生、农牧业人才等，到上海来参加各类培训或者挂职100多名，这对当地发展有长远影响。

民族团结高原情

援青干部都是担任县委常委、副县长，我协管对口支援，同时分管民政、残联、扶贫工作。对口支援工作方面我协助的副县长是藏族人，个子很大，叫尕藏尖赞。我原来在嘉定区民政局工作，发挥优势，和嘉定民政、残联对接，把好的经验带到久治，并发动嘉定民政、残联对久治县捐资捐物、对口支援。嘉定区民政部门有一次捐衣被，捐了整整两大卡车。嘉定区残联每年支持一笔资金，支持了三年。区工商联也帮扶过，还有来自一些其他部门方方面面的援助。

◀ 嘉定区对口援助衣被捐赠发运仪式

2012 年开始，嘉定到久治开展"久治光明行"义诊活动，为白内障患者免费治疗。藏区牧民的眼疾发生率很高，年纪大的牧民眼睛都不好。到现在义诊活动已经举办了 12 批了，几百名藏区牧民白内障患者得到了医治。牧民得了实惠，宣传效果也比较好。每年这个时候，四川的阿坝州阿坝县，甘肃的玛曲县，包括果洛的达日县，都来求义诊。"光明行"影响力特别大，成了一个很好的项目。

藏族有相当一部分群众信仰宗教。我是无神论者，信仰马列主义、共产主义。我的原则是：信仰不同、相互尊重。我向他们学习藏区优秀文化的同时，也学一些民族宗教方面的知识。假如没有这方面的知识，就很难和他们沟通。一次庙会，我正好去调研，发现一个县才 2 万多人，庙会就来了上万人。

藏区分为安多、卫藏和康巴。果洛属于安多藏区。牧民和村干部都说安多藏语。有一次县里开人代会，我们说普通话，牧民代表讲藏语，各讲各的，听也听不懂。三年里，我也学了一些简单的藏语，比如"你好"叫"巧的毛"，"谢谢"叫"瓜正切"，还有"喝茶"是"甲通"、"喝酒"是"抢通"。和当地的干部、牧民能说上几句，他们就会把你当自己人。

我们去三年，既是去做援青工作，也是去促进民族团结。我有幸和前后两任久治县委书记、县长同事。县委书记是宁海鹰和宋积珍，县长是托巴和党国。两位书记都是汉族，原来在西宁，为了工作上了高原，他们肯奉献、敢担当、有能力，一茬接着一茬干。我从他们身上学到了不少东西，也跟他们建立了深厚的友谊。托巴县长是果洛人，2011 年过春节，他带妻子和两个女儿到上海来。大年三十到我家吃年夜饭，我把岳父岳母、小舅子一家一起喊来过年，大家一起交流、一起喝酒，很高兴。

我刚到久治，就主动提出要结对贫困户，民政部门就给我找了一户藏族低保户。户主叫华者，他个子不高，脸黑黑的，皱纹特别深，年龄看样子有五十多岁。他说自己骑马的时候摔过，腿受过伤，走路不太方便。妻子有智障，还有女儿和孙子。果洛的游牧民族，逐水而居，为了方便，牧民都建有冬窝子和夏窝子。冬窝子就是冬天在海拔低的地方或者山坳坳里建的房子，边上有牛羊围栏。夏天牧民会到海拔高的山坡上放牧，这些地方会有一些简易房，叫夏窝子。华者家的冬窝子在离县城 7 公里外的沙科河，夏窝子在十几公里外的草山上。他家劳动力少，家里养了三四十头牦牛。藏民的资产就体现在牛羊上，一般家里有一两百头，条件好的更多。华者家就比较穷。他的冬窝子和夏窝子我都去过，冬窝子有三四间房，里边有一些矮柜、炉子。夏窝子比较远，路不好走，有一次去夏窝子，因为下雨，路都冲掉了。民政局局长李永文、镇长国庆每次都陪我一起去，他们担任翻译。我说一句，翻译说一句，华者说一句，交流比较困难，但我们都很开心。我一共去了 8 次，每次带慰问金 1000 元。有一次我妻儿来，从上海买了一些大白兔奶糖送给他们。他们很热情，一直给我妻子倒酥油茶。华者很激动，握着我的手感谢，我说："你不要感谢我，我们都是党派来的。"

2013 年 8 月，我们要回上海了，久治县给我们组织了欢送仪式，县大院里人很多，都来给我们献哈达，哈达太多了，围在身上都放不下了。后来我发现华者骑着马过来了，我没跟他说，他自己赶过来，很激动，说："你要回去了，再也见不到了。"他给我献了哈达，我很感动。

我还结对了两名贫困小学生，才周和、周太。久治县旅游局局长知道我在捐助贫困学生，跟我说，久治还有一些贫困学生在州孤儿院，很辛苦。后来我就去了一次。还有一次陪同州委书记下乡调研，书记指示："州里有一个牧民联户示范村，还有宁友寺，维稳工作都做得比较好。"我有所感触，分别捐了 1 万元。我还发动了妻子所在单位嘉定区百合花幼儿园，发动老师个人结对了几个困难学生。

一生难忘果洛行

我们上海援青的 7 名干部，被媒体称为"果洛高原七兄弟"。在领队朱礼福的带领下，我们确定了"调研起步、培训开始、规划先行、试点推进、总结提高"的工作思路，先后协助上海市合作交流办编制了《援青工作五年计划》《上海对口支援果洛州十二五规划》《上海市第一批对口支援果洛州开展干部挂职锻炼、教育培训及人才智力引进工作规划》3 个规划；同时加强内部管理，制定了《支部学习制度》《廉洁自律制度》《请销假制度》等 8 个管理制度。这些制度为援青工作开好局、起好步打下了扎实基础，积累了宝贵经验。

上海的媒体十分关心、关注我们，经常报道我们的工作，东方网还搭建了上海援青干部在果洛的宣传网页，现在还能看到。我们认为要少宣传个人，多宣传团队，通过宣传团队来宣传我们党的民族政策、宣传社会主义制度。比如我们每年要去看援建项目，统一验收，经常听到感谢的话，而我们总是说，是中央派我们来的，是党的政策好。

虽然回沪六七年了，三年援青的经历还一直历历在目。三年援青，我收获良多。一是更加坚定了理想信念。我亲身感受到中央的对口支援政策极大促进了果洛州的经济社会发展，极大提高了藏区牧民的幸福感、获得感、安全感。青海藏区的跨越式发展，民族团结和睦、藏汉亲如一家的生动实践，充分说明了中国共产党的伟大，充分说明了社会主义制度的优越性。二是更加了解了国情。我出生在中国沿海的小"河"边，后来到了中国中部的"江"西，又到了西部的青"海"。一次果洛行，一世果洛情。青海这片大美的土地，有一种震撼人心的壮丽，有一种触及灵魂的感动，有一种令人振奋的精神，有一种催人奋进的动力。从果洛的发展，我看到了青海的希望，看到了国家的希望，看到了民族的希望。三是更加增添了前进的动力。在高原上，一大批同志长期坚守、默默奉献、燃烧生命。好多同志年纪大了只能从高海拔到半高海拔地区生活，到平原地区生活都不适应，天热出不了汗。和他们相比，我是幸运的。在我今后的人生中，对待生活要知足、知止，对学习、对事业要不断进取，永不满足。

有缘千里来相会　长治久安即家乡

　　项平，1972年9月生。现任嘉定区安亭镇党委副书记、镇长。2013年7月至2016年7月，为上海市第二批援青干部联络组久治小组组长，任果洛州久治县委常委、副县长。

口述：项　平
采访：李　奕　谢作灿
整理：李　奕　谢作灿
时间：2020 年 1 月 20 日

对口支援青海果洛，是嘉定区承担中央、上海市委支援大西部建设重大战略部署的任务之一。2013 年，时任外冈镇副镇长的我，积极响应区委号召，作为上海市第二批援青干部前往青海省果洛藏族自治州久治县，担任县委常委、副县长。在出发前，我想只要带着感情和责任，真情融入久治，倾情奉献久治，实干发展久治，就一定能不忘初心和使命，不负期望和重托，扎扎实实、不折不扣地完成援青这一重大政治任务。

虽然岗位职责和工作性质相差不大，但面对的工作环境和方式、遇到的困难和挑战，完全不可同日而语。回想起那三年的援青生活，有付出、有辛酸，更有收获、有感动，那片雪域高原的蓝天白云，藏族人民的淳朴豪爽，永远深深镌刻在我的记忆里。

冥冥之中，似有一种神奇的力量牵引着我与果洛再续前缘。2019 年 3 月，区委安排我到安亭镇工作，接手工作时，我关注到安亭对口扶贫的地方正是果洛州久治县，内心激动得久久无法平静。当年 8 月，我就带队重返果洛，回到了这片魂牵梦萦的雪域高原。

走遍久治，把脉问诊"开处方"

来之前，我们对久治非常陌生，直觉上认为这是不适宜人类居住的区域。但来之后，高原人的执着与坚守让我们非常感动。广袤的大地上，他们一直坚守着，黝黑的脸上，总洋溢从容与善意。而我们的援青干部人才，互称战友，互问冷暖，为一个共同的目的，为一份神圣的使命，适应高原、支援高原、奋战高原。同频共振，也让我十分动容。

后来我们了解到，久治在藏语中意为"团结"，是汉族、藏族、回族、蒙古族等多民族共居区，其中藏族占总人口的95.4%，人民朴实淳厚，社会治安稳定和谐。面对这个团结的民族大家庭，我们援青干部都清醒地认识到必须转换角色定位，尽快融入这个民族之家，为久治的家人们带去看得见、摸得到的实惠，不断提升他们的获得感和幸福感。刚到达久治县的时候，当地干部与牧民们热情欢迎我们的到来。一些年长的牧民还给我们献上了哈达，欢迎我们援青干部前来帮助他们建设家乡。牧民们的信任更是激发了我们的战斗力。

在高原工作，不仅考验身体，更考验意志。在援青第一周，我们每名队员都出现了不同程度的常见高原反应，甲床、口唇呈紫绀状，夜里精神烦躁无法入睡，晨起鼻腔内大量血痂，时刻挑战我们的体能和耐心；高寒缺氧、语言障碍、饮食习惯差异大、山路崎岖等困难更是挑战着我们的毅力和决心。来到久治后，我们第一时间召开了全体干部工作会议，明确了要用好"调查研究"这一法宝，全体干部对久治进行一次彻彻底底的实地走访大调研，摸清楚当地的具体情况。当时，我和另外一名援青干部两个人，再加上一名当地干部组成了临时工作小组，在当地干部的简单介绍下，制订了调研走访方案，划分了走访片区，就马不停蹄地干起来了。实地走访调研的第一个月里，在不断适应恶劣自然环境的同时，我带领援青干部用踏实的脚步丈量了全县每一处角落，通过实地走访、入户访谈、问卷调查、工作报告会等多种形式，逐步摸清久治的基本情况。我们援青队伍在当地干部的协助下，花了短短一个多月时间，共走访3所寄宿制中小学、1家县人民医院、2个社区卫生服务站、25个牧业合作社，与当地干部共同开展阶段性报告会近20余次，与30多名干部教师进行座谈交流 35 次，与当地牧民进行面对面交流访谈 80 余次。

慢慢地，久治在我的脑海里镌刻下了独特的印象。

久治县地处青南高原东部，青、川、甘三省交界处，境内山岭重叠，层峰起伏，海拔在 3568—5369 米之间，下辖智青松多镇、白玉乡、索乎日麻乡、哇赛乡、哇尔依乡、门堂乡 5 乡 1 镇，截至 2014 年共有 22 个牧委会（村）、84 个牧业合作社、2.8 万人口，畜牧业在经济中的占比高达 74%，农牧民人均纯收入不足 5000 元，是青海省畜牧业生产基地之一。

久治面积广大，我们慢慢习惯远距离。以前坐车从嘉定到杭州都觉得挺远，在久治，赶 400 多公里路开会是家常便饭。一天都在路上，非常透支体力。在久治，当地干部带我们走访企业，早上 9 点出发，晚上 9 点回家，一天只能走两家。所以，在久治工作，首先要有足够耐心，学会坐车。

久治高原缺氧，我们缺氧不缺精神。"天上无飞鸟，地上不长草，风吹石头跑"是当地人对久治的描述。久治具有典型的高原大陆性气候特征，全年只有冷、暖两季，年平均气温 0.1 ℃，低于 0 ℃的寒冷期长达 184 天，其中低于零下 10 ℃的严寒期达到 131 天，是青海省日照时间最少的地区，空气含氧量不足平原地区的 70%。尽管条件困难，但是我们援青干部没有一个人喊苦喊

▲ 雪域生命线

累，大家仍旧兢兢业业地按照调研方案完成每个片区的走访任务。

在当地干部的配合下，我们援青干部对久治进行了全方位的摸底，将在走访调研过程中发现的问题收集汇总整理，共召开了 5 次调研报告会，与当地的干部多次进行沟通交流，分析当前久治的短板和弱项，以及当地牧民最关心、最亟须解决的问题。我们了解到，整个久治县基础设施建设都是比较薄弱的，经济、社会、医疗、教育等方面和发达地区相比差异很大，人民群众的生活水平很低，生活质量较差。经过多次会议讨论研究，我们明确了扶贫攻坚方向——保民生，从基础设施建设着手，改善久治人民的教育、医疗、饮水状况，让雪域高原也能沐浴到党的温暖，共享改革发展成果。

扶贫先扶智，雪域"花蕾"展笑颜

在高原工作，恶劣的自然环境，是最大的挑战。克服了恶心、头晕、呼吸急促等高原反应，我们援青干部们经常要驱车十几个小时走几百公里山路，路上全是砂石和泥土，车子摇摇晃晃，十分颠簸，有些地方甚至是无人区，一旦发生威胁，基本上只能自救。

我对此深有体会。记得有一次前往基层调研援建项目，车在半路上避震器坏了无法行驶，身陷无人区进退不得，手机信号全无。当时我们都准备好在车里过夜了，幸好得到一位开卡车路过的藏族同胞帮助，才脱离险境，回头想想实在令人害怕。

深入基层调研遭遇类似的危险，几乎是所有援青干部们的工作常态，但没有人因此退缩，因为我们深知，三年时间转瞬即逝，一定要在有限的时间里，为这里的老百姓办好一些大事，这样才不至于辜负党和国家与上海人民的重托。

在援青工作任务中，教育是一大核心工作。众所周知，教育是最大的民生，帮助一个学生可能就会改变一个家庭。教育援青，既是国家赋予我们的政治责任，更是我个人的梦想情怀。我们全体援青干部们一定会把这个任务好好完成的。

在走访调研中，我们发现受家庭条件等诸多因素影响，久治县仍然存在学生辍学现象，孩子们每月的生活费只有 80 元，这让我们震惊了。而且，我们也发现了当地寄宿制中、小学基本的配套公共设施比较简陋，学习的书本教具都很欠缺，种种教育资源的匮乏和孩子们生活的艰苦紧紧地牵动着我们每一名援青干部的心。为进一步掌握久治教育状况和学生的情况，2013 年暑假，我们援青干部和学校领导前往久治县辍学学生的家中挨家挨户进行家访工作，了解辍学学生的家境困难情况和求学意愿。那天下着雨，我和同行的几名援青干部又发生了高原反应，山路泥泞，走着走着整个人也昏昏沉沉的。学校领导问大家要不要改天再去，我们只是稍作休息后仍然坚持继续前行，大家心里都想着一刻也不能耽误，一定要争取在开学前让所有辍学的学生返校学习。

来到学生们的家中，看到的景象更是让我们久久不能平静。由于地处高寒地区，没有通电，学生们读书写字只能点蜡烛，眼睛受了损害患了高度近视；没有条件供给热水，学生们大冬天洗澡洗头也只能用冷水，身上也没有穿足够御寒的衣服。在这样差的环境中学习，孩子们该是有多么辛苦啊！望着孩子们充满着求知渴望的眼神，我们几位援青干部升起一种沉重的责任感和使命感：一定要帮这群孩子们改善学习和生活的条件，再苦也不能苦了他们。

令我印象深刻的是，有一次我和当地干部来到山坳处的一户牧民家中，他们一家都住在低矮的泥石屋中，孩子已经辍学在家有 3 个月了，平时就帮爸爸放羊干农活。孩子看到我们还是怯生生的。我们和孩子的父母表明了要让孩子继续上学的诉求后，父母起初不太愿意，觉得孩子读书没啥用，家里条件也不好，孩子的妈妈还生着病，根本负担不起学费。我们和学校领导向他们告知了孩子接受教育的重要性，也表明了援青干部就是来帮助他们的，请他们放心，孩子有接受学习的机会，牧民的生活也会好起来的。面对牧民疑惑的眼神和孩子希冀的目光，我们和当地干部做出了郑重的承诺，请他们相信我们。我们多番劝说，终于换来了家长们的信任，承诺让辍学的学生如期返校。花费了 20 多天的时间，我们终于将所有辍学的学生都劝返回校学习，但是我们每名援青干部心里的那块石头始终没有落下。回到宿舍后，援青干部团队连夜召开帮扶工作会议，成立专项教育帮扶小组，制定"点对点"帮扶政策。天一亮，我们便马不停蹄地行动起来，与嘉定区红十字会联系，告知当下久治县的教育困境和学生们的生活难题，商讨如何开展帮扶关爱行动。在区红十字会的帮助下，嘉定部分慈善组织、结对帮扶企业多次开展爱心捐赠活动，为久治的学生们送上了御寒衣服、学习用品，添置了教学用具。三年来，嘉定共为久治县困难学生捐赠爱心助学金及生活用品合计 150 万元，出资 38 万元为县民族寄宿制中、小学建设电教室，让 1000 多名学生有了电化教育的学习场所。

现在，我还记得当我们走进当地一所建在雪山上的寄宿制民族中学时，映入眼帘的，是崭新的教学楼与学生宿舍，孩子们穿着干净的校服在教室中努力学习，郎朗的读书声在茫茫雪山中回响。以前，牧民们把孩子送来读书的积极性不高，宁可让孩子在家放羊放牛。如今，学校设施已经修缮一新，看到学校条件改善了，父母也非常愿意把孩子送到学校，他们相信在这里，孩子们可以得到最好的照顾，学习文化知识，能有一个光明的未来。

下课后，孩子们走出教室，用最灿烂的笑脸迎接我们上海的援青干部，为我们齐声送上了祝福与感谢。当看到藏区孩子们脸上洋溢着的开心的笑容，瞬间觉得，我们做的这一切都是值得的！

援助先援医，雪域美景"看得清"

在刚到久治的几个月里，我们全体援青干部几乎跑遍了全县所有的医疗机构，当地落后的医疗条件在我们心里留下了深刻的印象。三年来，为了让久治的人民群众能"看得上病、看得起病、看得好病"，我们始终将"不忘初心、吃苦奉献、大力协同、勇于争先"的援青精神融入实际工作，尽最大努力改善这里的医疗条件。

我们援青工作小组充分发挥对口帮扶工作平台的作用，积极与嘉定区协商沟通，先后落实 1000 万元投资，修建了久治县人民医院住院综合大楼；落实 210 万元投资，修建了各乡镇卫生院；落实 66 万元投资，为村级卫生室增添了一批医疗设备，改善当地的医疗硬件设施。当我们再次去县人民医院调研时，时任副院长看到标有"上海援建"红色字样的 CT 机很是激动，十分感谢我们援青干部让新医院实现了规范化管理，配齐了各种先进的医疗设备，住院部的床位也整整增加了 300 个，久治人民看病住院比以往方便多了，他代表医院真诚的感谢我们援青干部为久治人民做的一切。

另外，我们还了解到很多牧民群众患有白内障眼疾，严重影响日常生活。我们及时联系嘉定中心医院，由医院组织了20人的专家小组和志愿者队伍，带着一流设备、先进晶体，为800名牧民群众开展白内障手术筛查工作，最终实施白内障复明手术52例、倒睫手术9例。其中还有一个故事，有一位68岁的藏族大叔名叫才让，他已经失明10年了，当医生告诉他通过手术可以复明的时候，他仍旧不太相信也不愿意做手术，害怕手术有风险。我们援青干部再三和他说明会免费为他做复明手术，医生也告知手术的危险性很小，他才将信将疑地答应了。医生为他动完手术，拆掉一圈一圈的纱布后，他再一次见到了自己的家人，也第一次见到了我。他十分激动，紧紧地拉着我的手，老泪纵横地说："我已经8年看不见了，是您请来上海的专家把我的眼睛治好了，没想到这辈子还能看到这个世界，看到自己的老伴，太感谢您了！"嘉定中心医院的眼科医生也说，手术做得太及时了，再拖一段时间，有些患者将永远失去手术复明的机会。我们心里很清楚，藏区要实现跨越式发展，不仅需要财力和物资的大量投入，更需要当地基层干部群众思想的进一步解放，更需要借鉴东部地区的发展经验和做法。

经过与嘉定区卫生局协商沟通，我们把医疗援青作为对口支援的重要内容和"特色品牌"，将"高原送光明义诊活动"变成每年一次的常规活动，为更多的藏族白内障同胞带来福音。三年来，久治县医疗卫生发展有了实质性的变化，援青医生和志愿者们成了藏族同胞健康的"守护神"。

治标先治本，项目援青"结硕果"

"援青三年，想得最多的就是怎么找人、找钱、找机会，给久治县争取资金、争取项目，给久治县的老百姓干点实事！"作为援青干部，我们应当转变角色，把自己当作青海人，把自己家乡发展的经验梳理运用于援青工作，用创新的思路、发展的理念勾画出久治县发展的新蓝图。援助就要援助到点子上，就是要发挥才能，从理思路、引资金、办实事、出实招，解决一个地区最现实的问题，这其实正是我们的努力方向。

◀ 久治项目现场

　　做好援青工作不仅要靠援青干部的聪明才智和真诚付出，更要靠两地干部群众的共同支持和参与。我们援青干部自觉当好久治和上海两地的宣传员、联络员和服务员，给久治争取资金、项目，为老百姓干点实事！2013年8月至9月，我们刚抵达久治县不久，当时部分援建项目正在收尾阶段，我和其他援青干部一边克服高原反应，一边抓紧开展"听取介绍、实地查勘"调研工作，提出了一些合理化意见和建议。2014年初，我们又对第一批的8个援建项目，进行了系统分析和全面梳理，开展了年内拟援建项目论证，夯实了后面三年的工作基础。

　　久治的天气较为特殊，只有暖季和冷季，我们要抢在适于施工的暖季到来前，督促承担新项目的建设单位，加紧做好开工各项准备工作。2016年春节过后，我和其他援青干部都早早赶回久治县，在此基础上，为强化项目资金全口径监管，我充分发挥自身在项目规划上的经验优势，多次召开专门会议，强调资金应与建设质量对等，重申资金要与工程进度同步，避免第二批与第三批交接时，出现超前或者滞后拨付问题，让接任同志有一个良好开局。

　　如果说基础设施建设重在解决现实问题，那么产业发展则关乎长远和未来。三年来，我们第二批援青干部队伍始终把落实援建规划作为工作主线、当

◀ 建设中的拉加镇

成第一要务来抓，成立项目建设协调推进工作小组，实行分工包干责任制，定期调度、跟踪管理，稳步推进各年度计划。向基层倾斜、向民生倾斜、向重点倾斜，是项目援建的要求。我们按照这一要求，在思路建议上，用好"望远镜"，做到高点谋划，长远布局。在资金争取上，用好"潜望镜"，做到上盯政策，下潜筹划。在项目实施上，用好"显微镜"，做到发现症结，对症施策。在产业培育上，用好"放大镜"，做到重点示范，引领放大。

针对久治县高寒偏远、基础设施薄弱、经济社会发展滞后、自我发展能力不足等实际困难和问题，我们上海援青团队坚持扶贫与扶智扶志相结合、治标与治本相结合的思路，大力推进智力支援，激发内生动力。人才智力支援也是援青工作的重中之重。三年里，我们不断创新思路、加大投入、强化措施，有力支持了久治县人才队伍建设。我们通过开设"久治亭安干部人才大讲堂""两地干部分享会"等培训活动，结合干部挂职、技术服务等方式，不断提升干部、人才在公共服务、群众创业增收等方面的服务引导能力，努力为当地锻造一支"素质好、业务精、能战斗"的高素质本土干部、人才队伍，为久治县农牧业发展注入先进要素，进一步优化青海藏区农牧业管理和专业技术人才结构。通过引进来、跟上去、资金注入等方式培训各类管理人才、致富人才和专业人才共 800 余名，一批立足区域优势的资金、技术、管理、人才和市场等项目成功嫁接，逐步打造久治借外力、增内力，多层次、多形式合作交流的新局面。

上海援青团队始终担负初心不忘、使命在肩的责任感，不断创新援青的新机制。以项目建设为总抓手，三年来共落实援建资金 3000 万元；以智力援建为突破口，共协调落实 60 名专家来久治支医支教；以对口结对帮扶为切入点，共签订帮扶协议近 30 个，这些为久治培养新的经济增长动能、改善民生做出了突出贡献。

特别让我铭记的是，我们所有的援青干部在雪域高原的特殊环境中，接受了最深刻的党性教育、最直接的国情教育、最生动的民族团结教育和最严峻的反分裂斗争教育，进一步增强了党性、磨炼了意志、提高了修养，以实际行动展示了新时期上海对口支援干部的境界和风采。

回顾援青以来的经历和收获，我们每一个人都十分感谢果洛藏族自治州党委、政府为援青干部创造了留得住人、沉得下心、扎得下根的环境，为我们提供了愿意做事、开心干事、干得成事的极大支持，也感谢久治人民对我们援青干部的理解包容和认可支持。但我们也深知，援青工作是一项系统工程，仅靠个人的能力是不够的，一定要有"一张蓝图绘到底"的定力和"一棒接着一棒干"的耐力。我们都衷心希望，通过大家共同的努力，能够在安亭和久治之间架起一座连心桥，把"久治亭安"的美好愿景和幸福之光，洒遍果洛的每个角落。

用好帮扶资金的每分钱

朱德兴，1970 年 11 月生。现任嘉定区委政法委副书记。2013 年 7 月至 2016 年 7 月，为上海市第二批援青干部，任果洛州财政局副局长。

口述：朱德兴
采访：韩长巧　姚　怡
整理：韩长巧　姚　怡
时间：2020 年 3 月 10 日

　　2013 年 7 月底，上海市第二批援青干部贯彻上海市委、市政府关于援建青海省果洛藏族自治州的有关部署，坚持"民生为本、产业为重、规划为先、人才为要"的方针，体现"中央要求、当地所需、上海所能"的原则，在果洛州委、州政府的统一领导下开展工作，注重"向基层倾斜、向农牧民倾斜"，突出提升当地基础民生保障水平，走产业帮扶之路，提升当地自身造血功能。第二批援助果洛州安排 226 个项目，援助资金达 72323 万元。加上第一批援助，两批援青果洛州共落实上海市对口支援项目 453 个，投资 12.8 亿元，实施了一批新牧区建设、教育、医疗卫生、文化、就业、特色产业发展等领域项目，极大改善了果洛州农牧区的基础设施，给当地带来了良好的经济和社会效益。

援青：载着我的梦想走进青海果洛雪域高原

　　2013 年上半年，单位党组织第二批援青干部报名和遴选工作启动。雪域高原的皑皑白雪、喜马拉雅山等一幕幕画面，孔繁森等一个个历史人物，就在我的脑海浮现。我经常夜不能寐：该不该把童年的憧憬和青年的梦想重新拾起呢？

去的话，儿子正处在初中升高中的关键期，孩子每天的作业检查和辅导怎么办？爱人一个人能不能支撑起家庭和管教孩子的责任？能不能担负起双方老人的照料和周末的探望？不去的话，失去这次美好的机遇也许这辈子再也没机会了，童年的憧憬和青年的梦想也许就永远成为遗憾了。

可是，内心告诉我，虽然已过不惑之年，青春梦想还在。每天回家我总是一副若有所思的样子，这引起了爱人的注意。我本来想，不去就不需要讲，去就做爱人思想工作，没想到还是瞒不住了。经我和盘托出，爱人沉思了会儿问我："去多长时间？""三年不到吧，不过你放心，听说中途可以回来调休，时间不短呢，而且，你和儿子也可以去那里探亲的。"爱人放心下来。

就这样，带着儿时的梦想、青春热血的涌动，响应着雪域高原的召唤，经过报名、体检、筛选，2013 年 7 月底，我和上海其他区 16 名援青干部一同奔赴大美青海，来到雪域果洛，与第一批上海援青干部交接工作，开启了上海市援建青海省果洛藏族自治州的三年征程。

果洛藏族自治州地处青海省东南部，青、甘、川三省交界处，位于三江源自然保护区核心地带，全州总面积 7.64 万平方公里，平均海拔 4200 米以上，辖玛沁、玛多、甘德、达日、久治和班玛六县，截至 2015 年藏族占总人口的91.87％。生态地位突出，是中华民族母亲河——黄河的发源地，也是三江源"中华水塔"的重要水源地和重要生态屏障，拥有丰富的野生动植物资源，肩负着"保护中华水塔""确保一江清水向东流"的重要生态责任。文化旅游资源丰富，是格萨尔文化的发祥地，设有格萨尔文化（果洛）生态保护实验区，拥有玛多黄河源国家公园，年保玉则、阿尼玛卿 2 个国家级地质公园和 2 个4A 级旅游景区、16 个 3A 级旅游景区。资源优势明显，截至 2015 年全州可利用草场面积 8770.16 万亩，占全省面积的 17％，是全省重要的畜牧业生产基地和有机产品供给地。州内水能发电理论蕴藏量达 365 万千瓦，是黄河上游水能资源最为富集的地区之一。但全州经济总量小，社会发育程度低，贫困面广、程度深，生态环境脆弱，产业单一，生态畜牧业和文化旅游业处于起步阶段，制约发展的瓶颈突出。

党和政府给我的使命让我把责任扛在肩上

果洛藏族自治州平均海拔 4200 米以上，年平均气温零下 4 ℃。从长三角地区来到雪域高原，首先面临的是高寒缺氧、气候异常等恶劣自然环境的考验。氧气稀薄带来的最大问题就是脑缺氧，晚上睡不着。我记得刚到的第一个星期，每天晚上大概只能睡两小时，根本睡不着觉，还伴有头疼、胸闷。由于气候干燥，基本每天鼻子里都有血块。除了生理上的不适，更多的是心理上的寂寞和孤独。特别是刚过去的时候，由于人生地不熟，没有亲人，没有朋友，没有认识的同事，感觉很孤独，这时候特别想家，想上海、亲人和朋友。每当此时，我就想起离开上海前市委组织部、区委组织部、区财政局领导的叮嘱，既然党和政府赋予了我庄严的使命，我就必须克服生理和心理上的不适，全心全意为人民服务，为群众办实事、做好事。三年来，我沉下心来，在果洛工作学习，不仅拓宽了视野，丰富了阅历，更得到了精神上的修炼、人格上的提升。

援青工作中，我受组织委派担任果洛州财政局副局长，负责援青项目资金管理工作，我的责任就是用好每一笔援青资金，因为每一笔援助资金都是民生资金、扶贫资金。

到果洛州财政局任职后，为尽快更好地适应工作，我抓紧时间，深入财政局相关科室调研，提出对策建议，改进工作。在查阅第一批援建项目档案时发现档案资料不齐全，我们就利用别人早晚休息的时间，抓紧每分每秒，把所有援青项目、资料、资金使用账目整理建档立策，认真做好援青三年项目资料的整理、归档工作，以便与第三批援青干部交接。我们还在规范程序上下功夫。为了规范上海对口支援青海省果洛藏族自治州资金的管理，我按照《上海市对口支援果洛藏族自治州资金管理办法》，结合果洛州财政局财政资金管理的实际情况，对第一批援青干部制定的援青资金审批表提出了修改意见；从资金管理原则、资金筹措、资金计划编制、资金拨付、财务管理等方面对援青资金做出具体规定。

援青三年中有三件事令我记忆犹新。有一次，我们去某县农牧局调研，我

▶ 在去往久治县对口
检查路上

说要看一下账册，财务拿出了几张夹在一起的原始发票，没有账本，他说他不会做账，农牧局就两个工作人员，一个局长，一个是他，兼司机、财务、内勤，所以他说根本没办法。我还了解到，果洛州的财务人员一旦考到上岗证，就会辞职离开果洛州。所以当地财务专业人员紧缺、财务人员缺乏专业知识、信息化程度低的情况突出。为了进一步提高果洛州财政局信息化建设，我每年争取援助资金 30 万元左右，用于果洛州财政局信息化建设。为了进一步增强嘉定区财政局和果洛州财政局的交流，不断提高果洛州财务会计人员的业务水平，我们组织果洛州财政、审计和对口办 90 人赴嘉定开展了为期 15 天的业务培训，组织嘉定区财政局部分业务科长赴青海省果洛州与当地的财政干部进行了财政业务知识培训和交流。

还有一个项目，就是果洛女子职业学校。学校立足女性特色，开设"护理、财务会计、学前教育、计算机及应用、旅游服务与管理、民间传统工艺，三年制中专学历专业。设有家政服务员、营业员、英语、医护人员等各类短期技能培训"。调研过程中我们发现项目进展较慢，没有充分使用援助资金建设学生宿舍等教学用房。建设教学用房是教育发展的要求，也是满足人民群众接受优质教育的需求，随后我们就立即与当地政府进行了沟通，与当地干部合

▲ 开展项目工作检查

作交流，促成项目保质保量地完成。果洛州很多藏族同胞除了放牧没有其他技能。建设果洛州女子职业学校，一方面可以让这些藏族女性学会专业技能，有一技之长可以养家糊口，这也是当初建立学校的宗旨。另一方面，果洛州有很多优秀文化值得传承和弘扬，比如说唐卡绘画、羊毛编织等手工艺品，是宝贵的非物质文化遗产，学校是这些优秀文化得以传承和弘扬的重要场所。

还有一次去甘德县检查项目，到现场发现项目建设先后顺序与原计划不一致，双方就这个问题展开了激烈的讨论。我们认为项目建设应该按照原定计划、原定程序实施，不能随意更改；县里认为做事应该灵活，具体情况具体分析，果洛州情况特殊，只有冷、暖两季，项目一般是在 4 月才能开工建设，到 10 月就要停建，建设周期很短，很多建材都是从外省市通过几百公里山路拉过来，又要在流程上规范，又要把这个项目抓紧建好，难免产生矛盾。听了当地政府的解释后，我们了解到他们的难处。既然政府交给我们援青的任务，那么就要对当地负责，一定要把困难解决。随后双方就项目建设问题开展了仔细的调研、分析，并提出了做好前期规划和准备工作的可行性意见，改进调整项目建设方案。最终，项目顺利地开展了，也得到了当地政府的认可和赞许。

三年援青，我始终坚持"向基层倾斜、向农牧民倾斜"。在基层建设方

▲ 在达日县检查援青项目

面，新农村建设共安排 46 个项目，投入 12488 万元，主要用于农牧民定居点及配套设施建设、牧区乡村人饮工程、新农村公共服务设施及重点节点城镇的建设，有力地改善了基层农牧民的基本生产生活条件。社会事业共安排 74 个项目，投入 24196 万元，其中教育事业方面，共安排项目 43 个，投入资金 17317 万元，用于果洛州及县中小学基本建设、师资培训、帮困助学以及中职教育等，有力地促进了果洛民族教育的发展；医疗卫生事业方面，安排项目 31 个，投入资金 6879 万元，主要用于州医院、藏医院、县医院和乡镇卫生所的建设及医疗设施配备，有力地提升了果洛州三级医疗机构服务条件和水平。

在向农牧民倾斜方面，在精准扶贫方面提升当地造血功能。根据上海市对口支援工作会议和时任上海市委书记韩正同志的讲话精神，援青联络组牢固树立"两个大局"的思想，把中央的决策部署和上海的要求贯彻落实到对口支援果洛的各项工作之中。为此，援青联络组专题研究、加强督查 2016 年上海援建果洛项目，确保这些项目进一步聚焦建档立卡贫困户，使 785 户 3368 人建档立卡困难群众真实受益。其中，畜牧产业项目 11 个，投资 2725 万元；农业产业项目 6 个，投资 1350 万元；文化旅游项目 19 个，投资达 4580 万元。

干群同心共建果洛雪域高原

三年援青，我主动融入当地工作生活，敞开心扉把果洛干部群众当成亲人、自家人。果洛干部群众也给予我们援青干部全面的支持、配合，在生活上给予关心、帮助。我们结成了深厚的同志情、兄弟情，彼此之间发挥合力，让果洛焕然一新。

到了果洛州之后，援青干部和当地困难家庭开展了结对帮扶活动，我选择了一个父母双亡的女孩，她叫王小毛，当时读初一，父母死于肝包虫病，她家是移民家庭。第一次上门，我和一个藏族同事一起过去，女孩家里条件艰苦，穿着都很简陋，但是她和她的家人都很尊重我们、欢迎我们。我印象很深的是他们还在烧牛粪取暖，我问了当地的干部为什么他们不烧煤，当地干部说烧煤太贵他们负担不起，所以只能在山上捡牛粪，弄干以后烧了取暖。女孩家人盛情地邀请我留下吃饭，我记得一共3道菜，全是素菜，只有其中一道菜加了些许牛肉丝，同事对我说他们已经拿出最好的待遇，我心中感触很深。回西宁开会的时候，我就带着女孩，给她从头到脚买了一套新衣服，买齐了学习用品。此外我每个季度都会去看望她，和她聊聊生活学习，并给她一些现金用于购买生活用品和学习用品。刚开始，女孩还不善于跟我交流，到我走的时候，她很依依不舍。我走之前，就把她交给了下一任的援青干部，我对女孩说一定要读高中，一定要考大学。

在果洛州的岁月里，我得到了自治州党委、州政府和州财政局的大力支持，他们工作上大胆采用、生活上关心周到，为我的工作、生活创造了条件，这是我做好援青工作的前提。记得，那是2014年9月，在赴果洛州玛多县调研回州途中，由于连日下雨，在花石峡阿尼玛卿雪山脚下，山体塌方，山路泥泞，原定5个小时的车程，开了将近10个小时。由于没有手机信号，我们一直没有办法和外界取得联系，当我们将近半夜回到州直机关的那一刻，州委书记在大门口焦急的神态让我久久不能忘怀。

2015年3月，在上海援青总领队李峻的带领下，我和州直部门的其他援青干部赴果洛州各县督导援青项目。虽然当天果洛州普降大雪，但为了对果洛州援青项目开工情况有全面的了解，我们一行克服了各种困难，顺利完成了预期目标。其间，由于大雪路滑，车辆在 4000 米的垭口需要我们下车推行，我第一次在高原感冒了。靠着感冒药，我坚持完成了 3 个县的项目督查。由于连续奔波，整个人感到头痛欲裂，出于安全考虑，在领队李峻的要求下，我返回西宁调整。这更使我感受到了领导干部对我们援青干部的关心、关爱。

由于果洛州当地项目管理水平较低，又要把项目规范化建好，又要用好资金，管理也要提高一个层次，难度非常大。两地在管理的理念上也有所不同。有的人觉得援青干部太注重程序，我们就跟他们讲，一方面是为了把资金用好、项目建好，让更多的果洛人民受益，另一方面也是为了帮助他们，把上海好的经验方法推广开来，结合果洛当地情况，形成更好的管理模式。就这样过了一段时间，慢慢地大家相互了解，相互理解，相互支持，相互配合。

三年果洛行，一生果洛情。援青三年经历，拓宽了我的视野，淬炼了我的体格，提升了我的精神和人格，坚定了我对党的宗旨意识。三年的援青，让我越发觉得人生有意义的事情还有很多，如果还有这样的机会，我愿意再次和雪域高原人民并肩战斗，与全国人民共同迎接全面小康社会的到来。

改 变

    樊卫东，1974年1月生。现任嘉定区真新
街道党工委副书记。2013年7月至2016年7
月，为上海市第二批援青干部，任果洛州久治
县政府办公室副主任。

口述：樊卫东
采访：武　军
整理：武　军
时间：2020 年 1 月 15 日

　　2013 年 7 月 27 日，经过 4 个多小时的长途飞行，我们来到青海省省会西宁市，首先进行了一些适应性训练，然后参观走访当地的历史遗迹，接下来接受民族政策、生活习俗、地理环境、民生需求、业务对接等辅导培训，17 名援青干部边学习边调研，对如何开展工作有了初步思考。在结束为期一周的培训后，我于 8 月 7 日下午搭乘汽车，前往 800 公里外的久治县城。经过 12 个小时的辗转和颠簸，于深夜 12 点抵达这座高原小城。几名当地干部站在宾馆门口，一人手捧哈达，一人端着青稞酒，用最朴素、最真挚的欢迎仪式，让我领略了高原人的好客与豪迈。这次非同寻常的雪域跋涉，对来自东海之滨的我而言，意味着一种严峻的生活考验，意味着一种全新的生命体验。自此以后，这个海拔 3600 余米的民族地区，是我未来三年的扎根之所，也是我职业生涯的历练之巅。

仰望一片天，用真爱驱散人生初见高原寒

　　8 月的久治天高云淡，夜晚和白天的气温相差很大，浓浓的寒意一阵阵向我袭来，还有严酷环境带来的种种不适感，让我意识到援建工作的不易。想想

来时领导的期待与重托，看看当下自己的精力与状态，更加深刻地领会了"唯有全方位融入、才能全身心投入"这句话的丰富内涵。真爱真付出，见心见未来。在确立了自己的努力方向后，我克服初上久治的高原反应，抓紧时间了解牧区民风民俗，了解第一批援建未完工项目，了解当地经济社会发展情况。还记得那时候，总拉着单位司机师傅做向导，只要有时间，就到县政府各办公室去串门；赶上双休日，就到大街小巷走一走、看一看，希望早些融入新环境、新生活。小城没有现代化的生产设施，也没有喧嚣拥挤的车水马龙，甚至没有一家较大规模的超市，人们的生活是慢节奏的，城市的功能是低水平的，社会的变迁是不张扬的，与上海的情况形成明显反差，在我们接触过的企业和家庭里，干部群众"对改变的希冀、对发展的渴望"溢于言表。在这里，我看到了与家乡的巨大差异，也看到了高原行的使命所系。

与身边的干部群众打成一片，是做好援建工作的重要保证。到久治后的很长一段日子里，我尝试着改变都市生活习惯，改变饮食喜好，改变作息规律，克服心理、生理上的不适，克服语言、风俗上的障碍，用真心和真诚，用毅力和勇气，去弥合上海与青海之间的民族差异、文化差异、海拔差异所带来的种种不便，让自己真正成为一名久治人。牧区条件很艰苦，但适应这个新环境，关键还在于调整好身心状态，久治经常会突然间停水停电，我就以享受大自然的心态去对待；有时因缺氧辗转反侧睡不着，我就以加班赶稿子的状态看看书。几个月坚持下来，我感到自己已经是个当地人了，下班后也能到同事家聊天了，当地干部对我已经不再陌生，把我当成生活中的普通同事，我也在内心深处，把久治当成了第二故乡。

担起一份责，用勤谨把牢援建工程落地关

在前期培训中我们了解到，由于上海援青项目面广量大，并不需要援青干部全程介入。但在实施过程中，作为援建项目的主要出资方，上海希望看到的是优质工程，希望看到资金使用安全高效，援建项目成为惠及民生的示范和样板。这就要求援青干部全力以赴，展现高度的原则性和主动性，综合考量经济、环境、发展、民心各种因素，到位不越位，帮办不包办，为项目的落地

实施提供支撑。2014—2016 年三年间，上海总计投入 6591 万元资金，实施了
4 大类 22 个援建项目，主要涉及产业调整、社会事业、农牧设施、市政建设
4 个领域，全部用于提高公共服务能力，用于改善农牧民的生活条件，为城乡
发展注入了澎湃动力。援建工作紧扣民生需求，始终坚持"向基层倾斜、向农
牧区倾斜"的指导方针，在突破不充分发展瓶颈方面，起到了较好的示范引领
作用。

到青海久治之前，我曾长期任职司法综治条线，对项目工作来说是个门外
汉，特别是建设工程审核流程长，涉及的专业知识比较多，仅施工工期就是
个重大考验。好在我的直接领导项平同志在项目管理方面有丰富经验，他以
县委常委、副县长身份，用更开阔的视野抓统筹协调，推动援建项目得以顺利
实施。经过学习我了解到，建设工程有许多限制性规定，一般需经历提出、筛
选、审核、立项、招标、实施、验收等多道程序，援青干部不可能全过程参
与。但作为受援方需求的"传感器"，我们必须全身心地投入其中，及时反馈
各方面的数据信息，特别是针对在建的工程项目，要做好质量和进度的跟踪监
测，为指挥部宏观调控、精准施策尽可能多地提供第一手资料。在大家的支持
帮助下，我很快就进入了工作角色，协助项平同志加强日常管理，做好基础资
料的收集和整理，抓好关键环节的催办与督办，确保了援建项目的有序开展，
做到了建设资金的安全拨付。

高原上气象复杂，留给建设项目的施工期很短，稍大一点的工程都要跨年
度。所以，按时开工和准时收工，既是全程督办中的管理重点，也是资金配置
上的服务难点。2013 年 8 月至 9 月间，我们抵达久治县城时间不长，遇到部
分援建项目正在收尾，我和项平同志克服高原反应，抓紧开展听取介绍、实
地查勘的调研工作，提出了一些合理化意见建议。2014 年初，又对第一批的
8 个援建项目，进行了系统分析和全面梳理，开展了年内拟援建项目论证，夯
实了后面三年的工作基础。2015 年的 7 个援建项目中，我们重点针对建设效
能问题，分类制定了节点控制报告单，在柔性服务中传递上海理念，在刚性规
范上树立上海形象，当年的 1564 万元援建资金，紧随项目建设进度如期拨付。
2016 年春节过后，我和项平同志早早赶回久治，抢在适于施工的暖季到来前，

▲ 上海援建久治县民族中学浴室工程

督促承担新项目的建设单位，加紧做好开工各项准备工作。在此基础上，为强化项目资金全口径监管，项平同志多次召开专门会议，强调资金应与建设质量对等，重申资金要与工程进度同步，避免第二批与第三批交接时出现超前或者滞后拨付问题，让接任同志有一个良好开局。

项目管理是一项系统工程，必须协调好各有关方面，才能高标准严要求稳步推进。上海市政府援建的旅游集散中心、民族学校教学楼改扩建工程，嘉定区政府捐建的学前教育中心、久治县人民医院住院部大楼……大大小小的在建项目，都印证了我们的努力和心血。有事没事往工地跑一跑，有闲没闲到现场转一转，监管措施上做到无缝对接，让上海人对待事业的精细劲，在同行们的心底扎下了根。在久治的三年时间里，我们坚持将上海的援建项目，与当地的民生需求结合起来，紧密围绕"人员到岗、调研到位、规划先行、试点先推"工作要求，在推进中拓展，在拓展中深化，全面履行援青干部岗位职责。为确保援建工作的高标准，我们在前期调研排摸基础上，坚持适用性与前瞻性相结合，采取"边征集、边筛选、边论证、边收储、边优化"方式，建立了"久治县上海援建项目"储备库，截止到援青工作届期，已将100余个项目列入储备库。

走实一步路，用执着坚守科技惠民最前沿

久治地处深山内陆，经济社会发展受到了制约。在我们援青干部看来，久治县的贫困根子在于封闭，在于与外界的往来交通不便，农牧民因生计住得过于分散，企业和居住区难以形成规模，产业盘子小，科技含量低，单位效益低；公共事业弱，发育程度低，辐射能力低。由于当地自然环境十分恶劣，不具备招商引资的比较优势，各类专业技术人才极为紧缺，需要补短板的民生领域很多，单纯从该地区发展阶段上讲，援建也不可能做到一蹴而就，必须结合实际确立优先方向。为增强当地农牧民的获得感，我们在落实上海市援建计划、着力兴建公共服务设施的同时，把科技援青作为重要突破口，在解决群众"最关心、最直接、最现实"的需求问题上，争取多做一些惠民利民的贴心事。在三年援青期间，我们牵线搭桥做好对接服务，在借鉴第一批经验的基础上，将更多优质资源引入受援地。

实施眼疾救助

我们联系嘉定高水平的医疗团队，启动"久治光明行"计划，除开展眼病

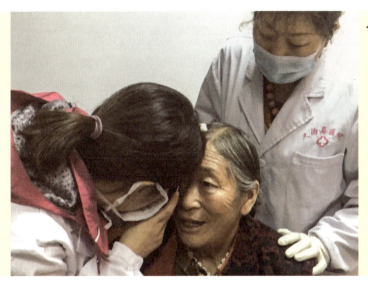

◀ 嘉定开展"久治光明行"活动，为牧民开展白内障筛查

义诊、科普讲座活动外，还在白内障患者筛查基础上，免费实施人工晶体植入手术，解除高原常见病、多发病患者的痛苦，援青三年来，让近百位农牧民实现了复明。医疗队还代表区政府，向县医院赠送手术显微镜、非接触眼压仪、裂隙灯显微镜、眼科 AB 超仪器等眼科医疗设备，建立了远程会诊 RIS-PACS 系统。由于条件所限，高原上实施手术的风险较高，我一方面要与供电部门沟通，为县医院协调小型备用电站，确保手术时不出现断电问题；另一方面还要与各乡镇联络，安排好白内障患者就诊秩序，确保术前保障工作有条不紊。长期经受紫外线辐射，农牧民的眼疾发病率非常高，听说上海专家能治好这个病，往往提前几天就骑马赶过来，内心的期待满满地写在脸上。能为他们做点事，我们真的很自豪。医疗团队返回上海了，医疗器械留在当地了，为了解术后恢复情况，为反馈器械使用效果，我还根据后方专业研究需要，多次前往医院催要数据信息，为持续推进"久治光明行"、深入实施医技援青计划助力。

开展农技援助

我们邀请嘉定农技中心蔬菜专家，前来久治开展实地考察工作，针对冷季鲜菜全靠外运的问题，研究地产栽培的技术可行性，让老百姓能吃上自产新鲜菜。在久治期间，专家们顶着严重的高原反应，收集当地气候资料，对土壤的养分进行检测分析，认真研究日光温室管理办法，筛选适应久治气候、土壤的蔬菜种子，把久治的事当自己的事来做，拓展了科技援青的工作覆盖。尽管投入不高，但农技合作的典型示范意义，却在农户心中扎下了根，对当地农产品生产产生了较大影响。为巩固既有成果，专家组连续三年奔赴久治县，跟踪上海援建基地使用情况，及时调整周年蔬菜管理办法，向种植户赠送优选蔬菜种子，当地冷季蔬菜生产从无到有，实现了"零"的突破和新的跨越。专家组成员严谨务实，回嘉定后依然电话、消息不断，让我领悟到什么叫暖心、贴心，也更加坚定了前方小组信心，大家对科技成果转化充满了期待，2015 年夏季，久治终于有了自己的西红柿上市。

强化产业互助

久治牦牛素有"贡牛"之称，但并不为外界的消费者所知，对当地经济的拉动作用有限。2011年秋季，也即对口援建启动后第二年，在上海的积极协助和推动下，久治引入循环畜牧产业模式，登记注册了青海五三六九生态牧业科技有限公司（简称"5369公司"），旨在为牧民寻找一条致富路。作为第二批援青干部，我们加快了牦牛产业化步伐，坚持以5369公司为行业龙头，推行集约型规模化经营理念，倡导成立生态畜牧业合作社，宣传饲草基地建设示范项目，将援建初期确立的发展战略，贯彻落实到品牌价值体系中，推广普及到自然放牧家庭中，让生态的金字招牌闪亮牧区。2014年10月，这家公司生产的牦牛肉产品，获第十二届中国农交会金奖；2015年11月，在取得有机加工认证一年后，"5369"被认定为青海著名商标。现在，经过三批援青干部的共同努力，久治牦牛肉终于摆上了嘉定人的餐桌。

捧出一颗心，用亲情浇灌，携手共进同心缘

作为少数民族聚集区，久治位于青、川、甘三省交界处，藏族占全县总人口的95%以上，从社会进步的角度讲，区域发展就是少数民族发展。我认为，援青工作绝不限于援建项目，更广泛的意义在于民心相通，以先富带后富的豁达与真诚，加强人员往来、加大情感投入、加快文化交流，让民族兄弟在交往和互动中，看得见眼前实惠与长远利益，感受到家的温度与血的浓度。我们久治的援青小组，负责两地友好往来对接工作，深知访前各项准备工作的重要性，多方收集各自关心领域资料，按照区委"久治所需、嘉定所能"的工作指针，向考察团提供走访建议清单，并做好现地访问的接待工作，促进了援助计划的有效落实。在协调考察团行程等工作中，我们融入了更多的亲情要素，强化民族兄弟之间的友谊纽带，为推动对口帮扶向纵深发展，营造了良好的社会舆论氛围，展现出同心同行的拉动效应。第二批援青小组进驻后，双方开展互访交流28批次356人次，在政府、社会、业界三个层面形成了全方位联动工作格局，各方面对接服务越来越成熟。据不完全统计，三年内筹措到的计划外

◀ 2015 年 6 月，嘉定
教育代表团访问久
治县，视察嘉定援
建的久治县幼儿园

款物，折合援助资金达 1530 余万元，被源源不断地送往民族地区。

久治县的教育发展相对滞后，因此教育是援青工作小组的关注重点。我们在做好规定动作的基础上，主动排摸中小学校需求信息，为孩子们提供力所能及的帮助。在区委统战部的关心支持下，在区有关部门的积极倡导下，社会各界爱心人士捐款捐物，联合江桥和徐行镇相关单位，共同搭建民族团结进步桥梁，为民间交往书写了精彩华章。区红十字会获知当地供电不畅，学生要打着手电上课看书时，捐赠了 10 万元的教室应急灯；农工党嘉定区委及区供销社，为寄宿制民族学校困难学生捐赠了 700 余件定制羽绒服；嘉宝集团定向筹资 25 余万元，向索乎日麻乡的学生和教师捐赠了冬衣 450 件、图书 3 箱、围巾 20 条等物品；嘉弘公司董事长出资 38 万元，为民族学校捐建多媒体教室……三年内，我们共募集社会资金 121 万元。教育不彰，人才不旺，技术短板在牧区内长期存在，嘉定各行各业纷纷伸出援手，主动联系援青前方工作小组，希望为久治的发展尽一份心。经过多方面沟通协调，嘉定区卫生、教育、民政、文旅、检察等系统，选派本行业的骨干技术力量，前往久治开展培训带教活动；与此同时，安排 80 余人次各类牧区人才到嘉定挂职或参加技能培训。

一次高原行，一生高原情。为期三年的援青工作历程，让我在付出中收获成长，让我在磨炼中学会担当。上海为我们铸就了江南风骨，久治为我们注入了雪域风华。原本一个精壮的小伙子，头发竟悄悄生出了点点白霜——高原行重构了我的生命密码。

5年前的一个小经历，曾经多次叩问我的灵魂深处，让我至今牵挂于心萦绕于怀。当时我跟随县里的领导同志，去查看刚刚建成的一条乡路，在路的最高处也是路的尽头，就便去一户牧民家里喝口水，主人才让比画着告诉我们，盼这条路已经盼了好几十年，如今再也不用在山里转圈了，开着摩托就能直奔乡里大集……，嘴里还不停"卡卓、卡卓、卡卓"（谢谢政府的意思）地嘟囔着。后来听说这段路竣工验收时，这个村的村民为感谢筑路队，专门杀牛宰羊表达心中谢意。我想，大家看到这里应该会有同一种感觉：民心，永远是给我们的最珍贵的奖赏。

不忘来时路，走好脚下路，接续奋斗中的上海援青干部，一批做给一批看，一茬接着一茬干，生动诠释了"致富路上一个都不能少"的人间大爱。三年援青，我感受到了自己的改变，但我最开心的还是看到了久治在改变，我相信，明日久治必将发生更大的改变。

精准发力拔贫根　两地同心铸梦想

沈元雄，1974年1月生。现任嘉定区真新街道党工委副书记、办事处主任。2016年7月至2019年7月，为上海市第三批援青干部联络组久治小组组长，先后任果洛州久治县委常委、副县长，州红十字会专职副会长（正县级）、久治县委常委、久治县副县长。

口述：沈元雄
采访：周驰骅　徐李阳
整理：周驰骅　徐李阳
时间：2020 年 4 月 16 日

　　从 2010 年开始，按照党中央、国务院的统一部署，上海市与青海省果洛藏族自治州结为对口支援关系，嘉定区相应对口支援果洛州下辖的久治县。2016 年 7 月，受组织委派，我作为第三批援青干部的一员，离开长期生活工作的家乡，跨雪山越江河，奔赴高原开启为期三年的援青工作。

　　来青之后，我担任久治县委常委、副县长，负责上海市、嘉定区对口支援久治县的相关事宜，协助县领导做好两地交流工作。2018 年 3 月，我兼任果洛州红十字会党组成员、专职副会长，嘉定区嘉定镇街道正处职干部，按照州委关于"提职不离岗"的要求，工作上仍以久治县为主。援青这三年，以满腔的热血和无悔的执着扎根久治、奉献高原，可以说是我人生经历中最为弥足珍贵的一段记忆。

　　对我来说，青海作为"江河源头"一直有着莫大的吸引力，想象中草长莺飞、牛羊遍地、雪山巍峨、帐篷点点，既让人感到神秘，又令人无限向往。然而当我真正来到青海、来到果洛，所见所闻却让我感到从未有过的震撼：这是一片挑战人类生存的土地，高寒、缺氧、风沙、干旱、地广人稀……美丽的自然风光和艰苦的生存环境相生相伴，反差是那么强烈；稀缺的教育医疗资源与较差的生活健康状况互为因果，困难是那么突出。

　　青海省果洛藏族自治州地处青藏高原腹地的巴颜喀拉山和阿尼玛卿山之间，位于青海省东南部，也是长江、黄河、澜沧江的发源地，被称为"中华水塔"。全州总面积 7.6 万平方公里，平均海拔 4200 米以上，下辖玛沁等 6 个县，州内 6 县皆为贫困县，2016 年总人口近 20 万，其中藏族人口占 95%。久治县则地处果洛州的东南部，是"三江源"自然保护区核心地带，年平均降水量 700 多毫米，是青海省之冠，年平均气温 0.1 ℃，是青海省日照时间最少的地区，8700 多平方公里的土地上居住着 2.8 万人，其中 95% 以上是藏族。久治，在藏语中是"团结"的意思。在过往岁月里，寓意"团结"的久治县已经戴了很多年的国家级贫困县"帽子"。

　　刚到久治的最初半年，在用足迹丈量这片美丽土地的同时，我们也在用心感悟当地老百姓的不易。我意识到，当沿海发达地区正在为优质资源比拼各种政策的时候，久治老百姓最稀缺、最期盼的，却依旧是基本的公共教育和卫生资源。这两方面资源的匮乏，也是造成久治县牧民群众穷根代传的重要因素，要想拔除贫根，就必须在教育和卫生方面精准发力。如何充分利用发达地区的资源优势，以最快的速度来缩小两地之间的资源差距，是我们着重思考的问题。

送医进藏区，健康惠民生

　　久治县医疗资源配置欠缺，卫生状况水平相对不高，藏区医生和患者也缺少走出去学习、就诊的机会，因此，我们就想方设法引入先进的医疗资源和医疗团队进藏区，让医疗健康服务能够惠及更多的藏族同胞。

　　开展包虫病攻坚战这件事，令我印象深刻。长期以来，包括久治县在内的整个果洛地区，饱受以包虫病为主的重大地方病困扰，不少牧民因此失去劳动力。包虫病是细粒棘球绦虫感染所致的人畜共患病，致死率高，又称"虫癌"，10 年死亡率可达 90%。根据当时的统计结果，整个果洛地区包虫病感染者约占总人口的 12%，主要患者为藏族群众。包虫病在果洛州的蔓延，是导致藏族牧民群众"因病致贫"，"因病返贫"的重要因素。

2017 年 4 月，州委、州政府启动《果洛州以包虫病为主的重大地方病传染病综合防治四年攻坚总体方案》，毅然打响包虫病防治攻坚战，计划对全州 20 万人口进行全面筛查，逐步治疗。但摆在面前的困难不少，首要的就是全州医疗条件、医疗设备和公共卫生发展较为滞后。包虫病筛查的重要技术手段是 CT，手术是根治包虫病的唯一手段，大部分手术需要依靠 CT 进行定位。果洛州人民医院现有的 CT 机设备陈旧、功能欠缺、精度偏低，而且故障频发，当时已不能起到明确诊断的作用。

根据时任果洛州委常委、副州长，上海援青干部联络组组长倪斌同志安排，我和久治小组的朱亮同志（同为嘉定援青干部）一同回到嘉定，就 CT 设备方面的紧迫需求向区领导进行了专题汇报。在有关方面协调下，我们联系到总部位于嘉定的上海联影医疗科技有限公司，这是一家专业从事高端医疗影像设备及其相关技术研发、生产、销售的高新技术企业，注重履行社会责任，积极响应对口支援精准扶贫号召，在果洛州推进以包虫病防治为主的重大地方病防治战役的关键时刻，向果洛州人民医院慷慨捐赠了一台价值 500 万元的 16 排高精度螺旋 CT 机，大大改善和提升了果洛州人民医院的医疗技术条件与水平，惠及了更多的贫困群众，帮助了包虫病患者解除病痛，解了我们的燃眉之急。依托联影影像中心和前期已经建成的白玉兰远程医疗中心，我们不断加强沪久两地卫生医疗结对协作，发挥好远程影像会诊技术的巨大作用，先后开展 CT 会诊 1500 余例，不仅解决了藏区人民到大城市就医的实际困难，提高了受援地区疾病诊断的准确率和效率，同时也提升了当地医务人员的诊疗水平。2019 年 4 月，果洛州委书记武玉璋、久治县委书记宋积珍等同志专程到上海联影医疗科技有限公司调研，州委常委、副州长、上海援青干部联络组组长倪斌代表上海市第三批援青干部联络组和果洛州卫健委向联影公司赠送了"对口支援大爱无疆，精准扶贫利在千秋"的锦旗。

久治地处青藏高原腹地，由于高原气候因素，这里的牧民群众眼科疾病高发，特别是白内障未能及时治疗造成失明等。援青期间，我们协助嘉定区卫计委每年开展两批次"上海嘉定·光明使者青海久治行"专项检查和治疗，累计为牧民群众 1000 余人次提供眼科检查，为近百名患者成功实施白内障手术。

2019 年 6 月，经久治县援青干部联络小组协调，上海市志愿服务公益基金会和交通大学医学院团委专门派遣上海仁济医院眼科张月露博士和上海第一人民医院眼科邓骏杰博士到久治县开展为期一个月的眼科诊疗志愿服务，完成门诊检查诊疗 300 余人，筛查出白内障患者 50 余人。来自上海的医生们还通过门诊教学、查房会诊、医疗教学等方式，扎实开展病例讨论和带教工作，帮助久治县的医护人员提高医疗和诊疗水平。我们还积极协调两地医疗机构，争取机会派遣久治县医生到嘉定进修，帮助他们提高执业水平。

与此同时，我们重点关注的还有如何激发大家工作积极性的问题。通过上海万佛寺（建于嘉定区江桥镇）资助，久治县卫生系统建立了 100 万元的卫生发展基金，分 5 年发放，每年 20 万元，用于奖励在久治县的医务工作者，对于考上初级、中级、高级职称的医务人员，一次性给予 1000 元、3000 元、5000 元的奖励，同时拨出部分资金，为 600 余名建档立卡重病患者购买补充医疗保险。我在想，对于久治来说，只有给医院"造血"、给医护人员"充电"，健全人才激励机制，才能留下一支"带不走"的医疗队，藏区群众看病难、看病远等问题，必将逐步得到解决。

扶贫必扶智，教育斩穷根

久治要脱贫，人是关键因素，而人的关键因素则是教育。对于久治这个教育资源、教育人才都十分稀缺的地区，鼓励教师提高教育能力，激励藏区孩子提升学习热情，是我们的发力点。

在嘉定区台商协会的支持下，我们建立了久治县人才发展基金，并以此为依托，会同县委组织部、县教育局发起了"故乡辅导员"活动。"播种教育就是播种未来"，为了鼓励优秀学子学成之后报效家乡，对于考上本科和本科预科的牧民子弟，我们除了录取时给予基础奖励之外，每年还由县里组织干部到各高校走访久治籍大学生，根据在校学习情况给予奖励。对于建档立卡贫苦户的子女，只要能够学习的，特别是选择职业教育学习的，也给予适当奖励。2019 年 5 月，我与县委常委、组织部部长赵邦彩，县政府办公室副主任朱亮一起到青海师范大学，看望慰问 2017 届久治县考入青海三所本科院校的 13 名

大学生，还向大家赠送了图书和学习资料。

在民建嘉定区委和嘉定缘菊市政公司的分别资助下，我们在哇赛乡小学和索乎日麻乡小学各设立了每年 15 万元的教育发展基金，主要资助建档立卡贫困户的学童、鼓励学习成绩在前 20% 的优秀学生，也对两所学校的教师以年终绩效确定奖励，办法虽然很老，但确实取得了积极的成效。

其实，教育均衡化发展一直是近年来青海教育发展的重要一环。2016 年，嘉定区就已经与久治县结对开展了"1 + 11"基础教育互助成长计划，分别由嘉定区教育学院等 5 所教育单位和久治县民族中学等 3 家教育单位建立协作机制，双方在教育教学领域开展多种形式的合作，这对久治县的基础教育发展起到了积极作用。随着上海援建资金每年投资 1500 万元左右完成一所学校的标准化改造，学校的教学大楼、宿舍、食堂等大型基建项目逐步到位，但学校一些教学设备的缺乏却制约着日常教学计划的开展。为此，我们又协调嘉定区殡葬协会和社会组织协会，各投资 25 万元和 20 万元，完成了两所学校电脑教室建设；协调嘉定镇街道教委组织辖区学校，募集总价值 10 万元的各类图书8000 余册，完成了两所学校的图书室建设；协调嘉定区红十字会，发动嘉定城发集团、上海建腾建筑工程监理公司、上海显达项目管理咨询公司等一批爱

▲ 2017 年 11 月，参观哇尔依乡小学图书室

心企业，为智青松多镇、哇赛乡两所学校的师生定制校服 1000 余套，价值 15 万元。针对高原牧区校园科技教育发展比较滞后的情况，我们选择基础条件较好以及教师积极性较高的白玉乡寄宿制小学，与嘉定区以科技教育见长的嘉定一中附属小学开展结对，由嘉一附小全面辅导白玉完小开展"科技校园"文化建设，通过科技讲堂、连线实验等方式，引导藏区孩子激发对科技和学习的热情。

作为援青干部，我们坚信，久治县当前教育和卫生事业发展的相对滞后只是暂时的，有党中央脱贫攻坚的必胜决心，有国家的制度保障和资源保障，有藏区人民的自强和信心，脱贫是必然的。而教育是保障脱贫成果和地区可持续发展的重要基础，也是斩断穷根的利刃，要想整体提升久治的教育水平，必须特别关注教育者，提升他们的眼界，改变他们的观念，藏区的孩子也应该享受到优质前沿教育资源。为此，在嘉定区和久治县的支持下，2018 年 6 月开始，我们先后举办了两期"嘉定·久治校园文化节"活动。嘉定区教育学院等 8 所学校、久治县民族寄宿制中学等 5 所学校通力协作，通过网络连线、现场交流、互访参观等形式，共同开展两地系列校园文化活动。依托嘉定科技发展，我们组织久治县教职员工到嘉定现场体验国家前沿科技，特别是教育前沿科技和教育前沿理念的发展。依托校校结对，久治县青年教师和嘉定优秀教师热情互动座谈，他们表示要把先进的教学理念带到久治，大家都有一种信念，久治现在被扶贫，但不意味着久治县的孩子们未来依旧被扶贫，久治人民一定会通过教育，获得自身的发展，建设久治，改变久治，迎来更加美好的久治。

牦牛产业兴，造血促脱贫

援青扶贫，发展壮大村级集体经济是基础环节。根据 2018 年青海省《关于实施全省村集体经济"破零"工程的指导意见》，久治县积极探索因地制宜、因村施策的"破零"路径，希望通过"输血"和"造血"并举的方式，激发摆脱贫困的根本源动力，找到发展壮大村集体经济的有效途径。

我们清醒地认识到，对口支援和精准脱贫，不是一蹴而就的，如何利用好久治县的自然资源和上海的市场资源，帮助久治县建立产业发展平台，助推精准扶贫，是一项长期任务。久治县自然条件恶劣，资源稀缺，而且受到三江源生态环境保护政策的限制，在产业发展方面一直难有起色。然而，高原独特的生态环境，也造就了质地优良的久治牦牛。就营养价值来说，富含大量蛋白质、氨基酸以及胡萝卜素、钙与磷等微量元素的牦牛肉是其他品类的牛肉无

◀ 2018 年 4 月，在久治县白玉乡科索村参加黑土滩治理，种植牧草

法相比的，因此牦牛有着"肉牛之冠"的称号。但这种富有藏区特色的农副产品，由于信息不通、交通不畅、规模分散，很难卖上好价钱。上海市民对于来自高原的正宗牦牛肉，有着"舌尖上的需求"，牦牛产业无疑有着巨大的潜力和前景。

兴办牦牛产业，瓶颈不少：在产品生产环节，久治县经营牦牛屠宰的企业仅有两家，以满足本地市场为主，产品商品化率比较低；牛肉深加工、冷藏等技术基本是一片空白。在企业注册环节，需成立专业销售合作社，但当地22个合作社大部分处于停摆状态；合作社缺乏致富带头人；相关资料证照不齐全，一些合作社的执照已经丢失，一些原先的法人代表出于各种原因，已经不再担任，也没有及时变更；在挑选合作联社负责人的问题上，由于全县人力资源缺乏，一直无法物色到适合的人选。在产品运输环节，久治县地处偏僻，传统物流运至上海最少需要5天，无法保证产品质量，运费也特别高，约每斤15元。

打通放牧、收购、屠宰加工和销售流通的有效环节，让千里之外的上海市民也能吃上新鲜优质的久治牦牛肉，这是做好省委、省政府和州委、州政府提出的"牦牛经济"这篇文章，助力久治产业发展、巩固久治县村级经济"破零"工程的重要措施。根据嘉定区和久治县两地政府签订的《对口支援战略协议》，以及嘉定区供销合作总社和久治县农牧科技局达成的框架协议，我们对症下药，迅速行动，经过近4个月时间的充分调研和积极协调，于2018年12月整合久治全县22个村（牧业合作社），共同出资30万元，联合成立"久治县协创生态畜牧业牧民专业合作社联合社"，并在此基础上，由嘉定区供销合作总社下属的嘉定惠民超市市场经营管理有限公司出资20万元，于12月27日在久治县合资注册成立久治县"久嘉商贸有限公司"，其中"联合社"占股60%，"嘉定惠民"占股40%。与此同时，我们整合安亭镇、徐行镇对口支援久治6个乡镇和9个深度贫困村的专项资金，由县扶贫局牵头实施，按照各乡镇及深度贫困村比例开展牦牛收购计划，实施收益分配方案，带动牧民养殖牦牛的积极性。通过市场化运作，合理安排屠宰加工，攻克冷藏保鲜技术难关，我们还联系到了低成本的航空物流公司，使久治牦牛肉跨越千里带着"温度"

进入嘉定百姓家不再是奢望。

2019 年初，以"久治·嘉定一家亲，共享合作交流（对口支援）新成果"为主题的久治牦牛进上海（嘉定）品鉴活动成功举办，由久治县久嘉商贸有限公司经销的首批 10 吨久治优质冰鲜牦牛肉按期进入上海（嘉定）市场、摆上百姓餐桌。年末岁初的久治县，万物已被大雪覆盖，往年这是牧民们分享一年辛勤劳作成果的时候了。而这一年，全县 6422 名建档立卡贫困人口每人分到了上海市嘉定区对口帮扶产业发展带来的 358 元分红；同时，按照一般贫困村 1.2 万元、深度贫困村 1.8 万元的标准，预留集体收益所得，助力实现全县村级经济全破"零"；还解决了 75 名建档立卡贫困户的临时就业。

值得一提的是，新成立的久嘉商贸有限公司，其名称取久治县的"久"和嘉定区的"嘉"，寓意两地的合作交流和对口支援工作取得丰硕成果，两地的亲情友谊嘉祥久美。依托久嘉商贸有限公司这一新的经营平台，嘉定和久治两方面致力于让更多的久治特色产品进入上海市场，进一步拓宽和壮大久治县产业发展。

回顾三年援青经历，其实对于我们援青干部来说，这些都谈不上是什么成绩，就是分内的事。"在其位谋其政，任其职尽其责"，与所有的援边干部一样，当初我们都是怀着一颗赤诚的心，坚守"缺氧气不缺精神、海拔高标准更高"的理念，做着一名新时代干部应该做，也是必须做的事情。

在这期间，难以忘怀的，还有各个方面对我们久治小组的支持和帮助。难忘上海市合作交流办的指导和帮助，说实话，援青之初，我们谁都没有这方面的经历，更缺乏经验，没有合作交流办相关处室的指导和帮助，就没有援青干部们在短短三年时间里从了解到熟悉再到深入其中的转变。难忘嘉定区委、区政府和社会各方面的支持，比如在联影捐赠 CT 机的相关事宜上，没有嘉定区分管领导和嘉定工业区、嘉定区合作交流办的支持，没有联影集团的理解和善心，仅凭我们的力量，是无法做到的。难忘我们上海援青联络组团结向心的凝聚力，无论在州上的同志还是县里的同志，大家在领队的带领下，心往一处想、劲往一处使，各自发挥资源优势，取长补短，同舟共济，久治的发展离不开整个联络组的帮助。

在当前中国特色社会主义进入新时代、改革开放进入新征程的历史阶段，我想，对于久治而言，卫生和教育，两个都是至关重要的：关注卫生，可以让老百姓身体康健，提升他们自身的幸福感和对政府的信任度；关注教育，可以给久治的未来注入新的希望，新一代的久治人会站在更高的起点，以更好的方式建设自己的家园，从而进一步增强民族团结意识和国家认同感。

三载春秋赴雪域、一生铭记果洛情。援边"任重而道远"，一批又一批援边人，都将继续砥砺前行！在上海、青海两地干部群众的勠力同心下，高原的明天必将更加美好，发展的梦想必将实现。我个人也持续关注和关心着曾经为之奋斗和奉献的这片热土，继承和发扬好青藏高原精神和上海援青干部的优良传统，在新的岗位上建功立业。

凝心聚力助脱贫　感恩感动援青路

　　万刚，1974年3月生。现任嘉定区科协主席。2016年7月至2019年7月，为上海市第三批援青干部，任果洛州发展改革委副主任。

口述：万　　刚
采访：陆荣荣　饶云锋　万琦欣
整理：饶云锋　万琦欣
时间：2020 年 1 月 10 日

　　对口支援青海地区，是党和国家的重大战略决策，在维护国家统一、民族团结、社会稳定和改善民生，推进相对贫困地区跨越式发展，实现共同富裕等方面发挥着重要作用。上海市委、市政府及嘉定区委、区政府高度重视援青工作，青海是三江之源，上海是长江的入海口，长江把两地紧密联系在一起，上海对口支援青海，使沪、青两地亲上加亲。我们应该积极落实国家战略，在精准扶贫、教育卫生、三江源共同保护、智力支援等方面与青海进行深度合作，进一步深化两地合作交流，为打赢脱贫攻坚战做出更大贡献。为进一步响应组织关于精准扶贫、切实提升藏区人民幸福感的号召，2016 年 7 月，经过组织的挑选，我作为第三批援青干部一员，暂时舍弃都市的繁华、家庭的温馨、熟悉的环境，溯江而上，来到祖国的大西北青海果洛，经过三年的历练，亲身见证了上海援助果洛推进当地经济社会发展进程。

初到果洛的领导关怀

　　我很清楚地记得，7 月 24 日我们到达西宁，25 日就驱车来到果洛，受到州委、州政府的热情欢迎；而后又回到西宁，参加省委组织部组织的一周培训；8 月 1 日，再次驱车上果洛，正式开始了三年的援青生活。那时果洛机场还没启用，从西宁到果洛州府所在的大武镇最快的路线就是走省道西久公路，据当地同志介绍，一路上要翻越 900 多座山、过 1000 多个急弯和数不清的陡坡，车子在高耸入云的山峰和深不见底的悬崖间穿行，440 公里的路程，我们足足走了 8 个小时。

果洛平均海拔 4200 多米，空气稀薄，含氧量只有上海的一半多，年平均气温只有零下 4 度，全年只有冷暖两季，是全国海拔最高、气候最恶劣、环境最艰苦的自治州之一。果洛海拔高、缺氧、干燥、风沙大，严酷的自然环境导致我很快就出现急性高原高血压，头痛、胸闷、气短、厌食、失眠等一系列高原反应接踵而来，每晚的呕吐成了"必修课"。果洛的同事们说起高原反应，有一句话是"吃饱没吃饱一个样，睡着没睡着一个样，生病没生病一个样"。在果洛工作，我真切地体会到呼吸困难、胸闷气短、失眠和没有食欲成为援青干部的一种工作生活常态。

刚来的一段时间是最坚苦的，记得"常盼子时能入梦，鸡鸣还在胡思量；难得平旦黑甜浅，日出未到又已醒"。自然条件的严酷，作为一个土生土长的上海人在这之前是无法想象的，生活上承受着心理、生理双重折磨。这里的空气比较干燥，为了保持室内的湿度，我制作一个简易的盆盛满水放在屋内，时间不长一盆水就蒸发掉，然后再盛满水，一段时间下来，盆底留下一层白色的沉淀物。刚来时还没有制氧药剂，我呼吸困难，头痛难忍，几乎每晚都难以入眠，只能在安眠药的帮助下勉强入睡。在日常生活中，因为缺氧，一切动作都需要放慢，哪怕是走得略微快些，心跳都会加快。吃得也不习惯，这里的菜偏咸、偏辣，油性重，刚开始我一点胃口也没有，只能硬着头皮吃两口。当一些在上海从不关心、从不作为需求的东西凸显在面前的时候，比如空气、水、饮食等，我才懂得曾经的拥有是多么可贵，才明白了长期在高原生活工作的同志是多么不容易。

除了要适应艰苦的生活环境，还要忍受孤独和寂寞。在果洛期间，没有办法经常见到家人。虽然现在科技发达，能够随时视频通话，但是这三年不能陪伴在家人身边，在家人需要照顾的时候不能共同分担，对我来说是比较遗憾的。我在高原，家人远在千里之外，我独守着一盏孤灯，长夜漫漫，辗转反侧，低压缺氧，难以入睡，每天凌晨两三点钟才能进入浅睡眠是常态。宁静的晚上，我会想起很多事情、很多时刻，有与家人欢心团聚的，有与同学十年寒窗的，有与同事奋力拼搏的。还有这里，大美青海，一片充满希望的热土。午夜实在睡不着时，我爬起来到宿舍客厅看电视，经常在客厅撞见同样睡不着的兄弟，大家不禁相视一笑，通过电视节目来排解寂寞，共同等待天明。

就在我身心受到考验时，组织上没有忘记我。领队倪斌同志主动找我们谈心，鼓励我们："要克服生理上的高原反应，关键是要克服心理上的高原反应。"州发改委领导也经常嘘寒问暖，帮助解决工作生活中遇到的困难。每逢节假日，州委、州政府领导都会亲自和我们一起过节，老单位的领导和同志们也隔三岔五地打电话表示关心。家人在组织的关心下一切安好，我就没有了后顾之忧，思乡之情也在多方的关爱中渐渐平复。我深深地感受到，要想完成组织上交代的援青任务，自己必须尽快适应高原生活环境。在家人和医生的支持鼓励下，我通过调整心理状态、科学用药等方法，经过3个多月的调整，慢慢地上楼喘气已不那么急促了，血压也没那么高了，脉率和脉搏幅度也慢慢趋于正常值。当"坐着想睡觉、躺着听心跳"成为常态时，我已基本适应了高原的生活。三年时间，有人说我们已经适应了高原环境，其实高原反应一直如影随形，只不过我们已经习惯了这种状态。我觉得，适应高原三分靠身体、三分靠科学、四分靠意志，以顽强意志乐观面对艰苦环境，也许这就是"缺氧不缺精神"吧。

援建督查，有依有据

根据工作安排，我担任青海省果洛州发展改革委副主任，主要负责年度受援计划拟定和实施、上海援建项目的督导检查、对口扶贫点的帮扶对接等。刚来到果洛的第一个月，还处于适应期，我没顾上多休息就跟随上海经信委调研组顶着高原反应，马不停蹄地"走起"。当时州里面有同志体谅我们，劝道："下基层太辛苦，各县走一圈，一个月打底。要不，调研报告我们来写？"我们把手一摇："那不行，没去现场调研就没有发言权。"整个行程2200多公

◀ 援青项目——西宁
果洛中学

里，走遍全州6个县，往往白天深入基层了解县情、民情，及时搜集第一手资料，并认真记到本子上，记到脑海中，晚上伏案梳理分析，查找不足。一趟走下来，我对当地经济社会发展状况、区域资源禀赋和比较优势、上海援青项目的进展情况等有了初步的了解，形成了比较直观的印象，为下一步的工作开展打下了基础。

走基层时，会出现各种状况。头一回遇到前路塌方，当时的场面确实吓人，车子离得好近，如果开得再快点，后果会不堪设想！但渐渐地，我们都习以为常了，果洛的雪灾、干旱、风灾、雹灾等年均发生20次以上，塌方不稀奇。果洛山路崎岖，常常每天要开十几个小时车走400公里山路，路上全是沙石泥土、摇晃颠簸，往往一周的行程就有将近2000公里。有时基层条件差，我们就与当地干部、百姓同吃同住，累了躺下便睡着，过不了多久大家皮肤晒得几乎和当地人一样。

刚开始与藏族等少数民族的同志们打交道时，心中不免忐忑不安，但是真正和当地的干部群众接触下来，我发现无论是干部还是群众，无论是藏族还是汉族，他们甘于奉献的精神是无私的，渴望发展奔小康的心是火热的，对待上海援青干部的情是真诚的。果洛地处三江源核心区，雪域高原，民族地区，无论是气候环境还是经济生态等各方面都与上海迥异。果洛海拔最高的县——玛多，藏语意为"黄河源头"。在20世纪70年代玛多县曾是全国首富县，人均收入在全国名列前茅。那里曾经牛羊遍地，矿产资源丰富。但由于过度开发，自然环境受到破坏，湖泊干涸、草场退化。为确保黄河源头的纯净，玛多的干部群众积极响应国家号召，放下牧鞭、关了矿场，但也戴上了国家级贫困县的"帽子"，这一戴就是近30年。在玛多人的奉献下，玛多县的生态环境恶化趋势逐渐得到遏制，绿草多了、湖水满了，但是玛多人却默默承受着物质生活的贫瘠，部分牧民还处于贫困中。

果洛地区的经济社会发展确实落后于发达地区，教育和医疗资源在高原地区实在是太稀缺，一个在上海地区十分平常的眼科白内障手术，也要等到援助的医生到来才能做。我经常听到我们的医生十分痛心地说："年纪还不大，但错过了手术期，可能就是失明了。"包虫病，被当地人称为"虫癌"，近年来严重影响着农牧民生产生活和生命安全，因病致贫、因病返贫的现象普遍存在。我深深地体会到处理好生态保护与经济发展、脱贫攻坚与人民福祉、民族团结与稳疆固疆的重要性，做好援助工作要以群众的需求为决策导向，以群众的利益为发展方向，以群众的满意为评价标准。

◀ 援青项目——果洛州久治县人民医院

　　不仅仅是生活上的贫困，当地干部群众的思想观念与内地有显著差距。就拿上海援建的项目来说，许多项目由于前期各方的参与度不够，在项目建设和管理过程中存在一些问题，比如，个别项目建设初期缺乏沟通协调，项目主体在建成后，配套设施没跟上，在实际应用上没能达到预期效果；又比如，施工理念不同，部分项目在工程资料方面有瑕疵甚至缺失等。我当时就有了优化项目实效的初步想法，打算从源头保证项目的有效实施。于是我负责撰写了《2016年上海对口支援果洛州建设项目督导检查情况报告》，针对援建项目施工过程中存在的年度项目调整较多、现场监管存在漏洞等问题，提出项目申报要开展前期调研、明确各建设方主体责任等建议，并向州委、州政府作了汇报，州委武玉璋书记对此专门作了批示，给予了充分肯定，为后续援青项目规范化管理打下了基础。

　　除了提升业务能力外，我始终没有忘记自己是一名共产党员，严格要求自己。我以学风建设为突破口，端正学习态度、强化学习目的、改进学习方法，始终把加强学习放在自身建设的首位。援青三年，在省委组织部、援青干部联络组的组织下，我们先后学习了"两弹一星"精神、"开路"精神、可可西里坚守精神、玉树抗震救灾精神，接受了精神上的洗礼，感受到春风化雨般的滋润。

　　2017年清明节，我和援青的兄弟们一起瞻仰了中国工农红军西路军烈士纪念碑，参观了纪念馆，当时感触很深。相对于西路军的孤军奋战，我们面对的高寒缺氧、夜不能寐、食宿不惯等困难简直不值得一提。我深深地体会到，作为一名共产党员，既然选择了援青，就应该继承先烈遗志，坚定理想信念，以"人一之，我十之"的精神，在果洛脱贫攻坚的关键时刻，发挥我们应有的作用，才能不辜负党和人民的重托，还有家人的付出。

强化项目实施源头化管理

　　上海援建果洛是以项目化实施，80%的资金落在基层，80%的资金落在民生项目上，因为民生连着民心。三年来上海援建果洛资金9.08亿元，落实项目303个。我们特别注重资金用下去的效果，把钱用在刀刃上。在项目的安排

◀ 援青项目——果洛
州久治县白玉乡藏
文寄宿制完全小学

上，我们是和当地结合起来制定的，并不是我们单方面的意图，我们要通过果洛州发改委审议后报上海备案，这样避免了各自为政，资金的安排落实也比较好办。

在项目实施过程中强化源头管理，尽管方法是好的，但是在刚开始推行的过程中遇到了一些困难。当地的项目建设单位对于新的项目管理方式不熟悉，认为立项评审和资料同步在实际操作过程中将增加他们的工作量，特别是受当地气候环境所限，每年可以进行工程建设的时间只有约 6 个月，可能导致部分项目建设工期受到影响，质疑的声音接踵而来。所幸在领导和同事们的支持下，我一方面坚持严格落实项目管理制度，另一方面耐心地向项目实施单位解释，"项目评审复杂一点，就是为了发现问题。开工以前发现问题，总比开工后发生问题要好得多吧"。最终项目的顺利建设、监理单位职责的有效发挥和施工资料与施工进度的同步证实了在项目各个阶段严格把关的重要性，我也逐渐得到了项目参与方的认可。

我们在工作中坚持规范是底线，哪怕"不给面子"，哪怕破了"一团和气"。玛沁县规划建设一个草料堆放仓库，但是项目地处偏远，缺水缺电，交通又不便利，显然不具有实用性，我们发现后，经反复论证，最终果断将此项目否定了。但凡上海援建项目，一年不少于 3 次实地检查，这是雷打不动的。经过三年专业、较真的审查，可研报告的质量有了明显的提升，从源头上保证了每个项目能够落地见效惠民，也为全州其他项目起到了很好的示范作用。上海援建项目背后最可贵的精神财富，是规范和精细化管理理念。我们建立一整套项目建设制度要求，每一个项目都要调研，反复论证，多轮审查，签订工作责任书，全覆盖检查，评比打分，所有的项目可追溯、可倒查，打造出项目管理的上海标准。

　　通过我们的不懈努力，一座座崭新的校舍拔地而起，一件件医疗设备空降果洛，一项项的援助使果洛群众有真切的获得感。正如果洛州州长白加扎西所言："上海援青干部强化项目管理，尽最大努力提高项目效益。高度的责任心、扎实的工作作风，确实发挥了作用，抓出了成效。"

对口支援的上海温度

　　说到援建工作，我们除了要抓好计划内的上海援建项目外，还要发挥桥梁纽带的作用，通过了解当地人民群众的需求，动员计划外帮扶资源参与当地的建设发展，改善贫困群众生产生活水平。三年来，我积极协调嘉定区内的企业和社会机构，向果洛地区捐赠资金和物品，比如嘉定交通发展集团有限公司就捐资 60 万，用于州发展改革委定点贫困村的脱贫；嘉定慈善爱心超市捐赠价值 22 万元的各类衣物 1 万多件，用于州受援办联系的果洛州玛多县牧民群众御寒过冬；联系 15 位爱心人士和 1 家爱心企业捐资助学 8 万余元，助力果洛州民族高级中学 25 名贫困学生完成学业，等等。虽然这些资金和物资对改变当地现状来说只是杯水车薪，但是在欠发达的民族地区，它们所体现出的意义远远超过了它们的价值本身。这些绵绵不断的善举弘扬着中华民族的传统美德，增强着民族认同感和凝聚力，促进着民族的团结，体现了国家的关怀和"上海的温度"。

　　一次果洛行，一生果洛情。三年援青是一次难得的心灵旅程和人生历练，有失去，但更多的是收获。三年，1000 多个日日夜夜，藏汉一家议发展、脱贫攻坚忙项目、沪果"三交"（交流、交往、交融）付真情；三年，草绿草黄，暑往寒来，数不清的不眠夜、道不尽的思乡情、讲不完的民族谊。如今，回眸三年在青的每一个瞬间，无论是风霜雨雪，还是山花烂漫；无论是彻夜难眠，还是奔波工地，每一次经历、每一份付出都让我更加深刻地体会到援青的意义、组织的厚爱、果洛的深情。三载匆匆往，终身系梦魂。果洛在我的生命中从此成为一片圣地。今后我无论走到哪里、无论在什么工作岗位上，都会继续关注、关心、关爱这片曾经奋斗过、奉献过的热土，继承发扬好"老西藏精神"和新青海精神，激励自己在工作上做出新的贡献，和果洛人民一起为实现中华民族伟大梦想而努力奋斗！

在责任与担当中感受快乐

朱亮，1972年6月生。现任嘉定区应急管理局副局长。2016年7月至2019年7月，为上海市第三批援青干部，担任果洛藏族自治州久治县人民政府办公室副主任。

口述：朱　亮
采访：陆　封　袁晓丽
整理：袁晓丽　陆　封
时间：2020 年 4 月 22 日

　　按照 2010 年 1 月中央第五次西藏工作座谈会精神和中央有关文件要求，自 2010 年开始，上海市与青海省果洛藏族自治州结为对口支援关系。2013 年初，按照"完全覆盖、对口到县、相对稳定、任务适度"的原则，上海市对青海省果洛藏族自治州积极开展教育、卫生、科技、文化等社会事业结对帮扶。果洛藏族自治州面积 7.6 万平方公里，相当于十几个上海，但人口只有约 20 万人，是青海省海拔最高、气候最恶劣、环境最艰苦的一个州。因为山高路远，高寒缺氧，这里也是全国 30 个少数民族自治州中经济发展最滞后的地区。久治县地处青、甘、川三省交界处，位于青藏高原东部、果洛州东南部，全县总人口 2.8 万人，是一个纯牧区，也是一个深度的贫困县。

　　2016 年 7 月，通过组织的层层甄选，通过严格的体格检查，我作为上海市第三批援青干部久治小组中的一员，与另一名嘉定派出的援青干部沈元雄同志一起带着组织的重托与家乡人民的期待奔赴久治，开始了我们的援青生涯。在久治工作期间，沈元雄同志担任的职务是久治县委常委、副县长，我根据组织安排担任县政府办公室副主任，日常工作主要是协助沈元雄副县长与当地的干部群众一起，结合当地经济社会的发展现状，从医疗、教育、产业等多个方面入手，用好上海的援建资金，督促强化工程项目管理，完成上海对口支援久治相关项目建设的工作任务。在久治的三年，我们无时无刻不感觉到肩上的担子十分沉重，因此我与同去的沈元雄副县长，在对口支援的一线牢记组织的重托，始终把保障和改善民生放在优先位置，努力加强久治县的民生保障和公共服务功能设施建设，与嘉定区委、区政府、区合作交流办前后方协同配合，积极为援青项目建设和工作开辟绿色通道，将一项又一项的医疗、教育惠民工程建成投用，帮助当地老乡改善了生产、生活条件。同时，积极开展对口交流活动，加强大型展览活动的组织协调，不断拓展两地交流合作的层次和领域，提升我们援青工作的开创性、连续性和稳定性。

夯实医疗基础改善民生

久治位于三江源自然保护区核心地带，年均降水量是青海省最大的，高海拔带来的强紫外线导致了当地牧民群众眼疾发病率居高不下。按照对口帮扶的要求，从 2012 年起，援青干部久治小组与嘉定区卫健委（当时还叫嘉定区卫生局）就开始着手结合县里当时医疗条件的实际情况组建对口支援久治县的医疗队，医疗队员们怀揣着精准扶贫的爱心，心系藏族同胞的健康，跨越千里来到久治，通过开展医疗诊治、向当地捐赠医疗设备等形式为久治县提供了一系列对口支援服务。整个县城有 2.8 万人，医院却只有一所，县里有资质的医生更是寥寥无几，所以当牧民老乡们一听说我们上海的白衣天使来了，大家都是蜂拥而至，小小的县医院走廊里每天都是人头攒动。

可以说，在我们援青干部到来之前，在久治县人民医院里没有一位眼科医生，牧民群众平时也得不到眼科方面的专业检查和治疗，有时甚至会把小病拖成大病。为了实现医疗精准化对口帮扶，从 2014 年起，嘉定区与久治县对口开展了"上海嘉定·光明使者青海久治行"活动。随着对口支援工作的深入推进，沈元雄副县长和我积极与区卫健委协调，按需落实，力求为藏区输送最优秀的医疗技术队伍，将当地老百姓最需要的眼科医疗资源带到青海，更是将暖暖的爱带到藏族同胞的身边，将光明送进雪域百姓的心里。我记得有一年，在久治县人民医院里，一位带着孩子排队复诊的老乡告诉我，在嘉定的医疗队来

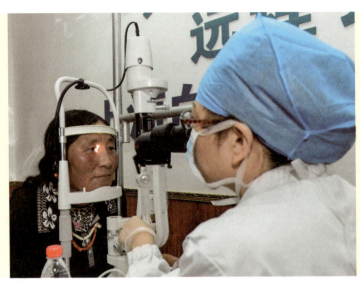

▶ "上海嘉定·光明使者青海久治行"医疗队正在为当地患者检查

　　诊治之前，她觉得孩子可能这辈子都要活在黑暗之中了，现在通过医疗队医生的精心治疗，孩子又能够重见光明了，像正常人一样生活是她原来想都不敢想的，这都是医疗队医生们的功劳。老人临走时紧紧地拉着我的手，不舍得松开，嘴里一直不停地说着"瓜真切、瓜真切"（藏语，意为"谢谢"）。嘉定医疗队志愿者的到来，让这里的老乡们第一次在家门口看上了眼科门诊，这个孩子得以重见光明，成为医疗援青的受益者。

　　截至目前，嘉定区已经连续6年每年向久治派出两批以眼科医务人员为主的医疗队。一般来说，上半年第一批医疗队来久治，对当地的老乡们进行眼科疾病的筛查，把符合条件、能够开展下一步手术治疗的患者进行科学的登记；下半年，第二批医疗队过来进行具体的手术。由于地处偏远，每批医疗队的行程都非常紧张，来回路途就需要4天时间，医疗队抵达久治县人民医院时往往已经是傍晚了。青紫的嘴唇、稍一动就气喘吁吁，这些直观感受是当地大自然给队员们最常见的见面礼，但医疗队的队员们全然顾不上身体的种种不适，一到目的地就立即投入紧张的工作，用意志力和爱心抵抗着身体的不适感。在医疗队驻扎的医院里，一边吸氧一边为患者筛查诊治成了医疗队员们最习以为常的工作状态。

除了眼科疾病之外，高原上还有一种病叫包虫病，当地老乡把包虫病称为"虫癌"。我们统计过，久治县包虫病患者的 10 年死亡率超过 90%。那么这个病要如何有效控制和治疗呢？首先是要引导当地的老乡养成良好的卫生生活习惯，其次要重视早期病例的发现。要发现和治疗包虫病都需要使用高精度的 CT 机，为此我和沈元雄副县长在 2018 年初春节返沪休假期间就通过区委、区政府，通过嘉定工业区管委会联系到了嘉定一家生产高端 CT 设备的企业（也就是联影医疗），想为当地引进一台先进的检查设备，企业负责人对当地的情况有所了解之后，决定将一台价值 500 万元的 CT 设备捐赠给久治，也就此填补了当地高端 CT 设备配置的空白，提高了县医院的诊疗水平。

久治，是个普通的地名，但在我们援建干部的眼里并不普通，这个名字还带有"长久施治"的含义。久治地区地广人稀、交通不便，当地医疗力量较薄弱，硬件和软件方面都存在严重不足，我们深刻认识到短期的医疗援助并不能彻底解决当地医疗卫生问题。医疗队一走，当地患者看病就医又该何去何从？这是我们在对口支援过程中一直在努力探索着的难题，如何既注重当前，通过"输血"帮助当地老乡们解决民生困难，又着眼长远，通过"造血"来提高当地医疗的可持续发展能力。一方面，我们在"久治光明行"的基础上也尝试带动当地卫生系统的一些年轻骨干参与光明行的活动，就是当嘉定的医生护士在进行手术和护理的过程中有当地的这些医生护士骨干一块儿参与，边实践边教学，提高他们自身的医疗专业技术水平，努力为当地培养一支"带不走"的医疗队。另一方面，积极地发挥好援青联络小组对口援助的桥梁纽带作用，统筹安排科学调拨援助资金用于久治县人民医院的改扩建工程，完善标准手术室、高压氧舱和医疗污水处理系统等配套设施。

嘉定在对久治多年的医疗卫生对口支援工作中不断推陈出新，探索"派出去，请过来"的模式，开展良性互动。"派出去"是组建医疗团队赴青海开展送医送药活动，目前共派驻医务人员 14 批次，约 180 余人次，白内障筛查2200 多人次，门诊接触及健康宣教（包括内、外、妇、儿等各科室）近 3000人次。"请过来"是接收久治县医务人员到嘉定区的三甲医院进行培训及业务进修，目前已经有 16 名医务人员完成了进修学习。多年来，我们通过技术支援和技术协作的形式，不断加大对久治地区卫生技术人员的培养力度，最大效能地提高当地专业卫生技术水平和科学管理水平，力求培养出一支优秀的医疗技术队伍，推动久治卫生健康事业不断发展。历年的援青项目以久治县的实际需求为基础，以改善基层群众的生活条件为出发点，切实提高医疗服务能力，改善了边缘地区百姓的健康状况，真正体现了汉藏一家亲、沪青手足情。

扶智从基础教育抓起

教育是最大的民生，民生连着民心，扶贫就是要扶智，扶智就要从基础教育抓起。当初 2016 年刚刚到县里的时候，我们下乡调研，去每个乡转一转看一看，就看到很多校舍都是破旧不堪的，在走访中我们也了解到拥有一座宽敞、明亮的教学楼是当地师生们最大的梦想。于是，按照上海援青工作联络组的总体工作部署，我会同沈元雄副县长、县有关部门，在进一步摸清县情、乡情的基础上，以惠民为导向精准发力，在教育方面投入大量资金，基本上每年投入 1500 万元左右援建或者改建一所标准化学校。我们第一所标准化学校是在 2017 年援建完成的白玉乡藏文寄宿制完全小学，这所小学始建于 1963 年，是果洛藏族自治州唯一一所牧区藏文完全小学，背靠格年聚宝山，与历史悠久、规模宏大的白玉寺毗邻，浓厚的宗教文化色彩与民族教育事业相映生辉。通过改建，过去学校低矮的砖瓦房变成了一排排宽敞明亮的教学楼，当我们再次回到学校里，看到孩子们天真又淳朴的笑容，就不由得心生自豪和感叹：这里就应该有干净、整洁的教学楼为他们遮风避雨，有教育的常青树为他们灌溉、施肥。

在白玉乡完全标准化学校建成以后，根据援建项目总体规划，我们又相继改建了久治县索乎日麻乡藏文寄宿制中心小学、哇赛乡藏文寄宿制小学等项目。标准化学校建设和上海援建项目的实施，既解决了久治县中小学校的实际困难，改善了学校办学条件，也为当地推进义务教育均衡发展起到了积极的促进作用。除援建项目外，我们还积极探索教育对口帮扶工作，积极开展教学教研活动。2018 年 5 月，嘉定区教育学院、丰庄中学、绿地小学、封浜小学、南翔小学、普通小学、外冈幼儿园等 7 所学院（校、园）的 38 名优秀教师，

◀ 上海援建索乎日麻乡藏文寄宿制中心小学操场

分 4 批先后到对口的久治县民族中学、县民族小学、智青松多镇小学开展教育对口帮扶及教学教研。师生们还踊跃开展爱心接力活动，累计捐赠教育帮扶资金 10 万元，各类教学辅助工具、校服、图书等物资价值 10.39 万元。外冈幼儿园也在园内发起了"情系青海、爱涌外幼"募捐倡议书，师生们共同为藏区的孩子们募捐了 1 万余元爱心助学款。

通过援建标准化小学，这几年学校设施设备发生了翻天覆地的变化，但当地教育教学能力依然比较落后，我们在日常走访调研中发现孩子们甚至是老师在科技领域的一些观念还是比较滞后的。硬件提升了，软件也要跟上。在沈元雄副县长和我的牵线搭桥下，上海嘉一附小与久治县白玉乡藏文寄宿制完全小学结成对子达成协议，把上海的课程引入当地，共同建设科技校园文化。通过这种方式，久治的老师和学生们接触到了先进的教育方法和理念，拓宽了视野。如今该校的科技校园文化无论从硬件设施还是软件功能上，都有了很大的提升，藏区的娃娃们也能学到前沿的科技文化，也能增加身边的生活科技知识。示范课上，久治学生积极参与，两地师生互动频繁；久治教师认真观摩，直观地体悟嘉定的教改经验与教学范式。久治县白玉乡藏文寄宿制完全小学办公室主任才仁措告诉我："以前这里的孩子就是不敢想，觉得科技特别遥远，

◀ 哇尔依乡小学开展
爱心活动

但是自从科技校园走进当地的校园以后，很多孩子对科技表现出了强烈的学习兴趣，上课的时候他们会主动提一些和科技有关的东西，下课的时候他们还会主动地去探索，以前这样浓烈的学习气氛在我们学校是很少看见的。"

在久治开展教学活动期间，嘉定的老师初上高原都会出现比较严重的高原反应，尽管协助工作的我们反复叮嘱这些老师一定要"慢慢慢"（讲话也慢，走路也慢，反正都要慢），但往往一到三尺讲台，老师们就会把我们的反复叮嘱抛到九霄云外，无论是讲座、讲课还是交流，无不激情澎湃。一批批支教的老师在回程路上跟我感叹最多的就是深深震撼于这里孩子们强烈的求知欲望，感动于孩子们纯真质朴的语言，震惊于他们自强不息、乐观开朗的性格。"男儿有泪不轻弹"，但是到了久治以后每次进学校我都是眼泛泪光的，这些都是真实发生的，是我亲身体会到的，我心里总想着要为当地的这些小朋友做些什么事情，这是让我能够在县里静下心来扎实工作的一个动力。如今，崭新的教学楼、宽敞的风雨操场、整洁的校园、干净的厕所、先进齐全的配套设施，每一个完成的标准化学校建设项目所展现出的勃勃生机都会让人对学校、对青海的未来充满希望，孩子们在新学校里开启了新的梦想。尽管经历了很多困难，但每当看到藏区孩子们在课堂上那么投入，单纯清澈的眼神里充满着对知识的渴望时，我觉得这一路的辛苦都值了！

无悔三载高原情

我与久治县因对口援建而结缘，有了密不可分的联结。仔细回想，这三年是风雨兼程，是砥砺前行，更是无怨无悔！

三年前当我第一次踏足青海大地，就被这里雄浑壮美的景色深深震撼了，但随之而来的就是缺氧，空气稀薄、高寒干燥、气喘胸闷，两只脚走在路上像踩在棉花地上一样，飘飘忽忽的。还记得 2016 年 7 月 24 日是我作为第三批上海援青干部从上海来到平均海拔 4200 米以上的久治县的第一晚。当晚我就产生了强烈的高原反应，按照当地医生比较专业的讲法就是典型的高原并发症，心率每分钟 110 多次，血压值也高达 170/140。我起初以为自己原来是警察出身，公安部门每年都有体能测试，对体能要求很严、很高，这点高原反应难不倒我，但想不到随着夜越深，整个人的不适感也越来越强烈了，心率快得甚至可以听得到自己的心跳声，扑通扑通，跳得很快，下半夜还发起了高烧，被送进了当地医院紧急治疗吸氧。本来援青联络组已经打算将我连夜送到海拔 2200 米的省会西宁，但我想了想说："我来这里是要工作三年的，不能一有情况就下高原，让我先试试，扛一扛，坚持 24 小时看看情况再说。"在吞下高血压药和半片思诺斯之后，我艰难地挺过了上高原后最难熬的第一夜，这道坎我迈了过去。都说援藏、援青安排三年是有道理的，第一年靠体力，第二年靠服药，第三年靠意志。在援青的日子里，面对艰苦环境，我有过不适应，也有感觉撑不下去的时候，但在援青同事和县委、县政府领导及同事们的关心和帮助下，我逐渐适应并融入了当地。虽然说这三年我舍弃了对家中老人的照顾、与家人共处的温馨幸福，但是我把当地的老乡当作了亲人，在这里收获到了病人的感激、师生们的热情和当地老乡的认可，也真心地把久治作为了我的第二故乡。在当地待的时间越久，我越是深刻地意识到脚下的这片土地是一片充满艰险、富有创新精神的光荣之地，而援青之行对我个人而言也是一次磨炼自身意志和品格的非凡经历。这三年里，从医疗到产业再到教育，我们从一点一滴的细处入手慢慢形成合力，汇流成溪，悄悄改变着当地的面貌。从无到有的路向来都不好走，这是一个长期又充满挑战的过程，看着一幢幢校舍拔地而起，一批批项目扎根落地，一件件惠民实事落地见效，我心生自豪：这一切，都是我们援建干部用心浇灌、用力耕耘的成果。

在青海，我度过了人生中非常难忘的一段岁月，那片雪域高原的蓝天白云，盛开在青藏高原的美丽的格桑花，永远留在了我的回忆里。虽然现在我已经回到了自己的家乡，也投入了新的工作岗位，但我想无论身处何方，我都会深深眷恋这片土地，我会珍惜这段难忘的经历，我会时常想起那里的人民，衷心祝愿我的第二故乡明天更美好！

接好对口支援的接力棒

　　徐凯，1976 年 11 月生。现任嘉定区委研究室副主任。2019 年 7 月至今，为上海市第四批援青干部联络组久治小组组长，任果洛州久治县委常委、副县长。

口述：徐　凯
采访：李　伟　陶　侃
整理：陶　侃
时间：2020 年 5 月 5 日

　　2010 年，党中央召开第五次西藏工作座谈会，作出了对口支援青海藏区的重大战略部署，从此，上海与果洛、嘉定与久治结下了不解之缘。2019 年 7 月 23 日，受组织委派，我来到了果洛藏族自治州久治县，担任县委常委、副县长，成为一名光荣的援青干部，与第三批援青干部完成了工作交接，接过了对口支援的接力棒。2020 年 4 月 21 日，青海省人民政府发布公告，17 个县符合摘帽程序和标准，退出国家贫困县序列，全省绝对贫困全面"清零"，嘉定对口支援的果洛州久治县就位列其中。作为嘉定区派往久治县的援青干部，在对口援青 10 周年之际，我有幸见证了这一历史时刻。

努力适应高原严酷环境

　　久治县是典型的高原藏区，这里的山川雄伟壮丽，但气候条件比较严酷。全县平均海拔 4200 米，县政府驻地海拔 3700 米，年平均温度 0.1 ℃，低于零下 10 ℃的严寒期长达 131 天，雪可以从 9 月底下到次年的 6 月初，一年中有大半年的时间是冰雪覆盖。我们常说久治只有两季，冬季和"大约在冬季"，记得在高原的第一晚住在果洛州招待所，半夜里我竟然被冻醒了，可那是在 7

月啊！真是不可思议。

在高寒缺氧的环境下，高原反应是不可避免的，这也是我们援青工作必须闯过的第一道关。只要上了高原，几乎每个人都会有高原反应，常见的就是心跳加快，血压升高，血氧含量降低（2020年"新冠"肺炎疫情让很多人知道了血氧含量这个名词，血氧含量过低是要上呼吸机的，否则有生命危险，而到了高原地区，大部分人的血氧含量数值只在90左右），体能消耗大。我在高原，牙龈一直是肿着的，而在上海只有连续加班、过度劳累时才会出现这种情况，说明在高原即便什么都不做，身体也始终处于疲劳状态，在高原半年，我的体重减少了10斤。

而正当我庆幸能够逐渐适应高原环境时，高原独特的气候又立刻给我来了个"下马威"。高原气候的特点之一就是寒冷干燥，身体不容易出汗，也不敢多做运动，结果2020年3月返岗刚回到久治，就患上了比较严重的湿疹，全身上下都是红肿斑块，痒得无法忍受，即使很疲倦，也没办法睡觉，而当时正是久治县脱贫摘帽验收考评的关键时刻，我也就在岗位上咬牙坚持了两个星期。与家人通电话时，为了怕他们担心，也总是报平安，不敢透露一点身体的不适。后来到医院检查，医生说这是免疫力下降和水土不服共同引发的湿疹，就医后好多了，但还没有痊愈。

学习当地干部的坚守精神

果洛州是全国30个少数民族自治州中海拔最高、气候最恶劣、条件最艰苦、单一民族比例最高的地方。久治的贫穷，完全是由于严酷的气候环境。这里的牧民勤劳朴实，这里的干部勇于奉献，正是他们坚守在高原，不怕吃苦、不懈奋斗，才能带领全县牧民奔上小康之路。

在来到久治之前，我认为自己很了不起，要远离家乡、告别父母、抛弃家庭，来到陌生而艰苦的地方工作三年；来到久治之后才发现，这里的干部基本都是如此，大多数干部都不是久治本地人，而是来自青海的四面八方，单身一人住在久治的宿舍楼里，很少有机会回家一次，夫妻长年分居两地，家庭、孩子是完全照顾不到的。久治的条件艰苦，路很难走并且地域广阔，久治的干部一下乡（这里叫"下帐"）就是十天半个月。特别是下雪天，只要一结冰，就非常容易打滑，我不止一次看到在路边倾翻的车辆，也不止一次在走路时不小心滑倒，所以在这边开车也很危险。自从进入脱贫攻坚的关键时期，久治的所有干部都没有休息日，加班加点更是经常的事。我在久治干部身上看到的坚守精神、吃苦精神、奋斗精神，永远值得我学习，并将成为我人生历练中永不褪色的宝贵财富。

2019年12月，我跟随果洛州委常委、久治县委书记宋积珍到门堂乡检查脱贫攻坚摘帽工作，宋书记走村串户实地查看贫困户退出情况，每到一户，都与牧民促膝长谈，掌握牧民对脱贫政策的知晓度，问一问产业帮扶措施的落实情况、结对帮扶开展情况、驻村"第一书记"履职情况，看低保、养老、医疗、学籍等相关证明材料是否齐全，看牧民家中粮食够不够，燃料足不足，衣柜中衣服多不多，甚至水井也要使用一下，看能否打出水来。这一方面说明久治县领导对脱贫摘帽的相关政策非常熟悉，另一方面也说明久治县的脱贫基础工作做得非常扎实。在门堂乡果囊村，宋书记要求全面落实好五级书记抓扶贫工作责任制，严格履行好扶贫岗位职责，村"两委"干部要发挥好脱贫路上的"领路人"作用，带动全村共同建设美丽富裕乡村。宋书记不会藏语，讲话需要翻译，但他的讲话得到了村干部的热烈鼓掌。

推进援青项目建设

嘉定对于久治脱贫攻坚的帮助，更多是通过援建项目来体现的。援青10年来，嘉定对久治的对口援助资金已达2.2亿元，援建项目80余个，涵盖了牧区生产生活、社会事业发展、优势特色产业、智力支援、交融交往、基层政权建设等各个方面，这还不包括大量的计划外资金和实物支援。

久治县是纯牧区，没有任何农作物，山上只能长草，不能长树，唯一的产业就是牦牛。2019年12月7日，嘉定援建项目——青海天空牧场生物科技有限公司年产5万吨级有机肥厂开业，这是久治县历史上第一家现代化企业。有机肥厂利用高效生产技术，对全县废弃的牛粪进行无害化处理和资源化利用，生产出高品质有机肥，既做到废物再利用，又起到减轻环境污染的作用，将草

▲青海天空牧场生物
科技有限公司久治
县有机肥厂

原废弃的牛粪变"废"为"宝"，为高原生态可持续发展提供了环境保障，同时通过产业带动牧民群众和贫困户提高家庭收入水平，贫困户也可得到产业分红。该项目可扶持建档立卡贫困户 1653 户 6487 人，预计户均增收 2390 元、人均增收 600 元。

这是 2019 年第三批援青干部手上的续建项目的代表。2020 年，我们第四批援青干部的项目也正在推进建设之中，包括 9 个村的生态畜牧业合作社的养殖基地建设，将实现全县生态畜牧业合作社全覆盖，还有小康示范村建设、智青松多镇寄宿制小学建设、哇赛乡和索乎日麻乡卫生院建设、贝母种植等等。

除了市级项目建设，还有各类区级、镇级、村级、有关部门、企业事业单位、群团组织援助的大量计划外资金和实物，也为久治县脱贫攻坚做出贡献。2019 年底，县教育局局长朱海荣找到我，说了一件急事。当时全县正在开展"控辍保学"工作，有 577 名小喇嘛被劝返至学校重新学习，但他们都没有校服。朱局长让我想想办法。当时并没有多余的计划外资金，我突然想起有一笔人才发展基金在县委组织部，是第三批援青干部通过嘉定区慈善基金会、安亭镇等单位捐助的资金设立的。我当即协调了县委组织部，从人才发展基金中拨

▲ 2020 年 5 月 20 日，嘉定对口支援久治县项目集中开工仪式

付 11 万元，为这批孩子购买了校服，解决了县教育局的燃眉之急。这是第三批援青干部给我们留下的财富，也让我意识到，设立一笔基金非常重要。

可敬的支医支教人员

在久治，除了我们援青干部，还有嘉定区卫健委、区教育局派来的支医、支教人员。我认为，他们和"新冠"疫情期间援鄂的医生护士一样，都是真正的英雄。

"久治光明行"是嘉定区卫健委自 2014 年起将优质眼科医疗资源带给久治当地牧民的援助项目，至今已开展了 6 年，共派出医务人员 12 批次 120 余人，已经在果洛地区形成了品牌，只要嘉定的专家医生过来，周边县区的牧民群众都会慕名而来。6 年来"久治光明行"共筛查白内障患者 2000 余人，开展眼科手术 158 人次，各科接诊 1500 余人。由我接待的是安亭医院院长李斌率领的第 12 批"久治光明行"团队，来到久治的第一天，他们就不顾高原反应，将 30 箱医疗物资安装调试完毕，当天晚上就接到了果洛州人民医院的紧急眼科会诊。已经是第 6 次来到久治的嘉定区人民医院眼科主任曹文捷医生，与团队其他医生一起，在几天内共诊疗患者 352 人，为 40 名眼病患者实施了复明手术。其余内科、外科、妇科专家也在各自领域指导久治的医生开展了各类手术。

其中最让我感动的是团队中年龄最大的嘉定妇幼保健院副主任医师朱莲萍医生，今年已 57 岁的她，曾两次参加援摩洛哥医疗队和数次参加援滇医疗队，在结束"久治光明行"之后一个月，她又和南翔社区医院的陈建新医生一起，再次来到久治，开展为期 3 个月的医疗帮扶。3 个月间，她克服语言不通、人手缺少、药品缺乏的困难，每天接诊、查房、做手术，甚至有些不属于妇科的手术，因为当地没有医生能胜任，她也义无反顾地接手下来，在当地带出了人才、留下了技术。"医术精湛、医德高尚"是久治县卫健局、久治县人民医院对朱莲萍医生的一致评价。

嘉定派来的支教老师同样是了不起的。当时，我只知道有一位嘉定区杨柳初级中学的赵兴洲老师要来久治支教一年，在机场接机时，我翘首以盼，在人群中寻找着赵老师。在我的猜想中，敢上高原的，必定是位年轻教师。结果，陪同前来的区教育局领导向我介绍，旁边这位满头白发的就是赵老师，一问，赵老师今年已经 59 岁了。我把赵老师带回久治县民族中学，前来迎接的校长也惊呆了，要知道，在藏区的退休年龄是 55 岁，赵老师这个年龄还来上课的，绝无仅有。学校安排赵老师上音乐课，久治的学生，从来没有上过音乐课，音乐教室里有着嘉定各方援助的各种乐器，但这里从来没有过音乐老师。赵老师的第一堂课，先后演奏了二胡、小提琴、吉他、钢琴、电子琴，一下子把藏族学生的热情激发了起来。赵老师利用课余时间，开设了音乐兴趣班，教这些第一次接触音乐的藏族学生们乐器演奏，学生们的兴趣非常高，进步很明显。赵老师利用业务时间为学校创作了校歌《神山的花园》，还为援青干部创作了一首歌《只为你芬芳幸福》。2020 年因为"新冠"疫情影响，学校迟迟未能开学，在得知学校 4 月可以开学后，赵老师在第一时间返回了岗位，返回了他热爱的藏族孩子们身边，并新创作了一首歌曲《尚困当》（藏语：我回来了）。

坚强的后盾

来到久治以后，我们身处前方的援青干部，时时刻刻都能感受到来自嘉定

◀ 久治县农村电子商务公共服务中心

　　大后方的关心、支持与帮助。区委组织部、区合作交流办在指导我们工作的同时，还牵头关心着我们的家庭、家人，免除我们的后顾之忧。我在久治的短短几个月，先后有安亭镇、徐行镇、新成路街道、区人社局、区民政局福利企业协会、区残联、区委政法委、丰庄中学、南翔小学等来到久治开展对口援助工作。上海国际汽车城人才培训学院除了协助我们做好在嘉定开展的培训班和交流交往项目，还安排了上海科技管理干部学院的王建军老师、安亭医院李淑杰医生到久治送教上门。在开展消费扶贫的过程中，我们得到了新嘉商投公司、徐行镇、真新街道、区司法局、真新社区医院等单位的大力支持。

　　2019年12月，我在门堂乡调研时发现有一户牧民家，奶奶一个人照看着7个小孩，每个小孩都穿着非常单薄，在室外玩耍，远远地瞧着我们，而当时的室外温度是零下2℃，就连黄河都是冻着的。我一时感慨，在朋友圈发了照片和信息，结果有无数朋友提出要向久治的小朋友捐赠衣物。我一一回绝了个人捐赠的好意，因为久治太过偏僻，不通快递，只有邮政可以到达，个人捐赠不划算。最后由徐行镇、区审计局以单位名义发动职工捐赠衣物，2020年1月，带着嘉定人民心意的过冬衣服寄到了久治县，为久治的小朋友带来了温暖。

感人的事迹还有很多。我们在援青前方，永远离不开组织的关心、家人的支持，还有嘉定各单位、部门、爱心人士的帮助。

2020年3月6日，习近平总书记在决战决胜脱贫攻坚座谈会上明确指出："对退出的贫困县、贫困村、贫困人口，要保持现有帮扶政策总体稳定，严格落实摘帽不摘责任、摘帽不摘政策、摘帽不摘帮扶、摘帽不摘监管的要求。"对口支援的路还很长，任务依然艰巨，我将接好对口支援的接力棒，不负嘉定人民重托，为久治的富裕文明和谐美丽贡献自己的力量。

助力"三峡梦" 情牵五桥人

娄修权，1951年3月生。曾任嘉定区嘉定镇街道党工委副书记、办事处主任等职。1994年9月至1995年6月，为上海市第一批援三峡干部，任四川省万县市五桥区区长助理。

口述：娄修权
采访：袁东妮
整理：袁东妮
时间：2020 年 2 月

1994 年 4 月，国务院三峡工程建设委员会移民开发局下发了《关于深入开展对口支援三峡工程库区移民工作意见》，根据上海市委、市政府的安排，确定由嘉定区对口支援四川省万县市五桥区。1994 年 5 月，嘉定区委组织部决定安排我作为赴三峡对口支援万县市五桥区的挂职干部，同年 9 月 7 日，我前往万县市五桥区正式挂职担任区长助理。1995 年 6 月，由于女儿在家中发生煤气中毒意外事故，组织上考虑到女儿需要家人照顾，便决定让我提前结束挂职返回上海。虽然在五桥挂职只有 9 个月的时间，但于我而言，却是弥足珍贵。

初入五桥印象

刚到五桥时的印象，可以说是历历在目，当地的贫困程度，如果不是亲眼所见，真的是叫人难以想象。三峡水库是国家级工程，但当时的三峡却是极度贫困，形成鲜明的反差。水利方面的专业我并不在行，只说说当时的经济状况。当时的万县市发展相对落后，可以说是完全看不到现代城市的踪影，无论是观念上的老化、思想上的落后还是宣传上的闭塞，都是导致现状的关键因素。而当地的贫穷程度，就从衣食住行这四方面，便能一目了然。

刚到那儿时，当地的干部带着我们去村里考察，说是这里的人都没有成套的衣服，更别说是穿着体面地会客了。听到这样的描述，我是难以置信的，但是经过实地考察以后，却发现事实确实如此。当时的我内心是相当难过的。

记得当时我和一位分管领导去龙驹乡考察工作的时候，乡党委书记见了我们竟然手足无措，不是因为我们考察工作，而是为吃什么而发愁。我饿得实在不行了，就到乡场上买了一把花生充饥。

当我和宝山区的另一名同志前去五桥区报到后，当地政府特意将我俩安排在江北的主城区居住。五桥区领导还专门开了一次办公会议，讨论给我们添置电视机、洗衣机等家电和生活必需品。得知此情况后，我特地找到区长，说只买一台电视机能够及时了解国家大事就行了，洗衣机一类的家电一律不用买，衣服我们自己洗，这点小事能够做得来。

当时的交通状况也是让人印象深刻。五桥那时还没有办公场所，那里的长江大桥还没有开始建，所有机关干部每天都要乘船过江。先是集体坐车到江北码头，顶着大太阳等渡轮，过了江还有一段路，要走到翠屏乡一条叫桥沟的街上后再上车，一路颠簸到五桥上班。当时的道路高低不平，坑坑洼洼，下午回

◄ 参加座谈会

来还得等渡轮，这一来一回，耗在路途中的时间真的太长了。可想而知，这样的交通状况怎么能有利于当地干部开展工作呢？

别说民间和基层，就是区领导和机关干部也是十分艰苦的。机关人员吃饭就在现在的百安大道旁的一排民舍里，一人端一个大大的搪瓷碗，白饭上舀一点炒白菜什么的站着吃。看到当地如此情况，我便赶回上海给市政府打报告，建议为五桥援建一个办公场所，市政府特批了300万元建成了移民培训中心，当时算得上是五桥最好的建筑了。

我曾直言不讳地与当地领导交换过意见，我认为，送钱送东西都只是一时的，思想观念得不到彻底改变的话，不可能解决目前五桥的问题。授人以鱼不如授人以渔，地方上要健康且持续地发展，必须在思想观念上转过弯来，才能真正走上改革开放的道路。

难忘的送车之行

这件事，我记忆犹新。

我受五桥区领导的委托，回到上海采购一辆桑塔纳轿车，因为这种车就是我们嘉定生产的，对于采购渠道和价格方面我都比较熟悉。车子采购好之后，为了节约时间和运输成本，我想自己开回五桥，便找了公安局领导商量，在车前挂了一块上海公安的牌照。领导还特地派了我们局里的老驾驶员和我一同回五桥，我们俩轮流着开。

那时的路况普遍不好，一路翻山越岭，进入湖北利川境内后路况更为险恶，到处都是悬崖峭壁。那个七曜山啊，从山下面望上去是阳光灿烂、晴空万里；可一上山，慢慢地就是冰凌了，路面上全都是冰，又下着雪，车开在上面直打滑。到了山上，当地的村支书带着老乡在卖防滑链，因为凡是经过那里的车，不买防滑链是很难安全开过去的，这便成了当地老乡们维持生计的一种方法了。老乡帮我们安装好防滑链，陪着我们开过了最危险的一段路后才下车。

轿车开在雪地上不能刹车，刹也刹不住，那时也没有自动挡，我们就挂着一挡，在一片漆黑中打着近光灯慢慢滑，而两边都是悬崖，稍有不慎就会车毁人亡。当时我们已经没有时间概念了，全神贯注穿越生死线，神经十分紧张。

现在想起来都非常后怕，当时怎么会敢开这样的路？

等我们开到一个有一点点灯光的小镇上时，已是半夜 1 点多了，提到嗓子眼的心才算是放了下来。我们找到了一间民房借宿，照理说那会儿的我们应该是很疲乏了，可我俩都相当兴奋，完全没有睡意，刚从死亡线上挣扎了下来，哪里还睡得着。我们就喝着老乡家的土酒庆祝"重返人间"。同行的驾驶员还开玩笑地对我说："老娄啊，下次就别喊我再开这种车啦！"我说："哪还有下次？我自己都不敢开了呀。"

原本预计 4 天就能到达五桥，但由于这段特殊经历，多耽搁了 1 天，两边的领导都十分担心着急。因为那时没有手机，小镇上更没有电话，就像失去了音讯一样。第二天，当车驶入龙驹镇时，我真有"回家了"的感觉。到了镇政府我就想去打电话，可当时的电话不是随便打的，一是打电话要付钱，二是那电话只能接，拨号盘被一个小木箱锁着，经书记、乡长批准后才能使用。我亮明身份表示急需打电话报平安后，镇政府值班人员一路小跑去请示，拿来钥匙，这才得以打电话回嘉定报了平安。知晓我们已平安到达，区委、区政府的领导们才放下心来。后来我们嘉定区公安局还送了一辆尼桑警车给五桥分局。

发挥"四员"作用

对口支援三峡库区时，我的正式职务是万县市五桥区长助理，但我对自己的定位却是五桥"四员"，即宣传员、联络员、服务员和战斗员。

宣传员，一方面是把上海作为沿海城市改革开放的成果向五桥当地的干部做宣传。当时的上海正经历着改革开放的重要阶段，高速公路的建成，新中国首家证券交易所的成立，第一条轨道交通上海地铁 1 号线的开通，电话交换机总容量在全国各大城市率先突破 200 万门，这一张张成绩单摆在中国很多其他城市面前，可以说是值得骄傲的，更何况是对五桥这样比较落后的城市而言。对五桥当地的干部来说，这些成果的背后经验都是值得学习的。我也希望通过我的宣传，进一步互通两地思想，从而激发当地干部干事创业的精气神。另一方面是积极向上海及中外客商宣传五桥，让他们进一步了解五桥，也通过现状展现这座城市可被挖掘的潜能。

联络员，便是架起嘉定与五桥两区之间的沟通桥梁。我定期将上海市、嘉定区和万县市、五桥区双方的情况作及时汇报，通报有关信息，促进外界对五桥当地情况的了解，因为我认为做好互通交流是支援库区建设的重要举措。其实在正式任职前，我就有幸与上海市、嘉定区的有关领导一起前往三峡库区了解情况，多次参与两地之间交流活动。1994 年 5 月，五桥区代表团来嘉定区考察时，我也参与了接待工作。6 月我先去万县市参加了旅游招商会，7 月再次参加了上海市政府对五桥、宜昌的赠车代表团，8 月与嘉定区希望办前往五桥赠送"1＋1 希望款"。几次考察交流下来，我这个联络员也算是为挂职工作打好了前战。

服务员，那就更好理解了，就是要以服务群众为宗旨，以促进发展为己任，做好自己的本职工作。未雨绸缪，不打无准备之仗，是我长期以来的工作作风。尚未上任，我已对五桥的经济及社会现状有了基本的了解，有利于我以后在当地的工作开展。经过初期的调研了解，我撰写了几篇关于库区建设、发展，以及有关移民安置重点等方面的资料交给了万县市对口办，供当地的领导参考。之后我又把所见、所闻、所思，归纳整理出了一份材料交给上海市委、区政府，对五桥的长远发展计划、移民安置的方式及当时急需支援的项目、经

◀ 援建五桥区预防保健中心用地

济帮扶工作等提出了一些自己的见解。

而对于"战斗员"的定位，在我看来也是名副其实。五桥能从一派荒凉蜕变成一座美丽的新城，也可以说是五桥的干部和群众勇于战斗、奋力拼搏的结果，而我们一批又一批的挂职干部必然是其中的一份子，再艰苦的环境我们都抗得过来，再困难的问题我们也想尽办法解决。

有成绩，也有遗憾

现在我越来越觉得党中央、国务院号召各地支援三峡库区的决策非常正确，当时支援五桥的除上海外，还有浙江省宁波市和广东省广州市增城区，各地政府、干部们齐心协力地真情付出，确实为库区的发展助了一把力。

作为挂职干部，我们尽心尽力做好本职工作，为库区牵线搭桥，引进优质的项目和先进的管理方式，把库区好的产品送出去，把干部送到外省市学习，输送劳务人员等。据我所知，单是我们嘉定区，仅从1994年开始的10年间，就为五桥筹建学校、增加医疗设施、援建沿江公路和农贸市场等城市基础设施，共计投入约550万元。前后开展各类合作、支援项目40余项，投入资金近730万元。可以说嘉定为三峡库区建设的投入是很明显的，取得的成绩也是有目共睹的。

就我在五桥的不足一年内，也为发展五桥的建材、汽车维修、养殖业等项目多方奔走，协调、联络、治谈了近10家中外客商，在我回沪后便由接手的同志负责实施了。平心而论，这些项目算是取得了一定的成效。也有个别项目，受种种因素影响，最终没有成功实施，令我十分遗憾。

如今，我的想法也发生了一些变化，一个相对闭塞落后的地方，改变是不能一蹴而就的。就算是我们上海原来的一些乡镇企业，也都随着时代形势的变化而改变。现在想来，有成绩，有遗憾，都是正常的。

五桥是我的第二故乡

可以说，五桥是我的第二故乡。

我人虽然离开了五桥，可我的心却未曾离开过，这绝不是大话。我到嘉定

◀ 与资助的当地儿童合影

镇街道任办事处主任后，还极力促成我们街道办事处和五桥办事处结对"友好办事处"。他们的班子成员到我们这里考察学习，我也带着我们的班子成员到五桥考察学习过。2006 年，万州发生特大干旱，我听闻五桥的树、苗全都枯死了，心里很是着急。于是我和我们街道党工委书记商量，说那边遭遇旱灾了，五桥是我们的友好办事处，于情于理我们都应该支援一下。后经班子成员一致讨论同意，从财政里拨了 15 万元带过去捐赠。

我对那里充满了感情。三峡人真诚热情，人品好，讲情谊。有一次我下乡到了一座山上，看见村里的治保主任，一名 30 多岁的退伍军人，正挑着两个大木桶，给住在山上的五保户送水，我见到此景此事，十分钦佩，送了 500 元钱给他，可没想到，他一转身便把钱送给了村里的老人。

在纪念对口支援三峡、万州 20 周年时，万州举办了一次庆祝活动，上海市政府也派代表团去了。我当时还在生病，领导就问我去不去。我的回答是肯定要去。虽然对口支援的时间不长，但万州是我内心十分牵挂的地方。重返万州，我被万州的发展变化震惊了。

不仅有着对这片土地的热爱，我还在挂职期间结交了不少朋友，机场建成后我回去过几次，退休后还趁着假期带孙子去当年工作过的地方看看。当时的万州上空出现大雾，什么飞机都下不去，只好转重庆江北机场降落。当时去我并没有特地关照谁，可后来得知消息的当地朋友全来了，虽然多年未见，仍旧格外亲切。和大家的感情如此深厚，已不仅仅是同事关系了。我想，正是在开发五桥时，我们在患难与共中建立起了兄弟般的情谊。

支援对口的工作虽然艰苦，但通过自己的努力能够助力三峡库区建设，同时又收获了难能可贵的友情，这段经历我视如珍宝，五桥已成了我生命中的一部分。

不忘使命　情系三峡

　　赵鑫宝，1963 年 12 月生。现任嘉定区建设管理委副主任，二级调研员。1996 年 9 月至 1997 年 9 月，为上海市第三批援三峡干部，任重庆市（原属四川省）万县市五桥区区长助理。

口述：赵鑫宝
采访：杨佳燕
整理：杨佳燕
时间：2020 年 2 月 13 日

三峡工程是中国人民的百年梦想，是一项伟大的世纪工程。为了三峡工程的建设，百万三峡移民舍小家、顾大家、为国家，做出了巨大的牺牲和奉献。

我是上海第三批被选派到重庆万州（当时是万县）的挂职干部。来万州之前，上海市嘉定区委向我们传达了上海市对口支援三峡库区的文件精神，建议符合条件的干部踊跃报名。作为一名年轻的共产党员、曾经的"全军优秀士兵"，我相信自己能在任何艰苦工作环境中经受考验。因此，我欣然接受了组织的挑选，成为上海援建三峡库区的挂职干部中的一员。

初来乍到 万州印象

在对口支援挂职干部中，我是较早来到三峡库区腹心城市万州的。以前对三峡的印象，来源于小时候读过的诗歌或看过的影视画面。三峡是那么美，那么富有诗情画意。而我所接触到的三峡库区及原万县市，农村落后的生活条件，城区落后的交通环境，医疗、卫生、教育等各方面与上海的差距，让我感到了一份沉甸甸的责任。

一踏上万州的土地，我就被这座处处被"火热"包裹的城市吸引：热情的

◀ 坐船下乡途中

万州人民，如火如荼的建设，干事创业激情满满的干部……

初到万州时，我的宿舍被安排在太白岩下的原军分区大院内，上班的地点在长江对岸的五桥区。隔河渡水，每天早出晚归。那时候，万州长江上还没有一座长江大桥，上班得坐小轮渡过江，然后徒步到五桥的上班地点。这一辗转，路途上得花不少时间。寒来暑往，日晒雨淋，个中的滋味自不待言。特别是三伏天，连续十几天近40摄氏度的高温天气，充分体现了万州这座"火炉"城市的威力。坐在滚烫的铁壳轮渡船里，顶着烈日徒步在灼热的水泥路上，每天都热得汗流浃背。但这一切并没有吓倒我们，大家依然高高兴兴上班，因为有信念支撑着我们：我们是来对口支援三峡库区，不是来镀金的。

从到万州的第一天起，我就把自己当成一个实实在在的万州人，努力适应万州的气候，学习万州话。由于饮食习惯的、作息时间的差别，一直有所不适。但是很快，我就克服了语言不通、水土不服、生活不便、身体不适等道道难关，能吃辣，能听懂万州话，在与当地干部群众的交流中，用普通话、万州话交替表达，拉近了双方的距离，以最快的速度投入工作。

到万州后，我挤出时间到企业、农村、机关开展调查研究。记得有一次去万州区白羊镇调研，虽说当地政府已经尽力为我们安排了最好的食宿，然而发霉的房舍、潮湿的被面、嗡嗡乱叫的蚊蝇、四周散发出的牲畜粪便气味，令我那一夜彻夜未眠。天亮时，突然一阵乱哄哄的鸡鸣声响起来，我才知道，我们在农家的鸡窝隔壁躺了一夜。

农村的贫困，山区条件的艰苦，基层人员的艰辛，这一切让我终于明白了中央要求对口支援三峡库区的深刻意义。我深刻领会到：既然选择了这份工作，就是选择了吃苦；既然选择了远离家乡，投身三峡建设，就不能卿卿我我、儿女情长。此后的一年多里，我将这句话作为座右铭，时刻告诫自己要不辱使命，让自己的党性修养、作风品质，在三峡、在万州得到进一步的锤炼和提高。艰难困苦、玉汝于成。我努力工作，克服困难，用实际行动展示了上海对口支援三峡库区干部的良好形象。

到万州后不久，我有幸被邀请参加了万州第一座长江大桥通车剪彩仪式。在仪式现场，新建成的长江大桥两岸人山人海，锣鼓喧天，四处挤满了前来观看的市民和远道而来的山区农民，许多人双眼溢满了泪花。从他们的脸上，可以看出他们对发展交通和经济腾飞的渴望。此时，一种责任感油然而生。我想，如果不能全身心投入对口支援三峡建设，一定会愧对库区人民的期望，会

◀ 万州第一座长江大桥通车

有负于历史赋予我们的责任。虽然是来挂职，时间也只有一年，但我一定要实实在在地为万州做几件事。

统筹协调　提升硬件

随着三峡工程及万州移民新区如火如荼地建设，其工程建设所用的水泥需求量猛增。当时，万县水泥厂是万州的水泥生产基地，但其设备和能力急需改善提高，才能满足工程建设的需要。当我了解到这一情况后，立即多方奔走，得知浦东钢铁集团下属的企业有一整套回转窑的水泥生产线要调整，当时他们准备转产不锈钢，这套设备就要被淘汰下来了。我立即向上海市政府协作办做了专题的汇报，争取将这套设备用于为五桥万县水泥厂生产能力的提升提供帮助。当时万州库区大规模的城市建设需要大量的水泥等建筑物资，而且五桥区是一个新建的移民区，经济十分落后，但是五桥区的社会事业和城市发展的资金需求量非常大，资金的欠缺，严重影响了整个移民工程的进展，所以地方政府压力重重，又加上没有像样的企业，财政的收入捉襟见肘。作为一名援建干部，我也心急如焚，所以认识到这套水泥生产线对万县水泥厂意味着什么。因此，当获悉这个信息后，我十分欣喜。

通过上海市政府各相关部门的沟通和游说，并几次带着五桥区的相关同志考察浦东钢铁集团水泥生产线，最终确定以 60 万元的价格转让这套水泥生产线，当时这套设备如果作为废铁卖的话，估价 100 万以上。在后期的拆卸、运输过程中，五桥暴发了洪水，对万县水泥厂的产品造成了严重的损失。为了帮助他们尽快恢复生产，我再次与浦东钢铁集团相关部门沟通、协商，取得了他们的理解和支持，最后以无偿的形式将这套设备捐赠给了万县水泥厂。有了这套先进的设备，万县水泥厂的生产能力得到了质的飞跃，也为五桥的财政收入注入了一股活力。

在万州的对口支援调研中，我们最深切的感受就是万州乡镇的卫生院医疗设备太简陋。于是我们赶回上海，与上海各大医疗设备器械公司协调，为万州方面组织了价值数十万元的医疗器械和设备。为了让这些山区百姓急需的医疗用品早日运回万州，我多次穿梭于上海和万州之间，虽然路途辛苦，但一想到这些医疗器械和设备可以改善万州贫困山区的医疗卫生条件，再苦再累，也觉得值。

原万县市五桥沱口福利院地处三峡淹没水位线以下，由于资金紧张，这所亟待整体搬迁的福利院的新址迟迟未能动工修建。通过认真考察调研，我们认为这是一项惠及广大群众的民心工程、德政工程，便决定从援建资金中抽出一部分来，投入其中，让沱口福利院早日接纳老、弱、病、残障人员。有了我们的支持，沱口福利院项目得以迅速开工。开工之时，院方特别邀请我作为代表，参加了开工奠基仪式，与各方面领导一起培土奠基，以答谢上海人民的无私援助。

万州黄柏乡是万州贫困山区之一，距城区 50 多公里，山路崎岖，道路泥泞。我与当地领导多次深入这个乡镇，开展考察调研。在山上，我经常碰见当地老农民颤巍巍地挑着水桶回家，这让我的内心为之一震：农民的自来水问题竟然至今还没有得到解决。其实，黄柏乡的自来水供水系统国家早已纳入计划，只是资金尚有缺口而迟迟没有完善。这又是一项深入人心的民心工程，我们经过商议，决定从有限的援建资金中抽出一部分来，让这个乡的自来水供水系统早日投入使用。

后来，我再到黄柏乡考察，这项供水系统工程已经圆满竣工，我感到非常欣慰。多为贫困山区人民办实事才是硬道理。

输液造血　改善民生

在对五桥的初期调研中，我们发现当地十分需要妇幼保健方面的支持。我们在对五桥区刚建成的妇幼保健院的考察中发现，这所医院"只是一个建筑"，医疗设备和医护人员是十分短缺的，急诊和危重病人只得从长江南岸摆渡去万县市就医，一旦碰到大的水流，晚上也不能摆渡，就会耽误抢救，所以在抢救病人方面问题十分突出，如孕妇难产等情况，老百姓感到十分困扰，当地政府也十分焦虑。当了解这个情况以后，我立即向嘉定区委组织部和区卫生局进行了汇报，两个部门的领导也十分重视，专题研究如何帮助解决这个问题，最后在卫生局的支持下，调配了价值约 10 万元的妇幼保健方面的医疗设备和用品，

▲原五桥区妇幼保健
院，现为万州区妇
幼保健院百安分院

　　帮助保健院走上了正常的医疗服务轨道。为此，在市政府领导带领市政府代表
团赴五桥区对口支援的考察中，五桥区还隆重举行了五桥区妇幼保健院启用仪
式，时任嘉定区常务副区长朱元旦还上台祝贺并剪彩。

　　但是，仅有"输血"式的授鱼是不够的，要真正实现移民安稳致富，还必
须加强万州自身"造血"功能，为其授渔。

　　我们注重发挥技术资源优势，积极培训医务人员，先后接收万州五桥多名
医务人员来沪进修，并联系上海优秀医务人员赴万州进行技术支持，开展志愿
服务，救治当地病人。

　　我在万州挂职期间，上海出台的人才新政中，不只把博士、教授、高级工
程师等当成社会需要的人才，也把一些有专业技能的学生当成紧缺人才加以引
进。国家的发展离不开基础工业，也离不开在一线工作的各类技术人员。重庆
信息技术职业学校是我们的对口支援单位。我们在该校遴选了一批学有所长的
优秀学生到上海参加工作。两年多时间，我们选拔了好几批烹饪专业、旅游专
业、计算机专业、营销专业的学生到上海参加工作。这一项举措，既解决了一
些库区移民孩子的就业问题，也为上海地区的相关行业解决了一线技工匮乏的
问题，取得了良好的社会效益。

由于多次深入原万县市五桥区的各个乡镇考察各中小学校，见到这里的学生缺少学习用品，衣着穿戴也极为破旧，回到上海之后，我便利用自己曾在上海市嘉定区马陆乡担任团委书记的身份，召集党团员开会，把我在贫困山区的所见所闻讲给这些优秀青年听。他们深受感动，很快，便为这些贫困山区的孩子们募集到好几万元资金、一些羊毛衫和许多学习用品。我们将这些款物专程送到了万县市五桥区最偏远的梨树乡小学、黄柏小学的学生手中。当看到这些学生及家长们双眼溢满的热泪时，我也激动得热泪盈眶。

我想，只要用了真心，付出真情，我所做的每一件事，都是有意义的。

一年援建　收获满满

我在万州的挂职援建工作，只有一年时间，万州却给予了我很多很多，让我受用无穷。就算挂职结束了，我依旧非常怀念万州，怀念我曾奋斗过的地方。我当过兵，也曾在机关工作多年，但所有的经历，都不及我在万州短短的一年时间。在这里，我看到了发达与贫困的差距，看到了发展经济的迫切性和重要性。我经常告诫身边的一些年轻知识分子，希望他们努力学习，努力工作，用自己所学到的知识更好地服务社会，为百姓多干实事。

那段经历，不仅仅是工作和付出，更是组织对我品行的信任和能力的考验，是我回报组织、回报社会的机遇，是塑造、改变、磨砺、提升自我的一次洗礼。

15年之后的2012年，我利用出差的机会再一次回到万州，看到那一江碧水、两岸青山，集山城、湖城、桥城、花城、绿城于一体，与没有蓄水之前相比有了翻天覆地的变化，我由衷地感到自豪。因为，在援建三峡、建设美丽万州的过程中，从遥远的上海而来的我，曾献出过自己的满腔热情，奉献过自己火热的青春。

嘉定助力德钦脱贫攻坚

格桑朗杰，1965年10月生。现任迪庆州政协副主席，德钦县委副书记、县长。2003年3月至2019年4月，先后担任德钦县委常委、县委办主任、县政法委书记、县委副书记、县长等职；2019年4月至今，任迪庆州政协副主席，德钦县委副书记、县长。亲身经历与见证了嘉定区与德钦县对口帮扶的历史。

口述：格桑朗杰

采访：乔壬戌

整理：乔壬戌

时间：2020 年 4 月 29 日

我至今清晰记得，德钦是在 2004 年与嘉定结下的帮扶情缘。在这之后的 16 年时间里，嘉定区委、区政府在帮助德钦脱贫致富的道路上下了狠功夫。他们一直贯彻落实党中央东西部扶贫协作、对口援藏帮扶重要战略和习近平总书记关于新时期扶贫工作重要论述，把德钦的发展稳定视作最大的担当，时刻牵挂着各族群众的冷暖。

德钦属于边远地区，地处青藏高原南延，县内平均海拔 4270 米，县城海拔 3400 米，是云南省海拔最高的地区，氧气稀薄，气候恶劣，人均寿命短。以前这里基础设施比较落后，贫困程度很深，生活条件十分艰苦，反分裂反渗透的斗争非常尖锐。

源源不断的项目

对口帮扶以来，嘉定区致力于帮助德钦脱贫攻坚，项目一个接一个地落地。据不完全统计，16 年来，嘉定先后投入了超过 2 亿元的帮扶资金，目前也已经取得了明显成效，带动了当地大量贫困人口脱贫，为德钦的发展注入了活力。法国酩悦轩尼诗集团、香格里拉酒业等知名企业相继落户德钦，德钦葡

▶ 德钦县霞若乡夺松村霞赤通蜜蜂养殖基地

萄产业书写"两江"河谷促农增收的新传奇，核桃、药材、油橄榄、特色养殖等生物产业方兴未艾，梅里雪山成为大香格里拉旅游的"坐标"，还有车流不息的香德、德维二级公路，通向各村寨的条条油路、硬化路，家家户户停放着的各式各样的私家车辆……若不是嘉定给予的支持，这些项目就不可能落地，德钦也不会取得这些成绩。

毫不夸张地说，德钦产业"从无到有、人无我有、人有我优"的蜕变，与嘉定区的帮助是密不可分的。

我记得 2019 年在德钦县云岭乡果念村建设投产的一个项目——高原生态猪养殖及蔬菜生产基地建设项目。这个项目当初计划投入资金是 338 万元，建设高原生态生猪养殖及蔬菜生产基地约 30 亩，其中连体式钢架大棚约 17 亩、插地式单体钢架塑料大棚及果树种植约 13 亩。果念村现有农户 217 户 1199 人，其中建档立卡贫困户 47 户 218 人。这个项目的落地，带动了果念村大量农户就业，特别是建档立卡贫困户，让他们收入大大增加，得到了实实在在的利益。后来我去考察这个项目，村民们都表示非常满意，项目对当地经济的发展起到了明显的促进作用。

当然，仅仅有这些项目的落地投产是远远不够的。德钦地处边远，信息闭塞，交通不便。我们这边有很多优质的特色农产品，苦于与外界联系不足，无法及时销售出去，导致农民遭受损失。嘉定不仅授我们以"渔"，还"售"我们的"鱼"。每年嘉定都通过各种方式帮助我们销售特色农产品，他们利用自身优势，通过政府的大力推介，在各平台及嘉定区设立展销平台和直销网点，让德钦特色农产品摆上上海人民的餐桌，帮助我们的贫困群众通过农业产业发展实现增产、增收、致富，走上小康之路。

"带不走"的医疗队

一直以来，嘉定对德钦的支援源源不断。在医疗支援方面，嘉定给我们送来了优秀的医学专家，留下了先进的技术和经验。从海拔 4 米的上海到海拔几千米的德钦，上海医疗队的同志们这一路非常辛苦，还伴有不同程度的高原反应，晚上睡眠不足。为了尽早地为德钦人民做好服务，大家努力克服身体上的不适，忍着剧烈的头痛投身医疗工作。刚到医院，他们就马上开始查房，现场教授指导，工作热情非常高。他们总是门诊、病房不停地来回跑，一边看患者，一边给医院的医师讲解和分析病情、病理。总是听到他们说："你们先吃，别管我，我这里还有几个病人在等着呢。""我们只来短短几天，多看几个

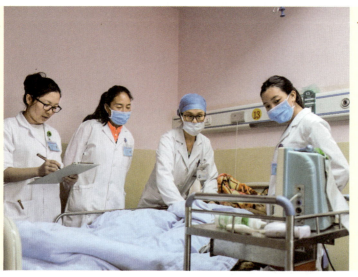

◀ 嘉定区妇幼保健院副主任医师陆勤在德钦县人民医院会诊

病人、多教一些才是最重要的。"我印象很深的是 2018 年第一批援滇医疗队的几位专家。区妇幼保健院杨凤云主任的小儿子才刚过一岁，每天晚上都吵着要妈妈，杨主任没有别的办法，只能通过简短的视频来安慰一下儿子。她工作期间非常认真负责，连续三天午饭和晚饭都忙忘了，打电话催她吃饭，她才想起来。他们就这样废寝忘食地工作着，给我们当地的医务工作者树立了非常好的榜样。当然他们的努力没有白费，我们当地的医师都受益匪浅，医院的医疗水平得到了明显的提高，嘉定为我们德钦留下了一支"带不走"的医疗队。

事实上，嘉定给我们的帮助远不止这些，在为我们培养医学人才的同时，还把嘉定的高科技医疗产品带到德钦。其中县人民医院的白玉兰远程诊疗系统给我印象很深，大大改善了诊疗设备和提升了诊疗水平。在设备投入运行后，德钦县人民医院成功与嘉定区中心医院实现对接，可实现远程诊疗，让广大群众在德钦就能享受到上海医疗专家精湛的技术和优质的医疗资源。不仅如此，该设备还能对医生进行远程指导、培训等，极大地提高了德钦县人民医院硬件现代化建设水平，有效解决了因病致贫、因病返贫难题，为德钦打赢打好脱贫攻坚战提供了有力支撑。

化不开的文化情

在文化交往交流交融上，两地人民之间的文化交流持续不断。2019 年，嘉定与德钦一起开展了徒步运动文化交流活动，19 名徒步爱好者参加了这次活动。大家徒步在冰湖、神瀑怀中，徜徉在金沙江、澜沧江、怒江大峡谷里，很多人突破了生理极限，挑战了自我，重温了红军长征精神。另外，德、嘉两地的幼儿园也达成合作，给两地孩子提供互相学习、增进友谊的机会。我们给嘉定的孩子带去了一场别开生面的艺术表演，让孩子们直观感受到了民族文化的精髓。嘉定给我们的孩子带来了科技和智慧教学，让我们的孩子们视野更加开阔。通过一系列文化交往交流交融活动，两地的人民增进了感情，德钦人民见识了文明城市的样子，嘉定人民目睹了梅里的秀美壮丽。

嘉定利用自身优势，帮助德钦发展文化旅游产业，助推德钦打出"文化牌"。德钦的景色宜人，非常适合旅游度假，但苦于宣传力度不够，没有得到充分地开发利用。2019 年，我们借助嘉定 F1 上海国际赛车场，通过播放旅游宣传片、扫码关注微信公众号、发放旅游宣传纪念品等形式，向广大车迷和国内外游客展示了德钦的旅游资源、手工艺品及特色产品。德钦在这个大舞台上成功亮相，前来咨询了解德钦民俗文化资源的市民及国内外赛车手络绎不绝。这次宣传为德钦带来了实实在在的福利，德钦的农特产品开始走向全国市场，特别是上海市场。德钦的旅游产业发展也跃升了一个大台阶，吸引了一大批国内外游客，打响了"德钦文化"名片。

剪不断的教育缘

在教育方面，嘉定给予我们的帮助更是数不胜数。嘉定有着优质丰富的教育资源，他们办培训班帮助我们培养年轻的教师，派优秀教师来到德钦支教，带来优质的教育资源和宝贵的教学经验。为了帮助德钦教育事业，嘉定费了很多心力，探讨实践了很多行之有效的举措，如开展师徒结对，安排骨干教师担任指导教师，师徒同在一个办公室，随时沟通，分享心得；开设专题讲座，让我们德钦教师全面理解课堂教学改革项目的精髓。还记得在一堂支教课上，孩子们学习造句："我是一只小鸟，我想飞到父母身旁亲吻他们。""我是一只蜗

◀ 嘉定区文化和旅游局、南翔镇人民政府组织的"春雨工程"在德钦县第一小学开展活动

牛，我只想保护弱小的自己负重前行。""我是一只蜘蛛，愿尽我绵薄之力除更多害虫。"这一个个小小的愿望，对他们来说或许是奢望，是支教老师用心温暖了这些孩子。大山里的孩子多数是全寄宿在学校，一个月才能回家一次。而家里往往也只有爷爷奶奶，想要和父母见一面，可能要等上一年半载。他们看似坚强的外表下，其实都有着一颗脆弱的心灵。

不仅如此，嘉定还给我们捐款捐物捐图书，发动当地企业开展爱心助学，在德钦多所学校设立奖助学金，帮助困难学生完成学业。最让我牵挂的还是孩子们。有一次刚好赶上吃饭时间，每餐的菜有 3 个品种，学生只能选一种，菜量很少，主要是汤汁泡饭，非常简单。因为就餐时间集中，学校食堂人流量很大，但就餐秩序很好，每个人吃完都自觉地清理餐桌。有些住在大山里的孩子家里吃的比食堂还要差，看着这些营养不良的孩子，我的心里很不是滋味。虽然吃得简单，但孩子们从来不抱怨，反而每天都很开心、快乐。他们很懂事，也很坚强，我发自内心地为他们感到高兴。

用不竭的人才库

嘉定不仅为德钦的孩子们带来优质的教育，还为我们当地的干部组织培训，提供嘉定区重要部门挂职锻炼的机会。培训结束后的干部同志，特别是挂职结束的干部，都说自己收获很大。确实，接受过培训的干部与从前大不一样了，办事能力有很大的提升，处事风格也有所转变。他们的努力也带动了其他本地干部，发挥了很好的模范作用。相当一部分接受过培训的干部由于工作表现出色，得到了组织的认可，在重要岗位发挥着更重要的作用。

同时，嘉定也派了不少当地优秀的干部来德钦挂职支援、指导工作。这些干部大多都是经验丰富、处事干练的同志，刚到德钦，就把我们这边的工作处理得井井有条。援建干部融入角色快、尽责履职实、形象作风正，我们当地的干部都对这些干部赞不绝口，以这些干部作为工作学习的榜样。他们给我们带来了新理念，为德钦经济社会发展做出了巨大贡献。

我们德钦属于高海拔地区，当地的农民收入基本靠农产品，一旦出现灾情，农民的收入就得不到保证，需要靠外出务工来增收。但是当地群众文化程度不高，没有专业技能，很多招工单位都进不去。嘉定区委、区政府在这方面给予了我们非常大的帮助。贫困户找不到工作，他们帮助联系当地企业，组织专场招聘；工作技能不足，他们给务工人员组织培训，帮助我们农村劳动力特别是建档立卡贫困劳动力通过就近、就地或转移就业实现脱贫。我们的贫困务工人员既挣到了钱，又学会了专业技能。德钦县燕门乡巴东村的一个小伙子让我记忆犹新，他是建档立卡户，在上海南亚新材料科技股份有限公司务工，我们的挂职干部去看望他时，他满脸微笑地说："只要正常上班，一个月就能有5000元，还包吃包住。我觉得在这里工作很好，我还会在这里干下去，我感到生活更有奔头了！"这个小伙子很淳朴，在上海找到了生活的希望。对口帮扶以来，这样的例子比比皆是，这都要感谢嘉定给我们持续的帮助。

我是土生土长的德钦人，在德钦工作了30多年，亲眼见证了这些点滴的变化。对口帮扶以来，嘉定区委、区政府各级领导干部始终以恪尽职守的精神风貌和求真务实的工作作风，努力克服高原恶劣的气候环境和生活条件，带着真挚的情感和脱贫致富的思路，深入德钦的村寨，在脱贫攻坚、基础设施、产业建设、文教卫生、人才培养、镇乡联建等方面给予我们全方位的指导与帮助，给我们送来了"嘉定方案"。他们把德钦各族群众"对美好生活的向往"作为奋斗目标，办成了一件件看得见、摸得着的实事、好事。

我住江之头，君住江之尾，彼此情无限，共饮一江水。正是这一江之谊，将德钦人民与嘉定人民的心连在了一起，这一连就是16年。希望德钦人民永远记得嘉定人民给予我们的帮助，也希望嘉定区委、区政府继续为我们提供指导帮助。我相信这些走过16年的精彩故事，还将继续书写，德钦与嘉定的未来会更加美好。

千里帮扶情谊深　万人受益传嘉名

　　董星龙，1951年8月生。2004年3月至今，任云南省楚雄彝族自治州姚安县官屯镇官屯居委会党总支书记、主任。

口述：董星龙

采访：龚化金

整理：季晓燕

时间：2020 年 6 月 15 日

我是姚安县官屯社区党总支书记、居委会主任董星龙。我们官屯社区共有 17 个居民小组，750 户 2934 人，其中农业人口 1606 人，非农业人口 1328 人。全社区有建档立卡贫困户 103 户 319 人，目前脱贫 80 户 283 人，未脱贫 23 户 36 人。经济来源以烤烟、水稻、玉米等传统种植业以及畜牧养殖和外出务工为主。在脱贫攻坚工作开展以前，官屯社区的条件十分落后，特别是在产业方面，群众除种植传统的烤烟、水稻、玉米等作物外，基本没有其他种植收入。自开展脱贫攻坚以来，特别是自上海市嘉定区帮扶我县以来，在各级党委、政府的关心支持下，特别是在镇党委、政府的积极争取下，先后争取沪滇扶贫协作资金共 2718 万元投入官屯社区，建成了 300 余亩的高标准蔬菜大棚和 800 平方米冷库、蔬菜分拣车间、252 平方米管理办公用房，并配套完善了高标准蔬菜大棚的喷滴灌设备、遮阳网及蔬菜产业园区的水、电、路等基础设施建设。

沪滇项目真实在　产业发展富口袋

通过沪滇扶贫协作项目资金的扶持，我们村发生了翻天覆地的变化。原来是种植烤烟、水稻、玉米等传统农作物，且经济效益较低。自2018年以来，在上海市嘉定区的关心帮助下，持续增加沪滇扶贫协作资金的投入，帮助我们建设了官屯蔬菜产业园建设项目及附属设施建设，我们的基础设施建设得到不断夯实，建设了高标准蔬菜大棚，并配套完善了水、电、路、冷库、办公用房等基础设施。通过招商引资，成功引进了农业龙头企业发展蔬菜种植产业，通过示范带动，在产业发展方面我们有了突飞猛进的发展。到目前为止，我们社区的蔬菜产业发展走在全县的前列，在脱贫攻坚工作中，我们取得了全县"产业发展红旗村"的称号。可以说，没有上海市嘉定区的关心帮助，我们的发展步伐没有这么快，群众的思想观念更新也没有这么快。通过沪滇扶贫资金的投入，特别是上海市嘉定区对口支援我们的产业发展项目，我们在思想观念更新、产业发展、基础设施改善等方面发生了巨大的变化，群众的思想观念得到了提升、口袋富了起来，村集体经济不断发展壮大，为我们带领群众致富，与全国全省全州全县人民共同步入小康社会坚定了信心。

蔬菜产业园建成后，我们成功引进了上海市嘉定区农业龙头企业上海百蒂凯农业科技有限公司到我们官屯社区发展蔬菜产业。在镇党委、政府的指导下，采取"总支部＋合作社＋贫困户＋企业"模式，资产由村集体所有，村社

◀ 园区内长势良好的
沙拉菜

区将高标准蔬菜大棚及冷库、蔬菜分拣车间、管理房等相关附属设施租借给上海百蒂凯农业科技有限公司种植蔬菜（色拉菜），蔬菜种植后由百蒂凯运回上海市场消费，通过合作，极大发挥了经济效益和社会效益。从目前来看，蔬菜产业园的建设给我们社区带来前所未有的变化。

首先，发展壮大了村集体经济，为我们解决了无钱为老百姓办事的问题。我们社区将大棚及附属设施出租给企业，通过土地流转收取的租金支付给群众后，将剩余资金的60%分红给社区内的建档立卡贫困户，40%纳入村集体经济，由社区统筹使用，用于村集体经济发展，还有为老百姓办理公益事业，主要用于奖励贫困户供子女上大学、适当补助生大病贫困群众以及村庄、河道保洁等，办成了许多实事、好事。

其次，增加了园区周边群众收入。就我个人感受而言，第一，园区周边群众将土地流转出来，按现在的流转模式，群众可以获得每亩800元的租金收入；第二，社区所有建档立卡贫困户，可以获得扶贫收益的分红，社区将大棚及附属设施出租的租金收益，按照60%的比例全部分配给贫困户，我们的贫困群众每年至少可获得不少于500元的分红资金；第三，群众可以就近到百蒂凯农业科技有限公司的基地务工，增加务工收入，特别是针对有劳动力的建档立卡贫困户，我们优先介绍到沪滇扶贫协作资金投入的企业和合作社务工，进一步巩固贫困群众的收入，实现了有劳动力且不能外出务工的贫困群众及周边群众在家门口务工的愿望。我们社区初步统计过，本社区长期到百蒂凯农业科技有限公司基地、永丰蔬菜种植专业合作社以及鲜切花种植基地务工的群众每天近百人，每人可以获得不少于一天70元的务工收入，每个月有近2000元的工资收入。

再次，带动了我们当地蔬菜产业的发展。有了上海百蒂凯农业科技有限公司的示范带动以及稳定的上海市场，周边群众通过劳动参与，既获得了土地租金、收益分红、务工收入，还学习到了蔬菜种植技术，群众参与蔬菜产业发展的信心十分坚定。截至目前，由村社区牵头发展的永丰蔬菜种植专业合作社发展种植蔬菜100余亩，共6户蔬菜种植大户、30余户群众参与了百蒂凯农业科技有限公司的蔬菜种植产业，由上海百蒂凯农业科技有限公司统一提供种

◀ 工人在蔬菜产业园区收割卷心菜准备外销

苗，负责指导种植技术，合作社、种植大户、群众收获后按照标准及协议保护价格交售给百蒂凯农业科技有限公司，由该公司负责销售。目前双方建立了稳定的价格机制，群众得到了实惠，越来越多的群众参与到了蔬菜产业发展中，我们的蔬菜产业发展取得了巨大进步，这是有目共睹的。

最后，贫困群众的思想观念有了明显提升。40%的扶贫收益用于公益事业，组织动员贫困群众参与村庄环境卫生整治、护林护路护河道、治安巡逻、基础设施建设等，以生产奖补、劳务补贴的方式发放分红，培养贫困群众勤劳致富的意识，激发内生动力，极大程度地消除了极少部分贫困群众"等、靠、要"的思想。同时，群众通过到企业务工，学习了种植技术以及先进的种植理念，发展产业的信心越来越强，为增收致富、勤劳致富奠定了坚实基础。

产业发展谱新篇　脱贫致富奔小康

自上海市嘉定区对口支援姚安以来，我们的生活发生了很大的变化，我简单地归纳就是下面这些变化。

第一，群众的收入明显提高了。原来没有产业园的时候，我们老百姓一年的收成就是依靠田里的那点农作物，或者外出务工，既不能照顾家里的老人又

◀ 园区内即将收获的
无筋豆

无法照管年幼的孩子，没有劳力的只能把田地廉价出租，维生十分艰难。现在有了产业园，土地被高价承包了，每年还有了分红，富余的劳动力还可以到产业园里去务工，单单在产业园一年的收入就有一两万元，收入明显提高了。比如一个棚每年可采收 5 至 6 茬生菜，每收一茬亩产值都有 7000 元。可观的收入决定了群众的参与度。曾经是建档立卡户的高永梅是第一拨加入合作社的，稳稳地成了一名产业工人。高永梅在大棚里打工，每个月收入 2000 多元，还有田地流转租金，还有年终的分红，一共 3 份收入。自从去产业园打工，她家脱了贫，日子比以前过得越来越好了。

　　第二，带动了我们蔬菜产业的发展，极大加快了我们产业发展的步伐，为进一步巩固脱贫攻坚成效奠定了基础；群众通过到基地务工，还学习了先进的种植技术及理念。特别是在思想观念方面，群众通过参与企业发展，大部分人的思想得到了进一步的提升。我深刻感受到群众的生活理念发生了变化，环境卫生得到明显改善。近年来，依托沪滇帮扶项目的建设，村村通起了水泥路，建起了公厕，修了垃圾焚烧池，群众爱护环境卫生的习惯慢慢养成了。通过沪滇帮扶工作的开展，我们社区贫困人口从原有的 103 户 319 人，下降到了 22 户 35 人，除情况相当特殊的老弱病残这部分人以外，全部实现了脱贫退出。

用心用情谋发展　清廉为民敢担当

援滇干部把我们的事当作他们自己的事，把我们的生产生活当作他们最关心的事，把我们的发展当作他们最重要的工作。在官屯蔬菜产业园施工期间，援滇干部多次到施工现场检查指导，最多的时候一个星期有 4 天都是在现场。有什么问题，马上开会，马上解决。这支队伍真心实意、雷厉风行、求真务实，全心全意为我们服务。我们农民群众是很实际的，他就看你能不能做事。援滇干部所做的实事、好事给我们镇村干部、小组干部和群众留下了十分深刻的印象。特别是 2020 年年初，我们社区受到疫情的影响。这支援滇干部队伍多次到我们合作社种植的蔬菜大棚查看，通过多方努力联系上海嘉定区的相关部门、各地客商，帮助我们解决蔬菜的销路问题。在他们的不懈努力下，问题得到顺利解决，为我们挽回了近 30 万元的损失。

此外，援滇干部积极鼓励我们发展壮大村集体经济。但受到思想观念滞后、小农意识浓厚等因素的制约，村"两委"发展蔬菜种植产业的信心和决心不足。援滇干部关心群众，积极鼓励我们，在思想、观念等方面给予我们开导。有一次我印象十分深刻，在入户走访时，一名援滇干部对农户说："你们自己的优势是巨大的，只要利用好得天独厚的环境优势，加上现代化的种植技术，我们不仅可以发展好产业，更可以打造自身的品牌。"为鼓励我们的信心，他们还专程与上海农业科技有限公司对接联系，协助我带领村组干部代表到上海百蒂凯农业科技有限公司嘉定基地、山东临沂等蔬菜产业发展较好的地区学习。通过学习，我们的信心进一步增强。为打消我们的顾虑，他们积极牵线搭桥、对接联络，促成了我们与百蒂凯农业科技有限公司签订蔬菜收购协议，确定了最低保护价，打消了我们无销路的疑虑。通过援滇干部的动员鼓励，我们社区目前种植蔬菜近 100 亩，按照目前的行情，2020 年村集体经济有望达到 100 万元。村集体经济发展得好，既能增加贫困群众的分红收益和村组干部的待遇，也有更多的资金来帮助群众解决实际困难和问题，我们为群众办实事、办好事的信心更足了，有利于进一步巩固基层党组织的战斗堡垒作用。

思想观念变化大　彝乡旧貌换新颜

援滇干部的"所作所为"给当地干部的思想观念、发展理念和精神面貌都带来了很大的触动和启发。援滇干部甘于奉献，不计得失，用实际行动挑起援边工作这份重担，体现出的强烈责任感和使命感，让我们当地干部很受鼓舞。他们都为了我们村子的发展劳心劳力，我们"自己人"更是要撸起袖子加油干，具体表现就是我们干部的工作积极性、主动性更高了，大家都主动找事做，工作落实速度更快、效率更高了，不像以前一样能推就推、能拖就拖，总是需要上级部门催几次才能完成。

与此同时，大家干事创业的信心和劲头更足了。在援滇干部及县镇村多方扶持下，我们官屯社区今年自主种植大棚蔬菜100亩，依托上海百蒂凯农业有限公司的种植技术指导、产品收购渠道，尽管受到"新冠"肺炎疫情影响销量有所下降，但截至目前已经销售两季了，累计收入近30万元，非常可观。这些实打实的收益让我们当地干部对于发展壮大村集体经济以及带动村民脱贫致富更加有信心了。现在大家工作都干劲十足，心往一处想、劲往一处使，都希望把发展蔬菜产业这条路继续走下去。还有一个方面是思想观念更加开放、发展理念更加创新。受援滇干部的"新型农业"发展理念影响，当地干部对于农业经济的认识有了全新的转变。以前对于产业转型和规模经济，大家都一知半解，思想总是放不开，不敢大胆尝试。现在，不管是尝试新的种植品种，还是改进种植模式，或者是增添农业设施的配备及资金投入，只要政府提倡，居委会的干部都会积极响应，敢于尝试，带头发展。2020年以来，我们已经在尝试种植洋桔梗、绣球花等鲜切花以及雪里蕻芥菜、突尼斯软籽石榴等品种，且取得了较好的成效。现在，工作之余，大家都会积极通过网络、电视、书籍等学习蔬菜种植的相关技术，获取更多的产销相关信息，讨论下一季的蔬菜种植品种，有什么好的发展思路也会及时提出来。大家的观念和想法都比以前更加开放、创新了。我们现在的目标就是抓住脱贫攻坚的机遇，解放思想谋发展，放开手脚干事业，通过发展新型农业，带动我村贫困户脱贫增收，促进官屯社区经济社会全面发展。

沪滇协作帮扶，彝家大山谱写希望

李从梅，1983 年 8 月生。2017 年 6 月起，任云南省楚雄州武定县猫街镇传承彝绣专业合作社社长。

口述：李从梅

采访：朱建学　顾　诚

整理：顾　诚

时间：2020 年 5 月 22 日

从小热爱彝绣，不向困难低头

我的家乡是武定县猫街镇。武定县位于云南省中北部、楚雄彝族自治州东北部，县域国土面积 3322 平方公里，1986 年被国务院确定为首批国家级贫困县，2011 年列入楚雄州唯一的乌蒙山片区区域发展与扶贫攻坚县，2014 年被云南省列入革命老区县，是楚雄州唯一一个深度贫困县。截至 2019 年底，武定县有 7 个贫困乡镇，5 个深度贫困乡镇，117 个建档立卡贫困行政村，68 个深度贫困村，建档立卡贫困人口 25889 户 101586 人。在云南省 27 个深度贫困县中，武定县贫困发生率排第 8 位，贫困人口总量排第 14 位，贫困人口总量、贫困发生率、深度贫困人口占比都排在全州第一位，脱贫任务占全州三分之一，是楚雄州脱贫攻坚的主战场。2020 年 5 月 16 日，武定县如期实现整县脱贫摘帽目标。

贫中之贫、困中之困、难中之难、坚中之坚——武定县是少有的深度贫困典型代表。武定县地处彩云之南，滇中北部，也有着一方秀美的山水，县内彝族、苗族、傈僳族等民族服饰历史悠久、造型独特，刺绣花样繁多、色彩炫丽。我是彝族，生长在武定的彝家大山里，从小热爱彝绣，看到长辈们绣花，也跟着绣，慢慢地能够制作出简单的彝绣品和自己穿的衣服。2004年，我经过熟人介绍嫁到了县城里，但因为种种生活习惯不同，又因为在山里习惯了，总是融不进县城的生活，2009年，5年的婚姻结束了。回家以后，有一次走进省城昆明，在一家工艺品店里打工，看到一些工艺品加入了我们的彝族图案。我们的一件衣服要绣半年，卖几百元，可是他们只加入一点绣片，价格就翻倍了。在店里打工时，我认真观察学习相关的彝绣工艺。2011年，我和同桌同学，也就是我现在的丈夫罗晓华结婚了，他是一名二级残疾人，但他同样是一名艺术爱好者，我们两有着同样的热爱和追求。

2013年，我们的生活陷入绝境，我的丈夫先是被查出右脚股骨头坏死，一次意外又导致左脚骨折，本来贫困的家庭变得更加困难，一年之内做了3次手术，花光了家里所有的积蓄，还欠下了十几万元的外债。丈夫做手术以后，要靠我全程监护，连续的打击加上高强度的劳动，婆婆的手指关节严重变形，落下了病根，有一次家里连16元的药钱都拿不出来了。在这时，我只好在家里制作绣片，一边照顾丈夫一边绣花，不断精进自己的刺绣技艺，我丈夫也不断地学习木雕。一次，朋友过来看我们，看到了绣片，花了800元全部买走，并且保证以后的绣片他们全都买了。从此，为了获得收入，我坚持制作彝绣，并约着村里会绣花的姐妹一起绣花片，我们的绣片全部都能被买走，这样我们这些姐妹也有了一份收入。2014年，我们家被列入建档立卡贫困户，其间我一直制作绣片来补贴家用，由于一直陆陆续续接到订单，村里的姐妹一同参与进来，平时她们既能在家带娃、照顾老人，又能依靠一技之长，足不出户就获得收入，她们都非常支持我的工作，也希望我们的彝绣事业能发展壮大。久而久之，经过思考之后，2017年6月，我成立了传承彝绣专业合作社。成立合作社是出于对团队发展的考虑，希望进一步规范化经营，同时不断打响知名度。最初只有村里的10余名绣娘参与进来。我丈夫也在各级残联的帮助下，成立了华兴艺术创作中心，带着村里的8名贫困户一起做艺术创作。我们夫妻俩经过艰苦奋斗，收入得以提高。受益于贫困户医疗政策，婆婆以全补贴的方式加入了新农村合作医疗，在县人民医院看病可以报销95％的费用，婆婆的手指在骨科医生的悉心治疗下，逐渐缓解了疼痛，而上小学的女儿，每学期能享受1350元的学费和营养费补贴。

沪滇协作帮扶，展现彝绣魅力

在沪滇扶贫协作的背景下，我们合作社遇到了上海的援滇干部徐红斌副县长。当时我们合作社面临销售渠道单一、缺乏设计、缺乏宣传等种种问题。徐红斌来到了猫街镇，在走访调研中，他发现不少当地村民都有彝绣的手艺，但因为缺乏市场销售渠道，这难得的民族特色手工艺品并没有给居民带来多少经济收益。为了让更多的彝绣走出大山，经他穿针引线，东方卫视大型公益扶贫栏目《我们在行动》第三季第一站选址武定，聚焦彝族刺绣产业的发展。2018年12月，《我们在行动》栏目组走进半山村，随后拍摄了专题片并推广彝绣。当时是东方卫视首席主持人陈蓉带领公益大使来到猫街镇半山村。猫街镇半山村可耕种土地资源稀缺、基础设施落后，但公益大使们看到了当地独特民族文化所蕴含的潜力，认为特色鲜明的彝绣文创能成为扶贫路上的突破点。拍摄的过程也比较辛苦。2019年1月21日至25日，《我们在行动》栏目组120多人的摄制团队在武定县进行了为期5天的紧张拍摄，县扶贫办的领导等县里的干部经常来到我们合作社实地查看指导，做好拍摄团队的后勤保障工作，节目的录制离不开他们背后的辛劳。楚雄州委领导也到拍摄现场看望东方卫视《我们

◀ 李从梅带领绣娘和主持人陈蓉、公益大使李宗翰在东方卫视《我们在行动》节目拍摄现场

在行动》栏目组一行，介绍楚雄州以彝绣产业为重点的特色文化产业发展情况，"80后白发书记"李忠凯等相关县市扶贫干部代表也到拍摄现场参加了彝绣产品现场发布会。在《我们在行动》节目现场，北京依文集团给我们合作社下了订单。节目播出后，各地订单纷纷飞向大山深处。真的要感谢上海，给我们带来了订单。2018年，我们的订单总额就已经达到39万元。随后我们7名绣娘登上了上海东方卫视的春晚和《妈妈咪呀》节目，节目的播出让更多的观众真正地看到了我们的彝绣，我们这些绣娘也第一次坐上了飞机，走进了上海这个大城市。2019年4月，我们的彝绣走进了上海时装周。7月，在上海设计师王陶老师的帮助下，合作社的绣片走进了纽约时装周。10月，我代表绣娘参加了上海沪滇帮扶成果研讨会。上海市有关领导亲自慰问我们绣娘，也让我们有了更大的信心。上海的帮扶极大地促进了彝族绣娘的积极性，2019年，合作社完成的订单总额近60万元。2020年，我们合作社成员发展到近200人，合作社里专职从事彝绣的绣娘李美兰2019年通过制作绣品取得了2万元的收入。

建设扶贫车间，带动绣娘增收

2019年一家福建的公司收看了《我们在行动》节目后主动与合作社联系，

▶ 上海市嘉定区江桥镇通过携手奔小康行动援助武定县猫街镇20万元用于在仓房村委会建设的彝绣扶贫车间正式投产运营

希望进行合作，但由于当时合作社使用的车间面积较小，难以完成订单，因而合作暂时搁置了。为了解决合作社车间问题，帮助彝绣传承创新、助力脱贫攻坚，2019 年上海市嘉定区江桥镇通过携手奔小康行动援助武定县猫街镇 20 万元，用于在仓房村委会建设彝绣扶贫车间，车间面积 100 平方米，设计为一层钢结构青瓦屋顶，购置电脑、缝纫机、绣花工作台、裁布机、绣凳、货柜等扶贫车间工作设备。徐红斌副县长作为上海市第十批援滇干部于 2019 年 7 月返回上海，7 月 19 日他特地带着接任的上海市第十一批援滇干部周伟与顾诚来到我们合作社，叮嘱他们一定要把这个扶贫车间项目扎实推进下去。2019 年 11 月，上海市嘉定区残联副理事长钱洁一行来到了合作社，也积极帮助我们，并和我们签订了合作协议，探索推进上海市嘉定区阳光工坊的黄草编织与彝绣两项国家级非物质文化遗产残疾人手工艺作品的融合发展。2020 年 1 月 12 日，车间正式投产运营，建成了具有民族特色的，集绣房、展室、电商、培训、接待洽谈为一体的手工彝绣产业车间。车间投产运营之后，我们将进一步与相关的公司开展合作，通过更多的订单，带动广大妇女通过勤劳的双手脱贫增收致富。

　　全县彝绣产业的发展离不开上海人民的关心帮助。目前，全武定县有近

◀ 彝绣扶贫车间正式投产运营，村民在车间门口合影

1000 名绣娘，近 30 多家民族服饰和手工产品加工店，并且县城已有 10 多家民族服装加工店。为了让曾经涟滟千年却随着时光流逝而日渐湮没的武定刺绣焕发生机，经过长时间筹备，由县妇联牵头，2019 年 4 月武定县彝绣协会成立了，名为"彝绣"，实为县内各民族共同的刺绣业协会，会长是苗族，秘书长是傈僳族，理事有彝族也有汉族，这是个民族大团结的协会。彝绣协会的成立有助于将全县的刺绣产业统一起来，协会在淘宝开了网店，为绣娘们的产品增加销售渠道。经上海援滇干部的联系，北京成龙慈善基金会也来到武定考察了扶贫工作及刺绣业发展情况并给予培训费及设备购置资金的扶持，这是协会成立后接收的第一笔捐助资金，总计 22 万元。协会成立后组织的外出学习提高了绣娘的技术，关注我们的作品、前来指导工作的老师和朋友们更多了，各类媒体也关注到了我们，提供了行业交流的平台。根据县妇联的规划，接下来三年内武定计划投入 100 万元彝绣产业发展资金扶持好彝绣产业的发展，走出一条"文化传承、居家就业、脱贫增收"的特色增收路。

"红彝族地方，山美水也美，火塘热乎乎，每个人一年四季忙，个个热情好客，相亲相爱。日子越来越好过，亲爱的朋友们希望常来走。"至今我还清楚地记得上海援滇干部交接的那天，我们用自己的歌声向上海的援滇干部表示感谢。他们来到边疆，肩负着脱贫攻坚的重任，勇挑全面小康的重担，心系武定，恪尽职守，始终带着勤奋、务实、真诚、坚定的品质，实实在在地动真情，扶真贫，深入调查研究，抓好项目落实，献计献策，牵线搭桥，争取各界支持，整合各方资金，为群众的脱贫致富、为当地的经济社会发展不遗余力。我们永远也不会忘记上海人民无私、真诚的援助！

嘉定对口支援下的久治蜕变历程

宋积珍，1968年5月生。现任中共青海省果洛州委常委、久治县委书记。2013年6月至2016年11月，任久治县委书记；2016年11月至今，任果洛州委常委、久治县委书记，一直关注和亲历了嘉定区对口支援久治县工作。

口述：宋积珍
采访：谢桑金
整理：谢桑金
时间：2020 年 4 月 25 日

　　2020 年 4 月，久治仍是白雪皑皑，银装素裹，春寒料峭，刚刚传来"贫困县"摘帽的喜讯，久治从此踏上全面建成小康社会的新征程，这既是久治发展史上的一次跨越，也是久治人民追梦新时代的生动注脚，同时也迎来了上海嘉定对口援青 10 周年的重大时刻。回望 10 年来嘉定与久治协作帮扶的奋斗历程，凝眸今日嘉定和久治取得的发展成果，展望未来久嘉两地将创造的辉煌成就，我有许多感触、感动和感慨。

　　2010 年 1 月 18 日至 20 日，对四省涉藏地区，特别是对果洛久治而言是一个具有历史意义的重要时刻。当时，党中央和国务院召开了第五次西藏工作座谈会，作出了要"加大对口支援力度，继续坚持分片负责、对口支援、定期轮换的办法，进一步完善干部援藏、经济援藏、人才援藏和技术援藏相结合的工作格局"的重大战略部署，明确指出"中央要加大政策支持力度，推动四省藏区发展迈出新步伐，确保到 2020 年实现全面建设小康社会目标"，就在这样的政策大背景下，确定了上海市对口帮扶果洛州。从此，久治步入了对口支援、高速发展的快车道。可以说嘉定对口支援久治的这 10 年，是久治经济发展速度最快、民生福祉改善最多、城乡面貌变化最大、群众收入增长最明显的历史时期，久嘉两地也结下了深厚的兄弟情，展现了久嘉一家亲的浓浓情谊。

紧密协商沟通，不断促进两地交流交往交融

嘉定区对口帮扶久治县 10 年来，两地每年都会开展不同级别、不同领域、不同层面的对口帮扶和互访活动，协作交流内容范围广、领域多、元素丰富，涉及政治、经济、文化、社会、生态等多方面，不断促进了久嘉两地交流交往交融。

两地的合作交流是我们做好对口支援工作的桥梁和纽带，嘉定区委、区政府主要领导每年都到访久治，召开高层联席会议，明确对口支援举措。2015 年 7 月，嘉定区委书记马春雷率领嘉定区党政代表团初次到访久治，积极推进两地深化交流，捐赠现金及物资 1220 万元，进一步明确了对口支援工作思路，细化了对口支援具体措施，有效推动了对口支援工作的具体落实。

2017 年 7 月，时任嘉定区委副书记、区长章曦同志带着嘉定人民的深情厚谊，率领嘉定区党政代表团千里迢迢从黄浦江畔来到久治草原，畅叙友情，扎实推进新形势下东西部扶贫协作工作，共商对口支援帮扶协作大计，为久治发展把脉开方、帮扶援助、考察指导，在新农村规划建设、医疗卫生事业发展、教育教学水平提升、专业人才培养等方面提供嘉定经验，推动了久治各项事业快速发展。此后连续三年，章曦同志都到久治调研、考察、指导工作，给予了我们极大的鼓舞和激励。

还有嘉定区委组织部、政法委等部门，教育局、卫健委等单位，安亭、徐行等镇，按照部门、单位工作性质和业务范围，与久治广泛对接，开展有力帮扶，并与久治相应部门结成对子开展精准帮扶，帮扶内容既有资金支持，又有技术指导，既有具体实物，更有专家人才，点点滴滴都凝聚了嘉定各界的关心支持，助推了久治的繁荣富裕。

我起初对嘉定的了解不多，如江南历史文化名城、国际汽车城、科学卫星城，高楼林立、人才济济，文化悠久、名人辈出。通过几次回访，我深刻了解到，嘉定是城美、人更美，经济发达、科技前沿，重视文化、海纳百川，特别

▶ 上海援建扶贫产业园基地

是在城市规划建设、基础设施完善、教育医疗普惠、高端人才引进等方面多有建树，有许多经验是值得我们虚心学习的。像上海联影医疗科技有限公司，我通过参观学习，感受到这不仅是一家专业研发生产高端医疗设备的高新技术企业，还是一家积极履行社会责任、注重改善民生保障的企业，有许多有担当、有责任、有理想的专家、企业家，他们的思想、见解、感悟让我们脑洞大开、眼界大开，为久治的发展拓宽了思路。

倾心倾力援助，持续推动久治经济社会高速发展

嘉定区对口帮扶久治县 10 年间，久治县在中央及省州党委、政府的坚强领导下，创新发展思维、拓宽发展视野，全力建设生态产业和生态经济，县域经济和社会各项事业取得了长足发展，在建设富裕文明和谐美丽新久治的征程上迈出了新步伐，久治大地发生了翻天覆地的变化，第一条高速公路修成通车，国家大电网顺利接通，青海五三六九生态牧业科技有限公司被评定为青海省高新技术企业、"5369 牦牛"品牌荣获全国驰名商标，在全州率先建成了有机肥生态产业公司，实现了贫困县摘帽，等等。

特别是嘉定区委、区政府按照党中央、国务院和上海市委、市政府的决策

▶ 久治县农村电子商务公共服务中心

部署，以高度的政治责任感和历史使命感，始终坚持把对口支援工作作为重大政治任务，把支持久治经济社会发展作为义不容辞的责任，把对口支援当成"自己家的事"和"分内的事"，始终按照"真诚帮扶、注重实效、优势互补、互惠互利、长期合作、共同发展"的原则，在政策倾斜、资金扶持、物资援助、智力支持等诸多方面给予了大力支援，为助推久治全县经济社会发展倾注了大量的智慧和心血。久治党的建设全面加强、经济形势一路向好、绿色屏障不断巩固、城乡面貌持续改善、特色产业提质增效、脱贫攻坚稳步推进、民生福祉逐步改善，广大干部群众的幸福感、获得感显著提升，对口支援工作成绩斐然。

10年中，嘉定区累计援建项目58项，总投资2.09亿元，平均每年投资额比目前久治县级财政年收入还要多。其中涉及乡村基础设施建设18项，产业发展方面22项，社会事业方面16项，人才交流和基层组织建设方面2项。当前，久治县GDP由"十一五"末的1.7亿元增至2019年的5.26亿元，10年增长209.4%，年均增长8.92%；一、二、三产结构从"十一五"的42.3∶19.8∶37.8调整到现在的27.19∶35.85∶36.96，趋于更加合理、更加优化。

借助更高平台，奋力拓展久治全面发展的视野

久治作为涉藏地区、高原地区、经济欠发达地区，在嘉定区对口援助的10年间，始终借助嘉定政治、经济、科技等方面的各类优势资源，不断拓展了久治全面发展的视野和渠道。10年中，在嘉定区委、区政府的号召下，嘉定区各级组织、社会各界都参与到了帮扶久治的伟大实践中，使我们"久嘉一家亲"的情感更加升华。

在"走出去"上，2017年4月，在嘉定区旅游局的大力支持下，在久治援青干部的共同努力下，借助上海嘉定区F1国际赛事，久治旅游资源实现对外精准推介，首次将年保玉则推向国际平台，在更高平台让年保玉则更显钟灵毓秀、峭拔绮丽，助推久治旅游发展走向国际化。年保玉则位于久治县西南40公里，系巴颜喀拉山脉，主峰海拔5369米，总面积2300平方公里，是长江和黄河的分水岭，是安多和康巴文化的结合部，是三江源自然保护区的重要组成部分。2005年9月，由国土资源部批准授牌为国家地质公园，2008年全国旅游等级评定委员会评定批准为国家4A级旅游景区，2010年经水利部水利风景区评审委员会批准授牌为国家水利风景区，是青海省及至西南地区的王牌旅游景点，也是大年保玉则生态旅游圈的核心旅游区。通过嘉定区帮扶和F1国际赛事平台宣传推介，2017年，共接待游客15.7万人次，同比上年增长20%，实现旅游综合收入达1.14亿元，同比上年增长27%。2018年，我们认真贯彻落实中央环境保护督察问题整改工作要求，对年保玉则进行闭园保护，停止了一切旅游经营活动，但年保玉则的知名度、美誉度依然很高。

在"携手奔小康"深度帮扶上，2018年起，嘉定区安亭镇结对帮扶久治智青松多镇、哇尔依乡、哇赛乡、索乎日麻乡，下属塔庙村等6个村结对帮扶久治6个深度贫困村；嘉定区徐行镇结对帮扶久治白玉乡和门堂乡，下属徐行经济城等3家集体企业结对帮扶久治3个深度贫困村。每年给予"携手奔小康"帮扶资金345万元，至今已连续3年。特别是我们利用嘉定区帮扶协作的大平台，全县22个行政村合作社联合成立久治县生态畜牧业合作联社，与嘉定区供销合作总社合资，注册成立久嘉商贸有限责任公司，组织县内各畜产品

企业积极参加上海对口帮扶地区特色商品展销会、嘉定购物节及扶贫日展销等活动，让久治高原优质安全的有机牦牛肉从三江源头走进了黄浦江畔，走上了上海老百姓的餐桌，打通了"久治牦牛肉"特色畜产品进入上海市场"最后一公里"。

对口帮扶和交流，使我们开阔视野、增长见识，增进了两地干部群众的深厚友谊。嘉定、久治两地立足自身实际，切实加强援受双方间的沟通交流，明确对口支援工作目标和思路，积极落实具体帮扶措施，不断推动对口支援工作向纵深发展。通过帮扶，久治干部群众思想观念不断转变，城镇基础设施条件极大改善，对外形象大幅提升，追求高质量发展、高品质生活的思路不断开阔。10 年中，久治县先后荣获"全国信访工作'三无县'""青海省法制宣传教育先进县""青海省民族团结进步创建先进县""州级文明县城"等荣誉称号，连续两年被评为青海省绩效考核优秀县和"全州优秀地区"，连续四年被评为"全州优秀领导班子"。这些成绩和荣誉的取得与嘉定区委、区政府的大力支持和无私援助是密不可分的。

精准对接帮扶，着力提升久治高质量发展的水平

10 年来，嘉定区委、区政府和各级援青干部热爱久治、建设久治、奉献久治，极大地促进了久治政治、经济、社会、文化等各项事业全面发展，特别是在教育、医疗、扶贫三方面的援助力度是最大的。在教育方面，援助资金累计 0.62 亿元，建设标准化学校 4 个，实施教学楼、图书馆、师生住宿楼、校园绿化等项目 28 个，改善了现有教育基础设施。同时，我们利用嘉定区台商协会帮扶建立的久治县人才发展基金，积极开展"故乡辅导员"活动，帮助成绩优异的久治籍贫困大学生顺利完成学业；依托民建嘉定区委和上海缘菊市政工程有限公司分别资助建立的两所乡寄校每年 15 万元的教育发展基金，奖励成绩优异的学生和优秀教师，极大地提高了教师工作积极性，激发了学生学习兴趣，促进全社会更加支持教育工作。在医疗方面，累计投资 1431 万元，实施县医院住院楼、乡镇卫生室附属设施、包虫病源筛查等项目 8 个，医疗基础设施建设逐步完善。所捐赠的上海白玉兰远程诊疗、教学系统使当地群众不出

家门就享受到上海专家的诊疗服务，深受当地群众的欢迎。连续 6 年（2014—2019 年）开展"久治光明行"活动，累计筛查病人达 1400 多人次，共为 200 多名白内障患者实施复明手术。上海医生高超的医疗技术在牧民群众中口口相传，群众每年都会翘首期盼上海"曼巴"的到来。在扶贫方面，累计投资 0.34 亿元，援建扶贫项目 8 个，扶持建档立卡贫困户 1628 户 6446 人。特别是我们认真贯彻落实习近平总书记"两山"（绿水青山就是金山银山）重大理论，通过嘉定区扶贫帮扶，2017 年，在深入调研的基础上，结合县情实际，从探索加工有机肥着手、将草原上的牛粪变废为宝，在全州率先建成年产 1 万吨级的有机肥厂、州内唯一注册两个（"索乎日麻有机肥""天神花园"）有机肥商标的企业，并成功入选全国肥料产业技术联盟会员单位、全省有机肥理事单位，实现了当年投资、当年建设、当年生产、当年见效的目标。2018 年，索乎日麻乡 251 户建档立卡户户均增收 2390 元。2019 年，我们抢抓青海省委、省政府"中国国家公园示范省"建设重大机遇，注册成立青海天空牧场生物科技有限公司，投资 1700 万元在全州范围内率先建成年产 3 万吨级有机肥厂，当年实现收益 120 万元（4 个村集体获利 20 万元，牧民通过上交牛粪获利 60 万元，产业分红 40 万元，共有贫困人口 250 户 1000 人实现收益，户均增收

◀ 上海援建索乎日麻乡索日村牦牛养殖基地

1600元、人均增收400元），不断推进久治产业经济创新发展、绿色发展、高质量发展。同时，五三六九生态牧业科技有限公司的肉制品加工、折安生态畜牧业专业合作社的奶制品加工等具有代表性的产业初步建成，通过发展绿色经济，既有效推进了生态产业发展，带动了牧民增收，又最大程度地减少了产业发展对生态环境造成的破坏和影响，实现了生态保护与经济发展的"双赢"，助推久治找到了符合自身优势的发展路子，开创了我县绿色发展的新局面。

厚植帮扶友谊，努力传承奉献高原的援青精神

"蓝天白云，牛羊相伴，大美青海，坠情果洛。我们缺氧不缺精神，行动慢思想不能慢，环境差作风不会差。兄弟们，不忘初心，继续前进！"这些话是嘉定援青干部的心声和心路。10年来，嘉定援青干部把久治当作第二故乡，主动把自己融入到久治经济社会发展大局中，把感情融入到牧民群众中，把作风融入到脚踏实地办实事中，将发达地区的先进理念、成熟经验融入援青工作全过程，精准实施了一批优质项目，精准兴办了一批民生实事，用心用情用力做了大量务实、有为、实效的援建工作，有力促进了久治县经济社会发展，赢得了久治干部群众的广泛赞誉。

特别是嘉定援青干部来久治开展帮扶援建以来，经常深入草原牧户，实地走访调研、指导项目、体察民情，与广大干部群众心连心、话真情，不断交流交融、增进感情、厚植友谊，努力推动了支援帮困工作往实处走、往深入走、往心里走。我清楚地记得朱亮同志到久治的第二天，经县医院医生测量血压值为170/140，心率每分钟135次，且高烧不退，县里要求赶快送下西宁。但朱亮同志说：要待三年呢，这坎一定要过。援青干部以高度的政治责任感和政治担当，勤奋工作、兢兢业业，服务牧民、任劳任怨，为久治建设发展出谋划策、添砖加瓦，为助推久治县经济社会发展倾注了大量的智慧和心血，给我们留下了嘉定干部服从大局、爱岗敬业，服务群众、求真务实的优良形象。同时，援青干部与我们结下了深厚的友谊，建立起了纯洁的兄弟情。随着第四批援青干部的到来，我们在上海的朋友越来越多，这将是久治持续发展进步的宝贵资源。

今后，久治将倍加珍惜帮扶之机，感恩帮扶之情，用足帮扶之力，齐心协力打造"久治—嘉定"对口支援协作升级版。我们将积极学习嘉定区干部敢闯敢干的作风、敢于争先的精神、敢于创新的气魄，努力拓宽工作思路，持续改进工作方法，切实提高久治全县各级干部的执行力和落实力。我们也希望嘉定各级部门在今后一如既往的支持久治建设、推动久治发展，通过持续深化交流、合作发展、相知相融推进两方互利双赢、"亲戚"更亲。同时，我们也坚信，在嘉定社会各界的无私援助和大力支持下，在援青干部只争朝夕的干劲下，在久嘉两地广大干部群众齐心协力的努力下，嘉定区对口帮扶工作目标、久治县经济社会的高质量发展一定能够实现。

千里一家亲　浓浓帮扶情

张斌，1971 年 7 月生。现任久治县人民医院院长。2007 年 4 月至 2014 年 11 月，任久治县人民医院副院长；2014 年 12 月至今，任久治县人民医院院长，亲身见证和经历了嘉定区对口支援久治县医疗发展全程。

口述：张　斌
采访：索南尖措
整理：索南尖措
时间：2020 年 5 月 12 日

五月的久治草原，桑烟袅袅，格桑花正在慢慢地苏醒，空气稀薄而清新。走进久治县人民医院宽敞明亮的活动室里，员工们正在紧张激烈地进行专业技术大比武，"5·12"国际护士节表彰会上，个个精神饱满，面露喜悦。拴心留人的医院环境、日益加强的人员技术，离不开上海嘉定区的无私帮扶与有力支援。回望嘉定区医疗卫生对口支援的 10 年历程，历历在目、感慨万千。

自 2010 年由上海市嘉定区医疗对口帮扶我院开始，久治县人民医院走上了良性发展的快车道。这 10 年，是县医院发展最快、辖区百姓受益最多的 10 年。

老百姓满意　最大的肯定

过去的住院楼上下两层，建筑面积 1600 平方米，除去业务办公区，开放床位不足 20 张，没有暖气，上下水不通，到了冬季需要生火炉取暖，住院环境、办公环境、就医环境、医疗设备等条件严重滞后，无法满足辖区内医疗保障，导致病源流失、医务人员流失，年均医疗收入不足 200 万元，发展严重受阻。

▲ 由上海投入资金援建的新住院部

　　2015 年，嘉定区与久治县达成嘉定区对口帮扶久治县人民医院改扩建工程协议书，改扩建项目规划建设面积约 4300 平方米，包含住院综合楼、传染病区、配电房及线路管网等相关辅助设施，总投资近 1828 万元，其中上海市帮扶 638 万元，县级自筹 1190 万元。该项目建筑结构为 4 层，于 2018 年 6 月完成全部工程建设任务，8 月交付使用。建成后医院电梯上下行，布局合理，住院环境舒适，牧民患者都很满意。

　　为提高我院医务人员诊疗水平，解决我县牧民群众看病难、看专家更难的问题，嘉定区为我们医院捐赠并安装了上海白玉兰远程诊疗、教学系统，并定期开展远程教学，后期又为我院构建影像诊断中心，通过信息系统上传申请单和图像资料，嘉定区中心医院放射科专家进行读片并出具报告，提供远程诊断，不仅让千里之外的牧民群众足不出户就能享受到最优质的医疗服务，我院诊断率也明显上升了，医务人员的诊疗技能水平得到了提高，医院的转诊率也较前明显下降。过去，没有辅助检查的支持，医生只能靠经验判断各项生理指标；年轻的医生没有病源，诊疗技能无法提高，年长的医生力不从心，诊疗范围有限；外科治疗基本上停留于清创缝合，手术一直是空白，内科也只能对简单的呼吸系统疾病进行对症治疗。县医院停留在社区卫生院的水平。现在，我

▶ 门诊一角——有序
排队挂号的患者

们经常能听到老百姓说道："现在咱们的县医院厉害，再也不用出去了，出具的报告和省级医院的一样。方便呀方便！"

除此之外，自 2010 年至 2019 年，嘉定区医疗对口支援投入我院建设资金、医疗设备、紧缺药品等共计 868 余万元，包括价值 70 万元的全自动生化仪、价值 90 万元的眼科手术显微镜以及非接触眼压仪等。

爱洒高原　情满久治

久治地处高原，平均海拔 4000 多米，日照时间长，紫外线照射强，导致眼疾群众特别多，尤其是白内障患者。但是我院没有眼科，人员、设备什么都没有，什么都做不了。当时的援青干部沈元祥副县长得知这一情况后多次来医院调研，并在嘉定区合作交流办的协调下，由当时的嘉定区卫计委（现为区卫健委）组织开展了"上海嘉定·光明使者青海久治行"专项救治行动，连续 6 年累计派出医务人员 12 批次 120 余人，免费筛查眼疾患者 2000 余人，实施白内障复明手术 158 余人。

记得第一年开展"久治光明行"活动时，我们还要组织人员下到乡镇、村社，通过乡镇党委、政府还有卫生院进行宣传，在各街道醒目的地方张贴藏汉双语的宣传海报，就怕我们的宣传不到位，让老百姓错过这么好的机会。在经历和克服种种困难下，第一批白内障老人如期接受了治疗，上海医生精湛的医术让他们重见光明，如获新生。有一位老人很有趣，她认为不花钱的不一定好，就选择性地做了左眼手术，第二年去省会医院自费做了右眼手术，时隔三年左眼依旧很清晰，但右眼又模糊了。前一段时间我碰到她，她拉着我问："上海的眼科医生今年还来吗？什么时候来啊？来了一定要告诉我，我的右眼不清楚，还是上海的医生厉害，我要让他们做。"这几年"久治光明行"活动在牧民群众中口口相传，深受牧民群众的赞扬和欢迎，现在久治群众每年都会翘首期盼"光明使者"的到来。

在"久治光明行"专项工作中让我印象最深的是嘉定区人民医院眼科主任曹文捷医生，他几乎每年都会来。有一次在吸氧室我问他："每年你都来，身体受得了吗？不能换个医生吗？"他一边吸着氧一边微笑着告诉我："我熟悉这里的气候、环境，适应这里比较快，其他主任来了我怕他们身体吃不消，再者这里的百姓眼疾比较重，手术难度相对高，我们要慎之又慎，所以我亲自来比较放心。"在他的身上，我不仅看到了高超的医术，还有关爱同事、心系百姓的那份亲情、那份责任感。

还有一位医生也令我印象深刻，她是 2019 年来我们医院支医的嘉定区妇幼保健院副主任医师朱莲萍医生。年近 60 岁的她不惧高原的冬天，在结束"久治光明行"的一个月后，再次来到久治，开展为期 3 个月的医疗帮扶。3个月间，她克服高寒缺氧、语言不通的困难，每天接诊、查房、做手术、带教，真正做到了"传、帮、带"，为我们留下了宝贵财富。

专项支持　共克"虫癌"

久治县长期以来饱受包虫病困扰，不少牧民因此失去劳动能力。包虫病又称棘球蚴病，是畜牧业地区常见的寄生虫病，大多是犬绦虫，犬绦虫寄生在狗的小肠内，随粪便排出体外的虫卵常粘附在狗、羊的毛皮上，食物或水源被污染，人误食后即被感染。绦虫的蚴虫侵入并寄生在人体肝脏，按照分型分为囊性包虫和泡性包虫，包虫通过血液可转移至心、脾、肺、肾、脑及骨等脏器，泡性包虫病 15 年致死率达 98％，俗称"虫癌"。久治县是泡性包虫病高发区。包虫病致死率高，是导致牧民群众"因病致贫""因病返贫"的重要因素，也是制约久治县脱贫攻坚工作的重要因素，更是医疗精准扶贫攻坚战最大的困难。2017 年 4 月，州委、州政府启动《果洛州以包虫病为主的重大地方病传染病综合防治四年攻坚总体方案》，打响包虫病防治攻坚战。面对医疗条件、医疗设备和公共卫生发展较为滞后的现实困难，嘉定区先后提供包虫病专项配套资金 420 余万元，大力支持医院包虫病早期筛查、住院治疗以及术后复查工作开展。截至 2019 年 12 月，有 110 名包虫病患者受益。如久治县哇尔依乡建档立卡贫困户昂宝，长期患有包虫病，因家庭贫困、无钱医治，包虫病没有得到及时有效救治，临近晚期。2018 年 10 月，在嘉定区专项救治资金的支持下昂宝住了院，并由我院聘请了原青海省包虫病研究所副所长、青海省人民医院包虫病区主任医师秦长春医生来久治实施属地化手术治疗包虫病，真正做到了"大病不出县"，在"家门口"让患者免费享受到最优质的专家治疗和康复护理。整个治疗周期内，术前检查、术后康复、定期复查累计花费 8 万余元，昂宝个人没有掏一分钱，没有因为接受包虫病手术治疗"因病致贫"。专项救护资金切切实实地帮助了昂宝重拾生活信心。2019 年 10 月随访昂宝术后状况，没有复发，各项指标正常，恢复劳动能力的昂宝在当地开起了一间杂货铺，靠自己的双手辛勤劳作，家庭生活简单幸福。

不忘初心　砥砺前行

今天的久治县人民医院总占地面积 1.8 万平方米，其中门急诊及医技综合楼 2400 平方米、住院综合楼 3300 平方米、传染病区 450 平方米，功能区划完整、配套科室完备。其中嘉定区对口援建的住院部包含了急诊科、消毒供应中心、120 调度指挥中心、供氧中心、负压吸引室、消防间（一楼），产房、新生儿病房、检验科及中心血库（二楼），12 间住院病房（三楼），麻醉科、洁净手术室及外科病房（四楼），配套设施（五楼）。医院整体条件焕然一新，牧民群众就医体检改善明显。

目前我院开放床位 80 张，最大承载病床数可达 100 张（包含传染病区床

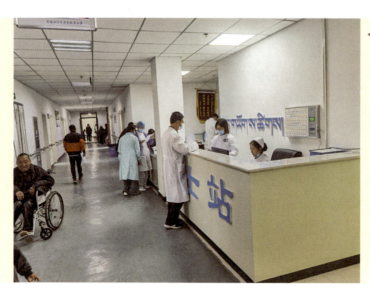

◀ 宽敞、明亮的外科病区

位 18 张），开设内科、外科、妇产科、儿科、藏医科、口腔科、老年科、护理部等 8 个临床科室，党支部、院办、医务科、财务科、信息中心等 5 个职能科室，配备放射科、检验科、电生理科、中心药房 4 个医技科室和挂号收费、后勤 2 个支持科室。

近年来，在嘉定区卫生发展基金的资助下，久治县人民医院累计有 30 余名医务人员职称得到晋升（其中 8 名晋升卫生专业中级职称，7 名晋升高级职称），先后派出 6 名医务人员赴沪进修学习；通过上海白玉兰远程诊疗、教学系统，医务人员学习劲头更足，工作积极性明显提高。10 年来，医务人员增加 35 人，新开展技术 14 项，住院人数增长 261%，患者就医满意度增加 98%。

10 年的帮扶不仅仅是硬件条件的明显改善，更是对医院"造血"能力的有利提升，真正留下了一支"带不走"的医疗队。未来，我们将持续巩固帮扶成效，深挖"造血"能力，总结有益经验做法，争创"二甲"，持续服务藏区群众、造福藏区群众。

后 记

2020 年是全面建成小康社会之年，根据习近平总书记关于"脱贫攻坚不仅要做得好，而且要讲得好"和中央关于党史工作"一突出，两跟进"的要求，经中共上海市委同意，市委党史研究室组织全市各区党史部门，在各级党委领导下，编写的"上海助力打赢脱贫攻坚战口述系列丛书"，经过各方的通力合作，与大家见面了。

本书是"上海助力打赢脱贫攻坚战口述系列丛书"中的一本。在中共嘉定区委的领导下，经全区相关街镇、部委办局、区管企业及受援地相关单位积极参与，由中共嘉定区委党史研究室编撰完成。本书以口述人的"亲历、亲见、亲闻"为依据，同时搜集、整理相关资料，以口述形式还原对口援建工作中的重要事件、精彩细节，让我们深刻体会到亲历者们在助力受援地脱贫攻坚过程中付出的巨大努力、做出的突出贡献。

本书的编写得到了市委党史研究室及研究三处领导的精心指导，得到了区委主要领导、区委分管领导的关心支持，得到了区委办公室、区政府办公室、区委组织部、区政府合作交流办公室和各参编单位的积极配合，还得到了受援地相关领导与部门的大力协助。全书在编写过程中，各参编单位的分管领导对本单位的口述材料进行了审定，确保了本书的编写质量；各位口述人精心准备访谈内容，力求每个细节和数据的翔实；联络员、采访员、撰稿员以及上海人民出版社、学林出版社的编辑更为本书的出版付出了辛勤劳动。在此，一并表示由衷的感谢。

由于编者水平有限，加之时间紧迫，书中难免有疏漏和不足之处，恳请广大读者给予批评指正。

编者
2020 年 10 月

图书在版编目(CIP)数据

嘉定的责任/中共上海市嘉定区委党史研究室编
. —上海:学林出版社,2020
ISBN 978 - 7 - 5486 - 1707 - 5

Ⅰ.①嘉… Ⅱ.①中… Ⅲ.①经济援助-工作概况-
嘉定区-文集 Ⅳ.①F127.513 - 53

中国版本图书馆 CIP 数据核字(2020)第 225537 号

责任编辑 汤丹磊
封面设计 范昊如

上海助力打赢脱贫攻坚战口述系列丛书

嘉定的责任
中共上海市嘉定区委党史研究室 编

出　　版	学林出版社
	(200001　上海福建中路 193 号)
发　　行	上海人民出版社发行中心
	(200001　上海福建中路 193 号)
印　　刷	商务印书馆上海印刷有限公司
开　　本	720×1000　1/16
印　　张	27.75
字　　数	40 万
版　　次	2020 年 12 月第 1 版
印　　次	2020 年 12 月第 1 次印刷
ISBN	978 - 7 - 5486 - 1707 - 5/K · 197
定　　价	168.00 元